Eingang

Wilbert Neugebauer

DIE WILHELMA

Ein Paradies in der Stadt

Theiss

Inhalt

Statt eines Vorworts 7

Die historischen Wurzeln 9

Vom Stutengarten zur fürstlichen Menagerie 10
Wilde Tiere auf Wanderschaft 12
Der Elefant starb in der Kirche 14
König Wilhelm I. in seinen ländlichen Tätigkeiten 16
Neue Hoffnungen, neue Enttäuschungen 18
Der Gastwirt als Dompteur: der »Affenwerner« 20
Nills Tiergarten, der Zoo des Zimmermanns 22
Bescheidenes Weiterleben auf der Doggenburg 26
Viel Rauch, aber kein Feuer 28
Der Wille des Königs verwandelt den Kahlenstein 30
Ein Hauch von Orient im Neckartal 32
Ein museales Schlößchen, botanisch dekoriert 37

Neubeginn aus Ruinen 39

Wie man aus Gemüse Glas macht 40
Ein Schlitzohr bringt Tiere in des Königs Garten 42
Die wilden Tiere haben zu verschwinden 44
Was Bürger brauchen: den Notausgang zur Natur 46
Schritt um Schritt dem großen Ziel entgegen 48
Des Königs Haus bekommt wieder ein Dach 50
Krokodile anstelle des Maurischen Festsaals 55
8000 Meter Wasserleitungen für ein Haus 57
Gut gekühlt, doch nicht zum Trinken 59
Gäste aus Schwarzwaldbächen und Tropenflüssen 61
150 000 Liter Südsee für jedermann 63
Riesenschlangen und Giftzwerge 68
Auch Krokodile können klettern 70

Der zoologisch-botanische Garten 73

Das Herzstück des Kleinods 74
Die Königin der Seerosen und ihr Hofstaat 76
Kunst in kleinen Dosen 78
Unter der Käseglocke 80
Sie wollen kein Dach über dem Kopf 82
Badezimmerarchitektur: nützlich für Menschenaffen 84
Im Dutzend wertvoller 86
Die Verwandtschaft mit großen und kleinen Nasen 88
Unter Zedern und Schwarzkiefern 90
Röhricht und Hochmoor im Miniformat 92
Kennst Du das Land, wo die Zitronen blühen? 93

Als Zubrot ein paar Fliegen 96
1300 Kubikmeter Wasser für die Katz 98
Panzer mit rasantem Liebesleben 100
Ein Stück Afrika im Rosensteinpark 102
Geburt im freien Fall 104
Grün ist nicht gleich Grün 106
Nicht nur die Tiere sind echt auf der Stuttgarter Pampa 108
Die Bären waren der Motor 110
Mammutbäume im Schwabenland 114
Der Park im Jahreslauf 116
Aus Dschungel und Urwald 119
100 Jahre sind kein Alter für Azaleen und Kamelien 120
Vielfalt in der Einheit 122
Pflanzliche Überlebenskünstler 124
Selbstversorgung und weltweiter Tausch 126
Gefährdet, aber durch Zucht erhalten 128
Von Nesthockern und Nestflüchtern 134
Sie riechen mit den Fühlern und hören mit den Beinen 136
Der Vogel, der seine Jungen mit seinem Herzblut ernährt 138
Mitesser und Gäste am Futtertrog 140
Ein Stück erhaltener Glanz 142
Schlagsahne als Lebensretter 144
Nicht jeder Vogel ist waschecht 152
Ach du dickes Ei 154
Trotz neuer Funktion bleibt der Park lebendig 155
Vom Wildtier zum Helfer des Menschen 157

Was noch alles dazu gehört 159

Die Kunst, 9000 Mägen zu füllen 160
Vorbeugen ist besser als heilen 164
Nichts ist haltbarer als ein Provisorium 166
Statt einer Spielbank ein Theater 168
Am Tag die Arbeit, abends Feste 170
Das größte Klassenzimmer des Landes 172
Ohne Wissen kein Erfolg 174
Im Plastikbeutel um die Welt 175
Berufswunsch Tierpfleger oder Gärtner? 176
Noch mehr Grün, die Außenanlagen 178
Wichtig im Hintergrund 180
13 000 treue Helfer 182
Was noch zur Vollendung fehlt 184
Das Ausweichquartier auf der grünen Wiese 186
Tiere, die es gar nicht gibt 187
Zeittafel 188
Statistik und Organisation 190
Literaturauswahl und die wichtigsten Quellen 191

Gedruckt mit Unterstützung des Vereins der Freunde und Förderer der Wilhelma e. V.

Die Deutsche Bibliothek – CIP-Einheitsaufnahme

Neugebauer, Wilbert:
Die Wilhelma : ein Paradies in der Stadt /
Wilbert Neugebauer.
– Stuttgart : Theiss, 1993
  ISBN 3-8062-1037-3
NE: HST

Schutzumschlag: Jürgen Reichert, Stuttgart

© Konrad Theiss Verlag GmbH & Co.,
Stuttgart 1993
Alle Rechte vorbehalten
Gesamtherstellung: Grafische Betriebe
Süddeutscher Zeitungsdienst, Aalen
Printed in Germany
ISBN 3-8062-1037-3

Bildnachweis

Foto-Bäuerle, Gärtringen: S. 10 unten
Aus: Bücheler, G., Führer durch den Tiergarten
    Stuttgart-Doggenburg: S. 26 rechts
Cannstatter Zeitung: S. 25
Aus: H. Decker-Hauff, Geschichte der Stadt Stutt-
    gart, Bd. 1: S. 10 rechts, 11
Aus: J. v. Hügel, G. F. Schmidt, Die Gestüte und
    Meiereien seiner Majestät des Königs von Würt-
    temberg: S. 17 unten, 19, 31 unten
D. Jauch, Stuttgart: S. 60 unten rechts
Aus: C. B. Klunzinger, Geschichte der Stuttgarter
    Tiergärten: S. 23
Postkarten (historische): S. 37, 40
L. Ritschel, Stuttgart: S. 86 unten rechts, 164, 165
    oben rechts und links
H. J. Scholderer, Ludwigsburg: S. 169
Aus: F. v. Schmidt, König Wilhelm von Württem-
    berg in seinen ländlichen Beschäftigungen: S. 9,
    17 oben, 30, 31, 142
Stadtarchiv Stuttgart: S. 22, 24, 25
Städtisches Museum Ludwigsburg: S. 13, 16, 21
Wilhelma-Archiv, Stuttgart: S. 27, 29, 44, 45 unten,
    55, 86 oben und unten links, 87 oben, 89 links,
    132 oben, 133 oben, 145 unten, 146/147, 152, 183
    unten, 187, 191
Württembergische Landesbibliothek Stuttgart:
    S. 18, 26 unten, 28
Württembergisches Landesmuseum, Stuttgart:
    S. 12, 15
Aus: L. v. Zanth, Die Wilhelma – Maurische Villa
    seiner Majestät des Königs Wilhelm von Würt-
    temberg: S. 33 – 36

Die Vignetten zeichnete Angela Paysan, Stuttgart.

Alle nicht nachgewiesenen Abbildungen sind vom
    Autor.

Seit ihrer frühesten Geschichte mußten sich die Menschen mit wilden Tieren auseinandersetzen, sei es, daß sie sie jagten oder selbst gejagt wurden. Das Spannungsverhältnis, die Faszination ist – wenn auch unter ganz anderen Vorzeichen – bis heute geblieben. Einst wurden Tiere als überirdisch oder göttlich verehrt. Aufgegriffene Junge hielt man als Spielgenossen, aus denen später Haustiere wurden. Erst das gezähmte Tier und die angebauten Nutzpflanzen aber verschafften dem Menschen die Freiheit, wirklich Mensch zu sein.

Der Gedanke, Wildtiere als solche zu halten, findet sich bei allen Hochkulturen. Tiergärten gab es im Orient schon vor rund 4000 Jahren bei den Sumerern, wenig später auch in Assur, Babylon und Ninive. Im alten Ägypten hielten sich die Pharaonen Tiere bei ihren Palästen. So schuf etwa 1500 v. Chr. Königin Hatschepsut den »Garten des Ammon« in Theben mit meist nordafrikanischen Tieren, darunter eine Giraffe, aber auch Elefanten, Antilopen und Strauße. Der chinesisches Kaiser Wen-Wang legte 1150 v. Chr. einen 400 Hektar großen »Park der Intelligenz« an, in dem er unter anderen Tiger, Nashörner, Vögel und Fische hielt. Der Aztekenherrscher Montezuma beschäftigte allein 300 Pfleger, um seine Vögel vom Kondor bis zum Kolibri, aber auch Raubtiere, Echsen und Schlangen füttern zu lassen und den Park mit Blumen zu schmücken. In Europa hielten vor allem die Römer exotische Tiere zur Prachtentfaltung und ließen sie zu Tausenden bei Kampfspielen abschlachten. So soll Kaiser Augustus bis 14 n.Chr. 3500 Tiere haben zusammentreiben und in Arenen umbringen lassen, darunter 420 Tiger, 260 Löwen, Elefanten, Nashörner, Flußpferde, Krokodile und andere.

Im Mittelalter gab es kleinere Tierhaltungen an Fürstenhöfen und in größeren Städten meist als Bärenzwinger, Löwenburgen, Wolfsgruben

Statt eines Vorworts

oder Hirschgräben. Während der Renaissance wuchs das Bedürfnis, Tiere als Repräsentations-Attribute in Menagerien zu halten. Die bedeutendste im 15. Jahrhundert besaß in Frankreich René I. von Anjou bei seinem Schloß Angers mit Bärengräben, Häusern für Säugetiere, Volieren und einem Löwenhaus mit unterteilbaren Käfigabteilen. In deutschen Ländern galt die prachtvolle Menagerie Herzog Wilhelms V. auf Schloß Trausnitz bei Landshut als repräsentativ. Auch die Fugger in Augsburg hielten sich attraktive Tiere und besaßen große Volieren. Die Barockzeit brachte noch eine Steigerung in der Schaustellung souveräner Macht, die sich in besonders aufwendigen Menagerien, inspiriert durch die architektonische Gartenkunst Frankreichs äußerte. Die radiale Anordnung, von einem Zentrum ausgehend, war typisch auch für die Anlage, die 1752 unter Maria Theresia und Franz I. in Wien entstand und heute noch als ältester Zoo besteht. Im Zeitalter der Entdeckun-

gen und des blühenden Seehandels war für Nachschub immer gesorgt.

Zum ersten bürgerlichen Zoo wurde eher zufällig der bereits 1626 in Paris gegründete Pflanzengarten König Ludwigs XIII., der im Zuge der französischen Revolution 1793/94 als »Menagerie du Jardin des Plantes« konfiszierte Tiere aus Wandermenagerien, adligen Privatsammlungen und Tieren der Versailler Menagerie Ludwigs XIV. aufnehmen mußte. Er sollte nicht mehr der Prachtentfaltung privilegierter Schichten, sondern »erzieherischen« und aufklärerisch-wissenschaftlichen Zielen dienen und allen Bürgern offen stehen. Eine neue Zeit hatte begonnen, und bald folgte die Einrichtung großer Bürgerzoos in vielen Städten: London 1828, Amsterdam 1838, Antwerpen 1843, Berlin 1844, Rotterdam und Melbourne 1857, Frankfurt/M. 1858, Philadelphia und Kopenhagen 1859, Köln 1860, Dresden 1861, Moskau 1864 usw. Ziel war damals die Tiersammlung. Im Zeitalter des Kolonialismus mit immer neuen Entdeckungen wollte man möglichst viele fremde Tiere kennenlernen, klassifizieren und wissenschaftlich erforschen. Dazu genügten im Notfall Einzeltiere, die man in möglichst langen Artenreihen, oft noch in engen Käfigen vorstellte.

Revolutionär war Hagenbecks Idee, 1907 in Hamburg-Stellingen Tiere in Freianlagen zu halten, ein Prinzip, das heute noch Gültigkeit hat. Seither haben sich die Zoos ständig weiterentwickelt. Von ihren heutigen vier Hauptaufgaben: der naturkundlichen Bildung, der Forschung, dem Natur- und Artenschutz sowie der Erholung zu dienen, wird noch ausführlich die Rede sein.

Auch Pflanzengärten hat man schon in der Antike angelegt, die manchem Gelehrten wohl bereits Anlaß zu frühen Beobachtungen waren. Erst im Mittelalter aber wuchs das Interesse vor allem an Kulturpflanzen. Die Araber entfalteten

eine reiche Gartenkultur, und christliche Mönche pflanzten in ihren Klostergärten Heil- und Küchenkräuter an. An den Fürstenhöfen entstanden große Ziergärten, die sich bald auch mit allerlei exotischen Pflanzen schmückten. Die ersten botanischen Gärten wurden im 16. Jahrhundert angelegt. Der von Padua als einer der ältesten besteht zum Beispiel seit 1545. Bologna (1568) und Leiden (1577) folgten, aber auch Leipzig (1580) und Heidelberg (1587) besitzen seit dieser Zeit botanische Gärten, die in aller Regel den jeweiligen Universitäten angeschlossen waren. Zu besonderer Bedeutung kam der im gleichen Jahrhundert gegründete Garten von Kew bei London, der – später von der britischen Krone erworben – als »Royal Botanic Gardens« mit 300 acres zum größten der Welt ausgebaut wurde. Gewächshäuser, die aus den fürstlichen Orangerien entwickelt wurden, kennt man seit dem 17. Jahrhundert. Erst sie machten die Haltung tropischer oder subtropischer Arten im gemäßigten Klimabereich möglich. Mit den zunächst nur nüchtern aufgereihten Pflanzenansammlungen haben die heutigen botanischen Gärten nur noch wenig gemeinsam. Zwar dienen sie nach wie vor der Wissenschaft sowie dem Natur- und Artenschutz, darüber hinaus aber wollen sie mit ästhetisch gestalteten Schaubereichen den Menschen Freude und Wissen an

der Vielfalt und Schönheit der Pflanzenwelt vermitteln und dem Städter auch ein Ort der Erholung sein.

Wenn wir nun Zoos und botanische Gärten gemeinsam betrachten, muß auffallen, daß kaum irgendwo der Versuch unternommen wurde, die uns so geläufige Verstandestrennung von Zoologie und Botanik aufzuheben und Tiere und Pflanzen als Elemente der belebten Natur wieder gemeinsam den Menschen nahezubringen. Dieser Versuch, von dem man heute sagen kann, daß er gelungen ist, blieb in dieser Konsequenz der Stuttgarter Wilhelma vorbehalten, obwohl auch andere Zoos, z. B. Rotterdam oder Budapest der Pflanzenhaltung

größere Aufmerksamkeit widmen. Allerdings war dazu ein sehr langer Weg zu begehen, denn wohl in keiner anderen Stadt hat es so zahlreiche, zunächst vergebliche Ansätze gegeben, einen dauerhaften Zoo zu gründen wie in Stuttgart.

Zäher Einsatz und viele glückliche Zufälle waren nötig, daß die Wilhelma heute als jüngster unter den großen Zoos und einziger zoologischbotanischer Garten in Deutschland ihren Besuchern eine solch erlesene Auswahl faszinierender Tiere und Pflanzen vorstellen kann. Biologie pur erlebt man hier in tausendfacher Vielfalt. Vom Kolibri bis zum Adler, von der Maus bis zum Elefanten oder Menschenaffen, von den Krokodilen im Urwaldfluß bis zu den leuchtend bunten Fischen des Korallenmeeres, von hundertjährigen Kakteen und Azaleen bis zu Palmen oder Riesenbambus, vielfältigen Orchideen oder der Königin der Seerosen, der Victoria regia, sind hier die interessantesten Tiere und Pflanzen aller Erdteile vereint. Ihre Besonderheiten versucht das Buch in Wort und Bild zu schildern.

Seinen Lesern wünscht der Autor einige interessante Entdeckungen und Freude an den vielfältigen Wundern der belebten Natur, für die sich jeder ein wenig Staunenkönnen bewahrt haben sollte.

Die historischen Wurzeln

Stuttgart verdankt seinen Ursprung einem schon im 10. Jahrhundert im Talgrund angelegten »Stuotgarte«, einem Gestüt, das unter Herzog Hermann I. von Schwaben zwischen 926 und 948 von seinem Cannstatter Herzogssitz aus eingerichtet worden war. Die Pferdehaltung ging aus einem Tiergarten, einem umfriedeten Jagdbezirk, hervor, der sich von der heutigen Innenstadt bis an den Neckar erstreckt haben soll. Zum Schutz des Gestütsplatzes baute bald danach Herzog Ludolf von Schwaben zwischen 949 und 954 an der Stelle des heutigen Alten Schlosses eine Wasserburg, die immer weiter ausgebaut wurde. Auch ein »Stuthaus« nördlich der Stiftskirche ist aus dieser Zeit bekannt, das in seinem Kern sogar den Zweiten Weltkrieg überdauerte und dann doch einem Parkplatz geopfert wurde. Schon das älteste Stadtsiegel – an der Unterwerfungsurkunde unter das Reich aus dem Jahre 1312 hängend – erinnert auf einem länglichen Dreiecksschild mit zwei übereinander schreitenden Pferden an diesen Ursprung.

Auch heute noch markieren die Anlagen das Gelände des ehemaligen Stutengartens. An seinem oberen, dem südlichen Ende entwickelten sich Stadtkern und schließlich Regierungssitz.

Vom Stutengarten zur fürstlichen Menagerie

Dort richteten Fürsten verschiedentlich manch interessante Tier- und Pflanzenhaltungen ein – sei es zur Repräsentation oder aus Interesse an der Sache.

Zuerst entstand ein Garten unmittelbar am Wassergraben des Alten Schlosses, den Graf Eberhard III., der Milde, seiner Gattin Antonia Visconti von Mailand als »Garten meiner Frau von Mailand« gegen Ende des 14. Jahrhunderts anlegen ließ. Dieser erste Stuttgarter Lustgarten mit einem bescheidenen Pavillon in der Mitte nahm etwa die Fläche des heutigen Karlsplatzes ein. Die Ansprüche wuchsen, und so folgte später das »Alte« Lusthaus von 1553 unter Herzog Christoph, der den habsburgischen und Pariser Hof kennengelernt hatte und Sinn für höfisches Leben, fürstlichen Aufwand und Feste besaß. Er legte neue Gärten an und erbaute die erste Orangerie in Deutschland (1559) mit einem alljährlich neu aufzubauenden heizbaren Überwinterungshaus, in dem auch allerlei andere

exotische Pflanzen gepflegt wurden (noch 1736 konnten 20 000 Zitronen, Pomeranzen usw. an den Hof geliefert werden). Das Alte Schloß ließ er wesentlich erweitern. In dessen Gräben wurden Fische, aber auch Wasservögel und Kraniche gehalten. Durch Vermittlung des Herzogs von Bayern erhielt er mehrfach Gemsen, die im Uracher Tiergarten aber keinen Bestand hatten.

Im Schild der ältesten Stuttgarter Stadtsiegel aus dem 14. Jahrhundert erscheinen – übereinanderstehend – zwei weidende Pferde.

Am 3. Oktober 1748 veranstaltete der württembergische Hof anläßlich der Ankunft Friederikes von Brandenburg-Bayreuth, der zukünftigen Gemahlin von Herzog Carl Eugen, für die Gäste ein Festjagen im Leonberger Forst.

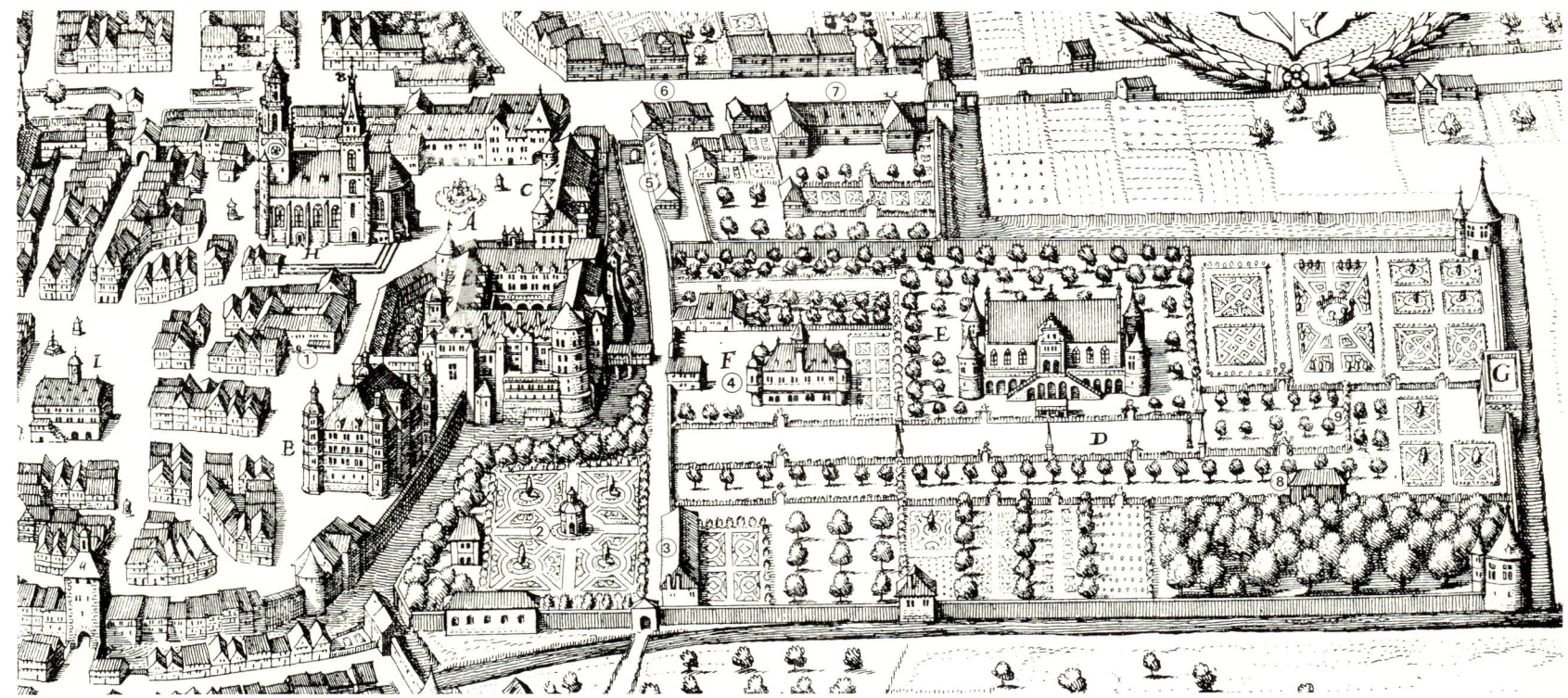

Im Böblinger Schloßgarten wurden Bären gehalten, die sich sogar fortpflanzten, so daß die Jungen verschenkt werden konnten. Im Tübinger Schloßgarten besaß Christoph ein Löwenpaar mit eigenem Löwenwärter. Durch ein Dekret vom 4. März 1561 wies er den Keller (Kameral-Verwalter) an, das Paar einige Tage zu trennen und von jedem Tier den Kot in besonderer Schachtel zu sammeln und an die Hofapotheke zu schicken (gedörrter Leuenkot galt als ein Mittel gegen fallende Sucht und Schlagfluß!).

Auch seine Nachfolger, die Herzöge Ludwig und Johann Friedrich, bauten die Gärten weiter aus, so daß diese Lustgärten der Herzöge in der ausklingenden Spätrenaissance mit dem überaus prachtvollen Neuen Lusthaus, mit den Turnierplätzen, Grotten und Wasserspielen um 1600 zu den größten Sehenswürdigkeiten Süddeutschlands zählten. Bis zu den Unglücksjahren des Dreißigjährigen Krieges befand sich hier einer der beliebtesten Vergnügungsorte der vornehmen Welt. Im »Paradies« blühte das württembergische Wappen, aus mancherlei Blumen gepflanzt. Im Pomeranzen- und Feigenhaus gediehen »Adamsäpfel aus Mailand, indianische Feigenbäume aus Genua, Rohrzucker und Pflanzenbäume aus Sizilien. Der Pisang [Banane],

So sah Matthäus Merian um die Mitte des 17. Jahrhunderts das Zentrum von Stuttgart. A Altes Schloß; B Neuer Bau; C Kanzlei; D Fürstlicher Lustgarten; E Neues Lusthaus; F Altes Lusthaus; G Grotten und Wasserkünste; H Stiftskirche; I Herrenhaus; 1 Marstall; 2 Garten der Gräfin (heute Karlsplatz); 3 Schießhaus; 4 Mühle; 5 Ballhaus; 6 Falkenhaus; 7 Jägerhaus; 8 Reiherhaus; 9 Pomeranzengarten

der Kaffeebaum und die Ananas hätten köstliche Früchte getragen.« 1658 blühte hier die als Weltwunder bestaunte riesige 30 Schuh hohe Aloe (Agave) americana mit ihren 12 000! Blüten und zwei Jahre später die über 6 Schuh hohe Yucca Nova Gloriosa. Fasanengarten, Reiherhaus und Falkenhaus fehlten ebensowenig wie ein Jägerhaus und Hundeställe für über 1000 Hunde, die für die fürstlichen Parforcejagden gebraucht wurden. Auf die Jagdleidenschaft der württembergischen Fürsten einzugehen, verbietet der Platz. Eine Vorstellung mag geben, daß Herzog Carl Eugen nach dem Tode seines Vaters Carl Alexander, eines passionierten Jägers, einen Teil des zu groß gewordenen

Wildbestandes abschießen ließ. 1737/38 wurden im Herzogtum Württemberg 11 470 Stück Edelwild und 8079 Sauen erlegt. Das Wild sollte kontrollierter in »Tiergärten« gehalten werden. Deshalb wurden zwischen 1768 und 1777 auf einer Fläche von rund 750 Hektar Rotwild- und Schwarzwildpark gegründet. Trotzdem konnten zum großen Festjagen vom 24. September 1782 zu Ehren des Großfürsten Paul von Rußland noch rund 5000 Stück Wild im ganzen Land zusammengetrieben und am Bärenschlößchen zum Abschuß vorgejagt werden.

Die Gräben um das Alte Schloß waren inzwischen trockengelegt worden. Hier hielt man zum Verhetzen bestimmte Bären, denen man die Vorderbeine auf den Rücken gebunden hatte, damit sie aufrecht gehen mußten. In einem weiteren Teilstück lebten Tannhirsche (Damhirsche), ein anderes wurde als Schießbahn benutzt. 1736 erhielt Herzog Carl Alexander vom preußischen König Friedrich Wilhelm I. als Geschenk drei Auerochsen, die aber mit Sicherheit Wisente gewesen sein müssen, denn der letzte Auerochse war schon 1627 ausgestorben. Auch ist die Rede von korsischen Steinböcken, Seidenböcken usw., die im alten Schloßgraben gehalten wurden.

Während des Mittelalters kamen exotische Tiere meist als »diplomatische Geschenke« nach Europa wie der Elefant »Abul Abas«, den der Kalif Harun al Raschid Kaiser Karl dem Großen 802 nach Aachen sandte. Eine ganze Menagerie führte der Stauferkaiser Friedrich II. im 13. Jahrhundert mit sich. Die Bürger aber bekamen exotische Tiere erst ab der Mitte des 16. Jahrhunderts häufiger zu sehen. Gaukler und Schausteller zeigten sie auf den Märkten. Dafür waren allerdings nur robuste Formen geeignet. Am beliebtesten waren abgerichtete Bären und Affen. Mit der Zeit wurden immer mehr verschiedene Tierarten vorgeführt: Löwen und Tiger, Kamele, sogar Giraffen, Krokodile und Riesenschlangen und viele andere mehr.

So findet sich in der Köngener Chronik von 1716/27, in der Pfarrer Daniel Pfisterer alltägliche Situationen malend und beschreibend als eine Art Bildertagebuch festhält, auch die Abbildung eines Elefanten, der im Februar 1697 im Werkhaus der Stadt Stuttgart von einem Holländer als afrikanischer Elefant gezeigt worden war. Das Bild deutet allerdings eher auf die indische Art. Ein Vierzeiler darunter lautet:
»Vor alten Zeiten hielt man dieses Ungeheuer
In Schlachten mit dem Feind gar hoch und trefflich theuer.
Jetzt gelten sie nichts mehr. Wer nur die schöne Zähn
Von Elfenbein bekommt, läßt alles andre stehn.«

Besondere Berühmtheit erlangte das Nashorn Jungfer »Clara«, mit dem der holländische Kapitän Douwe Mout van der Meer in einem von zehn Pferden gezogenen Wagen quer durch Europa reiste – von Holland nach Warschau, von Kopenhagen nach Paris – in Deutschland, Österreich, der Schweiz und Italien und auch in England wurde es in den Jahren 1747–1754 gezeigt. Das Nashorn war in Assam als Jungtier eingefangen worden und war das erste seiner Art, das in Mitteleuropa zu sehen war, dementsprechend sorgte es überall für Aufsehen. Auch die Stuttgarter durften es 1748 bewundern.

Der Informationswert der Wanderschauen war, bedingt durch das noch mangelhafte Wissen über Biologie und Heimat der Tiere, sehr unterschiedlich. Im Bestreben, das Gezeigte interessant zu machen, wurden phantastische Geschichten erfunden und manchmal auch die Herkunft bewußt verschleiert, um die Quellen nicht preiszugeben. Dennoch brachten sie viele Anregungen und ergänzten bis in unser Jahr-

Wilde Tiere auf Wanderschaft

hundert hinein die inzwischen entstandenen zoologischen Gärten.

Über Wandermenagerien, die in Stuttgart zu sehen waren, berichtet G. von Martens für die Zeit von 1846 bis 1860 recht ausführlich. Oft blieben die Tiere in ihren Wagen, die man unter einem Zeltdach arrangierte. Dabei waren die relativ kleinen Käfige nicht selten doppelt und dreifach übereinander gestapelt. Hauptattraktion war das Vorführen – dabei auch mancher Dressur – und das Erklären der einzelnen Tiere, wobei Schaufütterungen der Raubtiere und vor allem der Riesenschlangen besonders bekanntgegeben wurden. Der Umgang mit den Tieren war nicht eben zimperlich. Schläge oder Necken beim Füttern sollten die »Bestien« zu Lautäußerungen und damit zum Anlocken von Publikum bewegen. Die Verluste waren hoch, bei den Affen vor allem durch Schwindsucht. Auch Räude, Verletzungen und Darmkrankheiten ließen

Blatt aus der Köngener Chronik des Pfarrers Pfisterer mit einem 1697 in Stuttgart im Werkhaus gezeigten Elefanten

ßen die Tiere kaum älter als zwei Jahre werden.

1846 überwinterten zwei Menagerien in Stuttgart. Bernhard Hartmanns Hütte stand am Leonhardsplatz. Er zeigte fünf Papageienarten, fünf Affenarten, einen Halbaffen (Mongoz-Maki), Nasenbär, Pelikan und Gänsegeier, zwei Fettschwanzschafe und zwei Dorcas-Gazellen, Zebra, Addax-Antilope, Hyänen, Löwen und Panther. Attraktion war eine, ein Drittel der Hütte einnehmende 12 Fuß hohe Giraffe. 1847 gastierte »Matthias Hüntgen's seltsamer Omnismus aus erbfeindlichen Tieren«. Unter Omnismen verstand man die Zusammenlegung möglichst vieler unterschiedlicher Tierarten. In einem gemeinsamen, mit verschiedenen Holzstangen ausgestatteten Käfig von 150 Quadratfuß (etwa 13 m²) lebten 15 Säugetiere und 12 Vögel: Java-Makak, Waschbär, Wolf, Fuchs, Hunde, Katzen, Kaninchen, Ziegenbock, Schaf und »eine ächte schwarzgraue Hausratte (Mus Rattus L.) aus Heilbronn« neben Gänsegeier, jungem Seeadler, Weihen, Uhu, Rabe, Schwalbentauben, Haushühnern und einer Gans. Jedes Tier hatte dabei seinen bestimmten Platz. Fuchs und Gans lebten schon sieben Jahre zusammen. Dies aber nur am Tage. Nachts und beim Transport wurden die Tiere getrennt.

Der Franzose Huquet zeigte als besondere Kostbarkeit ein Java-Nashorn (heute gibt es nur noch etwa 60 Tiere). Zu sehen war auch »Scherrer's Riesenpferd«, ein 20 Faust (ca. 2,11 m) hoher Brauner aus Lausanne, mit einigen Begleittieren, von denen der beredte Explikator einen »›Steinmops aus Sibirien‹, welches Tier Hände hat wie ein Mensch, Augen wie eine Nachteule und das Giftigste unter allen Säugetieren ist«, vorstellte. Der Steinmops war nichts anderes als der verballhornte Stenops tardigradus, der Plumplori, ein südostasiatischer Halbaffe, der heute Nycticebus coucang heißt.

Als größte Menagerie, die je hier gesehen wurde, wird die große königliche niederländische Menagerie des Herrn van Aken, jetzt im Besitze des Herrn G. Kreutzberg, vorgestellt, die im Mai 1850 für zwei Wochen ihre zehn schweren Gepäckwagen, die Fourgons, den Elefantenwagen und Wohnwagen hinter einem großen Zelt aufbaute. Insgesamt waren 81 Tiere zu sehen: Neben den üblichen Papageien auch 5 Aras und 6 Kakadus, Kleinraubtiere wie Wickelbär, Palmroller, Zibetkatze u. a., 13 Affen in acht Arten, fünf Halbaffen aus Madagaskar, ein Stachelschwein, zwei Arten Kasuare. Neben an-

Wahre abbildung von einen lebendigen Rhinoceros, oder Nashorn das im Jahr 1741 als es drey Jahr alt gewest, mit das Schiff Knapenhoff, aus Bengalen in Holland über gebracht, es ist in Asia ins gebiet von den grosen Mogul die landschaft Asem gefangen Worden, es ist im Jahr 1748 in Stuttgard gewest 5 schu 7 Zoll hoch, 12 Schu lang, 12 Schu dick, und hat gewogen 5000 Pfundt

Veritable Portrait d'un vif Rhinoceros transporté l'an 1741, quand il avoit trois ans par le Vaisseau Knapenhof de Bengale en Hollande. Il fut pris en Asie dans le Territoire du Grand Mogol dans la Province Asem a Stuttgard l'an 1748 il avoit 5 pieds, et 7 pouces d'haut var, de longueur 12 pieds de grosseur 12 pieds, il avoit pesé 5000 livres.

Ware Afbeelding van Een leevendige Renoceros die int Jaar 1741 als het Jaar out is gewest met het schip Knapenhoff, uijt Bengalen in holland is aver gebragt ens in Asia gevangen in het land van den groote Mogel met landschap Aßem en is int Jaar 1748 tot stutgard gewest, 5 voet 7 duym hoog en 12 lang en 12 voet dik en 5000 swaar.

A true delineation or Portrait of a lieving Rhinoceros Som Call it Unicorn in the third Year of its age was brougt out of Bengala by Captaine from Holland. A 1741 it is a Creatur or Catt within the Gros Moguls territorie in the Province Asem.

Das berühmte Panzernashorn »Jungfer Clara«, das zwischen 1747 und 1754 in ganz Europa umherreiste und 1748 auch in Stuttgart zu sehen war

deren Raubtieren gehörten zu den »arbeitenden Katzen« ein Löwentiger (Bastard Löwe x Tiger), die Löwin »Fanny«, zwei Leoparden, eine Flekken- und drei Streifenhyänen. Ein 15jähriges Bergzebra gehörte zur Sammlung, ebenso ein Lama-Männchen, zu dem Kreutzberg aus Ludwigsburg aus dem Bestand der königlichen »Akklimatisationsgruppe« ein Weibchen erwarb, und drei Kisten mit einem Krokodil und fünf Riesenschlangen. Die 20jährige indische Riesenelefantin »Miss Baba« wurde ebenfalls vorgeführt. Über Land transportiert wurde sie in ihrem Kastenwagen ohne Boden, den zwei Pferde zogen.

3½ Jahre später war die »Große Menagerie des Herrn Kreutzberg« im November wieder in Stuttgart, trotz der Kälte nur mit einem Zelt. Viele der damals gezeigten Tiere fehlen. Alte Bekannte waren der Eisbär Koloß, seit neun und ein Braunbär seit sieben Jahren in Gefangenschaft. Ein in Stuttgart vorher nie lebend zu se-

hender Gepard bekam zwei Teller Kartoffelsuppe. Drei Spießgemsen (Arabische Oryxantilope) waren die interessantesten Huftiere. Das noch von van Aken stammende Zebra, jetzt 18 Jahre alt, war zum dritten Mal in Stuttgart. Unter den Vögeln beeindruckten allein 51 Papageien, zwei Kronenkraniche, drei Pelikane, ein »tyrolischer Auerhahn« und – neu – ein Paar Kondore.

1859 schließlich kam Paolo Bernabo's große orientalische Menagerie mit besonders vielen Großkatzen (8 Löwen [von denen ein Jungtier der Cafetier Werner erwirbt], 5 Tiger, 3 Jaguare und 2 Leoparden) 15 Affen, als größtem ein »Waldmann«, ein gelber Babuin, also ein Pavian. Frei zwischen den Besuchern liefen zum Beispiel ein Tapir, ein Alpaka und andere. Als Besonderheit galt ein Alligator, angeblich neun Jahre alt, 125 Pfund, 5 Fuß, 9 Zoll Pariser Maß lang, also in Gewicht und Länge eines Mannes, der mit halbpfündigen, lebenden Barben gefüttert wurde. Bei den Vorführungen wurden die Tiere geprügelt. Die gute alte Zeit läßt grüßen.

Eine der im 19. Jahrhundert üblichen Wandermenagerien. In engen, übereinandergestapelten Käfigen überlebten nur die robustesten Tiere.

Im 17. und 18. Jahrhundert war, bedingt durch die zeitweilige Verlegung des Hofes nach Ludwigsburg, kaum Nennenswertes an den Stuttgarter Gärten geändert worden. Als das Neue Schloß landesfürstliche Residenz wurde, war deshalb eine grundlegende Umgestaltung der Gartenanlagen notwendig. Kurz nach seiner Krönung zum König beauftragte Friedrich (1754–1816) 1806 Hofbaumeister Thouret, ihm dafür Entwürfe im englischen Gartenstil zu erstellen, die gleich gefielen. Lapidar schrieb der König auf den Plan: »So soll es seyn« und ordnete den sofortigen Beginn der Arbeiten an. Zur Beschleunigung wurden neben den Gartenarbeitern mehrere Kompanien Soldaten und 200 Sträflinge eingesetzt, die auf 120 Morgen (= 37 ha) auf dem Gebiet bis zur heutigen Cannstatter Straße 2000 Bäume und 45 000 »junge Setzhölzer« pflanzten. Schon im Oktober 1808 waren oberer und mittlerer Schloßgarten fertiggestellt, und seine Majestät erlaubte dem Publikum gnädig: »die Anlagen hinter dem königlichen Schloß zu Promenaden sowohl zu Fuß als im Wagen und zu Pferd zu benützen«. Auch ein botanischer Garten wurde in die Umgestaltung einbezogen und mit seinen vielen exotischen Gewächsen auf dem Gebiet, das heute von den beiden Staatstheatern eingenommen wird, angelegt.

Thouret entwarf auch die Pläne zu einer Menagerie, die dem jungen Königshof zusätzlichen Glanz verleihen sollte. Die beachtliche Anlage – von ihrer Struktur her schon ein zoologischer Garten – entstand auf dem 12 Morgen

Der Elefant starb in der Kirche

(3½ ha) großen Gelände der Retraite, einem Lustschloß Friedrichs, zwischen Cannstatter und Neckarstraße unterhalb des Neckartors etwa im Bereich der heutigen Schwabengarage. Die notwendigen Gebäude wurden für eine Summe von 11 777 Gulden 7 Kreuzer im Sommer 1812 fertiggestellt. Zwei Jahre später kamen noch eine größere Zahl in gotischen Formen gehaltener Vogelhäuser hinzu.

Die ganze Anlage wurde charakterisiert durch zwei größere, langgestreckte, parallel zu den Straßen verlaufende Stallgebäude, denen jeweils weiträumige Höfe vorgelagert waren. Also nicht mehr die Enge der bisher üblichen Menagerien. Dazu kamen größere Weideflächen und Ausläufe. Der Eingang lag an der Cannstatter Straße. Im ersten Hof traf man zunächst rechts und links auf zwei umzäunte Häuschen, jeweils mit Wasserbecken für zwei Biber und einen Tapir! (wahrscheinlich der erste in Europa). Dazu noch ein Raum für Schildkröten. Ein umzäunter Hof wurde im großen Bogen von den schon erwähnten »gotischen« Vogelhäusern umgeben, in denen acht Arten von Raubvögeln – darunter Weißkopfadler, Bartgeier und Uhu – untergebracht waren. Im Hof gab es ein größeres Becken für Wasservögel mit einem Pelikan, der am Bodensee gefangen worden sein soll, Riesenreiher, Löffler und anderen. Abgeschlossen wurde er von dem langen, aus drei verbundenen Pavillons bestehenden Menageriegebäude, dem »Affenstall«. Die Pavillons bevölkerten Aras, Kakadus und 14 weitere Papageienarten, Kasuare, ein Nandu, eine Kronentaube, Kronenkraniche, Störche und zwei Glattschnabelhokkos. In den die Pavillons verbindenden Sälen lebten Agutis, Gürteltiere, ein amerikanisches Eichhorn, ein Nasenbär, zweierlei Halbaffen (1 Katta, 3 Mongoz-Makis), Waschbären, Zibetkatzen, eine Beutelratte, weiße Mäuse! Nicht zuletzt die beträchtliche Anzahl von 52 Affen in 17 Arten. Mehrfach wurden Junge geboren.

Das Wasserbecken im zweiten großen Hof bevölkerten schwarze Schwäne zusammen mit verschiedenen Enten- und Gänsearten. An den Seiten lebten in Einzelhäuschen fünf Bären, ein Leopard, vier Stachelschweine, vier Wölfe mit hier geborenen Jungen, einige Wildkatzen und zwei Füchse. In einer zweiten Abteilung waren Wasserbüffel, Zebus und fünf Kamele zu finden, darunter ein hier gezüchtetes Kreuzungstier von Trampeltierhengst und Dromedarstute, das zweihöckrig war. Manche Tiere wurden zur Arbeit eingesetzt. Die Büffel wurden eingespannt und zu Fuhren verwendet, die Kamele holten aus der Stadt den Bedarf der Menagerie.

Das zweite große Menageriegebäude an der Neckarstraße enthielt Ställe für eine Nilgauantilope, ein haarloses und ein kraushaariges Pferd sowie verschiedene Schaf- und Ziegenrassen, zwei schwarze Schweine und mehrere Murmeltiere. Eine Besonderheit stellten zwei Quaggas dar, eine heute längst ausgestorbene, streifenarme Zebraart. In weiteren Nebengebäuden waren afrikanischer Strauß, drei Riesenkänguruhs, drei korsische Hirsche, ein Lama und ein Vikunja untergebracht. Hauptanziehungspunkt war schließlich das Elefantenhaus mit eigenem Hof, in dem die drei asiatischen Elefanten lebten. Der Eintritt war für jedermann frei. Aufsicht führte Inspektor Müller, Hoftierarzt Hördt behandelte die Tiere.

Die Bedeutung dieser Tiersammlung geht nicht zuletzt aus den Summen hervor, die der König aus seiner Privatschatulle aufwendete. Aus Aufzeichnungen weiß man, daß z. B. die 54 Affen zusammen 7162 Gulden kosteten, also zwei Drittel des Preises der errichteten Bauten. Der ältere Elefant kostete 4400, der jüngere 1650 Gulden, ein Leopard 880, ein Kamel 330, das Vi-

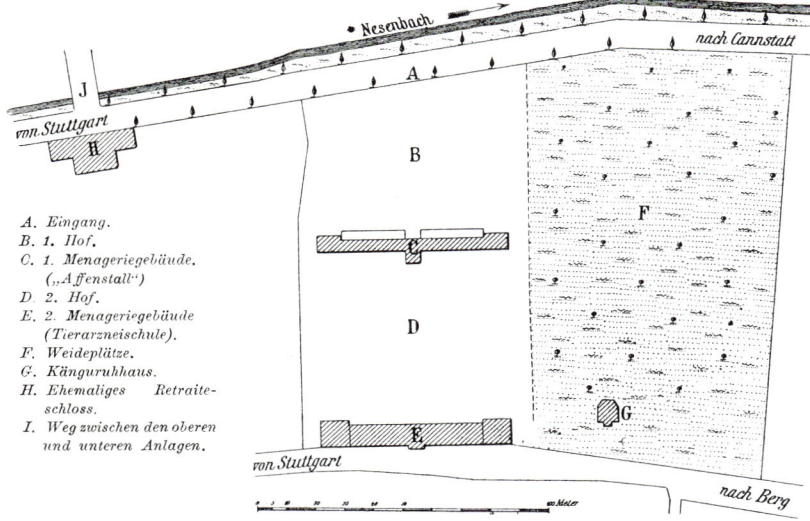

A. Eingang.
B. 1. Hof.
C. 1. Menageriegebäude. (»Affenstall«)
D. 2. Hof.
E. 2. Menageriegebäude (Tierarzneischule).
F. Weideplätze.
G. Känguruhhaus.
H. Ehemaliges Retraite-schloss.
I. Weg zwischen den oberen und unteren Anlagen.

Grundrißplan der Menagerie Friedrichs I., die unterhalb des Nekkartors 1812 fertiggestellt wurde und schon 1816 von König Wilhelm I. wieder aufgelöst werden mußte

Aus der Sammlung von
Säugetiermodellen
König Friedrichs I.

◀ Quagga, eine längst ausgestorbene Zebra-Art, von der in der Menagerie zwei Tiere lebten.

▶ Mandrill, ein Waldpavian Westafrikas als Beispiel aus der Affensammlung

und größten, das zehnjährige Männchen »Jumbo«, kaufte der Tierhändler Garnier aus Berlin um 3300 Gulden. Das ungebärdige Tier, das schon zwei Transportwagen zerschlagen hatte, konnte nur auf eigenen Füßen bei Nacht transportiert werden. Es erlangte eine traurige Berühmtheit durch sein merkwürdiges Ende, das damals die meisten europäischen Zeitungen vermerkten. Der 9 Fuß hohe Koloß war schließlich bis Venedig gekommen und sollte nach Mailand eingeschifft werden. Er widersetzte sich aber, weil die Übergangsbrücke nachgab. Auch dem Wärter gelang es nicht, ihn aufs Schiff zu locken. Dieser wurde sogar von dem aufgeregten Elefanten getötet. Einige Obstbuden wurden nun geplündert. Eine Musketensalve, die inzwischen herbeigerufenes Militär auf ihn abgab, ließ ihn zunächst stürzen. Bald aber stand er wieder, erbrach die Tür der Kirche St. Antonio auf Riva dei Schiavoni und verschanzte sich im Innern. Eine Schießscharte

kunja 1329, ein Quagga 1252 und selbst ein Gürteltier noch 175 Gulden. Von den Vögeln kennt man die Preise der 40 Papageien, die durchschnittlich 88 Gulden wert waren, ein Kakadu allein 175. Solche Summen wären ohne das starke königliche Interesse wohl nicht aufgebracht worden. Hätte die Menagerie Bestand gehabt, so hätte Stuttgart den ersten zoologischen Garten Deutschlands erhalten.

Nach einem erst nach Friedrichs Tod aufgenommenen Protokoll der Hofbibliothek besaß er eine kostbare Sammlung von über 100 kleinen Säugetiermodellen: kunstvolle Nachbildungen mit Haut und Haaren überkleidet, 15–30 cm lang, im richtigen Größenverhältnis und die meisten durchaus bestimmbar. Nach der Jahrhundertwende kamen sie in die königliche Altertumssammlung, »wo sie ihrer öffentlichen Ausstellung harren«. Sie befinden sich noch heute im Magazin des Landesmuseums. Die ersten Känguruhs, die das europäische Festland erreichten, erhielt er von seinem Schwiegervater, König Georg III. von England. Sie stammten von der Entdeckungsreise Kapitän Cooks nach Neuholland (Australien) und waren ihm so wertvoll, daß er sie auf seiner Flucht vor Napoleons Truppen im Mai 1800 von Ludwigsburg nach Erlangen mitnahm. Ja sogar seiner Schimmelstute Helene ließ er nach ihrem Tode ein Denkmal setzen, das heute noch am Ortsrand von Freudental, Kreis Ludwigsburg, steht.

Seine Jagdleidenschaft schließlich ließ ihn nicht nur den großen Wildpark in Botnang betreiben, sondern auch noch vier Fasanengärten (bei Weilimdorf, bei Rohr, die Schlotwiese bei Zuffenhausen und im Favorite-Park).

Leider hatte seine Menagerie-Gründung keinen Bestand. Mißwuchs, Hagelschlag, Feuersbrünste und Überschwemmungen hatten dem Land 1816 große Not und Teuerung gebracht. So mußte nach Friedrichs Tode sein Sohn Wilhelm den vermeintlichen Luxus rasch aufgeben, was ihm bei seinen Neigungen für Tierhaltung und Tierzucht sicher nicht leicht fiel. Käufer waren vor allem der König von Bayern (23 Tiere), der Großherzog von Baden (22 Tiere), aber auch Tierhändler und Zirkusbesitzer. Vieles gelangte an das königliche Naturalienkabinett, wobei noch an manchem der zu tötenden Tiere Versuche zur Giftwirkung angestellt wurden. Auch die Zoologische Sammlung in Tübingen wurde bedacht. Das Stammgestüt Marbach erhielt zwei weiße Esel für die Maultierzucht. Alles in allem enthielt die im November 1816 aufgenommene Angebotsliste 343 Säugetiere und 46 Vögel mit einem angesetzten Verkaufswert von 41 331 Gulden. Erzielt wurden 21 235 Gulden.

Sehr unterschiedlich war das Schicksal der Elefanten. Den jüngsten erwarb der Tierhändler und Zirkusbesitzer Tourniaire um 1100 Gulden. Der zweite wurde getötet und für das königliche Naturalienkabinett ausgestopft. Den dritten

wurde in die Mauer gebrochen und eine Kanonenkugel erlegte ihn am 16. März 1819. 4622 Pfund wog er nach dem Tode. Skelett und Haut kamen in die Sammlung von Padua.

Bauten und Gelände der Menagerie wurden zwar später als Tierarzneischule und botanischer Garten genutzt, die große Chance aber war vertan. Erst rund 150 Jahre später sollte Stuttgart seinen endgültigen zoologisch-botanischen Garten bekommen.

Wie sehr König Wilhelm I. (1816–1864) bedauert haben muß, in den Hungerjahren zu seinem Regierungsantritt gezwungen gewesen zu sein, die Menagerie seines Vaters aufzulösen, läßt sich aus seinem Verhalten während seiner Regentschaft leicht ablesen. Wohl kein Monarch der damaligen Zeit zeigte solches Interesse an der Natur, insbesondere an der Land- und Forstwirtschaft, wie er. Nicht ungern sah er sich als »rex agricolarum«, als König der Landwirte bezeichnet, so wie man ihn auch als Landwirt unter den Königen ansah und dies durchaus nicht in abwertendem Sinne. Zeit seines Lebens hielt er sein Versprechen bei der Regierungsübernahme, die Land- und Forstwirtschaft als Haupteinnahmequelle des Landes besonders zu fördern und künftigen Katastrophen vorzubeugen. Er gründete 1818 die landwirtschaftliche Lehranstalt in Hohenheim, die 1847 von ihm zur Akademie erhoben wurde und im gleichen Jahr das Landwirtschaftliche Hauptfest, das nicht nur Erntedank, sondern vor allem Leistungsschau mit Pferderennen und Viehprämierungen war.

Trotz der schwierigen Verhältnisse setzte er die Bemühungen seines Vaters zur Ausgestaltung der Regierungshauptstadt fort. Mit der Fortführung und Gestaltung der Unteren Anlagen, dem »großen Wiesental« bis zum Neckar, wurde sozusagen die einzige großräumige städtebauliche Idee Stuttgarts vollendet. Schon Friedrich hatte die Platanenallee der Mittleren Anlagen unter Schwierigkeiten bis zum Kahlenstein, dem späteren Rosenstein verlängern lassen. An seinem Abhang lag das Landhaus »Bellevue«, das Friedrich spontan seiner Schwiegertochter Katharina schenkte. Wilhelm ließ die Platanenallee, die zunächst nicht recht gedeihen mochte, so verbessern, daß wir uns heute noch an den inzwischen mächtigen Bäumen erfreuen können. Hofgärtner Bosch übernahm die Ausgestaltung der schmalen und langen Anlagen. Über 1000 Bäume und zahllose Büsche wurden gepflanzt. Sie sollten den unerwünschtem Ausblick verhindern und Grenzen nicht erkennen lassen, um den Park größer erscheinen zu lassen. Insgesamt waren die Anlagen auf eine Ausdehnung von über 100 Hektar gewachsen. Eisenbahnbau, Hauptbahnhof, beide Theater, der Omnibusbahnhof und andere Verluste verkleinerten die Fläche später zwar auf etwa 57 Hektar. Die beiden Bundesgartenschauen von 1961 und 1977 aber brachten mit neuen Umge-

König Wilhelm I. in seinen ländlichen Tätigkeiten

König Wilhelm I. von Württemberg (1816–1864), der Erbauer der Wilhelma, beim Spaziergang vor seinem Schloß

staltungen zugleich wohl auch eine Sicherung dieses Bestandes, so daß der nun wieder Oberer, Mittlerer und Unterer Schloßgarten genannte Bereich auch heute noch das grüne Herzstück der Stadt darstellt.

Die Orangerie wurde 1818 aus Ludwigsburg in die Oberen Anlagen verlegt. Sie soll damals schon 300jährige Orangenbäume mit fußdicken Stämmen aufgewiesen haben.

Neben seiner Bauleidenschaft, über die noch zu sprechen sein wird, galt die große Liebe Wilhelms den Pferden. Seine Regierungszeit gilt als eine der bedeutendsten Epochen in der württembergischen Pferdezucht. Schon 1810 richtete der damalige Kronprinz im Park von Schloß Scharnhausen, das ihm als Landaufenthalt diente, eine kleine, private Stuterei ein, auf der sich bereits zwei arabische Hengste befanden. 1816–1819 wurde das Gestüt ausgebaut und verteilte sich nun auf drei Höfe: Weil bei Esslingen, Scharnhausen und Klein-Hohenheim.

1865 beherbergte es die stattliche Zahl von 88 Mutterstuten, 10 Hengsten und 230 Fohlen von ein bis vier Jahren. Die eine Hälfte stellte eine edle, größere und stärkere aus zunächst verschiedenen Schlägen gezüchtete Halbblutrasse, die andere war reines arabisches Vollblut. Der größte Teil der Mutterstuten stand in Weil, zeitweise auch die Hengste. In Klein-Hohenheim befanden sich die Hengstfohlen, in Scharnhausen die Stutfohlen und 20 Araber-Stuten. Zu den ersten Erwerbungen gehörte der Araber-Hengst »Bairaktar«. Vom König längere Zeit als Leibreitpferd erprobt, muß er als Stammvater der reinen Araberzucht in Württemberg gelten. Sieben Söhne und 37 Töchter seiner Nachzucht blieben im Gestüt, von vielen weiteren hochwertigen Nachkömmlingen abgesehen. In Europa war diese reine Araberzucht damals die einzige von Bedeutung.

Nach Gründung des Gestüts nahm Wilhelm noch einige weitere Meiereien in eigene Verwaltung. Jede neue Verbesserung der Landwirtschaft wurde hier geprüft und Bewährtes in den Betrieb aufgenommen. Besondere Sorgfalt galt der Viehzucht: der Schäferei und vor allem der Rinder- und Schweinezucht. Um zu ermitteln, welche Rinder für württembergische Verhältnisse am besten nutzbar waren, wurde eine große Zahl fremder und einheimischer Rassen nebeneinander aufgestallt. 1825 betrug die Zahl der zu prüfenden Rinder 265 Stück. Was sich als geeignet erwies wurde als Zuchtvieh auf verschiedene Landesgegenden verteilt.

Ein Schwerpunkt der Rinderzucht war der 100 Hektar große Meiereihof im Rosensteinpark, der gleichzeitig den Bedarf an Milch und Butter für den königlichen Haushalt lieferte. König Wilhelm wollte hier eine Rinderrasse züchten, die hohe Milchergiebigkeit der Kühe mit raschem Wachstum, Mastfähigkeit und Tauglichkeit zum Zugdienst der Ochsen verbinden sollte. Durch die Kreuzung der milchreichen Holländer-Rasse mit Schwäbisch-Limpurger-, Schwyzer- und Alderney-Blut entstand im Laufe von 30 Jahren das hervorragend geeignete »Rosenstein-Rind«, dessen Kühe damals schon bis zu 5000 kg Milch im Jahr erbrachten.

Den Schäfereihof Achalm bei Reutlingen kaufte Wilhelm ab 1822 wieder zurück und brachte ihn nach einigen Jahren auf die Fläche von rund 100 Hektar. Hier wurde neben etwas Acker- und Obstbau vor allem die Zucht von hochfeine Wolle liefernden Merinoschafen be-

Araber-Hengst »Bairaktar«, der Stammvater der reinblütigen Araber-Zucht in Württemberg

trieben. Rund 650 Schafe wurden gehalten und viele Nachzuchttiere an die Schafzüchter im Lande abgegeben.

Monrepos, vom König Seegut genannt, war mit 380 Hektar die größte seiner Meiereien. Sie diente neben dem Ackerbau, dem Luzerne-Anbau und der Obsterzeugung, auch der Rinder- und Schweinezucht, der Schäferei, Seiden-, Fisch- und Geflügelzucht.

In der Nähe von Monrepos und von dorther unterstützt verfolgte der König im 70 Hektar großen Favorite-Park in Ludwigsburg sein weiteres Anliegen, auch ausgefallenere fremde Haustierrassen und andere Tierarten auf ihre Nützlichkeit und Verwendbarkeit zu prüfen. Er betrieb damit also schon einen Akklimatisationsgarten, in dem er eine Herde Hirsche, verschiedene Ziegenrassen, Schafe mit seidiger Wolle, Fettschwanzschafe aus Jemen, Yaks, Zebus und ähnliche hielt. Mit der Haltung von Bengalischen Hirschen (=Axishirschen) wurde eine bis heute anhaltende Tradition begründet. Schon um 1780 waren solche Tiere im Echterdinger Fasanengarten gehalten worden. Leopold Martin, Präparator am königlichen Naturalienkabinett, berichtete 1878, der jetzige Bestand gehe auf ein 1811 aus London geschenkweise erhaltenes Paar zurück. Sie vermehrten sich gut und wurden später auf die Gestüte Weil und

Scharnhausen gebracht. Als die Tiere im strengen Winter 1829 bis auf 13 Stück eingingen, kam der Rest in den »wärmeren« Favorite-Park zurück. 1839 raffte eine ansteckende Lungenkrankheit den Bestand bis auf zwei trächtige Alttiere dahin. Mit den von ihnen geborenen Hirschkälbern wuchs der Bestand trotz dieser Inzucht in rund 40 Jahren auf 87 Exemplare, bei einem jährlichen Abschuß von 10 bis 15. Kreuzungsversuche mit Dam- und Edelwild waren vergeblich. Angora-Ziegen aus Kleinasien lieferten neben ihrem zwar groben, aber besonders langen und dennoch weichen und glänzenden Haar, das sich gut färben läßt, auch schmackhaftes Fleisch und Fett. Gezüchtete Angora-Böcke wurden zur Aufbesserung der Ziegenzucht an Gemeinden des Landes verschenkt. Tibetanische Yaks wurden 1858 aus einer Herde, die 1854 für Paris aus Tibet eingeführt worden war, erworben. Die auch Grunzochsen genannten, in ihrer Heimat als Tragtiere, Woll-, Milch- und Fleischlieferanten geschätzten Haustiere erfüllten nicht die Erwartungen. Die erzielten Jungen gingen nach vier bis fünf Jahren an Knochenerweichung ein, so daß sich eingehende Versuche nicht anstellen ließen. Übrigens schenkte der König dem jungen Frankfurter Zoo 1860 zwei Axishirsche und eine Kaschmir-Ziege. Yak-Kühe von dort wurden vom Favorite-Yak-Bullen gedeckt.

Bulle des weißen »Rosenstein-Rindes«, einer Züchtung König Wilhelms I.

So als wolle er eine seiner ersten Amtshandlungen, nämlich die Auflösung der Menagerie seines Vaters, wieder ungeschehen machen, plante König Wilhelm I. in seinen letzten Lebensjahren wieder die Anlage eines zoologischen Gartens in Stuttgart, eines Akklimatisationsgartens, wie er einen schon 1856 bei seinem Besuch in Paris kennengelernt hatte. Die Absicht entsprach seinen Neigungen und lag auch im Trend der Zeit, in der man sich vielfach mit dem Eingewöhnungsproblem fremdländischer Tiere besonders im Sinne der Haustiernutzung beschäftigte. Als unmittelbar Beteiligter schreibt dazu der Präparator am königlichen Naturalienkabinett Philipp Leopold Martin: »Der Akklimatisationsgarten des König Wilhelm ist zwar ein während der Geburt gestorbenes Kind, aber dem ungeachtet nicht ohne besonderes Interesse, weil er eben die Geistesrichtung dieses, immer für das Volkswohl tätigen Monarchen bezeichnet. Gegen das Ende seiner Regierung wollte der greise König der Stadt Stuttgart noch ein schönes Andenken hinterlassen und kam auf den Gedanken, einen Akklimatisationsgarten zu gründen und wann fertig, denselben einer garantierenden Gesellschaft zu übergeben, die ihn in seinem Sinne fortzuführen übernähme. Der damalige Bau- und Gartendirektor Hackländer wurde damit betraut und mir dessen Ausführung übergeben.«

Vorgesehen war dafür ein Gelände in den Unteren Anlagen bei Berg unterhalb des Rosensteinparks etwa auf Höhe der Villastraße. Martin leitete zusammen mit dem Architekten Professor Bäumer die notwendigen Vorarbeiten, unternahm Reisen zu den Zoos in Frankfurt, Dresden, Berlin, Hamburg und Köln und fertigte Pläne. In einer Note vom 23. September 1863 an seinen Oberhofmeister äußert sich Wilhelm unter anderem:»...Der zum Zoologischen

Garten bestimmte Platz muß durch einen Eisendraht und eiserne Stangen eingezäunt werden, ehe die anderen Arbeiten beginnen, damit die Neugierde des Publikums im Zaum gehalten wird...Hier folgen die Zeichnungen, die Mir nicht gefallen haaben, zurück. Ich höre, der Zoologische Garten in Frankfurt ist viel freundlicher eingerichtet. Da die klimatischen Verhältnisse die gleichen sind, so wäre zu suchen, von daher Zeichnungen zu erhalten. Wilhelm«

Der erste Entwurf Martins stammt vom 30. Oktober 1862. Als Besetzung waren zunächst 38 Arten von Säugetieren vorgesehen, darunter Hirsch, Lama, Rentier, Ziege, Schaf, Steinbock, Rind, Zebra, Büffel, Agutis, Biber, Murmeltier, Fischotter. Auch an Wasservögel, Strauße und Hühner war gedacht. Von großen Raubtieren ist aber nirgends die Rede. Die Voranschläge beliefen sich im ganzen auf 166 155 Gulden 30 Kreuzer. Das Dekret mit der endgültigen Genehmigung wurde am 3. März 1864 ausgestellt, und schon am 7. März begann man mit dem Bau. Für das Jahr 1864/65 hatte der König zunächst 40 000 Gulden eingesetzt. Die Arbeiten schritten zügig voran. Die Drahtgitter wurden in der Rexerschen Fabrik gefertigt und ein Palisadenzaun zum Nesenbach errichtet. Schon im April wurde auch mit dem Bau des vorgesehenen Restaurationsgebäudes begonnen. Der König erlebte die Fertigstellung seines letzten Bauvorhabens allerdings nicht mehr. Er starb am 24. Juni

Stadtplanausschnitt von 1871. Schloßgartenanlagen mit Botanischem Garten und Orangerie.

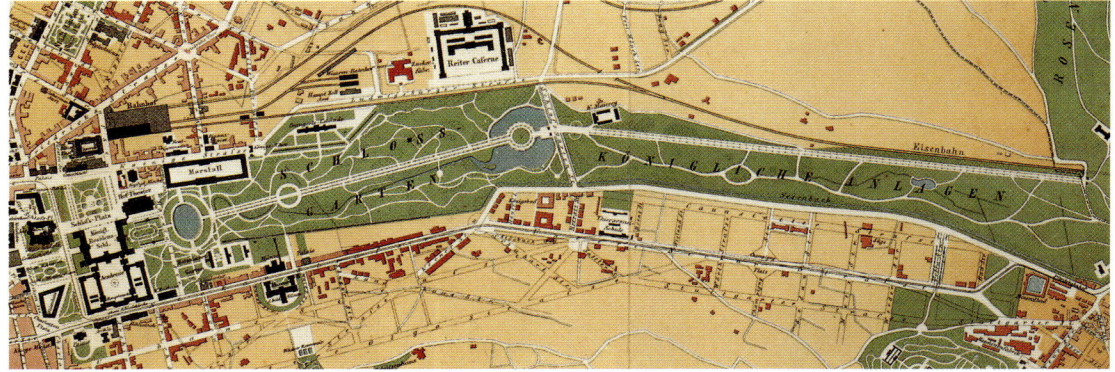

1864 im benachbarten Schloß Rosenstein, nachdem schon ein großer Teil der Anlage fertiggestellt und die ersten Tiere eingezogen waren.

Sein Sohn, König Karl, hatte nichts Eiligeres zu tun, als schon am Tage nach Wilhelms Tod durch Kabinettsorder die sofortige Auflösung des Gartens zu befehlen: »Des jetzt regierenden Königs Majestät gedenken den in Ausführung begriffenen Zoologischen Garten nicht nur nicht fortzusetzen, sondern haben befohlen, daß alle Arbeiten daran definitiv eingestellt und die vorhandenen Einrichtungen, soweit immer möglich, wieder beseitigt werden.« Zur Abwicklung sämtlicher Ansprüche und zur Entschädigung für geleistete Arbeiten und Lieferungen wurde ein Kredit von 21 000 Gulden ausgesetzt. Die Drahtgitter gingen an das Hofjägeramt zum Gebrauch im Wildpark und in der Fasanerie. Damit begann eine lange Schlafpause der Unteren Anlagen. Erst zur Bundesgartenschau 1977 wurde hier wieder »Hand angelegt« und der Bereich neu gestaltet.

Im allgemeinen Bedauern um die eben verstrichene Möglichkeit wurden die Wünsche der Stuttgarter Bürger nach einem richtigen zoologischen Garten wieder lauter. König Karl trug dem rasch Rechnung und wollte schon im gleichen Sommer ein 18 Morgen (5½ ha) großes, zum Kronfideikommiß gehörendes Grundstück zur Verfügung stellen. Er knüpfte aber die Bedingung daran, daß sich eine Aktiengesellschaft zur Gründung und für den Betrieb eines zoologischen Gartens bilden müßte. Bei dem angebotenen Grundstück soll es sich um das sogenannte »Seidengut« oder die 1830 angelegte Maulbeerpflanzung im Stöckach unterhalb der Tierarzneischule gehandelt haben. Die Sache blieb zunächst lange liegen. Erst als der bekannte Präparator Ploucquet anbot, sein für die damalige Zeit äußerst modernes Museum, das präparierte Tiere bereits in biologischen Gruppen in entsprechender Umgebung ausstellte, in den neuen Zoo zu integrieren, wurde das Thema neu aufgegriffen. Oberbürgermeister Sick bemühte sich nun persönlich und konnte innerhalb von drei Tagen eine Anzahl finanzkräftiger und einflußreicher Männer zur Zeichnung von über 70 000 Gulden veranlassen. Am 14. März 1865 erschien in mehreren Zeitungen eine Einladung zur Versammlung aller Interessierten im oberen Museum, dessen großer Saal die Menge kaum faßte. Nach dem Oberbürgermeister, der die Veranstaltung eröffnete und über die bisherigen Bemühungen und Erfolge berichtete, hielt der besonders dazu eingeladene ehemalige wissenschaftliche Direktor des Frankfurter Zoos, Dr. Weinland, einen vielbeachteten Vortrag über die Zwecke eines zoologischen Gartens in unterhaltender, akklimatisatorischer und wissenschaftlicher Beziehung. Eine ausführliche Diskussion – nicht zuletzt auch über die Eignung des in Aussicht gestellten Geländes – schloß sich an. Danach wurde das auf 24 Mitglieder erweiterte vorläufige Komitee einstimmig zum endgültigen Vorstand gewählt. Eine ansehnliche Anzahl weiterer Aktien wurde gezeichnet. Dr. Neubert, einer der Anwesenden schreibt: »...und so können wir einer um so

schnelleren Errichtung und Eröffnung des Gartens entgegen sehen, als es weder an den Geldmitteln, noch an einer nicht unbedeutenden Sammlung schöner und seltener Tiere fehlt, indem die von König Wilhelm noch vorhandenen fremden Tiere in den Garten einverleibt werden sollen und der im Fache sehr bekannte Caffetier Gustav Werner geneigt ist, seine ganze Sammlung von zum Theil wirklichen Prachtexemplaren durch Kauf abzutreten. Dieses ist in Kurzem

Ansätze zu einem Akklimatisationsgarten bestanden beim Schloß Favorite: Yaks, Zebus, Axishirsche, Somalischafe, Kaschmirziegen und andere wurden hier gehalten.

der Stand der Sache bis zum heutigen Tage, und von dem weiteren Fortschreiten kann ich ihnen stets genaue Mitteilungen machen, weil ich Mitglied des Komitees bin.«

Nach diesem Bericht in der Zeitschrift »Der Zoologische Garten« 1865 erfolgte aber nie mehr eine neue Nachricht. Die ganze damalige Bewegung verlief im Sande wie leider auch noch viele weitere. Die kurze Meldung des Frankfurter Journals: »Die Gründung eines großen Zoologischen Gartens in Stuttgart durch eine Aktiengesellschaft, wozu der König das Terrain unentgeltlich abtreten will, steht jetzt in naher Aussicht« war demnach eben auch nur eine Zeitungsente.

Der als Sohn eines Cafetiers 1809 in Stuttgart geborene Gustav Werner war von frühester Jugend an ein leidenschaftlicher Tierfreund. In Nürtingen erzogen, hielt er schon als Lateinschüler heimlich weiße Mäuse, kletterte auf das Kirchendach, um die jungen Störche zu beobachten und päppelte junge Vögel auf. Selbst in seiner Kellnerlehre, die Tierhaltung war ihm untersagt, hielt er sich ein Rotkehlchen beim Nachbarn. Zurückgekehrt in die Wirtschaft seiner Mutter, lebten dort bald vielerlei Kleinvögel, aber auch Hühner und Tauben. Später folgten Fasane und Pfauen, Papageien und eine Hundezucht. 1840 teilte er das Erbe mit seinem Bruder und erbaute sich ein eigenes Anwesen als Wirtschaft in der oberen Sophienstraße auf nur 800 m². Seinen allseits von Häusern umschlossenen Hof umgab er rundum nach und nach mit Käfigen und richtete in der Mitte einen großen überdeckten Restaurationsgarten ein.

Werners Tierhof war schon 1848 berühmt oder eher berüchtigt, da er als richtiger Demokrat einem sprechbegabten Papagei dem badischen Revolutionär Hecker zu Ehren den damals oft gehörten Ruf »Hecker hoch« beibrachte. Die Folge war ein Lokalverbot für die Soldaten, und auch die Wachparade vermied den Weg durch die Sophienstraße. 1855 weitete sich die Anlage vor allem durch die Aufnahme zahlreicher Säugetiere aus und galt nun als »Tiergarten« für den man 3 Kreuzer Eintritt verlangte. Schon vorher waren einige Affen gehalten worden, die ihm den Namen »Affenwerner« einbrachten, eine hervorragende kostenlose Werbung. Ein aus wilden Reben sorgfältig über ein Drahtgestell gezogener grüner Affe am Eingang bildete mit einer schwarzroten Fahne das Markenzeichen. Bei der räumlichen Enge war der Menageriecharakter allerdings unvermeidbar. Dennoch schienen die Tiere wohl genährt und gepflegt, meist in Paaren, dabei auffallend zahm und munter in einer sauber gehaltenen Umgebung. Sein enormes Einfühlungsvermögen im Umgang mit seinen Tieren brachte Werner beträchtliche Erfolge ein.

Trotz der Unterbringung auf kleinem Raum verstand er es, den Bedürfnissen seiner Pfleglinge weitgehend Rechnung zu tragen. Der ständige enge Kontakt ließ ihn zu einer Art Übervater werden, dem die Tiere in ganz natürlicher Weise gehorchten. Ein Erlebnis war es für seine Gäste, wenn Werner mit einem Bären an der Kette durch den Wirtsgarten ging, und ein

Der Gastwirt als Dompteur: der »Affenwerner«

zahmer Fischotter ihm folgte. Außerdem bewegten sich viele andere Tiere frei unter den Besuchern. Zu diesen gehörten sogar ein zahmer Leopard, der wie der Bär an einer Leine geführt wurde, eine Streifenhyäne, ein Stachelschwein und viele Vögel. Viel wurde durch »Futterzahmheit« erreicht, indem die Futterration bei gutem Zureden erst nach dem Aufführen kleiner Kunststücke übergeben wurde. So war es Werner möglich, ganz unterschiedliche Tiere in seinem Vorführkäfig zusammenzubringen und damit die heute übliche zahme Dressur vorwegzunehmen. Unter seiner natürlichen Autorität

bewegten sich ein stattliches Löwenpaar, zwei Leoparden, zwei gestreifte Hyänen, ein Schakal und ein Rattenfängerhund, wie es der Tiermaler Specht in einer trefflichen Zeichnung festgehalten hat. Besonders beeindruckte dabei, daß der mächtige Löwe sogar mit einem großen Stück Fleisch im Rachen – Futter, das er sonst verteidigt – noch bereit war, über den vorgehaltenen Arm seines Besitzers zu springen.

Im Laufe der Zeit wuchs der Tierbestand beträchtlich. Außer den schon genannten gehörten dazu gleichzeitig bis zu fünf Braunbären, Eisbär, Waschbären und Nasenbären, Schleichkatzen und Marder (darunter ein Steinmarder-Albino), Iltisse und Wildkatzen, Dachs und Fuchs, Känguruh, ein afrikanisches Wildschwein, Rehe, Meerschweinchen, weiße Ratten und Eichhörnchen und selbstverständlich verschiedene Affen, hauptsächlich Javaner, Hutaffen und Paviane. Unter diesen Publi-

Gustav Werner im Vorführkäfig in seinem Element. Dank seiner natürlichen Autorität nahm er mit seiner gemischten Raubtiergruppe, bestehend aus einem Löwenpaar, zwei Leoparden, zwei Hyänen, einem Schakal und einem Rattenfängerhund, die heute übliche zahme Dressur vorweg.

Werners mit Tieren bevölkerter Wirtsgarten, darunter zahlreiche einheimische und exotische Vögel. Links der Besitzer mit einem zahmen Bären an der Kette

kumslieblingen befand sich nach einem Besucherbericht »auch ein gelehrtes Haus, das Werner sehr ergeben war und die von ihm verlangten Kunststücke wie das Schaukeln, das Fortrollen der auf Schienen gestellten Eisenbahnwagen und das Handhaben des blechernen Vexierspiegels auch auf die anderen übertrug. Und was er erst als Tausendkünstler mit der Taschenuhr Werners leistete! Mit großer Geschicklichkeit öffnete er sie, mit wichtiger Gebärde schien er sie nach einer im Garten befindlichen großen Uhr zu richten und sie mit dem Uhrschlüssel aufzuziehen.«

Zahlreiche einheimische und exotische Vögel bevölkerten den Tierhof. Von ihnen lebte zum Beispiel ein Steinadlerpaar aus Tirol 25 Jahre hier, ein Seeadler 12 Jahre. Auch Schildkröten, Schlangen und Eidechsen fehlten nicht.

Für die damalige Zeit respektable Haltungs- und Zuchterfolge stellten sich ein. So wird von einem Seehund berichtet, der sechs Jahre am Leben erhalten werden konnte, wahrscheinlich dank ständigem Quellwasserzulauf. Ob der ab und zu gereichte Pökelhering, dessen Salzgehalt das mangelnde Seewasser ersetzen sollte, daran Anteil hatte, ist zu bezweifeln. Von der

Quelle profitierten auch die Bären und die Fischotter, deren Langlebigkeit aber wohl auch auf der abwechslungsreichen Ernährung beruhte. Unter den Züchtungen fällt auf, daß sich nicht einmal die sonst scheuen Vögel von der Enge und dem Besucherstrom abhalten ließen, zu brüten. Allen voran die Graureiher, die ihr Nest am Boden direkt am Gitter anlegten, wobei einzelne Zweige in den Besucherraum ragten. Zwei bis drei Bruten kamen fast alljährlich auf. Etwas schwieriger gestaltete sich die Storchenaufzucht, die aber auch mit täglich frisch gesammelten Maikäfer-Engerlingen gelang.

Unter den Säugetieren hatten die Javaneraffen mehrfach Nachzucht, wobei auch ein Bastard zwischen einem Schweinsaffen-Weibchen und einem Javaner-Männchen vorkam. Mehr als zehn Braunbären wurden ab 1863 gezüchtet und verkauft. Pragmatischerweise mästete man auch zwei davon und schoß sie tot, um »den Stuttgarter Feinschmeckern den seltenen Genuß von Bärenwildpret zu verschaffen«. Ein

Leopardenpaar zog mehrfach Junge auf ebenso wie die Löwen, deren Weibchen ihre Sprößlinge gut betreute. Weniger erfolgreich waren die gestreiften Hyänen. Zwar warf das Weibchen mehrfach Junge, fraß sie aber immer sofort auf. Ein einziges konnte gerettet werden, war aber trotz Hundeamme nicht durchzubringen..

Wir dürfen heute noch das Organisationstalent eines Mannes, aber auch sein Tierverständnis bewundern, die es ihm als einzelnem Privatmann ermöglichten, über Jahrzehnte hinweg aus eigener Kraft eine damals einzigartige Institution erfolgreich zu betreiben. Werner starb 1870 61jährig nach kurzer Krankheit. Seine Witwe und ein Sohn, er war schon ein Jahr zuvor als Geschäftsführer eingesetzt worden, führten das Unternehmen weiter. Einige Unfälle ereigneten sich, Krankheiten traten auf, auch Nachbarn protestierten, so daß das Unternehmen 1873 schließlich aufgegeben wurde. Die meisten Tiere wurden verkauft, ein Teil davon an den zu dieser Zeit gerade im Aufblühen begriffenen Nillschen Tiergarten. Die Stuttgarter konnten also einige alte Bekannte, darunter vor allem den stattlichen Eisbärenmann, weiterhin besuchen und neue Hoffnung schöpfen.

Nills Tiergarten, der Zoo des Zimmermanns

Auch die nach Friedrichs Menagerie wohl spektakulärste Tierhaltung in Stuttgart verdankt ihr Entstehen einem Liebhaber. Schon lange vor dem Ende des Wernerschen Tiergartens hielt sich der Zimmermeister Johannes Nill (geb. 21. 2. 1825) auf einem nur knapp ein Morgen (ca. 30 Ar) großen Grundstück am Herdweg – damals noch einer ausgesprochenen Stadtrandlage – aus reiner Freude an den Tieren eine ganze Anzahl verschiedener Hühner, Tauben und Singvögel, aber auch einheimische Hirsche und Rehe, Füchse und manchen Raubvogel. Dies sprach sich herum, und immer mehr Leute wollten die Tiere sehen.

Bald ergab sich die Notwendigkeit, bei immer größer werdenden Besucherzahlen, den Gästen auch Erfrischungen anzubieten. 1866 wurde die Wirtschaft »Zum Hirschen« erbaut. Mit dem bei den Stuttgartern sehr beliebten Ausflugslokal konnte Nill die Unterhaltskosten für die Tiere verdienen. Da die Liebhaberei des Besitzers deren Zahl aber immer weiter vermehrte, stand man bald vor der Entscheidung, entweder die Tierhaltung professionell zu betreiben, oder sie wieder drastisch einzuschränken. Man entschloß sich zum Ausbau.

Unter der Leitung von Professor Dr. Gustav Jäger, dem Ordinarius für Zoologie und Anthropologie am Polytechnikum, ehemals Tiergarten-

Direktor in Wien, und der künstlerischen Beratung durch den Tiermaler Friedrich Specht entstanden einfache, aber zweckmäßige Behausungen für die schon genannten Tiere, aber auch für Bären und Wildschweine, Ziegen und Gemsen, kleine Raubtiere und Affen sowie ein Teich für Wasservögel. Am 1. Juli 1871 konnte die neue Anlage eröffnet werden. Sie war getrennt vom Restaurationsbetrieb. Für den Besuch des Tiergartens zahlten Erwachsene 6 Kreuzer, Kinder die Hälfte. Auch die königliche Familie nahm Anteil. König Karl schenkte Angoraziegen, Kronprinz Wilhelm ein Rudel Wildschweine. Für den Herbst versprach seine Majestät Axishirsche, der Kronprinz Damhirsche. Zum Bestand gehörten jetzt auch Waschbären, Beutelmarder, Palmroller, Marder, Dachse, zwei

Besondere Erfolge für die damalige Zeit hatte Nill mit Nachzuchten und der Pflege junger Menschenaffen. Junger Orang-Utan und die Zucht des Großen Ameisenbären, von Tiermaler Friedrich Specht festgehalten

Wölfe, der erste Braunbär, einige Affen und als Besonderheit ein haarloses Rind. Die Stuttgarter waren begeistert und kamen in Scharen. 1873 erwarb Nill einen Teil der aufgelösten Wernerschen Tiersammlung. Damit war eine Erweiterung dringend geboten.

Die Dinge kamen in Fluß, als am 12. Mai 1875 der hervorragende Präparator Leo Martin (derselbe, der auch König Wilhelms Akklimatisationsgarten damals anzulegen begonnen hatte) ein »Museum der Urwelt bis zur Gegenwart« auf dem Gelände des Tiergartens eröffnete. Zuvor hatte er seinen Dienst am königlichen Naturalienkabinett quittiert, um sich ganz dieser neuen Aufgabe widmen zu können. In einer Halle von 100 Fuß Länge, 50 Fuß Breite und 35 Fuß Höhe wurden Nachbildungen fossiler Tiere und Präparate der fossilen und heutigen Tierwelt aufgestellt. Haupt- und Glanzstück war ein überlebensgroßes, meisterlich dargestelltes Mammut von 18 Fuß (ca. 5,15 m) Höhe, das auch die Fachwelt besonders beeindruckte. Eine Seite des Gebäudes nahmen Darstellungen aus dem Erdmittelalter vor 170–230 Millionen Jahren ein mit Lebensbildern aus dem Buntsandstein, dem Muschelkalk, dem Keuper und dem Schwarzen Jura. Neben einem »Neckar-Krokodil« waren auch Nachbildungen eines »Schlan-

gendrachen« (Plesiosaurus) und »Fischdrachen« (Ichthyosaurus) zu sehen. Daneben fanden sich biologische Gruppen aus der Jetztzeit wie ein nordischer Vogelberg, der deutsche Wald, die afrikanische Wüste oder der tropische Urwald; dazu kleinere Gruppen »kulturnützlicher« und »schädlicher« Tiere. Als aber das Mammut bereits im Frühjahr 1877 an ein Museum in Rochester (USA) für 12 500 Mark verkauft worden war, schloß das Museum, zumal es neben den lebenden Tieren wenig Zulauf hatte, wieder und machte einer Rollschuhbahn Platz. Im Wirtschaftsgarten wurde für die zahlreichen Kinder eine »Spielturnanstalt« mit Schaukeln und Karussell eingerichtet.

Der Ausbau ging weiter, zwischen 1880 und 1886 entstand ein großes Raubtierhaus, ein Elefanten- und ein Affenhaus. 1882 kam ein Terrarium dazu, dessen Einrichtung von Tiermaler Specht gestaltet wurde. Neben Kaimanen und Riesenschlangen gab es hier Schling- und Ringelnattern, Eidechsen und Blindschleichen. 1886 erstand Nill die große Menagerie von Entreß und baute das Raubtierhaus um. Eine Konzerthalle wurde errichtet und ein Musikpavillon im Wirtsgarten, in dem regelmäßig Militärkon-

Schaubild des Nillschen Tiergartens in seiner größten Ausdehnung etwa um die Jahrhundertwende

zerte stattfanden. 1892 übernahm der Sohn Adolf Nill, inzwischen approbierter Tierarzt, den Tiergarten von seinem erkrankten Vater. Er erweiterte das Gelände nochmals um etwa 60 Ar auf 1,5 Hektar. Eine neue Restaurationshalle trat an die Stelle von zwei älteren Gebäuden. Das vom Elefant »Peter« stark demolierte hölzerne Elefantenhaus wurde durch ein neues Steinhaus im maurischen Stil ersetzt, das auch noch Zebu und Kamel als Unterkunft diente. Die neue, 40 Meter lange Raubvogelgalerie beherbergte Eulen, Adler, Geier und mittelgroße Greife. Dazu kamen ein Haus für Antilopen, in dem Zebra, Säbel- und Hirschziegenantilopen, Lama, Riesenkänguruh usw. lebten, und eines

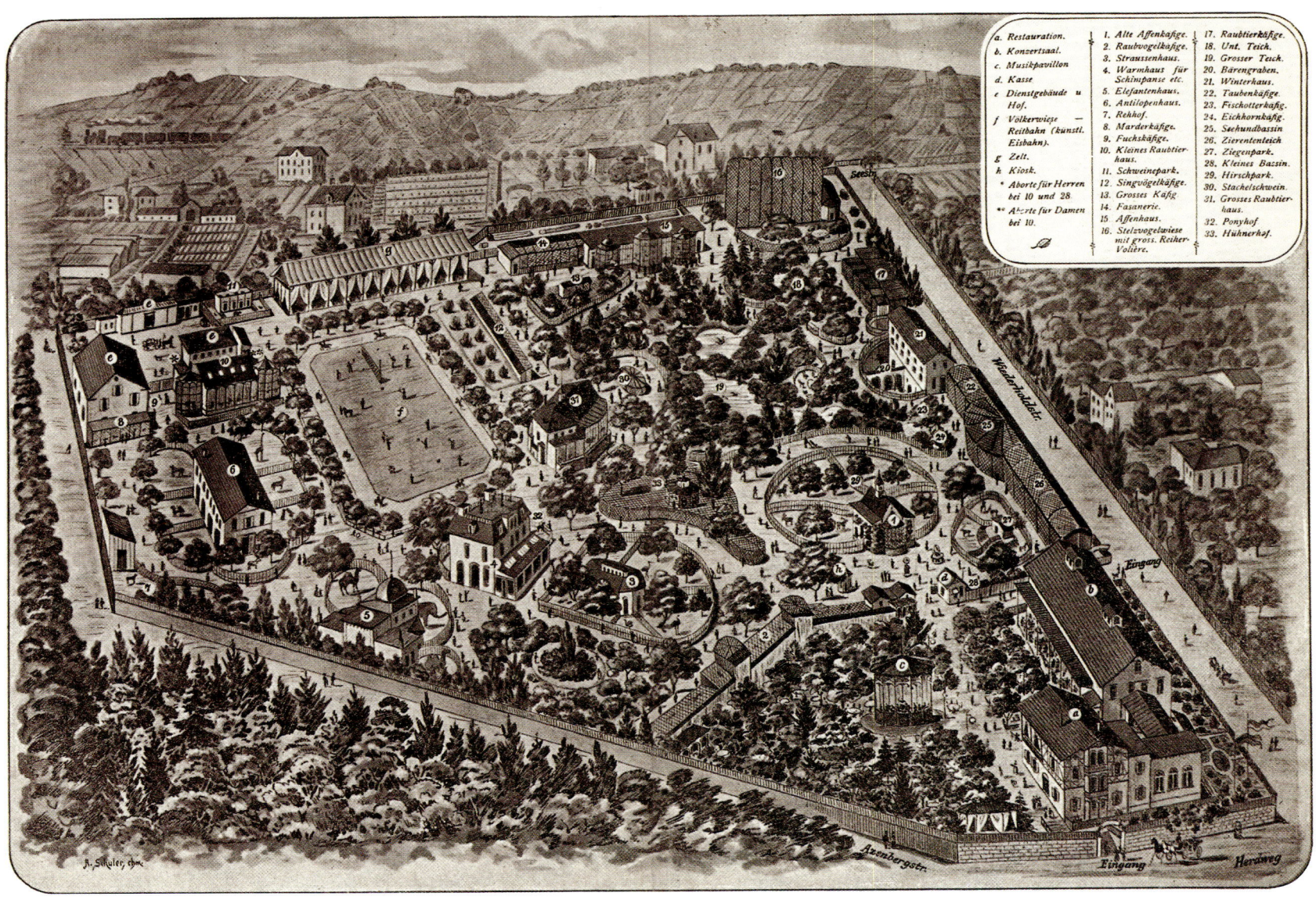

a. Restauration.
b. Konzertsaal.
c. Musikpavillon
d. Kasse
e. Dienstgebäude u. Hof.
f. Völkerwiese — Reitbahn (künstl. Eisbahn).
g. Zelt.
h. Kiosk.
* Aborte für Herren bei 10 und 28.
** Aborte für Damen bei 10.

1. Alte Affenkäfige.
2. Raubvogelkäfige.
3. Straussenhaus.
4. Warmhaus für Schimpanse etc.
5. Elefantenhaus.
6. Antilopenhaus.
7. Rehhof.
8. Marderkäfige.
9. Fuchskäfige.
10. Kleines Raubtierhaus.
11. Schweinepark.
12. Singvögelkäfige.
13. Grosses Käfig.
14. Fasanerie.
15. Affenhaus.
16. Stelzvogelwiese mit gross. Reiher-Volière.

17. Raubtierkäfige.
18. Unt. Teich.
19. Grosser Teich.
20. Bärengraben.
21. Winterhaus.
22. Taubenkäfige.
23. Fischotterkäfige.
24. Eichhornkäfige.
25. Seehundbassin.
26. Zierententeich.
27. Ziegenpark.
28. Kleines Bassin.
29. Hirschpark.
30. Stachelschwein.
31. Grosses Raubtierhaus.
32. Ponyhof.
33. Hühnerhof.

A. Schuler, chrom.

selbstdressierte Löwengruppe.

Die berühmte Dompteuse Claire Heliot reiste mit ihrer Löwengruppe und den beiden Doggen durch ganz Europa. In Stuttgart gastierte sie fünfmal. Mit ihrer Vorführung in »sanfter Dressur« hatte sie überall großen Erfolg und wurde viel bewundert.

für Kleinsäuger mit acht Sommerkäfigen und zwei Eckpavillons mit Opossum, Wiesel, Hamster sowie Leopard, Serval, Zibetkatzen, Schakalen und Marderhunden.

In der Mitte des Gartens wurde, dem Zeitgeist entsprechend, ein großer Ausstellungsplatz, die sogenannte »Völkerwiese« eingerichtet. Hier wurden in den Folgejahren Gruppen von Feuerländern, Samojeden, Somali, Dinka, Schuli, Lappen, Kirgisen und Ceylonesen u. a. als »fremde Völkerrassen« zur Schau gestellt!

Eine wichtige Ergänzung waren schließlich mehrere Ökonomiegebäude, darunter Werkstatt und Stallungen, die einen großen Hofraum umgaben. Jetzt konnten auch Vorräte, insbesondere das Futter, sachgemäß gelagert werden. Dabei wurden zur Besucherseite hin Käfige für Füchse und Dachse, Nasenbären, Waschbären und kleine Pelztiere angebaut.

Leider erlebte der Begründer, Johannes Nill, die Fertigstellung seines Lebenswerkes nicht mehr. Er starb im Mai 1894 als Neunundsechzigjähriger. Zeit seines Lebens hatte er seine ganze Kraft seiner Schöpfung geopfert, war dabei aber stets ein bescheidener Praktiker, mit Augenmaß und Gespür für Menschen und Tiere, geblieben. Die Witwe mit ihren Töchtern übernahm den Wirtschaftsbereich, während der Sohn weiter dem Tierpark vorstand.

Im Juli 1896 feierte Stuttgart das 25jährige Bestehens des Gartens mit Doppelkonzert, Brillantfeuerwerk und einer Ansprache von Oberbürgermeister Rümelin. Auch eine Festschrift gab es aus diesem Anlaß. Der Betrieb des Tiergartens erforderte jetzt außer dem Besitzer bereits einen Verwalter, einen Kassenführer, eine Kassenführerin, fünf Wärter und Aushilfskräfte. Erwachsene zahlten 50 Pfennig Eintritt, Kinder und Militär die Hälfte. Durch die Einführung billiger Sonntage zum Einheitspreis von 20 Pfennig verdoppelte sich der Besuch auf etwa 200 000 Besucher pro Jahr. (Die Einwohnerzahl Stuttgarts lag damals bei rund 100 000!) Sonderveranstaltungen wie Konzerte, die Völkerschauen, Tierdressuren, Luftballonfahrten, Ponyreiten, Kinderfeste und im Winter ein Eislaufplatz steigerten noch die Attraktivität.

Großer Beliebtheit erfreute sich die Dompteuse Claire Heliot. In England geboren, in Deutschland aufgewachsen, bereiste sie mit ihren neun Löwen aus der Leipziger Zucht und zwei Doggen ganz Europa, aber auch England und Amerika. In Stuttgart gastierte sie fünfmal und erntete dank ihrer Geschicklichkeit und sicheren Eleganz, mit der sie in »sanfter Dressur« ihre Tiere vorführte, allgemeine Bewunderung. Sascha, ein dreieinhalb Zentner schwerer Löwe wurde von ihr auf den Schultern durch den Käfig getragen. Nach einem schweren Unfall in Kopenhagen mußte sie aufgeben und lebte zunächst in Leonberg und später bis zu ihrem Tode 1953 in ihrem geliebten Stuttgart.

Trotz aller Popularität gelang es auf die Dauer nicht, kostendeckend zu arbeiten, und sowohl der König (500 Mk) wie die Stadtverwaltung (5000 Mk, zuletzt 8000 Mk) leisteten jährliche Zuschüsse. Ein neues Wolfshaus, ein tonnengewölbtes Stelzvogelhaus, ein Warmhaus für Menschenaffen, ja sogar ein Aquarium für Süß- und Seewasserfische konnten noch gebaut werden, ein neues Reptilien- und Insektenhaus aber nicht mehr.

Die Verbindlichkeiten wuchsen, die Defizite wurden immer größer, so daß sich Adolf Nill schließlich zum Verkauf an das Land bereitfinden mußte. Im Kaufvertrag vom 6. April 1905 ging das gesamte Tiergartenareal von damals 190,52 Ar zum Preis von 925 000 Mk an die Staatsverwaltung. Den Erlös zehrten weitgehend die aufgelaufenen Schulden auf. Nach fruchtlosen Diskussionen über eine Weiterführung schloß der Tiergarten am Osterdienstag 1906 endgültig seine Pforten. Der Tierbestand wurde vor allem an die Zoos von Düsseldorf (u. a. Giraffe und Elefant), Dresden, Halle, Karlsruhe, Basel, Kopenhagen, Breslau, Rotterdam, Köln und Hagenbeck in Stellingen verkauft. Die Bastardbären gingen an einen Händler in Liverpool, die Wapiti-Hirsche in den königlichen Park. Die alte Braunbärin »Mascha«, die seit der Anfangszeit – 35 Jahre – im Garten zu Hause gewesen war und 50 Junge zur Welt gebracht hatte, mußte ebenso wie das Männchen erschossen werden. Auch das Inventar wurde verkauft, die Häuser abgebrochen, ein Teil davon in den neuen, kleinen Tiergarten auf der Doggenburg gebracht. Obwohl sich Adolf Nill immer wieder um die Stuttgarter Tiergartenfrage bemüht hat, war ihm kein Erfolg mehr beschieden. Dennoch hat der große Einsatz der ganzen Familie Nill den Zoogedanken über Jahrzehnte nicht nur wachgehalten, sondern nachdrücklich gefördert.

Für die Geschichte der Tiergärtnerei ist die Reichhaltigkeit dieses ganz privat unterhaltenen Tierbestandes und vor allem die für die damalige Zeit bedeutenden Haltungs- und Nachzuchterfolge festzuhalten. Bis zu 500 Tiere in ca. 170 Arten – rund ein Drittel davon Säugetiere – wurden gleichzeitig gehalten. Darunter befand sich zum Beispiel ein Hirscheber, den das königliche Naturalienkabinett lebend erhalten hatte. Nach Schließung des Gartens kam dieses Tier als Leihgabe an den Frankfurter Zoo. Den Stuttgartern wohlbekannt war der afrikanische Elefant »Peter«, ein recht mutwilliges Tier, das 1879 nach abenteuerlicher Reise aus Marseille ankam. Er zerstörte verschiedene Behausungen und mußte schließlich nach Verletzungen und Beinschäden 1893 durch einen spektakulären Schuß seines Besitzers getötet werden. Nachfolgerin wurde die indische Elefantin »Zella«, zu deren Andenken auch heute noch eine Elefantin der Wilhelma »Zella« heißt. Großer Beliebtheit erfreuten sich auch die beiden Schimpansen »Joko« und »Cora«, die »artig mit dem Löffel aßen« und nach erfolgreicher Skorbutbehandlung mit Eisenpräparaten und Zitronen über sechs Jahre im Garten lebten. Für die damalige Zeit »ein glänzender Beweis für die sachgemäße Behandlung«! Der russische Wolf »Lump«, der sich durch das dumpfe Rufen seines Namens zum Heulen provozieren ließ, wurde wegen der ständigen Neckereien verkauft. Die haarlose Kuh, in einem Dorf des Oberamts Urach geboren, lebte sieben Jahre als gute Milchkuh im Garten und gebar mehrere normale Kälber. Im Winter war sie animalischer Ofen im Affenhaus. Neben den bekannten Großkatzen, bei deren Zucht man allerdings wenig glücklich war, lebten auch ausgefallene Arten hier wie Gürteltier, Ameisenigel, Faultier, Tamandua, Warzenschwein, Riesenkänguruh und viele andere.

Besondere Erfolge für die damalige Zeit stellten die zahlreichen Nachzuchten dar, zum Teil erstmalig in der Zoo-Historie. So wurden nicht

Mit einem spektakulären Schuß mußte Adolf Nill den kranken Elefanten »Peter« töten.

nur die ersten Dachse, Gemsen und Uhus in Gefangenschaft geboren und aufgezogen, sondern auch Murmeltiere, Riesenkänguruhs, Hirschziegenantilopen, Bisons und Rentiere. Spektakulär war die künstliche Aufzucht eines Großen Ameisenbären von einem Paar, das neun bzw. neuneinhalb Jahre im Garten lebte und achtmal Junge bekam, von denen einige zunächst gediehen, aber dann doch nicht überlebten. Nur das fünfte wuchs auf und gelangte an den Zoo Berlin. Die ersten Strauße wurden in Nills Tiergarten erbrütet, zum Teil künstlich, aber auch von den Eltern selbst. Einige konnten über drei Monate am Leben gehalten werden. Auch Kreuzungen kamen vor zwischen Wolf und Hund sowie Wild- und Hauskatze. Berühmt waren schließlich die mehrfachen Bastardierungen von Eisbär und Braunbär. Der Eisbär, das Männchen, stammte aus der Arktisexpedition von Heuglins von 1872 und hatte vorher im Wernerschen Tiergarten gelebt. Das Weibchen, die Braunbärin, soll schon im Nillschen Garten geboren worden sein und war von Jugend an den Eisbären gewöhnt. 1876 wurden die ersten Jungen geboren, die – wie auch die folgenden

Würfe – stärker dem Braunbärtyp glichen, aber schlankere, geradere Schädel hatten. In der Farbe zunächst weiß, dunkelten sie stark nach braun nach, um später wieder heller, isabellfarben zu werden mit braunem Rückenstrich und dunkleren Beinen. Eines der ersten Kreuzungsweibchen wurden später seinem Vater zugeführt. Auch dieses brachte mehrere Würfe, deren Junge ganz weiß waren und es auch bis auf eine hellbräunliche Schattierung entlang des Rückens blieben. Die Gestalt entsprach fast vollständig der des Eisbären. Damit war zugleich auch die Fruchtbarkeit der Kreuzungstiere in der nächsten Generation erwiesen.

Wie sehr Nills Tiergarten damals im Bewußtsein der Bürger verankert war, zeigt auch, daß sich der Theologe und Dichter Karl Gerok nicht zu schade war, sein Lob zu singen:

»Kenn ich doch den Wundergarten,
Wie auf allen Länderkarten,
Ich den zweiten nicht entdeckt:
Wo die Kinder aller Zonen
brüderlich beisammen wohnen,
Wo der Leu das Hündlein leckt;
Von der Alpen höchsten Almen
Kommen sie, vom Rohr am Nil,
Aus dem Eismeer, von den Palmen:
Tiger, Bär und Krokodil.
Lernbegierig schaut die Jugend
Hier der Tierwelt Art und Tugend,
Mehrt im Spiel des Wissens Schatz;
Wirft ihr Brot in Bärentatzen,
Lauscht des Affen tollen Fratzen
Und des Panthers wildem Satz;
Still, mit sinnendem Vergnügen
Steht der Vater nebenan,
Forscht nach seines Stammbaums Zügen
Im Gesicht des Pavian.«

Anlaß zu seiner Ballade von 1879: »Der Schreckensabend im Tiergarten« war ein Spätnachmittag eines »Billigen Sonntags«, an dem dem Dichter ungewohnt früh eine verstörte Menschenmenge – den Herdweg abwärts drängende Tiergartenbesucher – entgegenkamen, so daß er wohl ein schweres Unglück im Tiergarten befürchten mußte. Ein Kutscher, den er ansprach, gab die Erklärung: ». . . Lieber Herr, das Bier ging aus!«

Leider war es eines Tages nicht nur das Bier, das ausging, und damit war wieder ein vielversprechender Ansatz für einen Stuttgarter Tiergarten gescheitert.

Als sich die Verhandlungen über ein Weiterbestehen des Nillschen Tiergartens zerschlagen hatten, vor allem deshalb, weil keine Einigung über Standort und öffentliche Förderungen zustandekam, war guter Rat teuer. Ein Ausweg bot sich an, als sich der Schirmfabrikant Theodor Widmann, ein großer Tierliebhaber, bereiterklärte, mit seinen Mitteln einen verkleinerten Tiergartenbetrieb weiterzuführen. Er pflegte schon bisher eine große Zahl von Tieren, kleine Säugetiere und Vögel, aber auch Aquarien. Um sein Vorhaben zu realisieren schloß er mit dem Gastwirt Wurster, Besitzer der »Doggenburg«, auf der Höhe der Feuerbacher Heide am oberen Ende des Herdwegs gelegen, einen zehnjährigen Pachtvertrag über einen alten Obstgarten von 40 Ar direkt neben der Wirtschaft. Das kleine Gelände und die größere Entfernung zur Stadt waren nicht eben die günstigsten Voraussetzungen, doch hielt sich so der notwendige Aufwand in Grenzen. Dazu konnten die Gehege und Tierhäuser zum größten Teil aus dem aufgelassenen Nillschen Tiergarten übernommen werden, dessen Besitzer beim Aufbau auch behilflich war. So fanden Vogel- und Hirschhaus, die Affenkäfige, der Bärenbau, die Volieren für Raubvögel und Fasanen, die Kassenhäuschen und verschiedene kleinere Käfige für Säugetiere und Vögel neue Verwendung.

Bescheidenes Weiterleben auf der Doggenburg

Am 28. April 1907 schon konnte der Tiergarten Doggenburg eröffnet werden. Unter den ersten Besuchern war auch König Wilhelm II. mit Mitgliedern seiner Familie. Mit einem Kinderfest, einer Festzeitung, niedrigen Eintrittspreisen und Konzerten versuchte man, die neue Einrichtung bekannt und populär zu machen und hatte damit zunächst auch Erfolg. Besonders beliebt waren Reiten und Fahren mit Ponys und Eseln, ja sogar auf einem Kamel wurde geritten und selbst ein Gespann mit zwei Ziegenböcken verwendet. Doch schon nach zwei Jahren verlor Widmann sein Vermögen und mußte aufgeben. Mangel an Grundkapital, fehlende Erfahrung und zu große Ausgabefreudigkeit – die teuere Musik bezahlte der Tiergartenbesitzer und nicht der Gastwirt – dürften den Ausschlag gegeben haben.

Adolf Nill, der Erfahrene, übernahm den Garten und setzte einen Verwalter ein, der für Tierbestand und Wärter verantwortlich war. In der Hauptsache sollten nun einheimische Tiere – möglichst viele Arten – gehalten werden, wobei

aus Gründen der Attraktivität auf Affen, Papageien und Ziervögel nicht verzichtet werden konnte. Der Betrieb blieb aber weiter schwierig. Die Entfernung zur Stadt, die Höhenlage, der geringe Besuch im Winter, die niedrige Artenzahl, vor allem der Mangel an Großtieren und die Enge auf dem kleinen Areal waren Nachteile, die nicht ohne fremde Hilfe zu überwinden waren. Auch Gustav Bücheler, der das Un-

ternehmen bereits ab 1911 weiterführte, konnte daran trotz einiger Neuerungen nur wenig ändern, hielt sich aber mit großen Anstrengungen 27 Jahre lang. Offenbar hatten die Stuttgarter, da es weit und breit nichts Besseres gab, doch so viel Gefallen an der Anlage, daß sie schlecht und recht bestehen konnte, zumal immerhin ein mehr oder weniger breiter Überblick über das Tierreich gegeben wurde, wenn auch nicht ständig alle im Führer verzeichneten Tiere da waren.

Die Mitte des Areals nahm ein Teich mit Schwänen, Enten und Gänsen ein, ein zweiter kleinerer Teich mit Zierenten wie Mandarin- oder Brautenten und kleinen Rallen war dem Vogelhaus vorgelagert und ein drittes Becken bewohnte ein Seehund oder ein Fischotter. Im heizbaren Vogelhaus befanden sich auch die Aquarien und Terrarien. Je acht Außenkäfigen an beiden Längsseiten entsprachen ebenso viele Innenvolieren. Hier wurden Tauben und verschiedene einheimische und fremdländische Weich- und Körnerfresser und viele zum Teil sprechende Papageien, Aras, Amazonen, Kaka-

Stuttgart Tiergarten „Doggenburg."

dus, Graupapagei und andere gepflegt. Ein Bekken an der Stirnseite war zwei Jahre lang mit zwei 1,5 Meter langen Mississippi-Alligatoren besetzt, einem Geschenk der Königin. Sie starben leider, da sie nicht zur Futteraufnahme zu bewegen waren. Später wurden immer wieder Jungtiere der gleichen Art eingesetzt. In den Aquarien tummelten sich einheimische Süßwasserfische, nordamerikanische Scheiben- und Sonnenbarsche, Schleierschwänze und manche andere. An tropischen Süßwasserfischen fanden sich zum Beispiel Prachtbarben, Buntbarsche, Paradiesfische, Kampffische, eierlegende und lebendgebärende Zahnkarpfen. In 16 Terrarien gab es Reptilien wie Teju oder Scheltopusik, Riesenschlangen, Tigerschlangen und Abgottschlange, Mauergecko und Smaragdeidechse, die europäischen Nattern sowie Giftschlangen wie Kreuzotter und Sandviper.

◄ **Das Bärenpaar »Stoffel« und »Kätter« mit seinen Jungen**

◄ **Im Vergleich zum Nillschen Tiergarten war der Nachfolger auf der Doggenburg sehr klein, bot den Tieren wenig Platz und war weit entfernt von der Stadt. Gesamtanlage des Tiergartens nach einer Postkarte**

Die gelehrige Elefantendame »Vilja« mit ihrem Wärter

Daneben wurden verschiedene Amphibien wie Axolotl und Feuersalamander, einheimische Frösche und Kröten, diverse kleine Säugetiere, Mäuse und Hamster, gezeigt. In Kleinbehältern auf einer Tischplatte stellte man wechselnd allerhand Kleingetier, auch Insekten und Spinnen aus. Um den Raum aufs letzte auszunutzen, war über den Aquarien und Terrarien noch jeweils ein Vogelkäfig eingelassen. Für einen Teil der einheimischen Reptilien war ein kleines Freilandterrarium vorhanden, in dem Land- und Sumpfschildkröten Platz fanden.

Die Stelzvögel bewohnten eine tonnenförmige Großvoliere mit einigen Bäumen des alten Bestandes. Reiher und Störche, Möwen und Kormorane teilten den Platz mit Jungfernkranichen und Flamingos. Umgeben war die Voliere mit Ställen und Ausläufen für Kaninchen und Meerschweinchen und dem schon genannten

Freilandterrarium. Entlang der Nordwestmauer des Gartens zog sich eine lange Reihe größerer Volieren für Taggreifvögel, Eulen und Rabenvögel, davon zwei größere für Adler und Geier, für Fasanen, Trut- und Perlhühner, Pfauen und für verschiedene Hühnerrassen. Gehege und Ställe gab es für Gemsen und Rehe, Schafe und Esel und das Kamel, ein größeres Blockhaus, das »Hirschhaus«, für Ponys, Ziegen und Hirsche, ein betoniertes Gehege für Wildschweine. Im Affenhaus lebten Mantelpaviane, Rhesus- und Javaneraffen, Meerkatzen, Kapuzineraffen und ein Mandrill. Die Bären hatten ein festes Haus mit drei Abteilungen. Ein Braunbärenpaar, den Besuchern unter den Namen »Stoffel« und »Kätter« bekannt, hatte mehrfach Junge. Neben ihnen lebte ein besonders großer Eisbär. Später wurden auch Löwen und Tiger, Leoparden und Hyänen gehalten. Für viele Säugetiere gab es Einzelkäfige oder kleine Anlagen, z. B. für Fuchs und Dachs, Luchs und Wildkatze, verschiedene Marder und Schleichkatzen, Waschbär, Nasenbär, Wolf und Schakal. Im Eichhörnchenhäuschen sah man gelegentlich auch kleine Krallenaffen, Siebenschläfer oder andere kleine Klettertiere und am Boden Igel.

Die Haltungserfolge waren – zumindest anfangs – recht wechselhaft. Viel mußte nachgekauft werden. Erst im Laufe der Zeit stabilisierte sich der Tierbestand einigermaßen. Immerhin lebten nach einem Bericht aus dem Jahre 1925 noch einige Tiere aus dem ehemals Nillschen Bestand: ein Gänsegeier-Weibchen aus der Anfangszeit, das damit mindestens 55 Jahre alt war, einige Papageien und der Pony-Hengst Prinz, der 42 Jahre alt geworden sein soll.

Trotz aller Anstrengungen konnte der Besuch die ständig steigenden Kosten immer weniger decken. Auch die in den letzten Jahren angeschaffte indische Elefantin »Vilja«, die allerhand Kunststücke vorführte, konnte die Attraktivität nicht mehr so steigern, daß ein Ende des Tiergartens hätte verhindert werden können. Die Lasten waren für einen einzelnen ohne jede Unterstützung aus öffentlicher Hand einfach zu groß, die Möglichkeiten auf dem engen Raum zu beschränkt, so daß auch Bücheler kapitulieren mußte und kurz vor dem Zweiten Weltkrieg aufgab. Ein Ersatz für einen richtigen Zoo hätte der Tiergarten auf der Doggenburg auf die Dauer sowieso nicht sein können, obwohl er sich über 30 Jahre aus eigener Kraft halten konnte und damit auch die Diskussion wachhielt.

Nach Auflösung des Nillschen Tiergartens 1906 war sich zwar alles einig, daß Stuttgart nun endlich einen richtigen Zoo bekommen müsse. Vorschläge wurden gemacht, aber keiner konnte sich durchsetzen. Die Stadtverwaltung war schließlich bereit, einen Tiergarten weiterzuführen, wenn der Staat dafür ein geeignetes Gelände unentgeltlich zu Verfügung stelle. Dafür wollte man einer zu gründenden Gesellschaft 400 000 – 500 000 Mark zur Verfügung stellen. Oberbürgermeister von Gauß lud zu einer Versammlung am 18. November 1905, betonte dort das große Interesse der Bürgerschaft, lehnte aber eine Kommunalisierung des Tiergartens ab. Wieder wurde ein Ausschuß gewählt, der die Platzfrage klären, einen Vertrag mit der Stadt vorbereiten und einen Aufruf zur Zeichnung von Aktien entwerfen sollte. Als Aufwand wurde eine Million geschätzt, wovon die Stadt die Hälfte tragen wollte.

Zur wichtigsten, der Platzfrage sollte sich als neutraler Gutachter der bekannte Direktor des Berliner Zoos, Dr. Ludwig Heck äußern. Er formulierte die Notwendigkeit des kostenlosen Erwerbs eines geeigneten Platzes, Selbsterhalt des Betriebs durch eine Gesellschaft, die den Tiergarten als gemeinnützige Bildungsanstalt und als Vergnügungsort bewirtschaftete. Als weitere Voraussetzung nannte er gute Geschäftslage und leichte Erreichbarkeit, möglichst ebenes, von Winden geschütztes Gelände mit Baumwuchs und Wasserlauf, trockenem Baugrund und einer Mindestgröße von sechs bis sieben Hektar. In Frage kämen als Plätze in Staatsbesitz die schon öfter genannten Unteren Anlagen, der Rosensteinpark, der Garten beim Wilhelma-Theater, im Eigentum der Stadt ein Platz hinter dem Kursaal in Bad Cannstatt, das »Eiernest«, die Wernhalde, die Heideklinge und der Frauenkopf. Von Bürgervereinen waren vorgeschlagen der Stöckachspielplatz, die Rotenwaldgegend, die Steinbrüche beim Weißenhof, eine Gegend unter dem Schönblick, die Feuerbacher Heide, der Birkenkopf mit Gallenklinge, der Südhang des Hasenbergs, der Kräherwald und andere. Heck besichtigte alle Plätze und hielt die Unteren Anlagen für am geeignetsten, an zweiter Stelle den Rosensteinpark, hinsichtlich des Bodengrunds besser, aber abgelegener. Auch das Wilhelma-Gelände sei möglich. Eine Eingabe an die Hofdomänenkammer um Überlassung eines der drei Plätze wurde aber im Dezember 1906 abgelehnt. Somit war die Tiergar-

PROJEKT-SKIZZE
Stuttgarter
Zoologischer
Garten
am Hasenberg

Vom Bürgerverein Feuerbach und dem Gutachter Hagenbeck befürwortet: ein zoologischer Garten auf dem Hasenberg

tenfrage erneut an der Platzfrage gescheitert und wieder an einem toten Punkt angekommen.

Vom Ausschuß hört man nichts mehr, aber zwei Vorschläge aus Bürgerkreisen wurden heftig diskutiert. Es bildeten sich zwei Parteien, deren eine das »Eiernest« bei Heslach favorisierte, die andere einen großen zoologischen Garten am Südwesthang des Hasenbergs befürwortete. Für das Hasenberggelände von etwa sieben Hektar hatte der Bürgerverein der nahegelegenen Feuerseegegend von dem bekannten Hamburger Fachmann Hagenbeck ein sehr positives Gutachten erhalten. Als Stifter hatte Herr von Gemmingen 100 000 Mark in Aussicht gestellt. Für das Eiernest, um das sich mehrere Bürgervereine bemühten, setzte sich Professor Leonhard Hoffmann von der Tierärztlichen Hochschule in einer öffentlichen Rede, die auch gedruckt wurde, ein. Keiner der beiden Vor-

schläge konnte sich durchsetzen. Auch ein nochmaliger Vorstoß von acht Bürgervereinen bei der königlichen Hofdomänenkammer 1910, einen »geographischen« Tiergarten entweder in den Unteren Anlagen oder dem Rosensteinpark auf der Grundlage eines Pachtvertrags einzurichten, hatte keinen Erfolg.

Nach dem Ersten Weltkrieg kam der Rosensteinpark zusammen mit der Wilhelma erneut ins Gespräch. Im Februar 1921 regte der Abgeordnete Carl Hausmann im Landtag an, in den Wilhelmagärten einen botanischen Schulgarten mit Arboretum auf dem Rosenstein zu errichten, die Meierei aufzulösen und das Gelände für einen Tiergarten zur Verfügung zu stellen. Dem eigens gegründeten Tiergartenverein glückte es aber trotz immer wieder erneuerten Aufrufen und Eingaben an das Finanz- und das Staatsministerium nicht, eine Zustimmung zu erhalten. 1921 wurde einmal ein kleiner Bereich von drei Hektar im Rosensteinpark vom Land in Erwägung gezogen, dann aber doch abgelehnt. 1926 schlossen sich alle Bürgervereine zu einem erneuten Vorstoß zusammen. Im Jahr darauf äußerten sich sieben deutsche Zoodirektoren von Berlin, Hamburg, Frankfurt, Nürnberg, Dresden, Münster und Köln äußerst positiv. Aber das Staatsministerium lehnte 1929, nachdem es vorher auch der Verlegung der Technischen Hochschule in den Rosenstein nicht zugestimmt hatte, erneut ab, obwohl es die Schaffung eines Tiergartens für sehr wünschenswert hielt. Unglücklicherweise wurden durchaus mögliche Kompromisse damals nicht gefunden.

In dieser Situation bemühte sich Adolf Nill, der bisher schon an vielen Planungen beteiligt gewesen war, nochmals um eine Lösung der leidigen Platzfrage und schlug in einer 1931 gedruckten Denkschrift ein 14 Hektar großes Gelände am Hasenberg, zwischen Rotenwaldstraße und Hasenbergsteige, vor. Auch diese Idee kam nicht zum Tragen. Schließlich entschied sich die Stadt für ein Gelände auf dem Weißenhof bzw. zwischen Kochenhof und Pragwirtshaus, das schon früher vom Landesdenkmalamt vorgeschlagen worden war. Erst die Vorbereitungen zur Reichsgartenschau 1939 brachten die Dinge in Schwung. Bei der Erstellung der Pläne für das Killesberggelände wurde bereits seine spätere Verwendung als Tiergarten berücksichtigt. Sogar ein Zoodirektor wurde schon ernannt, der spätere Heidelberger Professor Dr. Dr. Peters, der vorher drei Jahre lang

(1931 – 1934) den königlichen Zoo in Sofia geleitet hatte. Sein Material für einen Bio-Zoo fiel den Bomben zum Opfer. Nach 1945 hatte man andere Sorgen und andere Pläne. Aus dem »Tal der Rosen« wurde keine Raubtierschlucht, sondern der Killesberg zum Messegelände.

Trotzdem gab es bereits 1945 einen phantastischen Vorschlag, ein »Weltzoo«, geographisch nach Erdteilen gegliedert, mit völkerkundlichem Freilichtmuseum, Nationalitätenpavillons und entsprechenden Restaurants, ein Haustierforschungsinstitut mit allen Rassen der Erde, Menschenaffenstation, Reithalle, Hotel, Wohnhaus für das Personal usw. sollte im gesamten Bereich von Hasenberg mit Einschluß des Rotwildparks bis fast zur Solitude errichtet werden als »entscheidender Beitrag zur Völkerverständigung und zum Weltfrieden«. Der »Beauftragte«, der für die Leitung allerdings außer einem Einfamilienhaus in bester Lage auf dem Hasenberg noch »zu Studienzwecken« eine Hirschjagd im Schönblick nebst Fischwasser und Jagdhaus für unerläßlich hielt, berief sich auf die bekannten Tiergärtner, die Brüder Lutz und Heinz Heck, die davon aber nichts wußten. Im Februar 1947 kam ein neuer Vorschlag, wieder im Zusammenhang mit dem Namen Heck, diesmal den Rosensteinpark betreffend, der für 99 Jahre zusammen mit der Wilhelma kostenlos überlassen werden sollte, um einen modernen großen Tierpark einzurichten. Auch hier wurde zu viel gefordert oder versprochen, und der Traum war schnell ausgeträumt. Als letztes Kuriosum ist noch zu vermerken, daß sogar am Rande der Wilhelma von 1946 bis Anfang der fünfziger Jahre ein winziges Tiergärtchen bestand. Daß zum guten Schluß, wenn auch eher ungewollt und mehr oder weniger zwangsläufig, doch noch ein Teil des endlich gegründeten Zoos im nördlichen Randbereich des Rosensteinparks außerhalb des historischen Rundwegs Fuß faßte und sein endgültiges Domizil fand, war so nicht vorauszusehen. Es mag als die letzte Merkwürdigkeit der hindernisreichen Stuttgarter Zoogeschichte gelten.

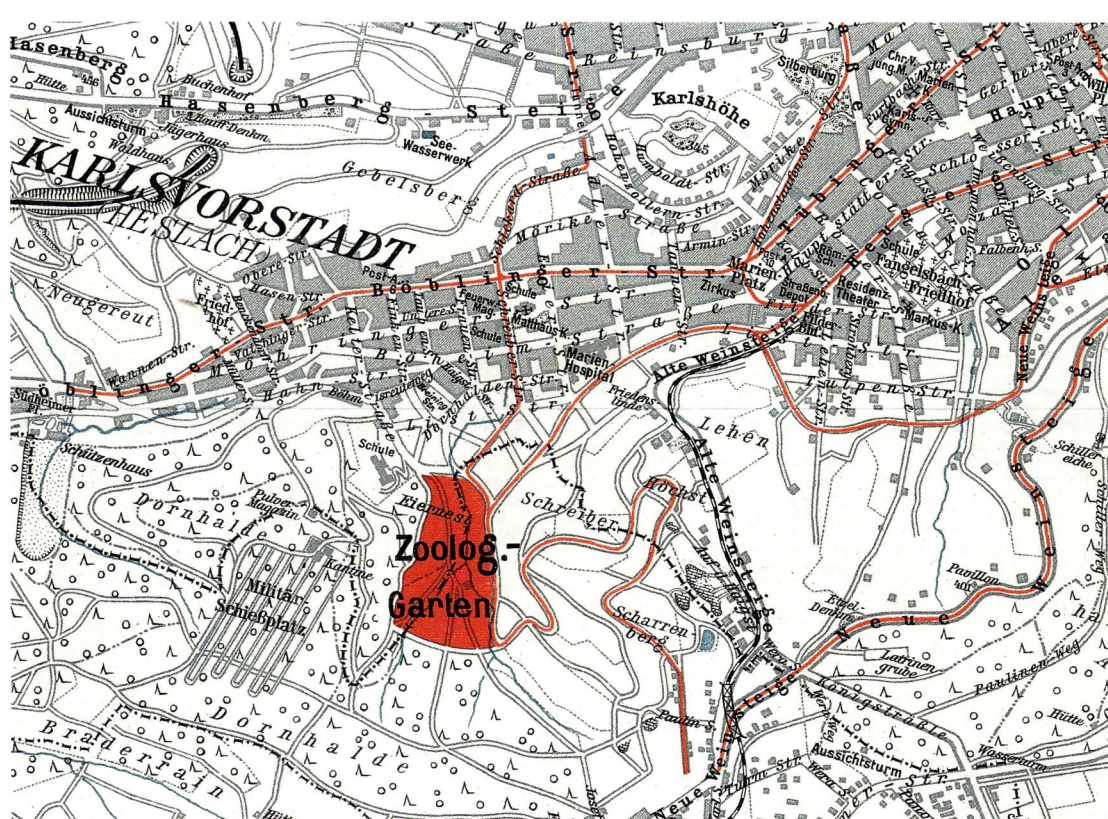

Das hart diskutierte Zooprojekt im Heslacher Eiernest

Frühe Bürgerinitiative, die sich 1927 für einen Tiergarten im Rosensteinpark einsetzt

Schon König Friedrich, der die Platanenallee zum Kahlenstein hatte anlegen lassen, trug sich in seinen letzten Lebensjahren mit dem Gedanken, ein Bauwerk auf diesen Aussichtspunkt zu stellen. Am Hangfuß hatte er bereits das Landhaus »Bellevue« gekauft und einen 3,5 Hektar großen Garten mit exotischen Bäumen und Aussichtspavillon an anderer Hangstelle anlegen lassen. Sein Sohn griff den Gedanken auf und verwirklichte ihn in bedeutendem Umfang. Zunächst wurden von über 500 privaten Besitzern nach und nach 333 württembergische Morgen – eine Fläche von 105 Hektar (einschließlich des Wilhelma-Bereichs) – gekauft. Schloß- und Gartenpläne des englischen Architekten J. P. Papworth stießen auf großes Interesse. Schließlich erreichte der Hofarchitekt G. Salucci im Herbst 1823 mit seinem elften Entwurf die Zustimmung des vorher unentschlossenen Königs.

Bereits im Frühling 1824 bestimmte Wilhelm I., daß »das zu erbauende Schloß auf dem Kahlenstein den Namen Rosenstein erhält«. Im Mai des gleichen Jahres wurde der Grundstein gelegt. Im Herbst 1829 war das Haus möbliert und bezugsfertig. Der in seiner exponierten Lage hervorragend plazierte eingeschossige Bau im reinen Klassizismus umschließt zwei symmetrische Innenhöfe, die durch einen Festsaal getrennt werden. Zur prächtigen Ausstattung gehörten die aufwendig mit Gestalten der griechischen Mythologie geschmückten Giebelfelder oder der umlaufende Wandfries mit Reliefs Konrad Weitbrechts, der die »Jahreszeiten in ländlichen Beschäftigungen« zeigt.

Besonderen Wert legte der König auf die Ausgestaltung des großen Parkes. Er schickte seinen Oberhofgärtner J. W. Bosch von Juni bis Dezember 1821 nach England und Schottland, »um die vorzüglichsten Gärten und Parks zu sehen und Ideen zur Ausführung künftiger Anlagen auf dem Terrain, welches Allerhöchst Dieselben [=Wilhelm I.] bei dem Kahlenstein erkauft haben, zu sammeln«. Offenbar war der König schon 1823 mit den Grundzügen des von Bosch inzwischen erstellten Planes einverstanden. Dafür waren jedoch umfangreiche Geländebewegungen notwendig. Zum Teil durch Sprengungen wurde der steile Prallhang des Neckars abgeflacht. Abgrabungen und Auffüllungen, von Bosch für rationelles Arbeiten exakt angegeben, formten das ganze Gebiet zu einer weiträumigen, sanft gewellten Landschaft, die vorher aus unzähligen Kleinparzellen von Äckern, Wiesen,

Der Wille des Königs
verwandelt den Kahlenstein

Weinbergen, Gärten, Brachland und einigen wenigen Bauten bestanden hatte. Als Nebenergebnis der Grabarbeiten kamen allerhand fossile Reste, darunter auch die eines riesigen Steppenelefanten der frühen Eiszeit, zutage. Aus dem sogenannten »Juden« wurde eine Quelle gefaßt und die Wasserleitung in den Park gelegt. 1826 wurden die ersten Wiesen eingesät und am nordwestlichen Ende gegen die Prag die ersten Bäume gepflanzt. Dabei verbat sich der König ausdrücklich die Verwendung von Kiefern, Fichten und Birken, die ihm von seinem Rußlandaufenthalt her wegen ihres allzu starken Vorherrschens im Raum St. Petersburg in unangenehmer Erinnerung waren.

Die Arbeiten zogen sich jedoch hin. Schloß, Küchengebäude und Torhäuser sowie ein Weiher am Südrand waren 1830 fertiggestellt, der Park aber nur in deren nächster Umgebung in den Hauptumrissen fertig. Deshalb befahl der König die Arbeiten zu beschleunigen. Bis zu 250

Arbeiter täglich waren ab Sommer 1832 tätig, um vor allem mit den enormen Geländebewegungen fertig zu werden. 1833 wurde das erste, 1837 das zweite Stallgebäude der dem König wichtigen Meierei errichtet, in deren Nähe über 100 Apfel-, Kirsch- und Birnbäume in ausgesuchten Sorten angepflanzt wurden. Schließlich kam noch ein Hühnerhaus in der Meierei hinzu und an der höchsten Stelle die »2 Portiershäuschen auf der Brag«. Etwa um 1840 war der obere Teil des Parks fertiggestellt, bevor sich des Königs Interesse dem unteren Park, der späteren Wilhelma zuwandte. Erst 1852 entstand noch nordwestlich des Schlosses ein 16 Morgen (etwa 5 ha) großer »Wildpark«, ein Hirschgarten, der mit Axishirschen, weißem Damwild und Kaschmirziegen aus dem Favorite-Park besetzt wurde. Das löwengekrönte, klassizistische Tor, das seit 1858 die beiden Wachhäuschen verbindet, bildete als das bekannte »Löwentor« den Abschluß des während der Aera Wilhelms I. Entstandenen.

König Karl ließ die Umgebung des Schlosses mit dem »Pleasureground in englischem Geschmacke« aufwerten. An der Ostseite des Schlosses wurde zwischen zwei Laubengängen der sogenannte »Karlsgarten« angelegt, der mehrfache Umgestaltungen erfuhr. Im Taleinschnitt zwischen dem ehemaligen Bellevue-Garten und den Terrassen der Wilhelma pflanzte man die ersten damals aus Samen gezogenen Mammutbäume. Sie bilden mit vielen weiteren Nadelbaumarten das umfangreiche »Coniferen-Wäldchen«, das bis heute Bestand hat. Da Karl die landwirtschaftlichen Interessen seines Vaters nicht teilte, wollte er den Rinderbestand der Meierei drastisch einschränken. Er mußte sich aber überzeugen lassen, daß die Rinder notwendig seien »um die eigene Futterproduktion des Parks und der Schloßgärten zu verzehren und den nötigen Düngerbedarf zu liefern …, wenn der Park in seinem Wesen erhalten werden soll« und genehmigte schließlich »50 Köpfe«.

Gestalterisch hielt man sich an die damals aktuellen Prinzipien des englischen Landschaftsgartens in der zonierten Form, die Repton entwickelt hatte. Strengere Formen in direkter Hausnähe gingen über in den Pleasuregrund mit freieren Blumenbeeten, Stauden und Gehölzgruppen, die fortgeführt wurden in den weitläufigen Pflanzungen des eigentlichen Parks. Im Pleasuregrund Wilhelms dominierten

Das klassizistische Schloß »Rosenstein« in zeitgenössischer Darstellung

Der Meierei-Hof im Rosensteinpark mit einer Gruppe »Rosenstein-Rinder«

◀ **Das Löwentor von 1858**

dem Namen des Schlosses entsprechend die Rosen. Charakteristisch für die natürliche »Parklandschaft« waren die großen Wiesenflächen, die durch unterholzfreie Baumgruppen meist jeweils einer Art gegliedert wurden und besondere Sichtbeziehungen sowohl im Park selbst als auch in der Umgebung berücksichtigten. Langgestreckte Gruppen, aber keine Alleen, begleiteten die Hauptwege. Stellenweise waren sie zu Hainen verdichtet. Auch Einzelbäume – Solitärs – fehlten nicht. Ein Streifen im Grenzbereich verstärkte durch Unterpflanzung mit Büschen die Abschirmung nach außen. Boschs gartenkünstlerische Bildkompositionen erschlossen ein adäquates Wegenetz mit einem dominanten Rundweg um einen völlig wegefreien Innenbereich. Auf jedwede Ausstattung mit Plastiken oder Kleinbauten wurde bewußt verzichtet. eine Großzügigkeit, die auch dem heute verkleinerten Park noch guttut.

Die verwendeten Gehölzarten stammten zum großen Teil aus der königlichen Baumschule von Hohenheim. Über die Zusammensetzung des Bestandes schreibt der Bau- und Gartendirektor von Schmidt 1865: »Hier zieht eine Gruppe Platanen, Tulpenbäume, Linden u.s.w. wegen der Höhe der Bäume und der Schönheit ihrer Form und Belaubung die Blicke auf sich; dort sind Streifen von Silberpappeln, Ahorn, amerikanischen Eichen, Blutbuchen u.s.w. wegen der ansprechenden Färbung ihres Laubwerks zum Schmucke gewählt, oder Silberlinden wegen ihres glänzenden Blattes und ihrer späteren Blüte, oder Akazien, Sophora u.s.w. wegen der vereinigten Vorzüge ihres Wuchses und ihrer Blüten. Zugleich enthalten die Baumgruppen eine Sammlung von wirtschaftlichen Laubholzarten, die bei uns im freien Lande fortkommen. Eine besondere Berücksichtigung fanden darunter die fremden Baumarten, welche wegen der Schnelligkeit ihres Wuchses (Ailanthus, Paulownia) oder als Nutzholz (Juglans aquatica, Juglans americana, Gleditschia u.s.w.) ein forstbotanisches Interesse haben.« Diese Wirkung ist auch heute noch weitgehend gegeben. Linde, Spitzahorn, Platane, Zerreiche und Esche stellen 62 Prozent des Bestandes, Kastanie, Bergahorn, Robinie, Schwarznuß, Stieleiche, Rotbuche und Blutbuche weitere 24 Prozent. Seltener sind Ulme, Silberahorn, Silberpappel oder Tulpenbaum. Die Artenvielfalt ist heute zwar reduziert, die alten Gruppen aber imponierender denn je.

»In Deutschland verdient keine Stadt mehr den Namen Bagdscheserai, d. i. der Gartenstadt, als Kannstatt bei Stuttgart, nicht nur wegen der schönen und sinnreichen Wasserkünste des Gartens, sondern auch wegen des maurischen Baues des königlichen Lustschlosses Wilhelma, welcher die morgenländischen Wunder der Alhambra in das Zaubertal des Neckars versetzt und an Schönheit und Merkwürdigkeit gewiß den von allen Beschreibern der Krim so hochgepriesenen Zauber des Palastes von Bagdscheserai bei weitem an Schönheit und Romantik übertrifft.« Zu diesem begeisterten Ausspruch ließ sich der bekannte Wiener Orientalist Joseph von Hammer-Purgstall 1856 in seinem Werk: »Geschichte der Chane der Krim…« hinreißen und hatte damit noch nicht einmal zu viel gesagt. Tatsächlich ist die Wilhelma nicht nur eine architektonische Einmaligkeit, sondern auch in der Verbindung mit ihren Gewächshäusern, ihren Park- und Gartenanlagen so ohne Beispiel. Wie kam es zu diesem orientalischen Märchen am Rande der Landeshauptstadt?

Wahrscheinlich haben zwei Dinge den König zu seinem Bauvorhaben angeregt. Zunächst waren im Park des Schlosses Rosenstein 1829, nicht allzuweit vom Neckarufer, Mineralquellen entdeckt worden, die den Wunsch aufkommen ließen, sich neben Schloß Rosenstein ein intimeres »Badehaus an der lieblichen Neckarschleife« zu schaffen, um den Park noch mehr zu bereichern. Vom Haus selbst hatte man noch keine besondere Vorstellung, zumindest aber sollte sich der Hof darin versammeln können, und es sollte in Verbindung mit Zier-Gewächshäusern stehen. Giovanni Salucci, der Erbauer von Schloß Rosenstein, schlug zunächst einen an antike Thermen erinnernden Repräsentationsbau mit Säulenhallen, Umgängen und Kuppeln in Verbindung mit zwei symmetrisch angelegten Wintergärten vor. Dem König aber war dieser »griechische Geschmack« nicht malerisch genug. Er wollte den Bau im »gotischen oder lieber im maurischen Stil« ausgeführt sehen. In dieser Absicht mag ihn auch sein Oberstallmeister Graf von Taubenheim bekräftigt haben, der bei einer Orientreise 1840 mit orientalischen Bauwerken in Berührung kam. Insbesondere die Alhambra in Granada, der schönste Bau des maurischen Spanien, faszinierte die Reisenden des frühen 19. Jahrhunderts. Es gab reich illustrierte Beschreibungen, die auch dem König zugänglich waren. Als Architekt bot sich des-

Ein Hauch von Orient im Neckartal

Über dem Eingang: »Wilhelma« auf arabisch

halb der in Stuttgart noch wenig bekannte spätere Hofbaumeister Ludwig von Zanth an, der aufgrund seiner Studien in Sizilien die sarazenische Baukunst aus eigener Anschauung kannte. Als Gelände war die nordöstliche Ecke des Rosensteinparks zwischen Ludwigsburger (heute Prag-) und Stuttgarter Straße (heute Neckartalstraße) bis zum Landhaus Bellevue vorgesehen. Als ersten Probeauftrag sollte Zanth in der eben genannten Ecke, Cannstatt zugewendet, ein kleines Schauspielhaus bauen, das der König als Ersatz für eine nicht genehmigte Spielbank, die den Mineralquellen hätte neue Gäste zuführen sollen, errichten ließ. Für den Badhaus-Gewächshauskomplex fertigte Zanth mehrere Entwürfe, bis die phantastischen Vorstellungen und der Sparwille des Regenten, der 1842 die Bausumme auf 200 000 Gulden beschränkte, einigermaßen in Einklang gebracht waren.

Im gleichen Jahr begann man mit dem Bau. Das Bellevue wurde abgebrochen und unterhalb der beiden vorher schon am Hang angelegten Terrassen entstand die »maurische Villa« in streng symmetrischer Anordnung, rechts und links von Gewächshäusern umrahmt. Zwar entsprach die Anordnung von Seitenflügeln um einen erhöhten Mittelbau durchaus noch dem Schema barocker Schlösser oder Orangerien. Die Formen und Details aber waren, wenn nicht maurisch so mindestens »orientalisch«, was immer man darunter verstand, am auffallendsten die immer wieder verwendeten Hufeisenbögen und die Zweifarbigkeit des aus roten und gelben Sandsteinen der Gegend geschichteten Mauerwerks. Islamische Vorbilder hatte auch die Kuppel mit Spitze und Halbmond, die halbmondgezierten Ecktürmchen und die zinnenförmigen

Dachverzierungen. Schon von außen ließ sich die Pracht durch die Vergoldung der Kuppel und die Bronzierung der ganz in Gußeisen konstruierten Gewächshausflucht ahnen.

Volle vier Jahre wurde nun gebaut. Mancherlei Zwischenfälle begleiteten die Arbeiten. So gab es mit dem Cannstatter Kirchenkonvent und dem Cannstatter Rathaus eine lebhafte Auseinandersetzung. Bei der Aufstellung der Gußeisenteile der Gewächshäuser war es aus Stabilitätsgründen erforderlich, ganz kontinuierlich – also auch an einem Sonntag – weiterzubauen. Vom Kirchenkonvent wurde dies, ohne den Grund zu kennen, als Gesetzwidrigkeit moniert. Später schickte man sogar Polizeidiener zur Kontrolle, was man sich als Eingriff in die Rechte der Krone energisch verbat. Ein Unfall im Januar 1844 hätte den Architekten beinahe das Leben gekostet. Auch die Bezeichnung des Gebäudes machte Schwierigkeiten. Kiosk oder Palais gefiel dem König nicht. Er sprach von einem »Maurischen Bad«. Schließlich wurde der Orientalist Professor Ewald von Tübingen gefragt, wie der Name Wilhelm, der am Haus angebracht werden sollte, arabisch zu schreiben sei, da der Schriftzug, den Oberstallmeister von Taubenheim aus dem Orient mitgebracht hatte, von dem von Zanth in Paris erfragten stark abwich. Ewald machte darauf aufmerksam, daß die Araber und Mauren einen derartigen Bau immer mit der Endung »ie« oder »ieh« und mit dem Artikel bezeichnen. Man müsse also »el Wilhelmie« schreiben. Darauf entschied sich der König für das weibliche Hauptwort »Wilhelma«, das in vergoldeten arabischen Schriftzeichen auf gußeisernen Tafeln über den Eingängen angebracht wurde und per Dekret vom Januar 1845 als Bezeichnung des Baus zu gelten hatte.

Obwohl sich durch die Sparmaßnahme aus dem voluminösen Badehaus das bescheidenere Wohnhaus des Königs mit einem großzügigen Badezimmer entwickelt hatte, war der Bau, dessen verschwenderische Innenausstattung drei Viertel der Bauzeit beanspruchte, in der konsequenten Anwendung von orientalischen Bauelementen eine Einmaligkeit. Man betrat das Haus von der Bergseite und gelangte über eine kleine Vorhalle in den zweigeschossigen Innenhof, das Vestibül, das durch ein zeltförmiges Glasdach beleuchtet wurde. In der Mitte plätscherte ein Marmorbrunnen. Der Hof erschloß die übrigen Räume. Ein reich geschmücktes

Portal führte in das attraktive Zentrum, den zweigeschossigen Saal unter einer großen Kuppel. Hier kam der von Zanth neu formulierte maurische Stil am eindrucksvollsten zur Geltung: die Hufeisenbögen der Fenster, die runden Stalaktitenbögen, die durch die nischenartig vorkragenden Wölbungen, die Trompen, getragene Kuppel. Durch ihre sternförmigen Durchbrechungen fiel Licht ein wie in einem maurischen Bad, dazu die verwirrende orientalische Pracht der Farbgebung in Gold, Rot und Blau der alle Oberflächen überziehenden Ornamentik. In der Mitte des Saales schnitten sich die Hauptachsen, von hier aus reichte der Blick über die Gartenanlagen bis ins Neckartal und seitlich auf die Gewächshausfluchten. Große Spiegel an gegenüberliegenden Wänden erweiterten den Raum ins Unendliche. Rechts und links des Saales lagen Arbeitszimmer, Speiseraum und Bildersaal mit »einer reichen Abwechslung der schönsten Landschaften von Cahiro, Algier und Constantinopel,… und Darstellungen anziehender Lebensbilder aus dem Oriente«. Auch diese Räume waren in gleicher Weise, aber variierter Farbigkeit verschwenderisch dekoriert, ebenso wie Schlafzimmer, Servierzimmer und das achteckige Bad mit seiner eingesenkten Rundwanne.

Auch die sparsame Möblierung entsprach den Vorstellungen, die man sich vom Orient machte, mit bequemen Sofas, zierlichen Hokkern, den Taburetts, kostbaren Teppichen und Vorhängen. So schreibt Zanth zum Arbeitszimmer: »Dieses Gemach ist demjenigen nachgebildet, welches in den orientalischen Häusern den Namen Diwan führt, der seinerseits von der Benennung der Sitze entlehnt ist, die dessen hauptsächlichen Hausrat bilden. Die Möbel sind aus Ebenholz und Einlagen von Perlmutter, Elfenbein und Metallen ausgeführt. Teppiche aus Persien und Smyrna bedecken im Winter den Mosaikboden.« Dabei mußte selbst der kleinste Gegenstand in das maurische Schema passen, bis zu den von Zanth ebenfalls selbst entworfenen Lampen, Leuchtern und Vasen. Obwohl er mit seiner eingehenden Kenntnis der Vorbilder »den ausschweifenden Geschmack der Orientalen« durch »Vernunft« und »prüfenden Geschmack« bändigen wollte, ist dennoch ein, wenn auch nachempfundener orientalischer Traum entstanden.

Mit dem Bauen wuchs des Königs Appetit, und Zanth erhielt weitere Aufträge. Zunächst

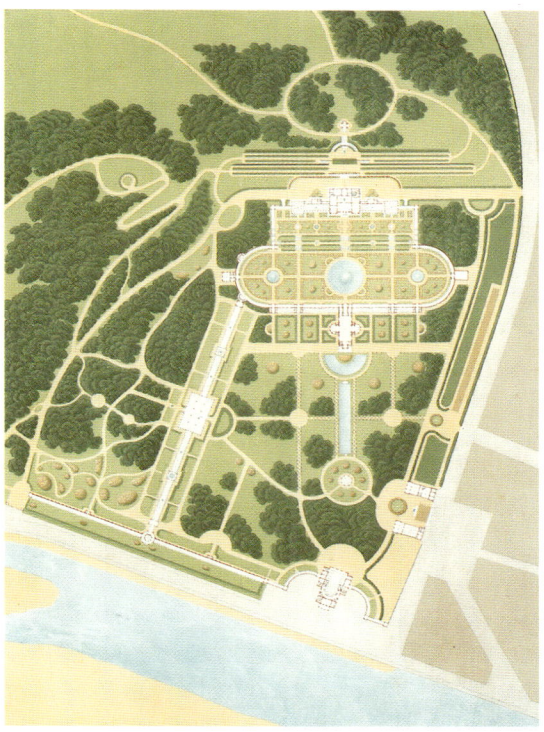

Grundriß und Schaubild des Zanthschen Entwurfs der Wilhelma

wurde zwischen Bellevuetor und Theater an der Neckarseite eine gedeckte Terrasse mit einem achteckigen Mittelpavillon (dem heutigen Kassenhaus) erstellt. In dem Gewölbe darunter richtete der Hofgärtner Johann Baptist Müller – nach dem Grundsatz des Königs, wo immer möglich das Angenehme mit dem Nützlichen zu verbinden – eine Champignon-Zucht ein. Eine Terrasse vor dem Badhaus-Gewächshauskomplex folgte zusammen mit den den Blumengarten umschließenden gußeisernen Säulengängen. Die wertvollste Ergänzung aber war das in der Achse des Hauptbaues zwischen 1845 und 1851 errichtete Festsaal-Gebäude, der »Speisesaal«, doppelt so groß wie das Speisezimmer im Wohnhaus mit je einer großen Nische, einem »geräumigen Diwanfenster« (Muscharabie) an jeder Längsseite, deren Glasflächen mit Azaleen, Kamelien, Rosen und Schlinggewächsen apart bemalt waren. Der ebenso prächtig dekorierte zweigeschossige Raum erstrahlte im Glanze Hunderter Kerzen der vier Kronleuchter und 82 Armleuchter, die alle vergoldet waren. Auf der Höhe hinter dem Landhaus entstand ein Aussichtspavillon, das »Belvedère«, und 1853 als Zanths letztes Werk die Bildergalerie an der Nordseite des unteren

Blumengartens. Nach seinem Tode 1857 ließ der König durch Professor Bäumer noch zwei weitere Bauten erstellen: das Küchengebäude mit der »orientalischen Sammlung« (1863) und die Damaszenerhalle (1863/64), deren Fertigstellung er selbst nicht mehr erlebte.

Obwohl sich die Wilhelma-Anlage erst nach und nach entwickelt hat und die Gesamtbauzeit fast 30 Jahre betrug, ist sie doch von großer Geschlossenheit. Dies ist vor allem der geschickten gartenarchitektonischen Einbindung zuzuschreiben, die wir ebenfalls Zanth verdanken. Zanths mehrfache Entwürfe konkurrierten mit denen des Bau- und Gartendirektors von Seyffer, setzten sich aber im wesentlichen durch. Danach ergaben sich drei Zonen. Die schon vor Zanth angelegten Terrassen hinter dem Landhaus, die zunächst dem Anbau von Spalierobst, Pfirsichen und Aprikosen dienten und später mit Treppenanlagen, Brunnen, Lauben und Skulpturen ausgestaltet wurden. Darauf folgten innerer und äußerer Garten, die sich stilistisch

Im zweigeschossigen Hauptsaal des Maurischen Landhauses – mit durchbrochener Mittelkuppel und Säulenemporen – kam der von Zanth neu formulierte orientalische Stil am meisten zur Geltung.

Das reich getäfelte und ornamentierte Arbeitszimmer mit Blick zum inneren Garten und zum Neckartal

Der verschwenderisch ausgestattete Maurische Festsaal in seiner ganzen Pracht. Er erstrahlte im Glanz Hunderter von Kerzen der vier Kronleuchter.

stark unterschieden. Der innere Garten, der heute noch in seinen Grundzügen erhalten ist, stellte den orientalischen Teil dar. Er war von Wandelgängen umgeben, die Beete und Terrassierungen in intimer Kleinteiligkeit angelegt, mit Wasserbecken, kleinen Springbrunnen und einer großen Fontäne, zu deren Betrieb ein eigenes Pumpwerk und der heute noch existierende Speichersee im Rosensteinpark nötig waren. 1845 wurden die ersten Magnolien aus Frankreich bezogen und die ersten Taxusbüsche gepflanzt, die bis heute den großen Reiz dieses »Maurischen Gartens« ausmachen. Der äußere Garten war freier angelegt. Baumalleen begleiteten das Wegenetz und die großen Wasserbecken in der Hauptachse, die von in Kastenform geschnittenen Platanen eingefaßt waren. Weite Wiesenflächen und lose Baumgruppen ergänzten das Bild.

Den gärtnerischen Höhepunkt aber stellen zweifellos die Gewächshäuser dar, als Beispiel der ersten Verwendung von Gußeisen im Ingenieurbau. Zanth verstand es meisterhaft, Statik und elegante maurische Formgebung in Einklang zu bringen. So entstanden zierliche Konstruktionen, von Hufeisenbögen ausgesteift, mit maximalen, lichtspendenden Glasflächen. Standardisierte Grundelemente erlaubten die rationelle Herstellung in der Eisengießerei in Wasseralfingen mit anschließender Montage am Bauplatz. Obwohl eine Holzkonstruktion erheblich billiger gewesen wäre, bestand der König darauf, Eisen zu verwenden. Er erkannte den Symbolwert der neuen Technologie und demonstrierte damit, daß auch Württemberg in der Lage war, mit der modernen industriellen Entwicklung in England und Frankreich Schritt zu halten. Wie gut diese Gußarbeiten waren, beweist, daß sie – außer den kriegszerstörten Teilen – heute noch tadellos erhalten sind.

Die Gewächshäuser am Landhaus dienten allerdings weniger gärtnerischen oder botanischen Zwecken. Sie sollten vielmehr die Wohnräume in die immergrüne Weite einer illusionären Tropenlandschaft verlängern. Ähnliches gilt für den Gewächshauszug, der den inneren Garten mit dem Eingangspavillon am Neckar mit dem 1853 fertiggestellten Großen Wintergarten verbindet. Er ließ den Hofstaat unter Palmen wandeln und bot immer wieder andere exotische Gewächse auf dem Wege vom und zum Schloß dar. Die kleineren Glashäuser rechts und links des Festsaals wurden mit Be-

ständen des botanischen Gartens, insbesondere Orchideen, bepflanzt. All dies mußte gärtnerisch versorgt werden von einer entsprechenden Wirtschaftsgärtnerei, die im Verlauf der Ludwigsburger Chaussee durch Hecken gegen den Garten abgetrennt angelegt wurde. Auch die Verlegung von Orangerie und botanischem Garten zur Wilhelma war geplant. Zunächst wurde ein Ananas-Haus errichtet, das sich für diesen Zweck aber nicht besonders eignete und als Anzuchthaus verwendet wurde. Die Ananas zog man dann in vertieften Frühbeet-Kästen. Ein Magazingebäude und später ein Stall- und Remisengebäude wurden beidseits des als Gärtner-Wohnhaus genutzten Zais'schen Hauses erbaut. Erdlager und Anzuchtbeete waren zusammen mit dem Rebflächen- und Spalierobstbereich entlang der Abschlußmauer gegen die Ludwigsburger bzw. Pragstraße so ansprechend gestaltet, daß sie dem übrigen Garten wenig nachstanden. Erst in späterer Zeit wurde der ganze Versorgungsbetrieb auf die Südseite der langen Gewächshausreihe verlegt.

So war bei allem Sparwillen des Königs eine seit ihrer Entstehung bewunderte Anlage entstanden, deren Kosten mit 1,5 Millionen Gulden zwar den Anfangsbetrag um das Siebeneinhalbfache übertrafen, deren Architektur aber trotz ihrer Kostspieligkeit Exzesse vermied und ihre Rechtfertigung in ihrer Einmaligkeit findet. Diese geschlossene künstliche Welt, die in konzentrierter Form die Illusion des Orients vermittelte stärker als jedes Original, fand ihren Anklang nicht nur wegen der gelungenen Adaptierung des fremden Stils und der hervorragenden handwerklichen Ausführung, sondern auch wegen der neuartigen, fortschrittlichen Konstruktion ihrer Gewächshäuser und deren erle-

König Wilhelms Wahlspruch: »Auf Gott vertraue ich und handle treu«

senem Pflanzenbestand. So ist von Ludwig I. von Bayern bei einer Besichtigung folgendes Wort überliefert: »Wohl wissend Majestät großer Feldherr seiend, nicht wissend auch großer Bauherr seiend.«

Dennoch blieb Widerspruch nicht aus, einen solchen Märchenpalast auch in wirtschaftlichen Krisenjahren zu errichten. Wohl nicht zuletzt, um sich öffentlicher Kritik zu entziehen, hat Wilhelm sein Kleinod, seinen Zufluchtsort, vor der Außenwelt so gut es ging verborgen und verbot den Zutritt ohne seine persönliche Erlaubnis. Auch dem Vorstand der königlichen Bau- und Gartendirektion, der Prinz Adalbert von Preußen ohne sein Wissen in der Wilhelma geführt hatte, eröffnete er, »daß er lediglich Niemanden in die Wilhelma einzuführen befugt sei, da diese Erlaubnis-Erteilung nur von Sr. Majestät Höchstselbst oder in seiner Abwesenheit von dem Oberhofmeisteramt auszugehen habe«. Wie hoch eine solche Ehre eingeschätzt wurde, geht aus einem Brief Bismarcks hervor, der 1855 auf einer Durchreise eine Audienz beim König hatte. Er schrieb: »Der König befahl aus freien Stücken, daß mir seine Villa, die Wilhelma, gezeigt werden solle und ließ mich in Hofequipage dazu abholen. Diese Erlaubnis wird so selten gegeben, daß Seckendorff mir sagte, ich könne sie höher als ein Großkreuz anschlagen; er selbst kennt das Innere nicht und Rochow hat sie nie zu sehen bekommen.«

Nur bei Festlichkeiten erweiterte sich der Kreis der Besucher, z. B. bei der Einweihung der Anlage anläßlich der Vermählung des Kronprinzen Karl mit der Großfürstin Olga von Rußland am 30. September 1846 oder dem Kaisertreffen mit Napoleon III. und Zar Alexander II. von Rußland am 26. September 1857. Dieses Fest am Vorabend des 77. Geburtstags König Wilhelms war wohl das glänzendste von allen. Bei einer »Beleuchtung« der Gartenanlagen sollen mehr als 100 000 Lampions die Illusion des Märchens aus Tausend und einer Nacht noch erheblich verstärkt haben. Auch später gab es noch Kaiserfeste 1876 und 1889 mit den deutschen Kaisern Wilhelm I. und Wilhelm II., und auch mancher Hofball dürfte bei den Beteiligten unvergessen geblieben sein.

Erst nach Wilhelms Tod wurde der Zugang etwas erleichtert und ab etwa 1880 auch unpersönliche Karten an jedermann der Reihenfolge nach abgegeben. Langsam öffnete sich das Schatzkästlein auch für Normalsterbliche.

Die Wilhelma hatte schon zu König Wilhelms I. Zeiten eine bedeutende Pflanzensammlung, und viele der heute hier gezeigten Pflanzen haben seit mehr als 140 Jahren hier Heimatrecht. Gleich zu Beginn waren zum Beispiel Kamelien, Azaleen und Rhododendren zusammen mit 100 Orangenbäumen erworben worden. Kurze Zeit nach ihrer Entdeckung blühte die Riesenseerose Victoria regia hier. Orchideen und Kakteen und viele Palmen waren von dem sehr rührigen Hofgärtner Johann Baptist Müller vorbildlich gepflegt worden, auch hatte er ausgezeichnete eigene Züchtungen erzielt. Die Pflanzenzahl wird auf 30 000 Exemplare geschätzt, darunter allein

Ein museales Schlößchen, botanisch dekoriert

entfernt und die Bildersammlung versteigert worden war, hatte es seinen exotischen Charme dennoch behalten. Garten und Gewächshäuser sollten auf Vorschlag des damaligen Direktors Berger als botanischer Garten weiter betrieben werden. Es bestanden jedoch schon zwei botanische Gärten in Stuttgart, deren Entwicklung durchaus nicht geradlinig verlaufen war.

Friedrichs bei der Tierärztlichen Hochschule unter. Als auch diese 1912 geschlossen wurde, war guter Rat teuer. Erst 1923 konnte dann ein kleiner Platz direkt im Wilhelma-Gelände gefunden werden. Als reiner Lehrgarten blieb er dort bis 1975. In Hohenheim war neben dem schon seit dem 18. Jahrhundert bestehenden Exotischen Garten Jahrzehnte später unterhalb des Schlosses ein System-Garten für die Landwirtschaftliche Hochschule eingerichtet worden, so daß letztendlich drei systematische botanische Sammlungen nebeneinander betrieben worden wären. Dies erschien wenig sinnvoll und so wurde beschlossen, die Wilhelma als Schaugar-

Ein beschauliches Dasein führten das Maurische Landhaus und sein Garten noch nach dem Ersten Weltkrieg.

Bepflanzte gußeiserne Kübel rahmten den Mittelsee ein und schmückten die Freitreppe. Postkarte aus den dreißiger Jahren

488 Palmen in 27 Arten. Unter König Karl wurde der Aufwand zwar zurückgeschraubt, die Anlage blieb aber weiter ansehnlich und führte auch unter König Wilhelm II. ihr beschauliches Dasein mit relativ wenigen Besuchern weiter.

Einschneidende Veränderungen brachte der Erste Weltkrieg. Nach seinem Ende und nach der Abdankung Wilhelms II. ging die Wilhelma als Krongut in Staatsbesitz über. Zwar stand sie jetzt gegen geringes Entgelt allen Bürgern offen, über ihr endgültiges Schicksal war aber noch zu entscheiden.

Das maurische Schlößchen blieb weiter zugänglich. Obwohl die Einrichtung weitgehend

Der erste botanische Garten (1775 hinter dem Königsbau angelegt) wurde, als Württemberg 1806 Königreich geworden war, in die Nähe des Neuen Schlosses verlegt. Er entstand zusammen mit fünf Gewächshäusern auf einer Fläche von 8 Morgen (= 2,5 Hektar), die heute die beiden Staatstheater einnehmen, und soll 1847 schon 16 000 Arten enthalten haben. Er diente vor allem als Schaugarten und lieferte dem Hof Blumen und Schmuckpflanzen, außerdem durfte ihn die Polytechnische Schule mit nutzen. Nach dem Brand des Hoftheaters aber mußte er 1908 den Neubauten weichen und kam notdürftig am Ort der ehemaligen Menagerie

ten unter der verstärkten Aufnahme gärtnerischer Züchtungen, wie es ja schon der Wunsch ihres Gründers bestimmt hatte, weiter zu betreiben.

Als im Mai 1933 der junge Studienassessor Schöchle die Leitung der Wilhelma übernahm, fand er eine geruhsam eingespielte Mannschaft vor, die treu und brav alljährlich zu den gleichen Zeitpunkten das tat, was immer schon getan wurde. Alle Pflanzen waren in gutem Zustand, jeder kannte die Handgriffe, die zu tun waren, aber nur wenige Menschen nahmen davon Kenntnis. Mancherlei Schwierigkeiten waren also zu überwinden, um dieses Dornröschen wachzuküssen. Verwaltung und Organisation waren zersplittert und manches Intrigenspiel der Neuerungen ablehnender Eingesessener mußte durchgestanden werden. Nach und nach setzte sich jedoch der Ideenreichtum des jungen Naturwissenschaftlers durch, und die naturinteressierten Stuttgarter wurden stärker auf die Wilhelma aufmerksam. Es begann mit einer Blumenausstellung württembergischer Gärtner in den damals im Sommer zeitweise leerstehenden Gewächshäusern der Azaleen und Kamelien, über die die Presse lebhaft berichtete. Auch der Rundfunk brachte ein Interview. Gesprächspartnerin war das »Gretle von Strümpfelbach«, Sophie Tschorn, die von da an immer wieder kam und dem Wilhelma-Direktor Gelegenheit gab, von seinen Schätzen zu erzählen.

Auch die Gärtner, die ja gute Fachleute waren, ließen sich begeistern, und so konnte bald die Umgestaltung und Belebung beginnen. Durch geschickten Tausch wurde die Kakteensammlung erheblich vermehrt und im ersten Gewächshaus nach dem Eingang neu arrangiert. Die bisher dort untergebrachten tropischen Warmhauspflanzen siedelten in das dritte Haus um, das bisher als Erika-Haus genutzt worden war. Der Anzuchtbetrieb wurde erweitert und lieferte in Zusammenarbeit mit anderen botanischen Gärten zum Staunen der Stuttgarter immer neue Pflanzen. Der Große Wintergarten bekam ebenfalls ein neues Gesicht. Die vorher auf Hockern hochgestellten und schon großen Palmen wurden in ihre normale Position gebracht und weite Durchblicke geschaffen. Sorgfältig wurden die alten Azaleen und Kamelien

weiter gepflegt ebenso wie der aus Königszeiten überkommene Palmenbestand. Man trug jedoch nicht möglichst viele Pflanzenarten zusammen, wie es in den meisten botanischen Gärten üblich war, sondern konzentrierte sich auf die ästhetisch ansprechende Darbietung besonders auffallender und attraktiver Formen, um so das Interesse an der lebenden Pflanze zu wecken und dem Städter auf angenehme Weise naturkundliches Wissen zu vermitteln. Das damalige Prinzip gilt in der Wilhelma noch heute.

Höhepunkt der Wilhelma-Arbeit vor dem Zweiten Weltkrieg war zweifellos die Vorbereitung der Reichsgartenschau, die 1939 in Stuttgart stattfand. Systematisch war auf diese Schau hin gearbeitet und verschiedenste Pflanzen auf das sorgfältigste herangezogen worden, um möglichst viele erstklassige Ausstellungspflanzen zu gewinnen. Dazu kam eine große Zahl aus den Heimatländern importierter teilweise äußerst seltener Orchideen-Wildpflanzen, die sich dank des Geschicks der Gärtner bestens präsentierten. So konnten schließlich mit 20 Goldmedaillen und einer großen Zahl Silber- und Bronzemedaillen für die Wilhelma mehr Preise errungen werden, als alle anderen Gärten der öffentlichen Hand in Deutschland erzielen konnten. Auch die Rekordzahl von nahezu 50 000 Besuchern in diesem Jahr lohnte die Mühe.

Das Kleinod zerbricht im Bombenhagel

Die Freude war allerdings kurz, denn noch während der Gartenschau begann der Zweite Weltkrieg. Die Zahl der Mitarbeiter und der

Fahrzeuge schmolz rasch auf einen Bruchteil zusammen. Mit allen Mitteln galt es nun, den Bestand zu halten und über den Krieg zu retten. Um das Risiko bei einem Luftangriff gering zu halten, wurde versucht, wenigstens die wertvollsten Pflanzen zu verlagern. Große Hilfe erfuhr die Wilhelma durch den Fürsten Hohenzollern-Sigmaringen und dessen Hofgärtner Bach, die in ihren Sigmaringer Gewächshäusern einen großen Teil der unersetzlichen Orchideen, Azaleen und Kamelien in Sicherheit brachten. Orchideen nahm auch der Katherinenhof bei Oppenweiler, wertvolle Kakteen die Gärtnerei Epple in Benningen auf.

Leider wurden auch die schlimmsten Befürchtungen noch übertroffen. In der Bombennacht vom 19. auf den 20. Oktober 1944, bei einem der berüchtigten Doppelangriffe, stürzte die Rosensteinbrücke in den Neckar, über 300 Tote waren zu beklagen, und mehr als 2500 Wohnhäuser wurden zerstört oder stark beschädigt. Dabei wurde auch die Wilhelma schwer getroffen. Alle Teile des Schlosses waren ausgebrannt, die Kuppeln eingestürzt, die Gewächshäuser durch den Druck zerborstene hohle Gerippe, zwischen denen die traurigen Reste der toten Pflanzen aufragten. Ganze Bombenteppiche hatten auch den Rosensteinpark wegen der Rüstungsbetriebe an der Pragstraße besonders an seiner Nordflanke getroffen. Bombentrichter und Baumruinen boten ein Bild der Verwüstung. In den Anlagen fiel die Orangerie mit ihren zum Teil 400jährigen Orangenbäumen den Angriffen zum Opfer. Der totale Zusammenbruch war damit vollständig.

Nur ausgebrannte Ruinen ließ der Zweite Weltkrieg von dem einstigen Zauberschloß übrig. Der Bombenangriff in der Nacht vom 19. auf den 20. Oktober 1944 zerstörte das Maurische Landhaus und den Festsaal

Neubeginn aus Ruinen

Niemand glaubte damals, daß sich die Wilhelma jemals wieder von ihren gravierenden Kriegsschäden würde erholen können, bis auf einen Mann, der gerade nach fast fünfjährigem Kriegsdienst zurückgekehrt war, ihr Direktor Albert Schöchle. Sein Ideenreichtum und sein Durchsetzungsvermögen waren jetzt gefragt.

Begonnen hatte seine Laufbahn eher zögerlich, denn als Lausbub hielt er von der Schule nur wenig und weigerte sich nach der vierten Realschulklasse standhaft, sie weiter zu besuchen. Er wurde lieber Gärtnerlehrling in Lindau. Nach der Lehre aber packte ihn doch der Ehrgeiz. Da er die Höhere Lehr- und Forschungsanstalt für Gartenbau absolvieren wollte, mußte er gleichzeitig die Mittlere Reife nachholen. Nach der »sehr gut« bestandenen Technikerprüfung auf den Appetit gekommen, folgte rasch das Abitur und dann ein Studium der Naturwissenschaften mit dem Staatsexamen für das höhere Lehramt als Abschluß. Nach der zweiten Dienstprüfung aber begann der 28jährige, der den Weg vom Gärtnerstift zum Studienassessor in der Rekordzeit von neun Jahren geschafft hatte, in der Wilhelma seinen Weg, dessen ersten Teil wir schon kennen.

Wie man aus Gemüse Glas macht

Der zweite Anlauf war allerdings noch viel schwieriger als der erste, denn nun galt es bei weniger als Null wieder anzufangen. Mit einer Weinberghacke auf der Schulter näherte sich der Heimkehrer nach abenteuerlichen Umwegen seiner alten Wirkungsstätte. Ohne dem Zerstörten nachzuweinen und ohne viel Federlesens sammelte er die Reste seiner Belegschaft um sich und begann aufzuräumen. Die Schutthaufen wurden entfernt, die Bombenlöcher zugeschüttet. Als neues Universal-Betriebsgebäude fungierte das einigermaßen erhaltene alte Kesselhaus des Wintergartens mit seinem Kohlebunker. Der Betriebsschreiner »gestaltete« den Kohlebunker zum neuen Umkleideraum, Aufenthaltsraum und Chefbüro.

Die erste wichtige Idee war, die Stuttgarter Krankenhäuser und die Bevölkerung mit möglichst viel Frischgemüse zu versorgen. Der einzig verbliebene altehrwürdige Traktor brach nun die Rasenflächen in der Wilhelma und Teilen des Rosensteins um, und bald begannen die so notwendigen Lieferungen. Gleichzeitig sollte aber auch im Herzen der Stadt, am Schloßplatz, den Menschen neue Hoffnung gegeben werden. Sozusagen unter Einschränkung der Gemüsekapazität wurde hier Rasen eingesät und die ersten Blumenbeete zur Freude der Stuttgarter mit Vergißmeinnicht, Goldlack und Stiefmütterchen bepflanzt. An ein Öffnen der Wilhelma war natürlich noch lange nicht zu denken, dafür lief die Gemüseproduktion auf Hochtouren, wenn auch mit Schwierigkeiten. Es war die Zeit der totalen Improvisation, der Tauschgeschäfte und des raschen Zupackens, wo sich Möglichkeiten boten. So wollte man beispielsweise in großem Umfang Tomatenpflanzen anbauen, die bekanntlich an Pfähle zu binden sind: für 20 000 Tomatenpflanzen ebensoviele Pfähle! Durch gutes Zureden hatte man von der Forstverwaltung 1500 Fichtenstangen erhalten, die mit einer selbstgebastelten Kreissäge in die entsprechende Zahl von Tomatenpfählen zerlegt werden konnten. Irgendwie fand sich auch noch das Bindegarn, und so wurden die Krankenhäuser und Gemüsegeschäfte schon 1946

Schon bald nach der Wiedereröffnung 1949 konnte im ersten Gewächshaus – damals noch mit Mittelbeet

und seitlichen Stellagen – eine reichhaltige Sammlung von Kakteen und anderen Sukkulenten gezeigt werden.

Die gut vermehrbaren Chrysanthemen bildeten den Höhepunkt der Herbstblüte in einer bunten Schau,

die das Kamelienhaus füllte, bevor die Kamelien ihr Winterquartier wieder bezogen.

mit Tomaten eingedeckt. Dank dieser in der Hungerzeit so wichtigen Gemüseproduktion genoß die Wilhelma großes Ansehen beim Landwirtschaftsamt und wurde bei der Zuweisung von Baumaterial, insbesondere von Glas, großzügig berücksichtigt.

Damit ergab sich wiederum die Möglichkeit, mit dem Einglasen von Gewächshäusern zu beginnen, denn vom Krieg her waren nur wenige Quadratmeter Glasscheiben übrig geblieben, die man für die ersten Frühbeetfenster zur Gemüseanzucht verwendet hatte. Ein Gewächshaus nach dem anderen konnte so noch vor der Währungsreform in Betrieb genommen werden. Dies erleichterte die Gemüseproduktion, erlaubte aber auch, wieder an die Anzucht von Schaupflanzen zu denken. Da der Direktor seinen Privatwagen über den Krieg gerettet hatte, konnte er nun übers Land fahren und bei befreundeten, unzerstört gebliebenen botanischen Gärten in der amerikanisch besetzten Zone, deren gern gewährte kollegiale Hilfe in Anspruch nehmen. Aus den botanischen Gärten von Erlangen, Würzburg und München gelangten – manchmal lastwagenweise – so viele zum Teil wertvolle Pflanzen nach Stuttgart, daß ein respektabler Anfang gemacht war. Vieles konnte auch aus Samen gezogen werden, die im

internationalen Austausch wieder erhältlich waren, und nach und nach kehrten auch die im Krieg ausgelagerten Bestände wieder in ihre alte Heimat zurück. Trotzdem lief die Gemüseproduktion weiter, auf deren Einnahmen noch nicht verzichtet werden konnte. Ein Ende zeichnete sich aber durch die bevorstehende Währungsreform ab. Geschickterweise wurde das meiste Gemüse noch knapp vorher an den Mann gebracht, denn nach der Reform wollte niemand mehr sein spärliches Geld für Gemüse ausgeben, wo so viele bisher nicht erhältliche Waren lockten, und es zudem inzwischen eine Menge anderer Anbieter gab. In die abgeernteten Felder wurde daher wieder Gras eingesät und der Park bekam sein altes Gesicht zurück.

Mit Hochdruck wurde nun die Wiedereröffnung des Wilhelma-Gartens vorbereitet. Er sollte unter allen Umständen im Frühjahr 1949 mit der traditionellen Azaleenblüte eröffnet werden. Immerhin waren inzwischen das Kuppelhaus südlich der Landhausruine, in dem die ersten neuen Palmen untergebracht wurden, und die ganze Gewächshausflucht von der Kasse bis zum Maurischen Garten mit Ausnahme des Wintergartens wiederhergestellt, aber der Wiederaufbau des Azaleenhauses war erst für 1949 vorgesehen, und die finanziellen

Mittel wurden deshalb erst mit Beginn des Etatjahres im April bereitgestellt. Da sollte aber schon eröffnet sein. Einige Kunstgriffe waren wieder nötig, um dem abzuhelfen. Der Auftrag wurde dennoch vergeben, die Rechnung aber zunächst aus Holzverkäufen, die man aus den im Krieg stark beschädigten und notwendigerweise zu fällenden Bäumen aus dem Park erzielen konnte, abgedeckt. Die Nachkriegsaera der Wilhelma konnte beginnen.

Die Wiedereröffnung am 19. März 1949 mit einer für die damaligen bescheidenen Verhältnisse großartigen Azaleenblüte war ein voller Erfolg. Die Menschen wollten sich nach all den schwierigen Jahren einfach wieder einmal von Blumen aufheitern lassen und kamen in Scharen. Da das Gezeigte aber doch noch recht bescheiden war und auf die Dauer sicher nicht die notwendige Zugkraft gehabt hätte, sann der ideenreiche Wilhelma-Direktor auf Abhilfe. Es war ihm klar, daß eine botanische Sammlung allein nur einen bestimmten Teil der Bevölkerung anspricht und daß auch ein Schaugarten immer auf Neues und Wechsel angewiesen sein werde, zumal sich ja der Killesberg als städtische Einrichtung in ähnlicher Weise, wenn auch ohne Gewächshäuser, dafür aber mit Ausstellungshallen entwickelte.

Die zündende Idee, die der Wilhelma Unzahlen von Besuchern bescheren sollte, war, zu den Pflanzen auch Tiere zu bringen. Es begann zunächst wenige Wochen nach der Wiedereröffnung mit einer Aquarienschau. Um an Fische zu kommen und das Risiko gering zu halten, wurde sie mit den Aquarienvereinen ausgerichtet. Die Wilhelma stellte die Räume und die Aquarien, die Vereine Fische und Betreuer und erhielten dafür zehn Prozent der Einnahmen. Allein an den beiden Pfingsttagen kamen 40 000 Besucher. Nach dem Ende der Ausstellung erwarb man den größten Teil der Fische und machte die Schau zu einer Dauereinrichtung. Sie läuft, allerdings erheblich ausgebaut und ausgeweitet, noch bis heute.

Die nächste Idee folgte auf dem Fuße. Zusammen mit dem Staatlichen Museum für Naturkunde sollte das Thema »Wandlung der Pflanze in 500 Millionen Jahren« gestaltet werden. Heute lebenden Pflanzen wurden die fossilen Verwandten der Vorzeit gegenübergestellt, die das Museum, das ja noch keine Ausstellungsräume hatte, gerne zur Verfügung stellte. Die wissenschaftlich und ästhetisch hervorragend aufgebaute Ausstellung, die noch im September des gleichen Jahres gezeigt wurde, fand zwar viele interessierte Besucher, war aber bei weitem nicht der Erfolg, den die lebenden Tiere gebracht hatten.

Für das folgende Jahr wurde deshalb wieder eine große Tierschau vorbereitet. Zusammen mit dem Württembergischen Verein der Vogel-

Ein Schlitzohr bringt Tiere in des Königs Garten

liebhaber und mit der Unterstützung des Frankfurter Zoos, der Staatlichen Vogelschutzwarte Garmisch-Partenkirchen, der Landesstelle für Naturschutz und des Museums für Naturkunde startete im April 1950 eine große Vogelschau. Rund 500 Vögel in 150 Arten bevölkerten die verschiedensten Volieren, Teich- und Wiesenflächen. Im noch nicht verglasten Wintergarten präsentierten sich Papageien und Vögel der Subtropen und gemäßigten Zonen, im Gewächshaus südlich der Festsaalruine tropische Kleinvögel. Kraniche und Stelzvögel belebten die Wiesenflächen zwischen den alten Alleen, Fasane einige Volieren an der Neckartalstraße. Schließlich wurden noch die Gerippe der großen Gewächshäuser nördlich vom Maurischen Landhaus mit Drahtgeflecht überzogen und bil-

Um die zerstörten Gewächshäuser rasch nutzen zu können, wurde ihr Gerippe mit Drahtgeflecht überzogen. Hier waren anfangs die Greifvögel zu Hause.

Nach und nach hielten auch große Tiere Einzug in die Wilhelma: ein Pärchen Rothschild-Giraffen bei ihrer Ankunft auf dem Stuttgarter Güterbahnhof

deten zwei große Flugkäfige für Greifvögel, für die ersten Adler und Geier. Der Erfolg übertraf noch den der Aquarienschau. Der Bestand wurde das ganze Jahr über ausgebaut. Unter anderen trafen noch im Juli zwei Strauße ein, womit die Stuttgarter nach rund 50 Jahren wieder (die letzten Strauße waren im Nillschen Tiergarten zu sehen gewesen) diese Riesenvögel betrachten konnten.

Kurz vor den großen Ferien tauchten die ersten Säugetiere auf in der als Geschenk an die Kinder gedachten Ausstellung »Tiere des deutschen Märchens«. Hase und Igel, Reh oder Fuchs, auch die ersten Löwen und Bären zogen ein. Ihre Unterbringung mußte schon stabiler sein als die bisherigen leichten Volieren, aber die einsatzfreudigen Handwerker lösten auch dieses Problem. Improvisieren war weiterhin Trumpf auch beim Tierbestand. Nicht nur den Kindern gefiel diese Schau, die wie die anderen weiterhin Bestandteil der Wilhelma blieb. Zum Jahresende konnte auch der Orchideenbestand erheblich verbessert werden durch den Teilerwerb einer der berühmtesten einschlägigen Sammlungen in Berlin. Die Wilhelma hatte damit einen der größten staatlichen Orchideenbestände.

Schon im März 1951 konnten sich die Besucher mit dem Thema »Saurier, Schlangen, Krokodile« beschäftigen. Die damals nicht einfache Beschaffung der Tiere wurde durch die Übernahme einer Wanderschau gelöst, deren Besitzer, Willy Jocher, als Mitarbeiter gewonnen

wurde und später als erster Tiergarteninspektor wertvolle Dienste leistete. Das erste größere Krokodil war der 1,8 Meter große Mississippi-Alligator »Fritz«, der dem Naturkundemuseum in Karlsruhe zu groß geworden war und in abenteuerlicher Fahrt nach Stuttgart gelangte. In zwei Gewächshäusern nördlich der Festsaalruine waren mit den ersten Riesenschlangen und Riesenschildkröten 25 Reptilienarten neben entsprechenden Versteinerungen aus der Urzeit und Schaubildern aus der Entwicklungsgeschichte der Tierwelt zu sehen. Zu Ostern bezogen die ersten vier Brillenpinguine ein Wasserbecken im Maurischen Garten. Im Juni folgten Affen: eine Mantelpavian-Familie und eine große Gruppe junger Rhesusaffen, die am nordwestlichen Wandelgang Quartier erhielten.

Im gleichen Monat veranstaltete die Wilhelma die erste Pudelschau, die in den folgenden Jahren mehrfach wiederholt wurde. Ein werbewirksamer Autokorso führte die schönsten Pudel vom Westbahnhof durch die ganze Stadt bis zum Ausstellungsort. Im Bereich des Wilhelmatheaters wurde eine kleine, provisorische Gaststätte eingerichtet. Zu Pfingsten konnte der neuverglaste Wintergarten wieder seiner Bestimmung übergeben werden. Palmen, Baumfarne und Rhododendren kehrten an ihren angestammten Platz zurück. Ein kleiner Teich mit Goldfischen, Hortensien und Flamingoblumen bot Schmuck. Anschließend nahmen die bisher für die Palmen genutzten Gewächshäuser am Maurischen Landhaus hohe Säulenkakteen, Wolfsmilcharten, Agaven und andere Groß-Sukkulenten auf. Auch die 5000 Kakteen umfassende, bedeutende Sammlung des Fabrikanten Gutekunst, Kirchheim/Teck, konnte erworben werden.

Ein weiterer Höhepunkt war die Schau »Afrikanische Steppentiere«. Die ersten Zebras, Antilopen und Gnus hielten Einzug und wurden in zweckmäßigen, provisorischen Ställen untergebracht, die so bemessen waren, daß sie sich durch die Eigenwärme der Tiere selbst beheizten. Da sich inzwischen auch der Tierhandel entwickelt hatte und zunehmend exotische Tiere beschafft werden konnten, sollten zwei Giraffen diese Schau krönen. Sie wurden prompt über Italien geliefert, wo aber die beiden Langhälse, ein Pärchen Massai-Giraffen, unterbringen? Als günstig zum geplanten Gehege gelegen, bot sich die ehemals königliche Wagenremise an, deren Deckenhöhe aber erheblich zu

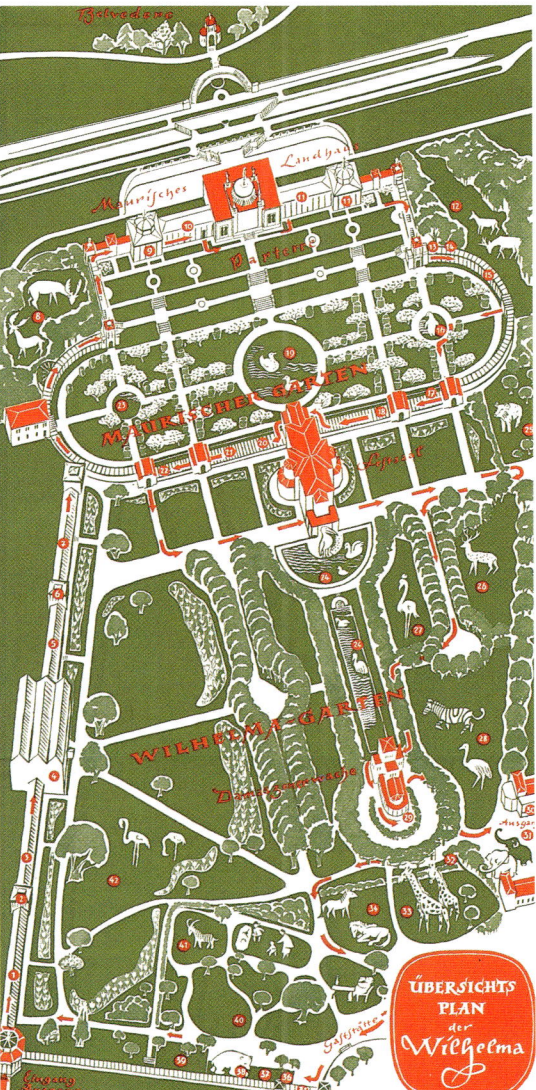

1. Unteres Kakteenhaus
2. Victoria regia Haus
3. Tropenhaus
4. Wintergarten
5. Azaleenhaus
6. Tropenvögel
7. Kamelienhaus
8. Damhirsche
9. Riesenkakteen
10. Euphorbien u. Riesenschildkröten
11. Groß-Raubvögel
12. Sambarhirsche
13. Eulenvögel
14. Rabenvögel
15. Affen
16. Pinguine
17. Tropische Kleinvögel
18. Schlangen, Krokodile
19. Enten
20. Tropische Süßwasserfische
21. Tropische Meeresaquarien
22. Nordseeaquarien
23. Sumpfbiber
24. Großwasservögel
25. Wildschweine
26. Axishirsche, Nilgauantilopen
27. Stelzvögel
28. Steppentiere
29. Kleinraubtiere
30. Groß-Raubtiere
31. Elefanten
32. Ibisse, Geierperlhühner
33. Giraffen
34. Pony, Zwergesel
35. Wellensittiche
36. Stachelschweine
37. Braunbären
38. Kragenbären
39. Fasanen
40. Sattelziegen
41. Zwergziegen
42. Flamingo

Der Übersichtsplan im ersten Wilhelma-Führer von 1953 weist bereits auf viel Sehenswertes hin

wünschen übrig ließ. Da die Decke nicht gehoben werden konnte, mußte eben der Stallboden abgegraben und gesenkt und den Giraffen eine Rampe zugemutet werden. Gegen den Rat erfahrener Tiergärtner, die mit diesen schreckhaften Savannentieren jede Menge Unfälle vorausgesagt hatten, funktionierte diese Methode bis zum Einzug in das endgültige Giraffenhaus 1980 nahezu 30 Jahre lang, ohne daß es je zu einem der befürchteten Stolperunfälle gekommen wäre.

Nachdem nun schon einmal der Anfang mit Großtieren gemacht war, mußte das folgende Jahr eine erneute Steigerung bringen. »Tiere des indischen Dschungels« waren angesagt. Tiger und schwarze Panther zogen in das inzwischen im ehemaligen Magazingebäude eingerichtete Raubtierhaus zu den Löwen ein. Kragenbären und Nilgau-Antilopen, kleine Pandas und Hulmanaffen und manch andere kamen hinzu, nicht zuletzt zwei junge, etwa vierjährige indische Elefantenmädchen, die ihr Quartier neben den Giraffen in der königlichen Wagenremise erhielten. Bald war fast jeder sich für die Tierhaltung eignende Winkel ausgenützt. Zu Ostern 1953 wurde die Damaszenerhalle als Kleinraubtierhaus vorgestellt. Im August scharten sich die Feriengäste um die sogenannte »Affenspielanlage«, die nichts anderes war als ein riesiger, langgestreckter, von allen Seiten einsehbarer Käfig mit einem beheizbaren Nachtstall in der Mitte. Paviane und eine Riesenherde Rhesusaffen sorgten für viel Unterhaltung. In den Gewächshäusern wurden in kleinen Schaukästen Insekten, tropische Riesenfalter, gezeigt. Für die Kinder gab es das erste Pony-Reiten und im Aquarium trafen Kaiserfische und andere tropische Meeresfische ein, die die einmal berühmte Korallenfischsammlung der Wilhelma begründeten.

Beim hundertjährigen Wilhelma-Jubiläum (1853 war der Wintergarten als letztes Gewächshaus fertig geworden) am 24. Juli konnte man also durchaus schon vom Bestand eines mittleren zoologischen Gartens sprechen, wenn auch dessen Unterbringung notgedrungenerweise mehr als bescheiden war. Neben vielen Gratulationen gab es die ersten Jubiläumsgeschenke: von Graf Bernadotte von der Mainau eine Ponystute, vom Zoo Hannover ein Riesentukan, vom Zoo Gelsenkirchen Wasservögel und vom Frankfurter Palmengarten fleischfressende Pflanzen.

Die Entwicklung lief beileibe nicht so reibungslos, wie es nach dem bisher geschilderten chronologischen Fortgang erscheinen mag. Schöchles Ideen brachten nicht nur seine Mitarbeiter ins Schwitzen, sondern auch manchen hohen Beamten des Finanzministeriums, dem die rasante Entwicklung zuwiderlief. Gar bald kam aus dem durch die ungeahnten Aktivitäten erschreckten Ministerium der lapidare Erlaß: »Die wilden Tiere haben zu verschwinden«, und guter Rat schien teuer. Nicht aber für Direktor Schöchle, er suchte den noch nicht allzulang ins Amt gewählten Finanzminister mit einem kurz davor geborenen Löwenjungen auf und bat ihn, sich für die Namensgebung des kleinen Löwenkindes zur Verfügung zu stellen. Dies sei doch eine hervorragende Gelegenheit, sich volks- und tierverbunden darzustellen, wie man sie sich publicity-trächtiger nicht vorstellen könne. Der Minister ließ sich auf den Handel ein, tröpfelte am 11. August 1951 aus der Cannstatter Stadtkanne »Cannstatter Zuckerle« Trollinger auf das Löwenköpfchen und ließ sich dabei auch noch die Worte in den Munde legen, daß »Diana vom Rosenstein die Stammutter eines gesunden Löwengeschlechtes in der Wilhelma werden möge«. Daß sich Diana später als Männchen herausstellte, tat dem Erfolg keinen Abbruch, denn immerhin war damit ein entscheidendes Ministerwort gesprochen. Presse und Rundfunk dokumentierten das Ereignis ausführlich. Die erste Bresche war geschlagen. Man rettete sich nun von einer vorläufigen Genehmigung, daß die Tiere bleiben dürften, bis zur nächsten und setzte die Ankäufe munter fort.

Als die allergrößten Tiere, die Elefanten, angeschafft wurden, mußte auch noch die Gattin des Finanzministers sozusagen als Schutzgöttin auftreten und ihnen traditionsreiche Namen geben: »Zella«, wie die Elefantin in Nills Tiergarten geheißen hatte, und »Vilja« für die von der Doggenburg. Auch Staatsrat Vowinkel sagte 1953 beim Festakt zum hundertjährigen Jubiläum im Wilhelma-Theater wohlwollend, daß sich kein Mensch mehr die Tiere aus der Wilhelma wegdenken könne.

Um das noch ungeliebte Kind ein wenig auf Abstand zu halten und auch etwas beweglicher zu machen, überführte man die Wilhelma, die bisher eine normale staatliche Dienststelle war, zu Beginn des Haushaltsjahres 1955 in den Status eines Wirtschaftsbetriebes des Landes. Sie bekam damit einen eigenen Haushaltsplan mit

Die wilden Tiere haben zu verschwinden

Gewinn- und Verlustrechnung, konnte selbst Kassengeschäfte tätigen, Mitarbeiter einstellen und im Rahmen der ihr gegebenen Geschäftsordnung selbständiger als früher wirtschaften. Die Eröffnungsbilanz vom 1. April 1955 wies damals schon 398 Tierarten in 1479 Exemplaren auf und zwar 229 Säugetiere in 79, 446 Vögel in 146, 107 Reptilien in 51, 647 Fische in 110 und 50 Wirbellose Tiere in 12 Arten.

Ein mächtiger Schritt zur Legalisierung der Tiere: Finanzminister Frank gibt einem Löwenbaby seinen Namen. 1951

Die Aufbruchstimmung hielt an. 1956 wurde der fast 1000 Quadratmeter große Seerosensee im Maurischen Garten heizbar gemacht und die Blüte der Königin der Seerosen, der Victoria regia, ins Freie verlegt. Aus Mitteln einer Tombola, die der Württembergische Gartenbauverein, dessen Vorsitzender zufälligerweise Schöchle hieß, zusammen mit dem ADAC veranstaltet hatte, konnte der Halbmondsee vor der Festsaalruine als Seelöwenbecken eingerichtet werden.

Die Enge verstärkte sich und erste Erweiterungsüberlegungen wurden angestellt, die sich, wie konnte es anders sein, wieder auf die Unteren Anlagen oder den Rosensteinpark bezogen. Im November sprach der Finanzminister ein Machtwort. Zusammen mit den Spitzenbeamten der Oberfinanzdirektion wurde in der Wilhelma über deren weiteres Schicksal beraten. Zwar konnten für den Beginn der Sanierung und Instandsetzung erste Summen in Aussicht gestellt werden, eine Erweiterung lehnte man aber mangels Mittel im Haushaltsplan ab. Trotzdem durften weitere Untersuchungen angestellt werden. Die Quintessenz war jedoch die »Anordnung den Tierbestand der Wilhelma zunächst nicht zu vergrößern und alles zu vermeiden, was zu einer weiteren Zunahme der räumlichen Enge in der Wilhelma führen könnte, zu beachten«. Differenzierte Listen mußten angelegt und alljährlich vorgelegt werden. Der Versuch, die Stadt am Ausbau der Wilhelma zu beteiligen, scheiterte schon in den Anfängen.

In dieser Notsituation kam es zur Gründung des »Vereins der Freunde und Förderer der Wilhelma«, der damals nicht nur entschieden zum Durchbruch beigetragen, sondern auch seither die Wilhelma durch viele Stiftungen von Tieren und großzügige Hilfen bei neuen Anlagen wesentlich unterstützt hat. Es ist mit sein Verdienst, daß es damals nicht zur Auflösung dieser letzten Stuttgarter Zoogründung gekommen ist. Auch die beiden großen Stuttgarter Zeitungen waren wachsam, als ein erneuter Anlauf zur Abschaffung der Großtiere unternommen werden sollte, und brachten rechtzeitig nochmals das Bild der »Löwentaufe« des Finanzministers und den Hinweis auf sein einmal gegebenes Ministerwort.

Das Fundament für alle weiteren Entscheidungen legte eine im Mai 1958 begonnene Untersuchung des damaligen Bauassessors Fecker, der später als Ministerialdirigent für das gesamte staatliche Bauwesen im Lande verantwortlich war. Sie zeigte bald, daß eine Sanierung der historischen Wilhelma zusammen mit einer entsprechenden Erweiterung zur Unterbringung der Tiere durchaus sinnvoll schien.

Im Jahre 1963 wurde die »Menschenaffen-Luxus-Baracke« erbaut. Sie leistete viele Jahre gute Dienste.

Aktivität und erheblich höheren Erträgen von 1,3 Millionen DM mit einem geringeren Fehlbetrag von nur 398 923 DM zu rechnen gewesen.

Bereits der Ministerrat entschied sich positiv, und auch der Landtag stimmte dem Ausbauvorhaben zu. Somit wurden Landtag und Landesregierung nunmehr zu den Mäzenen der Wilhelma, und die Initiative von Albert Schöchle war endlich anerkannt. Damit begann eine Entwicklung, die die Wilhelma nicht nur in wenigen Jahren den Anschluß an die traditionsreichen Zoos gewinnen, sondern auch in der Kombination mit der Botanik und der Historie etwas Einmaliges entstehen ließ. Die Zeit der Provisorien war vorüber. Die Zeit der Bewährung aber fing jetzt erst an.

Die geplanten modernen Bauten hatten die neuesten zootechnischen und gärtnerischen Erkenntnisse zu berücksichtigen und mußten sich harmonisch in das historisch Gewachsene einpassen oder daran anschließen. Als Ironie des Schicksals mag man dabei ansehen, daß letztendlich der Stuttgarter Zoo nach ausufernden Diskussionen, wenn auch zunächst eigentlich ungewollt, nun doch sein Domizil im Randbereich des Rosensteinparks finden sollte.

Wegen zu großer Anbindungsschwierigkeiten und hoher Kosten wurden die Unteren Anlagen ausgeschieden und dafür der Randbereich des Rosensteinparks favorisiert. Allerdings konnte dies im Einvernehmen mit dem Landesdenkmalamt nur außerhalb des unveränderten großen historischen Rundgangs geschehen.

Zunächst setzte man sich mit drei möglichen Varianten auseinander. A: Sanierung der Wilhelma unter Verzicht auf alle Großtiere, B: Sanierung und Erweiterung mit Unterbringung der vorhandenen Tiere und C: Sanierung + Erweiterung + Aufnahme weniger bisher ganz fehlender Standardtiere. Aus wirtschaftlichen Überlegungen wurde schließlich die dritte Variante als günstigste in einer systematisch entwickelten Denkschrift vom Oktober 1959 dargestellt und Ministerrat und Landtag zur Entscheidung vorgelegt. Man ging damals von Gesamtkosten für Sanierung und Erweiterung in Höhe von 15 650 000 DM aus, davon Sanierungskosten 9 Millionen, Neubaukosten eines Restaurants beim Theater 750 000 und Kosten der Erweiterung in den Rosensteinpark 5,9 Millionen Mark. Das Gesamtvorhaben sollte in fünf Baustufen verwirklicht werden. Bei den Wirtschaftlichkeitsüberlegungen, angelehnt an den Stand des Wilhelma-Haushalts von 1957, die natürlich nur grob geschätzt werden konnten, rechnete man bei der sanierten Wilhelma mit einem Aufwand von 1,1 Millionen DM, bei Erträgen von nur 228 000 DM, was einem Fehlbetrag von 881 563 DM entsprochen hätte. Die Schätzung für die sanierte Wilhelma einschließlich Erweiterung sah günstiger aus. Trotz erhöhtem Aufwand von 1,7 Millionen DM wäre bei größerer

Die Damen Bücheler und der ehemalige Wärter Gfrörer als Namenspaten der Elefantin »Vilja«

45

Mit dem nun beschlossenen Zoo war es auch in Stuttgart definitiv möglich, den »Notausgang zur Natur«, wie es Professor Hediger, Zürich, der Altmeister der Tiergartenbiologie, einmal formuliert hat, zu schaffen. Einen Notausgang, der hilft, Wissen zu vermitteln.

Der moderne Zoo hat mannigfaltige Aufgaben zu erfüllen, die in unserem Falle auch auf den botanischen Garten zu übertragen sind. Zweifellos ist ein Zoo seit jeher schon ein Ort der Erholung und Entspannung, wo man in angenehmer Umgebung lebende Tiere und Pflanzen beobachten kann. Weder Tierfilme noch Bildbände oder Fernsehsendungen können diesen direkten Kontakt mit allen Sinnen – nicht nur den mit den Augen – ersetzen, bei dem für jeden einzelnen Besucher sozusagen sein ganz persönlicher Film abläuft. Ob arm oder reich, jung oder alt, jeder kann sich aus der Fülle für ihn Passendes auswählen. Auf keinen Ort des gemeinsamen Besuchs einigt sich eine Familie leichter. Damit zeigt sich auch die wichtige psychosoziale Funktion der zoologischen Gärten. Angebote von Erholung und Bildung sind sorgfältig aufeinander abgestimmt, so daß im spielerischen Lernen jeder profitieren kann. Bei zunehmender Freizeit bieten speziell entwickelte Programme sinnvolle Möglichkeiten zu deren Gestaltung.

Leider hinkt ja das biologische Wissen unserer lieben Mitmenschen dem technischen Wissen in verhängnisvoller Weise nach. So kennt ein Schulbub heute ein Vielfaches an Automarken gegenüber ganz wenigen freilebenden Tieren oder Pflanzen. Zunächst besteht das Bildungsangebot in einem sorgfältig nach didaktischen und tiergärtnerischen Gesichtspunkten ausgewählten Tierbestand (Pflanzenbestand), der in ästhetisch ansprechender Umgebung einen breiten Überblick über die Formenvielfalt der Lebewesen in typischen Beispielen darbieten soll. Um diese Möglichkeiten optimal zu nützen, werden viele Hilfen angeboten. An den Gehegen oder in ihrer Nähe gibt es Hinweise mit Namen, Herkunft, Lebensweise und besonderen Eigenschaften der einzelnen Arten, oft grafisch aufbereitet. In eigenen Zooschulen werden die Schüler direkt angesprochen oder den Lehrern zu eigener Arbeit Kenntnisse vermittelt und Unterlagen an die Hand gegeben.

Zweifellos haben wir einen großen Teil unseres Wissen über das lebende Tier aus dem Zoo. Als Ort der Forschung bietet der wissenschaftlich geleitete Tiergarten ein weites Feld für die verschiedensten Bereiche der Zoologie, der Ökologie, der Verhaltensforschung, der Physiologie, der Veterinärmedizin, der Parasitologie und Pathologie u. a., die man zur Tiergartenbiologie zusammenfaßt. Eigene Arbeiten der an Zoos tätigen Wissenschaftler sind ein Teil der in Zusammenarbeit mit Universitäten, Instituten und wissenschaftlichen Gesellschaften im weltweiten, internationalen Verbund erzielten Erkenntnisse, die in Fachpublikationen, aber auch in populären Veröffentlichungen ihren Niederschlag finden. Sie tragen nicht nur zur immer besseren Kenntnis und Haltung der anvertrauten Pfleglinge bei, sondern erweitern letztlich auch unser eigenes Selbstverständnis.

Eine weitere Aufgabe ist den zoologischen Gärten in den letzten beiden Jahrzehnten in immer stärkerem Maße zugewachsen: die des Artenschutzes. Wo sonst, wenn nicht im Zoo sind das Fachwissen und die Fachkräfte vorhanden, gefährdete Tierarten nicht nur optimal zu halten, sondern sie auch zu züchten und zu vermehren und für eventuelle Wiederausbürgerungen zur Verfügung zu stellen. Dabei ist die Führung von Zuchtbüchern und die internationale Koordination der Zusammenarbeit in verschiedenen Erhaltungszuchtprogrammen Voraussetzung. Neben den Wildtieren gilt die Aufmerksamkeit den im Rückgang begriffenen, seltenen alten Haustierrassen, um auch solche Zeugen menschlicher Kulturgeschichte zu erhalten. Ganz generell wird angestrebt, Zootiere in sich selbst erhaltenden Populationen zu pflegen, um Entnahmen aus wild lebenden Beständen weitgehend überflüssig werden zu lassen. Ihre Fachkenntnisse stellen die Zoos auch anderen Institutionen und Behörden zur Verfügung und werben in vielfältiger Form mit Publikationen, Vorträgen und über die Medien für die Belange des Natur- und Artenschutzes.

Das alte Vorurteil, der Zoo sei ein Tiergefängnis, läßt sich heute leicht entkräften. Tiere sind in der Freiheit längst nicht so »frei«, wie viele Menschen meinen, und im Zoo durchaus nicht »gefangen«, wie mancher Laie vermutet. Ganz im Gegenteil bietet der Zoo heute den ungestörten, ausreichenden, nach den Bedürfnissen gestalteten Lebensraum, sorgt für die notwendigen Sozialpartner, qualitätvolles Futter, hält Feinde fern, bekämpft Krankheiten und Parasiten und läßt damit seine Pfleglinge bei gelegentlicher Langeweile in aller Regel erheblich älter werden als in freier Wildbahn. In der »Freiheit« ist das Tier allen Gefahren der Umwelt ausgesetzt, muß sich im Sozialverband durchsetzen, sein Futter oft mühsam suchen, Feinde meiden, Krankheiten erleiden, wird von Parasiten gequält und stirbt nach mannigfachen Streßsituationen wesentlich früher. Leider läßt sich den Tieren die utopische Frage nicht stellen, was ihnen selbst lieber wäre. Möglicherweise aber würde sich doch der größte Teil für das bequemere Leben in einem modernen Zoo entscheiden.

Die Frage der Verantwortung bleibt, die mit dem Augenblick der Entnahme aus der Wildbahn beginnt und die gesamte Lebensspanne umfaßt. Die Kunst des Tiergärtners, seinen Pfleglingen ein normales Leben in Menschenobhut zu ermöglichen, besteht nicht in einer falsch verstandenen sklavischen Nachahmung, sondern im überlegten Ersatz der notwendigen artgerechten Lebensbedingungen, die für ihr Wohlbefinden wichtig sind. Dieses hängt aber von vielerlei Faktoren ab, die für den Außenstehenden nicht ohne weiteres überschaubar sind und sein Verständnis dadurch erschweren. Es bedarf deshalb der genauen Kenntnis der Lebensbedingungen der betreffenden Art. Meist sieht man das wichtigste Kriterium in der Gehegegröße, je größer um so besser. Nichts jedoch wäre falscher. Ein Gehege sollte aber so strukturiert sein, daß es alle Abläufe hinsichtlich Bewegung, Nahrungserwerb, Komfortverhalten, Spielverhalten sowie Neugier- und Lernverhalten ermöglicht, oder sogar noch anregt. Die Größe spielt dabei eine sehr untergeordnete Rolle. Der Wegfall der Nahrungssuche, des Feindvermeidens, des nicht mehr nötigen Revierverhaltens und anderes mehr vermindert das Bewegungsbedürfnis. Die Gehegegrenze wird rasch als Schutz erkannt, die Fluchtdistanz herabgesetzt und Besucher in großer Nähe geduldet, ja oft sogar als Abwechslung oder Spielobjekt angenommen. Deshalb wird auch, um einer möglichen Reizverarmung vorzubeugen, der Alltag der Zootiere interessanter gemacht durch Angebote von Spielmöglichkeiten wie leichte Bewegungsdressuren mit Futterbeloh-

Was Bürger brauchen: den Notausgang zur Natur

nung, Objekten die gesucht, gesammelt, zerlegt und teilweise auch gefressen werden können und vieles andere, was aus dem Einfallsreichtum des Pflegers oder der Verantwortlichen erwächst.

Wichtige Gesichtspunkte der Tierhaltung sind die optische Gestaltung und die funktionelle Eignung der Gehege. Die heutige Publikumserwartung geht dabei davon aus, je naturnaher und genauer ein Biotopausschnitt nachgestellt wurde, um so besser müßten die Hal-

tungsbedingungen der gezeigten Tiere sein. Dies ist leider nur sehr bedingt richtig. So wäre ein großes, als nordschwedisches Sumpfgebiet angelegtes Elchgehege für die Haltung von Elchen durchaus ungeeignet, weil nicht verhindert werden könnte, daß bei den geringen Bewegungsbedürfnissen seiner Bewohner der

Eingang ins Wunderland: Der 1974 restaurierte Pavillon des Haupteingangs mit der flankierenden Terrakottawand

Hufabrieb nicht mit dem genetisch bedingten Hufwachstum übereinstimmte und regelmäßige, nicht ungefährliche Hufkorrekturen erzwänge. Eine wesentlich härtere, den Hufabrieb fördernde Gehegegestaltung, ist deshalb unverzichtbar. Eine naturnahe Optik ist zwar im didaktischen Sinn zu begrüßen, für das Wohlbefinden aber kaum relevant.

Artgerechte Unterbringung, Gehegegestaltung und Beschäftigung werden ergänzt durch die tierärztliche Versorgung, die in erster Linie in einer sorgfältigen Prophylaxe, der Überwachung der Hygienebedingungen und dem Erreichen von Parasitenfreiheit besteht. Moderne Präparate, insbesondere solche zur Immobilisation zu behandelnder Tiere, sind dabei bewährte Hilfen. Nicht zuletzt ist auch die ausgewogene, heutigen Erkenntnissen entsprechende vollwertige Ernährung, die durchaus nicht dem ursprünglich aufgenommenen Futter entsprechen muß, ein sehr wichtiger Faktor zur Gesunderhaltung der gepflegten Tiere.

Die Wirksamkeit all dieser Maßnahmen läßt sich anhand von verschiedenen Kriterien durchaus beurteilen. Von einer artgemäßen und verhaltensgerechten Wildtierhaltung kann danach dann ausgegangen werden, wenn sich die entsprechenden Tiere in optimaler Kondition befinden, und sie eine erheblich höhere durchschnittliche Lebensdauer aufweisen als ihre freilebenden Artgenossen. Gehaltene Wildtiere müssen in ihrem jeweiligen Haltungssystem züchten und ihre Jungen selbst aufziehen. Sie müssen widerstandsfähig gegen allgemein verbreitete Erreger unspezifischer Infektionskrankheiten sein, das heißt einen guten Immunstatus haben. Gut gehaltene Wildtiere sind selten krank. Sie dürfen auch keine Verhaltensabweichungen, keine Anzeichen von Neurosen erkennen lassen. Gelegentlich auftretende Bewegungsstereotypien, die erlernte Unarten sein können, sind durch einen groben Test von echten Neurosen zu unterscheiden. Zeigt ein Tier stereotypes Verhalten, genügt in der Regel eine leichte Störung, um es auf die Störquelle aufmerksam zu machen. In so einem Falle dient die Stereotypie zum Ausfüllen von Langeweile und ist als Hinweis auf Mangel an Reizen zu verstehen. Neurotische Tiere verstärken hingegen ihre Stereotypie bei Störungen. So kann also jeder verantwortungsbewußte Tierhalter sehr wohl nachprüfen, ob er sich mit seinen Bemühungen auf dem richtigen Weg befindet.

Um den hohen Anforderungen eines modernen zoologisch-botanischen Gartens gerecht zu werden, galt es nun die Provisorien in endgültige Anlagen zu überführen, die zerstörten Bauten wiederherzustellen und mit den Neubauten im Erweiterungsteil den Gesamtbereich im Sinne des Landtagsbeschlusses neu zu ordnen. Drei unterschiedliche Gebiete verlangten unterschiedliche Maßnahmen: Wirtschaftsbetrieb, historische Wilhelma und Erweiterung.

Um wirklich arbeitsfähig zu werden, mußte zunächst der Wirtschaftsbetrieb mit seiner Anzuchtgärtnerei, den Werkstätten und Lagerräumen funktionsfähig ausgebaut werden. Für die Belegschaft und die Verwaltung war 1958 ein Gebäude erstellt worden, das schon beim Bezug dem Bedarf kaum entsprach, weil es aus Geldmangel schon in der Planungsphase verkleinert werden mußte. Sehr viel glücklicher war die Planung des Betriebshofes mit Werkstätten, Garagen, der Futtermeisterei, einer Veterinärstation und erweiterten Sozialräumen, dessen Konzeption sich ausgezeichnet bewährte. Von der Übergabe 1966 an bis heute sind Größe und Raumverteilung voll geeignet und werden es auch für den Endausbau sein. Damit war endlich die Zeit der »vereinigten Hüttenwerke« aus provisorischen Schuppen und Baracken zu Ende. Nebenan und gleichzeitig konnte auch ein Mitarbeiterwohnhaus gebaut werden. Bei der prekären Wohnungssituation in Stuttgart war das Haus eine große Hilfe, Mitarbeiter zu gewinnen und bei Notfällen präsent zu haben.

Nach und nach ergänzten neue Gewächshäuser die vorhandenen. Den letztmöglichen Flächenzuwachs brachte die Verlegung des kleinen botanischen Gartens der Universität Stuttgart nach Hohenheim. Zwar wurde der freiwerdende Platz zum größten Teil vom Bau des Parkhauses wieder aufgezehrt, immerhin konnte dort noch ein kleine Huftierquarantäne, ein Gewächshausteil als Reptilienquarantäne und ein anderer als Futtertierstation, Schattenhallen für die »Sommerfrische« der Azaleen und Kamelien aufgestellt und selbst ein Teil des Hanges noch als Laubfuttergarten genutzt werden. Der letzte Schritt in diesem Bereich war die Erweiterung der Verwaltung, die auf den nur einstöckigen Betriebshofflügel aufgesetzt wurde und seit 1988 endlich alle Abteilungen unter einem Dach vereint. Nach über 40jähriger Entwicklung verfügt die Wilhelma heute über eine ausgezeichnet funktionierende Logistik, mit der es möglich

Schritt um Schritt dem großen Ziel entgegen

ist, Bedingungen zu schaffen, unter denen sich alle wohlfühlen können.

Im historischen Teil galt es zunächst die allerschlimmsten Schäden im Kernbereich zu beseitigen. Schon vor dem Beschluß der Sanierung und Erweiterung nahm man die Wiederherstellung der Ruine des Maurischen Landhauses als kombiniertes Tier- und Pflanzenhaus in Angriff, das 1962 eröffnet werden konnte. Unter dem neu entstandenen Glasdach entwickelte sich eine Halle für Tropenpflanzen und Vögel, die unter ihrer Empore als damals ganz neuen Versuch das erste Nachttierhaus in einem Zoo einschloß. An die Stelle der ausgebrannten Festsaalruine trat als Zentrum des neuen Aquariums die Krokodilhalle.

Dieses große Aquarium als erster Neubau erlangte dank seiner geglückten Architektur und Ausstellungstechnik, des erlesenen Tierbestandes und seiner Zucht- und Haltungserfolge

rasch Berühmtheit und machte der Wilhelma auch in Fachkreisen international einen Namen. Das hohe Risiko, den komplizierten Bau zuerst anzugehen, hatte sich voll gelohnt. Um den wertvollen Tierbestand während der Bauzeit erhalten und zeigen zu können, stellte man ein Gewächshaus neben den Wintergarten, das heute noch seinen Dienst als Vogel- und Kleinsäugerhaus leistet.

Das Prinzip der Rückführung auf die historischen Strukturen ließ sich am besten im Maurischen Garten verwirklichen, der in seiner Gesamtheit nach und nach wieder hergestellt wurde. Außerhalb davon sind Halbmondsee und langer See nur insoweit verändert, als den Halbmondsee heute See-Elefanten und Seelöwen bevölkern, und am langen See ein kleiner Brunnenpavillon weggefallen ist. Erfreulicherweise aber konnte der den Endpunkt der Hauptachse bildende Bau, die Damaszener-Halle, als einziges einigermaßen erhaltenes Haus restauriert werden und läßt so wenigstens

Die neue und endgültige Heimat der Schwergewichte: Das Elefanten-Nashorn-Haus von 1968 im ersten Erweiterungsteil

etwas von der alten Pracht ahnen. Auch das nordwestliche Ende der Achse, der Aussichtspavillon »Belvedere« ist wiederhergestellt, so daß doch insgesamt der Charme dieses königlichen Schatzkästleins zur Freude aller spürbar bleibt. Mit der Restaurierung des Eingangspavillons einschließlich seiner klassizistischen Innenbemalung ist auch die Zugangssituation verbessert worden.

Stärkere Veränderungen erfuhren die Randbereiche. Um den leiblichen Bedürfnissen der Besucherströme einigermaßen gerecht zu werden, entstand 1962 an der Pragstraße die sogenannte »Interimsgaststätte«, die statt der geplanten drei Jahre 25 Jahre lang Dienst tun mußte. Sie konnte erst im Zuge der Erneuerung des Wilhelma-Theaters durch das neue Restaurant ersetzt werden.

An die Stelle der »Affenspielanlage« trat als eine weitere Wilhelma-Besonderheit das Jungtieraufzuchthaus, das sich nicht zuletzt als Menschenaffen-Aufzuchtstation europaweit be-

Das Gelenkstück zwischen historischer Wilhelma und Erweiterung: die Häuser für Menschenaffen und Niedere Affen von 1973

währt hat und interessante Einblicke in die Brutbiologie von Säugetieren und Vögeln bietet. Ein guter Schritt nach vorn war die Übernahme des Gebäudes Pragstraße 17, vorher Landesanstalt für den naturwissenschaftlichen Unterricht (zu Königs Zeiten die Hofwaschküche), die es ermöglichte, ein Insektarium einzurichten, das den Besuchern die interessante, aber fremde Welt der Gliedertiere erschließt. Neben dringend nötigem Büro- und Wohnraum bot sich auch Platz für die lange angestrebte Zooschule. Der zum Schluß wegen seiner alten Provisorien in recht desolatem Zustand verbliebene Bereich zwischen Haupteingang und Theater konnte zur IGA 93 zu einer großzügigen, teilweise begehbaren Vogel-Anlage gestaltet werden. Zur vollständigen Sanierung der historischen Wilhelma fehlt also neben kleineren Korrekturen im Innenbereich nur noch der endgültige Ausbau des Pragstraßenabschnitts zwischen Jungtieraufzuchthaus und Hauptrestaurant.

Der erste große Schritt in das Neuland im Erweiterungsbereich am Rande des Rosensteinparks erfolgte 1968 mit der gleichzeitigen Eröffnung von Raubtierhaus, Elefanten-Nashorn- und Flußpferdhaus. Nun konnte man sich end-

lich aus der bisherigen Enge befreien und Tieren wie Besuchern neue, großzügige Räume anbieten. Die recht massiven Betonbauten bieten Schallschutz gegen die verkehrsreiche Pragstraße. Die provisorischen Huftiergehege am erweiterten Rundweg konnten erst zwölf Jahre später durch die Afrikanischen Huftieranlagen ersetzt werden. Deren weite Flächen leiten zwanglos in die freie Parklandschaft über.

Als Bindeglied zwischen historischem und neuem Teil entstand hinter dem Maurischen Garten das Menschenaffenhaus, dem sich neben einer Klammeraffen-Insel das über zwei Stockwerke reichende Schwingaffenhaus anschließt. Mit der Treppe am Gibbonkäfig überwindet man zwanglos einen Teil des Höhenunterschieds, zu dessen voller Überwindung man durch zwei Felsanlagen für Affen- und Klettertiere gelockt wird, die sich harmonisch in den Hang einfügen.

Um am Maurischen Landhaus keine Hinterhofsituation entstehen zu lassen, wurde der »Wassergarten« eingerichtet mit Pflanzengesellschaften unserer heimischen Gewässer. Besonders ansprechend im Sinne der Kombination von Zoologie und Botanik erweisen sich die zu »Subtropenterrassen« verwandelten königlichen Obst-Spaliere auf den alten Terrassen. Von Palmen, Zypressen, Orangen, Zitronen und vielen anderen verzaubert, kann man sich hier sommers in südliche Gefilde versetzt fühlen, von bunten Papageien begleitet. Erfrischungen und einen herrlichen Blick über Wilhelma und Neckartal kann man im darüberliegenden Sommercafe »Belvedere« genießen. In sieben Großvolieren fanden die Greifvögel am Übergang zum Koniferental eine neue Heimat.

An der Hangschulter nach Südosten schließt sich im Übergang zum Park die Südamerika-Anlage an. Am Hang selbst ist das bisher größte Projekt, die Bären-Anlagen, als abstrakte Gebirgslandschaft mit vielfältigen Ergänzungen an Beutegreifern und Klettertieren entstanden. Als erster Bauabschnitt der allerletzten Erweiterung von knapp drei Hektar bietet das Thema »Vom Wildtier zum Haustier« zusammen mit einer ländlichen Gaststätte zunächst eine Attraktion der Internationalen Gartenschau IGA 93. Erst danach wird das Gebiet integriert und erlaubt so die nahezu vollständige Durchführung der ursprünglichen Pläne. Vieles des hier nur im knappen Zusammenhang dargestellten wird nun noch im einzelnen zu schildern sein.

Als erstes Objekt des Wiederaufbaus wurde der exponierteste Bau, die völlig ausgebrannte Ruine des königlichen Wohnhauses, in Angriff genommen. Das Maurische Landhaus, wie es schon zu Königs Zeiten genannt wurde, war wie die meisten anderen Gebäude den Bomben des Zweiten Weltkriegs zum Opfer gefallen und in den Jahren danach noch weiter verrottet. Da eine Restaurierung nicht möglich war, entschloß man sich zur Nutzung als kombiniertes Tier- und Pflanzenhaus, das dem Motto, unter dem die Wilhelma angetreten war, beides möglichst zu vereinen, entsprach. Um die Stileinheit im Maurischen Garten zu erhalten, sollten aber in jedem Fall die Fassaden restauriert werden. Der Innenraum war neu zu gestalten. Der ur-

Des Königs Haus bekommt wieder ein Dach

sprünglichen Bauidee – eine Halle in voller Gebäudehöhe zum Maurischen Garten hin und Einbau einer Empore im rückwärtigen Teil – wurde in etwa entsprochen. Ein nach innen geknicktes gläsernes Pultdach sorgt für die volle Belichtung des Raumes, dessen Empore über

Das 1962 als erstes wiederhergestellte Gebäude, das Maurische Landhaus, mit historischer Fassade, aber modernem Glasdach

einen Treppenlauf erreichbar ist. Ein zweiter als Abgang führt in den darunter entstandenen Dunkelraum, der das erste Nachttierhaus der Zoogeschichte aufnimmt. Von den zierlichen Stuckarbeiten, die früher fast das ganze Haus auskleideten, ist nur noch ein winziger Ansatz über den drei großen Türen zum Garten wiederhergestellt.

Das Haus ist als Warmhaus ausgelegt und kann alle möglichen Tropenpflanzen aufnehmen, zwischen die eine Anzahl kleinerer und größerer Volieren für Vögel eingebunden ist. Das Pflanzengerüst bilden vor allem große Ficus-Arten und Aronstabgewächse wie die riesige, Elefantenohr genannte »Xanthosoma«, deren Wurzelknollen Stärke liefern. Ein großer

Schraubenbaum (Pandanus) besticht durch seine in einer perfekten Wendel angeordneten Blätter. Kletterpflanzen bedecken die Wände, die mit Gönninger Süßwasser-Tuff zur besseren Feuchtigkeitshaltung verkleidet sind. Zusammen mit vielen anderen Pflanzen umwuchert dieser Dschungel die Volieren, in denen sich die Vögel wohlfühlen. Ursprünglich war das Haus für die Vogelwelt Neuguineas gedacht, da man durch glückliche Umstände die Genehmigung der Naturschutzbehörde zum Import solcher Tiere erhalten hatte. Mehrere Paradiesvögel und andere auffallende Formen dieser schwer zugänglichen Tropeninsel erfreuten viele Jahre lang die Besucher. Auch heute noch kann man das »Lachen« der Blauflügel-Kookaburras hören, die hier auch schon erfolgreich gebrütet haben. Ein Weißohrkatzenvogel lebte zwei Jahrzehnte (1962–1982) in seinem Eigenheim. Im größten Raum fallen die Krontauben mit ihren großen Federfächern auf den Köpfen als weltweit größte Vertreter ihrer Familie auf. Die sehr urtümlichen und seltenen schwarz-roten Borstenkopf-Papageien machen durch laute Töne,

Die filigrane Konstruktion des historischen Kuppelhauses paßt gut zu den zartgliedrigen Riesenwedeln der Baumfarne.

Heute dient des Königs Wohnhaus als kombiniertes Tier- und Pflanzenhaus. Unter der Empore verbirgt sich die Nachttier-Abteilung.

Umgewandelte Blattwedel bilden den auffallenden weiblichen Blütenstand dieser Cycas-Art.

über die auch die Papua-Atzel verfügen, auf sich aufmerksam. Ergänzt wird der Bestand heute mit Südamerikanern wie den großschnäbeligen Arassaris, bunten Trupialen oder den krähengroßen Blauraben.

Die Nacht zum Tage gemacht

Das wirklich Besondere des Hauses versteckt sich unter seiner Empore. Immer wieder haben Tiergärtner bedauert, daß die vielen Nachtaktiven unter den Säugetieren sich im Zoo tagsüber nur als schlafende Fellknäuel präsentieren und so ihre oft faszinierenden Eigenschaften nur außerhalb der Öffnungszeiten zur Geltung bringen. Dies zu ändern lag damals in der Luft. In manchen Zoos wie in Amsterdam, in England und auch in New York stellte man in Einzelkäfigen Versuche zur Aktivitätsumstellung an. Die Materie galt jedoch als sehr schwierig, und als unsere Absichten ruchbar wurden, riet man uns sehr von dem hohen Risiko ab. Um dieses möglichst klein zu halten, wurde der vorhandene Raum unterteilt und sein kleinerer, vorderer Bereich mit Aquarien bestückt, die Höhlentiere und Wasserbewohner aufnehmen sollten, bei deren Pflege und Umgang wir uns sicherer fühlten. Da, wie es meist bei Eröffnungen unvermeidbar erscheint, die Vorlaufphase auf Null zusammengeschrumpft war, und die letzten Tiere erst während der Rede des Finanzministers eingesetzt werden konnten, warteten wir gespannt der Dinge, die da kommen sollten. Wer beschreibt unser Erstaunen, als sich herausstellte, daß das Problem sich praktisch von selbst erledigte. Innerhalb einer Woche reagierten die meisten Arten bereits wunschgemäß auf das Angebot eines bläulichen Leuchtstoffröhren-Mondlichts am Tage und schliefen bei Normalbeleuchtung in der Nacht. Die Umkehr vom Tag- zum Nachtrhythmus war also viel leichter gewesen als angenommen, wobei es offenbar auch nicht einmal auf die Tiefe der Dunkelheit ankam, sondern nur auf den ausreichend großen Unterschied zwischen beiden Phasen. Es war sogar möglich, das »Mondlicht« so weit aufzuhellen, daß auch die Besucher die Tiere gut beobachten konnten. In der Zwischenzeit sind Nachttierhäuser in Zoos nichts Ungewöhnliches mehr.

Problemlos erwies sich der Aquarienteil, dessen Bewohner in ihren unterschiedlichen Aktivitätsphasen immer irgendwo Bewegung zeigten. Der Clou zur Eröffnung waren die blinden Grottenolme aus den jugoslawischen Karstgebieten, die ihre kalten Höhlen ihr Leben lang nicht verlassen. Ein Forschungsinstitut hatte uns die Tiere zur Verfügung gestellt. Diese besonders temperaturempfindlichen Amphibien bewohnten die gekühlte Nachbildung einer

Sensible Druckwahrnehmungsorgane in den Seitenlinien ermöglichen den blinden augenlosen Höhlenfischen sichere Bewegungen in ihrem lichtlosen Lebensraum.

Karsthöhle. Erstaunlicherweise genügte schon die der Besucher wegen notwendige Minimalbeleuchtung, die pigmentlos weißlichen Körper nachdunkeln zu lassen. Erstaunlich sicher bewegen sich die blinden Höhlenfische, die aus mexikanischen Höhlensystemen stammen und trotz silberglänzender Schuppen ebenso pigmentlos sind wie die Olme, durch den Raum. Obwohl augenlos (winzige Anlagen im Embryo werden nicht weiterentwickelt) orientieren sie sich mit Hilfe ihrer Druckwahrnehmungsor-

gane in der Seitenlinie so ausgezeichnet, als ob sie sehen könnten. Ihr Weltbild ist also kein »Sehbild« wie das unsere, sondern ein »Druckbild«. Interessanterweise gibt es auch außerhalb der Höhlen im gleichen Flußsystem mit normalen Augen ausgestattete Fische, die so nahe mit den Höhlenfischen verwandt sind, daß man sie heute der gleichen Art zurechnet. Fruchtbare Kreuzungen sind möglich, die die halbe Augengröße aufweisen, wie das sehende Elternteil. Beide Formen bewohnen ein unterteiltes Aquarium nebeneinander. Am eindrucksvollsten präsentieren sich die seit 1982 aus dem Roten Meer importierten Laternenfische, die ihr Licht selbst leuchten lassen. Große bohnenförmige Leuchtorgane unter den Augen können von Lidfalten bedeckt und damit ein- und ausgeschaltet werden. Bei gleichzeitigem Richtungswechsel sind die Fische für Feinde schlechter auszumachen. Das kräftige Leuchten wird von Bakterien hervorgerufen. Damit der Seltsamkeiten nicht genug. Besondere Vorsorge für ihren Nachwuchs treffen die Wabenkröten, deren Weibchen die eigenen Eier beim Laichakt auf den eingewölbten Rücken rutschen lassen. Hier bleiben sie kleben und werden von der wuchernden Rückenhaut überwachsen. Unter diesem Schutz entwickeln sich die Jungen, ohne als gefährdete Kaulquappen umherschwimmen zu müssen, gleich zu fertigen Krötchen, die dann die schützende Hülle wieder verlassen. Bis zu 1,5 Meter Länge erreichen die größten Amphibien der Erde, die Riesensalamander, die in Gebirgsbächen Chinas und Japans, die sie nie verlassen, zu Hause sind. Im Zoo können die breitmäuligen, kleinäugigen trägen Riesen, deren Verwandte im Tertiär auch in Europa lebten, über 50 Jahre alt werden. Trotz inzwischen erfolgtem Schutz werden sie in ihrer Heimat gelegentlich noch als Delikatesse verspeist oder in der Volksmedizin verwendet. Zum Vergleich ist nebenan der wesentlich kleinere Verwandte, der in den USA vorkommende Schlammteufel oder Hellbender zu sehen.

Die größere Abteilung steht einigen ausgewählten Typen nachtaktiver Säugetiere zur Verfügung, für deren gute Orientierung bei Nacht oder Dämmerung zunächst die hohe Lichtempfindlichkeit ihrer Augen maßgebend ist. Sie ist

Kopfabwärts hangelnd ist die Normalhaltung des Zweizehen-Faultiers, dessen Scheitel im Gegensatz zu allen Säugetieren auf dem Bauch verläuft.

bedingt durch die millionenfache Anhäufung äußerst lichtempfindlicher Stäbchen in der Netzhaut. Ihr Rückstrahlungseffekt bewirkt das Aufleuchten solcher Augen im Scheinwerferlicht. Ein ausgeprägter Tastsinn und bei den Fledermäusen die raffinierte Ultraschallortung sind weitere Orientierungshilfen. Den Reigen eröffnen ein Paar südostasiatischer Halbaffen, die Plumploris, deren bedächtige Bewegungen wie ein Zeitlupenfilm wirken. Viel lebhafter sind dagegen die fast mit unseren Haselmäusen zu verwechselnden Mausmakis aus Madagaskar aus dem gleichen Verwandtschaftskreis, die kleinsten unter allen Primaten. Besonders ein-

Fast immer demonstrieren die lebhaften Nilflughunde ihre Fähigkeit, auch als Säugetiere elegant fliegen zu können.

drucksvoll die Indischen Flugfüchse, fruchtfressende Fledermäuse, die wie bizarre Tropfen im Geäst ihres geräumigen Käfigs hängen, sich plötzlich fallen lassen und durch den Raum flattern. Über einen Meter beträgt die Spannweite ihrer Flügel, die nichts anderes sind als die verlängerten Finger ihrer Hand, zwischen denen sich die dünne Flughaut spannt. Winzig sind ihnen gegenüber die sie umschwärmenden, fast schwarzen südamerikanischen Brillen-Blattnasen, Fruchtfresser wie sie, wie es auch die große Kolonie der Nilflughunde nebenan ist. Mehrere hundert Junge dieser mittelgroßen grauen Art wurden hier schon geboren. Als kleinste Huftiere der Erde gelten die hasengroßen Kleinkantschils. Bei diesen Mini-Hirschen tragen die Männchen anstelle des fehlenden Geweihs verlängerte Eckzähne im Oberkiefer als Waffen. Kaum bleistiftstark sind die Beinchen ihrer zierlichen Jungen. Als Raubtierbeispiele bewohnen

zwei nah verwandte Kleinbärenarten nebeneinander liegende Käfige: Wickelbären und seltene kleinere Makibären oder Olingos, deren Schwänze, als Greifschwänze ausgebildet, eine zusätzliche Funktion übernommen haben. Wie sich die Tiere hier trotz Rhythmusumkehr wohlfühlen, beweisen die zahlreichen Nachzuchten. Kein Wunder, daß das Haus nach über 30 Jahren seine Attraktivität bis heute nicht verloren hat, obwohl die tiergärtnerischen Ansprüche inzwischen erheblich gestiegen sind und in der Wilhelma-Direktion längst über einen für Tiere und Besucher noch viel attraktiveren Neubau nachgedacht wird.

Grün ist Trumpf, auch ohne Blüten

Zu beiden Seiten des Sandsteinbaus schließen die wiederaufgebauten, weiträumigen Glashäuser an. Je ein Langbau und als Abschluß je ein Kuppelbau auf quadratischem Grundriß, die noch fortgesetzt werden von den offenen Wandelgängen. In ihrer verspielten Formensprache maurischer Attribute gehören sie dennoch zu den ersten Beispielen überzeugender Anwendung des Baustoffs Gußeisen, Vorläufer der modernen Architektur aus Stahl und Glas.

Auch in diesem Fall gilt das Wilhelmaprinzip, keine Einzelpflanzen zu zeigen, sondern Typen in Gruppen vorzustellen. In den beiden südlichen Häusern wird einmal versucht, ganz ohne Blütenpflanzen auszukommen und die ganze Mannigfaltigkeit der niederen Pflanzen, soweit sie überhaupt ins Auge fallen, vorzustellen. Im ersten Haus fühlt man sich in die feuchtkühlen Gebirgswälder der altweltlichen Tropen versetzt, in denen die Riesen unter den Farnen hohe schlanke Stämme bilden und als Baumfarne in der Nebelwaldzone große Flächen besiedeln. Im Unterwuchs kommen die viel bescheideneren einheimischen Arten zu ihrem Recht. Rippenfarn, Wurmfarn, Tüpfel- und Streifenfarn und andere scharen sich um ein von der Höhe herabrieselndes kleines Rinnsal, das von Lebermoosteppichen begleitet wird. Als Beispiel eines Baumfarntyps der Neuen Welt steht die dickstämmmige Dicksonia aus Brasilien, flankiert von uns recht fremd anmutenden primitiven Nadelhölzern der Südhalbkugel wie den Araukarien, darunter die uns bekannteste (A. exelsa), die »Zimmertanne«, an der ob ihrer Anspruchslosigkeit auch unsere Urgroßmütter schon Freude hatten.

Feuchtwarmes Klima tropischer Niederungen empfängt uns im nächsten Haus, das mit seiner Formenfülle unsere Fassungskraft übersteigt. Farne am Boden, als Überpflanzen auf Stämmen, an den Wänden kletternd in allen möglichen Ausbildungen zeigen die Formenmannigfaltigkeit dieser Pflanzenklasse. Verschiedene Methoden ihrer Fortpflanzung zeigen sich in der Blattausbildung, solche, die Fortpflanzungskörper, die Sporangien, tragen und solche, die nur der Assimilation dienen. Bärlappe und auch der Riesenschachtelhalm, der bis drei Meter Höhe erreichen kann, sind nur ein Abglanz ihrer wirklich riesenhaften Vorfahren zur Karbonzeit, deren Wäldern wir die Steinkohle verdanken. Neben dem größten Farn, dem primitiven Bootsfarn, fallen am stärksten die Palmfarne auf, die aber trotz ihrer palmähnlichen Gestalt weder mit den Palmen noch mit den Farnen etwas zu tun haben, sondern als Cycadeen eine eigene Klasse von Nacktsamern darstellen. Sie sind schon echte Samenpflanzen und zeigen gelegentlich ihre männlichen oder weiblichen, zapfenartigen Blütenstände, die hier auch schon zur Reife gekommen sind. Farne besonderer Art sind die Geweihfarne, die den letzten Stamm des Hauses als Überpflanzen bewohnen. Sie bauen sich ihre eigenen Blumentöpfe, indem sie Teile ihrer Blätter so geschickt gegen ihre Unterlage falten, daß Staub und Regenwasser aufgefangen werden und gut zu nutzen sind.

Das nördliche Gewächshaus zeigt eine Auswahl tropischer Nutzpflanzen, die wir vielfach vom Namen her kennen, ohne eine Vorstellung zu haben, wie sie aussehen. Sei es die Baumwolle, die tatsächlich an hohen Sträuchern wächst, oder andere Faserpflanzen wie die Sisalagave, Bogenhanf oder die zum Flechten der berühmten Panamahüte gebrauchte Strohhutpalme. Zuckerrohr wächst hier neben Reis, Erdnüssen und Hirse. Hier reifen Passionsfrüchte neben Guaven, Sternfrüchten, Papayas und andere, die vorzüglichen Saft geben. Stärke liefern Yams, Luftkartoffeln, Bataten oder Süßkartoffeln, Manjok und Tannia oder Taro. Genußmittel bieten neben Tee- und Kaffeestrauch der Kakaobaum, und auch Gewürzpflanzen wie Ingwer, Kardamon oder Zimtlorbeer fehlen nicht.

Das anschließende Kuppelhaus faßt kaum die Riesenstämme der Säulenkakteen, deren Jahreswachstum bis zu einem Meter betragen kann.

Eine einmalige Chance bot sich für die bisher fast ausschließlich mit Provisorien kämpfende Wilhelma mit dem in Aussicht gestellten Bau eines neuen Aquariums. Für die beschäftigten Pfleger wurde die provisorische Elektro-Installation in den alten kleinen Gewächshäusern, in denen nicht wenige Tiere erfolgreich gepflegt wurden, zum Schluß fast lebensgefährlich.

Nach außen an den Maurischen Garten angeschlossen, sollte in einem weitläufigen ebenerdigen Bau, dessen Gliederung sich in erster Linie aus den vorhandenen Durchgängen und Höhen ergab, das ganze Spektrum des Lebens sozusagen unterhalb der Säugetiere und Vögel (obwohl bei den Vögeln kleine Ausnahmen gemacht wurden) in exemplarischen Beispielen dargestellt werden. Bewußt verzichtete man dabei auf eine Riesenhalle alten Stils. Um den Besucher nicht zu entmutigen, wurden statt dessen einzelne, jeweils einem bestimmten Thema gewidmete Räume geschaffen.

In der Grundstruktur der Schaubecken hatte man sich dem Sechseck verschrieben. Mancherlei Kopfzerbrechen machte die optimale Anordnung, die aber gelang, und im Ergebnis eine fast automatische Führung durch das Haus ergibt. Die abgeflachten Sechsecke sind mit ihren längeren, verglasten Schauseiten dem Besucher zugewendet und stoßen mit den kürzeren, die

Krokodile anstelle des Maurischen Festsaals

die Beschilderung tragen, abgestuft aneinander. Innen zu einer Ellipse ausgerundet, ergibt sich ein von senkrechten Linien ungestörter Rundhorizont, der den Eindruck der Weite verstärkt und vor dem sich das bunte Tierleben entfaltet. Die Einrichtung mit nur natürlichen Materialien, Steinen, Holz, Pflanzen usw. strebt keine sklavische Imitation der entsprechenden Biotope an, sondern gliedert den Raum in der für die Tiere notwendigen Weise, etwa in der Art einer modernen Operninszenierung, die mit wenigen Versatzstücken auskommt, dafür aber den Schauspieler, das Tier, besser zur Geltung kommen läßt, ohne ihm Ausweich- und Bergemöglichkeiten vorzuenthalten. Der Baustoff unserer Zeit, der Beton, wird so nicht verheimlicht, bekommt aber durch vielfältigen Bewuchs seine natürliche Patina. Durch die »gekerbte« Anordnung entsteht vor jedem Becken

Grundrißplan des Kernstücks der neuen Wilhelma: das berühmte Aquarium-Terrarium

ein kleiner Sonderraum, der zur intensiven Betrachtung einlädt. Hat sich der Besucher sattgesehen, bietet sich ihm der nächste Einblick zwanglos an. So geführt, am Ende eines Themas meist noch in eine große Landschaft blickend, wird das Haus zum Erlebnis. Allerdings muß man es auch vom geplanten Eingang und nicht von der Gegenseite her durchwandern.

Aus den durch den Maurischen Garten vorgegebenen Abmessungen ergab sich eine große Dreigliederung. Geplant waren jeweils vor einem nun geschlossenen Torhaus ein Aquarienblock und in der Mitte anstelle des nicht mehr aufzubauenden, stark zerstörten Festsaals die Krokodilhalle in etwa gleicher Baumasse wie dieser. Die Verbindungen dazwischen bilden zwei Terrarienhallen. Vom Eingang von der Nordseite her betritt man zunächst den Aquarienblock der kühlen und gemäßigten Zonen. Der nächste Themenraum gilt dem Mittelmeer und einigen Brackwasser-Aquarien, setzt sich fort in zwei Großbecken für Meeresschildkröten und dem gekühlten Wohnraum der Königspinguine, denen auch ein großes Schwimmbecken außerhalb des Hauses zur Verfügung steht. Als letztes Großaquarium des ersten Blocks beeindruckt das Arenabecken mit seinen ständig ihre Kreise ziehenden tropischen Haien, Stachelmakrelen und anderen tropischen Meeresbe-

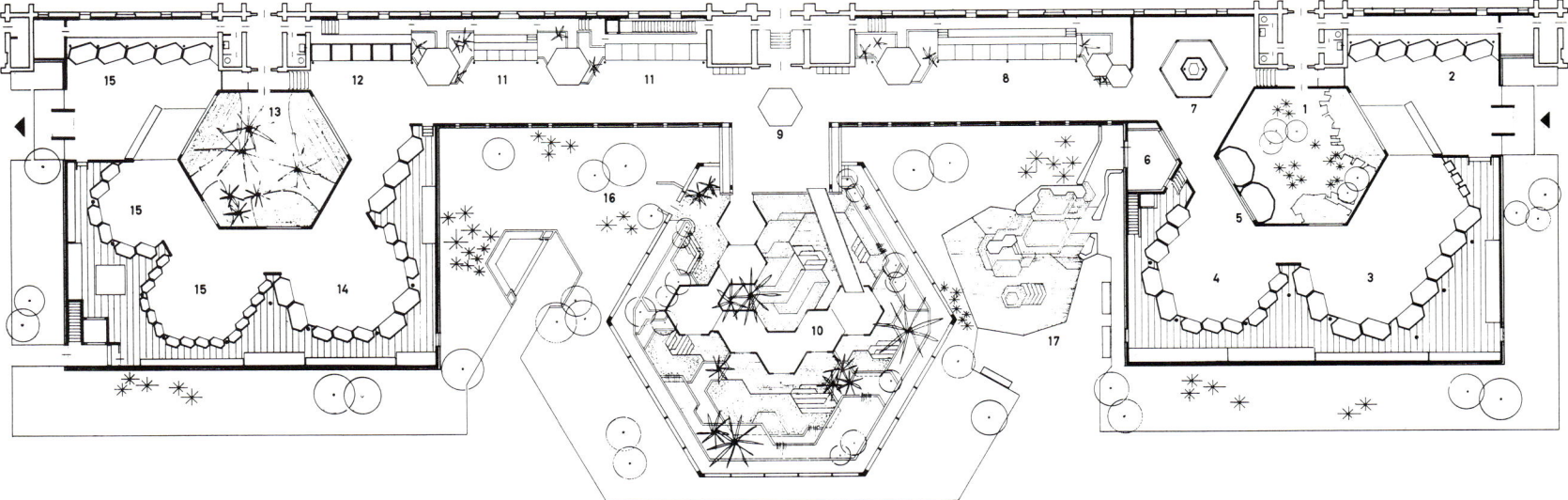

Aquarium Süd

13 Klimalandschaften:
    Amazonas,
    Südostasien, Südsee
14 Tropisches Süßwasser

15 Korallenfische

Terrarium

8 Reptilien der Trocken-
    gebiete

9 Wasserschildkröten
    und Wandterrarien
10 Krokodilhalle
11 Reptilien des Regen-
    waldes
12 Aquaterrarien

Freianlagen

16 Riesenschildkröten
17 Königspinguine

Aquarium Nord

1 Klimalandschaften:
    Schwarzwald,
    Japangarten
2 Nordsee

3 Kaltes Süßwasser
4 Mittelmeer, Ufer-
    becken
5 Meeresschildkröten
6 Königspinguine
7 Rundumbecken

Noch ahnt man nicht, daß sich aus dieser Großbaustelle über 250 Bohrpfählen einmal das Kernstück der heutigen Wilhelma, das große Aquarien-Terrarien-Gebäude, erheben wird.

Als kristalliner Körper nimmt die Krokodilhalle den Platz des ehemaligen Maurischen Festsaals ein und fügt sich gut an den im alten Stil restaurierten Mittelteil.

wohnern. In der ersten Reptilienhalle haben die Bewohner tropischer Trockengebiete Unterkunft gefunden, während die große Krokodilhalle mit Temperaturen um 25°C und einer relativen Luftfeuchtigkeit von 80 Prozent bereits Urwaldklima hat, was auch für die anschließende Reptilienabteilung der feuchten Tropen gilt. Fünf Aquaterrarien leiten über zum nächsten Aquarienblock, der neben einer Amazonas- und einer Südasienlandschaft eine Auswahl aus der Fülle der tropischen Süßwasserfische bietet. Den krönenden Abschluß bildet die berühmte Korallenfischsammlung der Wilhelma mit zwei eingefügten Klimalandschaften tropischer Meeresküsten. Diese abwechslungsreiche Anordnung aus dem Dunkel des Aquarienraums über die Reptilienabteilung zur Helle der Krokodilhalle und wieder zum nächsten dunklen Aquarienblock führend, vertieft die Aufnahmebereitschaft ohne zu ermüden. Einen zusätzlichen Effekt bringen zwei aus der Not geborene abgesenkte Rampen, die wegen der niederen Traufhöhe des Wandelgangs notwendig wurden, um die Arbeitshöhe in den Aquarienblöcken zu vergrößern. So taucht der Besucher zunächst symbolisch in den Wasserraum ein, um am Ende langsam wieder aufzutauchen.

Das ganze Bauwerk ist in Stahlbeton ausgeführt. Hohe Nutzlasten waren dabei zu berücksichtigen. Da bei der Baugrunduntersuchung eine sieben Meter mächtige Faulschlammschicht festgestellt wurde, war es notwendig, den Bau auf 250 Betonpfähle von 10–12 m Länge, 40 cm Durchmesser und einer Tragkraft von je 70 Tonnen zu stellen, die wegen der vorhandenen Mineralquellen auch nicht gerammt werden konnten, sondern gebohrt werden mußten. Ein halbes Jahr Arbeit und viel Geld waren nötig, bevor auch nur die erste Sauberkeitsschicht des Kellerbodens eingebracht werden konnte. Die Stützen des kristallinen Körpers der Krokodilhalle wurden vorgefertigt und mit großen Kränen eingesetzt, ebenso wie die Waschbeton-Platten der Fassaden, die gleichzeitig Schalungsflächen für die tragenden Außenwände waren. Die farbliche Zurückhaltung und die schlichte klare Form harmonieren trotz aller Bedenken auch mit den vorhandenen alten Teilen. Bei der Verglasung der Krokodilhalle und der beiden Klimalandschaftstrakte wurde das neuartige selbstschattierende Licht- und Wärmeschutzglas »Thermex« verwendet, ein Verbundglas, das bei höheren Temperaturen milchigweiß eintrübt, bei niedrigeren wieder

aufklart und damit eine mechanische Beschattungsanlage vermeidet. Es ist heute leider nicht mehr lieferbar. Über 100 Plexiglas-Sichtkuppeln sorgen für die gute Ausleuchtung der Aquarien.

Um sich eine Vorstellung von den Massen, die bearbeitet wurden, machen zu können, einige Zahlen. Bei einer Länge von 120 und einer durchschnittlichen Breite von 30 Metern wurden 19 000 m³ Raum umbaut mit einer Nutzfläche bei Vollunterkellerung von 4300 m², wobei etwa 600 auf das Krokodilhaus und 1200 m² auf den Besucherraum entfallen. 3100 m³ Stahlbeton und Beton wurden verarbeitet. Der Schau dienen 70 Aquarien von 200 bis 16 000 Liter Wasserinhalt, 41 Terrarien, sieben Klimalandschaften und die siebenteilige Krokodilhalle. Rund 500 000 Liter Wasser, je zur Hälfte Süß- und Meerwasser, sind in Betrieb. Über 10 000 m³ Erde mußten ausgehoben werden.

Nach etwa zweijähriger Planung und dreieinhalbjähriger Bauzeit eröffnete am 27. April 1967 Finanzminister Angstmann das Aquarium und nannte die uns heute für die Qualität und Masse sehr gering scheinende Summe von 6,3 Millionen DM als Baukosten. Die hier lebenden Tiere und die nötige Technik zu ihrer Gesunderhaltung sind Thema der folgenden Kapitel.

Am Eröffnungstag lebten im Haus			nach rd. 25 Jahren waren es am 1. 1. 1992	
Reptilien	94 Arten	188 Exemplare	75 Arten	432 Exemplare
Amphibien	17 Arten	60 Exemplare	21 Arten	272 Exemplare
Fische	265 Arten	1432 Exemplare	459 Arten	6195 Exemplare
Wirbellose Tiere	40 Arten	420 Exemplare	60 Arten	430 Exemplare
	416 Arten	2100 Exemplare	615 Arten	7329 Exemplare

Um über 7000 Tiere aller Erdteile und Klimazonen in mehr als 600 Arten unter einem gemeinsamen Dach zu pflegen, ist ein erheblicher technischer Aufwand nötig. Schon in der Raumverteilung drückt sich aus, welche Anforderungen ein modernes Aquarium an seine Bedienung stellt.

So nehmen Schaubehälter, Pflanzflächen und Besucherräume nur etwa ein Drittel, Bedienungsgänge und technische Räume etwa zwei Drittel der Nutzfläche ein. Vom Publikum unbemerkt arbeitet ein komplizierter Dienstleistungsbetrieb als eine Art Staat im Staate. In den Bedienungsgängen auf der gleichen Ebene wie der Schaubereich stehen viele unterschiedlich große Reserve-Aquarien und -Terrarien. Sie bieten Raum für Quarantäne, Separierung, Reservehaltung, Zucht und Aufzucht. In der technischen Ausstattung wurde auf äußerste Wirtschaftlichkeit Wert gelegt und darauf, daß möglichst viel mit eigenen Kräften und ohne Hilfe von außen zu bewältigen war. Dieses Prinzip bewährt sich nun im 26. Jahr.

Grundvoraussetzung ist die Wasserversorgung, die hier zum ersten Mal ausschließlich in einem Kunststoffröhrensystem erfolgt, um Schwermetalle fernzuhalten. Fünf verschiedene

8000 Meter Wasserleitungen für ein Haus

Wasserarten stehen an im Haus verteilten Zapfstellen zur Verfügung. Städtisches Trinkwasser niederer Härte dient zur Füllung der Aquarien und aller anderen Wasserbecken. Ein zweites Leitungssystem mit Warmwasser wird zum Mischen und Einstellen gewünschter Temperaturen verwendet. Eigenwasser aus der Auquelle ist Brauchwasser zur Reinigung. Für Meerestiere gibt es Seewasser. Für Spezialisten, die weiches Wasser brauchen, steht vollentsalztes Wasser – im Ionen-Austauschverfahren, über Kunststoffharze gewonnenes »destilliertes« Wasser – zur Verfügung. Ein Hochdruckleitungssystem leitet es zur Luftbefeuchtung auch zu den Klimalandschaften, die Krokodilhalle, in die Farnhäuser und ins Menschenaffenhaus. Als sechste Sorte schließlich wird die im Maurischen Garten entspringende artesische Wilhelma-Quelle noch zu Kühlzwecken benützt, bevor sie Seelöwenbecken, Langen See und andere Wasserflächen speist. Seewasser und voll-

entsalztes Wasser werden über zentrale Hochbehälter verteilt.

Um Krankheits- und Parasitenübertragung zu vermeiden und nach Bedarf verschiedene Wasserqualitäten anbieten zu können, wird jedes Aquarium individuell gefiltert. Bei kleineren Becken erfolgt dies über speziell entwickelte Zweikammer-Anlagen, die mit Mammutpumpen im Lufthebeverfahren äußerst wirtschaftlich betrieben werden und 1000 l pro Stunde umwälzen. Je nach Notwendigkeit wird der Beckeninhalt zwischen dreimal pro Stunde und einmal pro zwei Stunden über die Filter geleitet.

Geheizt werden die Aquarien mit Warmwasser, das von Einzelthermostaten gesteuert wird. Die Vorlauftemperatur wird dabei auf 50° C begrenzt, damit bei einem Thermostatausfall nicht unfreiwillig Fischsuppe gekocht wird. Beleuchtet werden die Becken außer über ihre jeweiligen Plexiglaskuppeln mit modernsten Quecksilberdampf-Lampen, deren Lichtqualität nahezu dem Sonnenlicht entspricht.

Alle diese Einzeleinrichtungen werden von den Zentral-Anlagen im Kellergeschoß versorgt. Hier befinden sich Lagerräume, eine kleine Werkstatt, ein Arbeits- und Ersatzteilraum für den Elektriker und die geschlossenen

Blick in die technischen Innereien im Untergeschoß des Aquariums: Wasserverteilungsstation. Die lange Front auf der linken Seite trägt die Verteilerbatterien für Brauch-,

Trink- und Warmwasser. Auf der rechten Seite des Bildes sind drei Boiler von je 2000 Liter Inhalt zur Warmwasserbereitung zu sehen. Ihnen kann ein Wärmetauscher zugeschaltet werden.

Druckfilter für die großen Klimalandschaften. Ein ganzer Komplex dient der Seewasserzubereitung. Im Salzlager – es steht wegen der Verwendung von steuerfreiem Kochsalz unter Verschluß – liegen die verschiedensten Salze zur Herstellung künstlichen Seewassers. Seine chemische Zusammensetzung ist weltweit die gleiche. Nur die Konzentration unterscheidet sich. Moderne Rezepte erlauben die komplette Simulierung, d.h. das künstliche ist vom natürlichen Seewasser nicht mehr zu unterscheiden. Im Ansatzbecken von 10 000 l Inhalt steht eine Kunststoffwanne, in die das Salz eingebracht und vom zulaufenden Wasser aufgelöst wird. Mit den schwerstlöslichen Salzen beginnend, von einer Umwälzpumpe unterstützt, gelingt dies leicht. Von der gleichen Pumpe über einen Filter geleitet, nimmt ein Reservebecken 70 000 l Seewasser auf, das über den schon genannten Hochbehälter verteilt werden kann. Bei Kubikmeterkosten von rund 70 DM und einem jährlichen Gesamtverbrauch von etwa 20 Tonnen Salzen sind ca. 35 000 DM aufzuwenden. Etwa 10 000 l pro Regeneration leistet die Vollentsalzungsanlage, deren beide Austauschersäulen in einem eigenen Raum aufgestellt sind. Automatisch gesteuert werden Salzsäure und Natronlauge der Regeneration zugeführt und nachher in einem großen Ausgleichsgefäß wieder zu Kochsalz neutralisiert, um das Kanalsystem

Die leistungsfähigen, druckluftbetriebenen Zweikammerfilter für kleinere Becken

Druckluftanlage: Flüssigkeitsringpumpen liefern im Wechsel 180 m³ Druckluft pro Stunde.

nicht zu belasten. Eine wichtige Station ist die Druckluftanlage, die alle Kleinfilter und Ausströmer im Haus versorgt und dafür 180 m³ Luft pro Stunde verdichtet. Die bei der Verdichtung aufgenommene Feuchtigkeit wird über eine Gefriertrocknungsanlage der Luft wieder entzogen, damit das eventuelle Kondensat nicht die Feinregulierungsventile blockiert.

Einen großen Raum benötigt die Wasserverteilung für Trink-, Warm- und Eigenwasser. Hier stehen auch die drei je 2000 l fassenden Erwärmungs-Boiler, deren Kapazität gerade ausreicht, um ein großes Krokodilbecken mit temperiertem Wasser zu füllen. Pro Jahr werden 10 000 m³ Trink- und Warmwasser und 28 000 m³ Eigenwasser der Auquelle verbraucht. 60 000 m³ Kühlwasser, das weiter genutzt wird, liefert der Brunnen im Maurischen Garten. Gleich groß ist auch der Raum der Heizwasserverteilung. Im Zentrum des Hauses liegt die Be- und Entlüftungsanlage für Besucherräume und Klimalandschaften, durch die die von außen angesaugte Luft gefiltert, vorgewärmt, gewaschen und nachgewärmt oder im

Sommer gekühlt wird. Dabei hat die Krokodilhalle als größte Einheit ihr eigenes Belüftungssystem. In einer Zisterne wird das vorher zur Kühlung verwendete Wasser gesammelt und wieder in das Leitungssystem gedrückt. Eine robuste Pumpe hebt das im Kellergeschoß anfallende Schmutzwasser auf das Kanalniveau hoch. Drei Kühlaggregate für Nordsee-, Schwarzwaldlandschaft und Pinguinraum kühlen zunächst Kaltwasserkreisläufe, damit auf keinen Fall Kühlflüssigkeit in den Tierbereich gelangen kann.

Insgesamt werden zum Betrieb all dieser Einrichtungen 8000 m Kunststoffrohre zur Wasser- und Luftverteilung, 6000 m Heizungsrohre und zur Steuerung 30 km Stromkabel benötigt. Sie sind in einer elektronisch gesteuerten Elektrozentrale, die etwa 100 Aggregate und 300 Steuereinheiten kontrolliert, zusammengefaßt. Störmeldungen erreichen die Verantwortlichen jederzeit. Die Kleinigkeit von 600 000 DM Energiekosten sind der notwendige jährliche Aufwand. Abgesichert wird der Betrieb durch eine eigene Notheizzentrale und ein Notstromaggregat. Dank dieses ausgeklügelten Systems mußte bisher kaum ein Tier wegen technischen Versagens sterben. Der Erfolg dieses Hauses liegt daher nicht zuletzt in seiner perfekten technischen Ausstattung. Sie schafft für die Tiere, ihre Betreuer und die Besucher optimale Bedingungen.

Sollten die Wassertemperaturen in den fünf großen Nordseebecken einmal 12°C überschreiten, wäre dies für manche der empfindlichen Bewohner sonst kühler Bereiche bereits kritisch, ja sogar lebensgefährlich. Die spezielle Kühlung verhindert dies zuverlässig, würde aber an vielen Sommertagen durch Beschlagen der Scheiben die Tiere für den Besucher unsichtbar machen. Ein kleiner Trick hilft. Auf die dem Wasserdruck standhaltenden, dicken Aquarienscheiben wurden dünne Gläser mit hauchdünne Heizdrähte enthaltenden Folien aufgeklebt. Die fast unsichtbaren Drähte heizen nur so viel, daß die Scheibe trocken bleibt und nur wenig Kühlenergie verloren geht. Der Blick bleibt also stets frei auf die Tiere.

Im freien Wasser schwimmen als bekannteste Dorsch oder Kabeljau und der Seelachs oder Köhler. Charakteristisch für beide Arten ist die dreigeteilte Rückenflosse, die sie als Dorschverwandte ausweist. Am einfarbig dunkelgrauen Seelachs fällt die kräftige weiße Seitenlinie, das

Gut gekühlt, doch nicht zum Trinken

fische mit Vorsicht zu behandeln, da die Haut an Flossenstrahlen und Kiemenstacheln ein Gift enthält, das bei Verletzungen allergische Reaktionen hervorruft.

Nicht nur am, sondern oft im Boden leben die Plattfische wie Kliesche und Scholle, Seezunge oder Steinbutt. Sie sind dem Bodenleben optimal angepaßt und können sich mit wenigen Schwanzschlägen, die den Sand aufwirbeln, bis auf Maul, Augen und Kiemendeckel im Sand verstecken. Die breiten flachen Körper, die stets nur auf einer Seite liegen, lassen kaum vermuten, daß auch die Plattfische als ganz normale, spindelförmige, zweiseitig symmetrische Fischlein aus ihren Eiern schlüpfen, frei schwimmen und sich erst später auf die Seite legen und den

typischen Haimerkmale: unterständiges, zurückgesetztes Maul, seitliche Kiemenspalten und ungleichmäßige Schwanzflosse zeigen. Eigenartig sind die nach innerer Befruchtung abgelegten, vierzipfeligen, hornschaligen Eier, die das mehr als zwanzigjährige Zuchtpaar in schöner Regelmäßigkeit liefert. In einem eingehängten Becken kann man die Entwicklung der sich in den kleinen »Kopfkissen« bewegenden Embryonen gut verfolgen.

Nicht nur Fische lassen sich hier beobachten. Von den Krustentieren ist ein schwer gepanzerter Hummer mit kräftigen Scheren vertreten. Zu mehr als 95 Prozent aus Wasser bestehen die zarten Gebilde der Seedahlien, die trotz »Blumengestalt« echte Tiere sind und recht langlebige dazu. Eine ganze Anzahl lebt seit Eröffnung des Hauses über 25 Jahre lang im gleichen Becken. Auch die violettrosa Seesterne und die faustgroßen rosa-weiß spitzigen eßbaren Seeigel sind nicht auf den ersten Blick als Tiere erkennbar.

Kleine Katzenhaie, die aus ihren pergamentschaligen Eiern schlüpfen, gehören zum Dauer-Inventar.

Auch im Nordmeer gibt es farbige Fische wie dieses Männchen des Kuckuckslippfischs.

Wo das Meer Farbe bekommt

Organ zur Druckwahrnehmung auf. Stöcker oder Stachelmakrelen schwimmen neben bunten Kuckucks-Lippfischen, bei denen sich das trüb ziegelrote, schwarzgefleckte Weibchen zum dunkleren leuchtend blau längsgestreiften Männchen umwandeln kann. Am Boden halten sich die schlanken Aalmuttern und Seewölfe auf, die als Muschelknacker ihr kräftiges Gebiß sehen lassen. Seltsame Gestalten sind die großköpfigen, rötlichbraunen Knurrhähne, die einige isolierte Strahlen im Vorderteil der Brustflosse einzeln als kleine Beinchen bewegen können, aber auch als Sinnesorgane zum Aufspüren von Beute benützen. Die von Muskeln, die an der Schwimmblase ansetzen, erzeugten Töne, haben ihnen den Namen gegeben. Seeskorpion und Steinpicker sind als Skorpion-

Boden aufsuchen. Im Zuge des Wachstums wandert das dem Boden zugekehrte Auge auf die andere Kopfseite nach oben und verschafft dem Fisch ein völlig neues Aussehen. Er kann nun »rechtsäugig« oder »linksäugig« geworden sein, was für manche Arten auch ein systematisches Merkmal ist. Beim Schwimmen in dieser Seitenlage bewegt sich die Wirbelsäule aber in der »alten« Richtung und schlägt vertikal aus. Die dem Boden zugekehrte Seite bleibt blaß. Die Oberseite aber wird zur vollendeten Tarnkappe, denn ihre Farbträgerzellen können gesteuert werden und sich dem jeweiligen Untergrund anpassen.

Viel Interesse finden die kleingefleckten Katzenhaie, harmlose, kleinbleibende Vertreter ihrer Ordnung, die auch als Bodenbewohner die

Auch in der Mittelmeerabteilung lebt eine Fülle wirbelloser Tiere, die unsere Aufmerksamkeit verdienen, ob es sich um die bunten Tentakelkronen der Wachsrosen oder Purpurrosen handelt oder gar um die zarten, langen Fangfäden der Zylinderrosen, die sich für Hohltiere erstaunlich rasch bewegen. Auf den zartgliederigen Stöcken der Hornkorallen, der Gorgonien, entfalten sich die winzigen Sternchen der Korallenpolypen. Rosen- und Nelkenkorallen zeigen sich neben Röhrenwürmern und Roten Seescheiden, von denen niemand vermuten würde, daß ihre freischwimmenden Larven bereits die Andeutungen eines Rückgrats aufweisen.

Als häufigste Fische im Mittelmeer gelten die verschiedenen Brassenarten, die auch in größeren Schwärmen auftreten können. Meist in Oberflächennähe sind die Meeräschen anzutreffen, während Grundeln und Schleimfische Bodenfische sind wie die giftigen Drachenköpfe oder die Katzenhaie. Zu den ältesten Bewohnern dieser Abteilung zählen die mehr als meterlangen Muränen. Sie teilen den Raum mit einem großen Zackenbarsch, der vor Jahren als fingerlanger Däumling eintraf. Immer wieder staunt man, welch bunte Farbenpalette den Fischen dieses Meeres schon zur Verfügung steht. Insbesondere das bunte Volk der Lippfische zeigt alle Regenbogenfarben. In tieferen Schichten leben die leuchtend roten Fahnenbarsche, Meerbarbenkönige und die selten gezeigten

Eberfische oder gar die bizarren Schnepfenfische – entfernte Verwandte der Seepferdchen –, die die Wilhelma dem befreundeten Aquarium von Monaco verdankt. Rot ist auch die Grundfarbe des über den Suezkanal eingewanderten Streifen-Husarenfisches. Des gleichen Klimas wegen sind hier auch einige Ausnahmen untergebracht. Stierkopfhaie von der kalifornischen Küste und im Halbdunkel eines gekühlten Aquariums zwei besondere Kostbarkeiten. Seit 1975, damals zum ersten Mal aus dem japanischen Meer lebend nach Europa gebracht, leben hier Tannenzapfenfische, Tiefsee-

fische, die im Dunkeln leuchten. Da sie selbst aus 300 m Tiefe nachts an die Oberfläche kommen und den Druckausgleich leicht bewältigen, eignen sie sich gut für die Aquarienhaltung. Ihre beiden runden Leuchtorgane, die ein- und ausgeschaltet werden können, liegen an der Kopfunterseite. Als lebende Fossilien schwimmen hier auch Perlboote (Nautilus), schalentragende, den Ammoniten nahestehende Tintenfische, die ihre Gestalt seit 60 Millionen Jahren nicht verändert haben. Auch sie leben in größeren Tiefen des tropischen Stillen Ozeans und gelangen nur selten in Menschenobhut.

Zu den Bewohnern des Brackwassers tropischer Flußmündungen zählen die Schützenfische, Oberflächenfische, die bravourös gelernt haben, mit einem besonderen Spuckmechanismus, der Wassertropfen aus dem Maul bis 70 cm hochschießen kann, als Zusatznahrung Insekten von der Ufervegetation herunterzuholen. Auch Prachtschmerlen, Silberflossenblatt und Argusfische sind an den wechselnden Salzgehalt gut angepaßt. Der Diamantbuntbarsch ist sogar der einzige seiner Familie, der im Salzwasser ablaicht. Extreme Oberflächenspezialisten sind schließlich die mittelamerikanischen Vieraugenfische, die sich fast ausschließlich an der Wasseroberfläche aufhalten, wobei die obere Augenhälfte über den Wasserspiegel ragt und an das Luftsehen angepaßt, die untere Augenhälfte aber auf die Unterwassersicht eingestellt ist. So können Beute und Feinde in Luft und Wasser von einem »primitiven« Fischgehirn gleichzeitig erkannt und koordiniert werden. Der bindegewebigen Trennung beider Augenhälften verdanken sie ihren Namen.

Eigentlich sind es nur praktische Gründe, nach denen Aquarianer die Bewohner der kühlen und gemäßigten Zonen von denen der Tropen aufgrund der Wassertemperatur unterscheiden und keineswegs systematische Merkmale. Nach dem gleichen Prinzip wird auch im Wilhelma-Aquarium gehandelt. Schon unsere »kalten« heimatlichen Gewässer bieten manche Besonderheiten, wobei versucht wurde, wenigstens alle weit verbreiteten Formen, soweit sie heute noch beschaffbar sind, vorzustellen. Bei den kleinen Stichlingen haben die Verhaltensforscher ihre ersten Übungen absolviert, um herauszufinden, wie zur Brutzeit das dann rot und stahlblau schimmernde Männchen das laichreife Weibchen erkennt und es durch Zickzackschwimmen in sein selbstgebautes Nest lockt, es zur Eiabgabe stimuliert und dann die Eier besamt und bewacht. Spezialisten sind auch die Bitterlinge, deren Weibchen zur Laichzeit eine lange Legeröhre wächst, die es geschickt in die Atemöffnung einer Malermuschel einführt, um seine Eier in den geschützten Kiemenraum abzulegen. Das Männchen besamt an der gleichen Stelle, der Atemstrom der Muschel gewährleistet die Befruchtung und entläßt schließlich die Jungfische aus der sicheren Obhut. An den Ellritzen wurde erkannt, daß sie Tonhöhen etwa einer Oktave zu unterscheiden vermögen und in ihrer Haut Schreckstoffe bilden, die bei Verletzung ihre Schwarmgenossen warnen.

Zwischen dichten Pflanzen lauern Hechte, die mit ihrem breiten »Entenschnabel« auch große Beute überwältigen. Die größte Artenzahl unserer Fischfauna stellen die Karpfenfische, angefangen beim vollbeschuppten Wildkarpfen und seinen fast schuppenlosen Speisefischvarianten von Spiegel- oder Lederkarpfen, denen man die Schuppen »weggezüchtet«, die Kopfgröße verringert und den Fleischanteil erhöht hat. Nahe Verwandte werden, damit sie leichter erkennbar sind, in verschiedenen Becken gezeigt, z.B. Rotfeder und Rotauge oder Plötze, Güster und Brachse, Döbel und Hasel. Als Weißling, als Albinoform, ist der größte Raubfisch, der Waller oder Wels vertreten, der schon über 20 Jahre hier lebt. Meist versteckt bleiben Aale und Schmerlen. Auffallende Gestalten unter Europas Fischen sind die Störe, von denen die kleineren Sterlets seit Hauseröffnung gepflegt werden. Anstelle der Schuppen sind ihre urtümlichem Körper von fünf Reihen von Knochenplatten bedeckt, die Schwanzflosse unsym-

Gäste aus Schwarzwaldbächen und Tropenflüssen

Völlig durchscheinend farblos ist die Körpermuskulatur der indischen Glaswelse, die mit ihren langen Fühlern Kontakt halten im Verband.

metrisch hochgezogen und unter dem Rostrum der vorgeschobenen Kopfspitze ist das ausstülpbare Maul und die vier beweglichen Tast- und Riechorgane, die Barteln, versteckt.

Nordamerikas Fische sind vertreten durch den bizarren Schaufelstör des Mississippi-Gebiets und neben Sonnenbarschen und den nestbauenden Kahlhechten oder Schlammfischen vor allem durch drei Arten von Knochenhechten. Auch sie sind lebende Fossilien, die einst auch in Europa lebten. 60 Millionen Jahre alte Versteinerungen aus der berühmten Grube

Messel bei Darmstadt sind deckungsgleich mit hier schwimmenden Exemplaren. Mit den Hechten haben sie aber verwandtschaftlich nichts zu tun. Unter den wenigen asiatischen Vertretern sind die Graskarpfen zu nennen, eine Fischart aus dem Süden Chinas. Die Metergröße erreichenden Fische können auch grobe Pflanzenteile mit ihren kräftigen Schlundzähnen zermahlen und fressen. Heimatrecht bei uns haben längst die jahrtausendealten Züchtungen der Chinesen und Japaner, die den Goldfisch zur Karikatur werden ließen. Als Schleierschwanz mit verlängerten Flossen, als Eierfisch mit fehlender Rückenflosse, als Teleskopfisch mit Glotzaugen, als Löwenkopf mit Hautwucherungen und manch anderen Varianten in vielerlei Farben wären die für das Auge gezüchteten Haustiere in freier Wildbahn nicht mehr lebensfähig.

Aus der Überfülle der tropischen Süßwasserfische kann nur eine kleine sorgfältige Auswahl vorgestellt werden. Neben ganz bekannten, die jeder Aquarianer pflegen kann, sind es verschiedene Spezialisten, die zeigen sollen, was Fische alles vermögen. Den Reigen eröffnen in einem Aquaterrarium die Schlammspringer, Bewohner der flachen Mangrovenküsten aller Tropengebiete, deren verschiedene Arten sich mehr im feuchtwarmen Luftraum als im Wasser aufhalten. Als echte Fische müssen sie sich aber

Gewebes oberhalb der Kiemen, das ebenfalls atmosphärischen Sauerstoff aufnehmen kann.

Auch elektrischen Strom können Fische in besonders gestalteten Geweben erzeugen wie die Zitteraale, deren langer Muskelkörper nichts anderes darstellt, als eine Unzahl hintereinander geschalteter Batterien, die bei erwachsenen Exemplaren Stromstöße bis zu 900 Volt hervorbringen können. Spannungen von mehr als 100

Volt erzeugt auch der afrikanische Zitterwels, während die artenreiche Familie der Nilhechte nur geringe Stromstöße, diese aber im Dauerbetrieb, abgibt. Die schwachen Stöße dienen der Radarorientierung, starke können Beutetiere betäuben.

Mannigfaltige Methoden der Brutpflege hat die artenreiche Familie der Buntbarsche entwickelt. Laichgruben werden angelegt, die von bei-

Über ein rasiermesserscharfes Gebiß verfügen die Piranhas, Schwarmfische des Amazonasgebiets, die selbst großen Säugetieren gefährlich werden können.

Schlammspringer bewohnen die Flachküsten tropischer Meere und wagen dabei, mit ihren beinchenartigen Brustflossen erste Schritte an Land zu gehen.

Löwenköpfiger Eierfisch heißt diese Zuchtform des Goldfischs, eine der vielen ausgefallenen Züchtungen, die in China und Japan vor Jahrhunderten entstanden sind.

immer wieder befeuchten, da ihre ungeschützte Haut sonst austrocknen würde. Ihre Brustflossen sind schon zu einer Art Beinchen umgewandelt, mit denen sie recht geschickt zu klettern vermögen. Man kann sich vorstellen, daß solche oder ähnliche Formen einstmals den Übergang vom Wasser- zum Landleben geschafft haben. Ein Schwarm der als gefährlich verschrieenen Piranhas darf nicht fehlen. Obwohl sie bei weitem nicht den vielen Gruselgeschichten entsprechen, können die Piranhas doch mit ihren dreikantigen, rasiermesserscharfen Zähnen auch ein größeres Beutetier in kürzester Frist skelettieren.

Um im sauerstoffarmen Wasser leben zu können, hat die Natur verschiedene Prinzipien verwirklicht. Die Lungenfische schaffen es, indem eine reich durchblutete Fläche der Schwimmblase Luftsauerstoff aufnehmen kann und so Atmungsfunktion übernimmt wie beim südamerikanischen und beim australischen Lungenfisch. Die afrikanischen Lungenfische können sogar Trockenperioden überstehen. Sie lassen sich zusammengeringelt in Schlammkapseln eintrocknen. Bei herabgesetzter Körperfunktion halten sie aus, bis die nächsten Regenfälle sie wieder zu neuem Leben erwecken. Die Labyrinthfische besitzen ein zusätzliches Atmungsorgan in Form eines blutgefäßreichen

Blauer Diskusfisch, nach wie vor ein Traum für den ernsthaften Aquarianer, der aber nicht ganz ohne Probleme zu halten oder gar zu züchten ist.

den Eltern oder nur einem Partner bewacht werden. Andere heften die Eier an Felsen oder Höhlenwände. Die sicherste Form ist die des Ausbrütens der Eier im Maul. Zur Perfektion haben diese Methode die prächtigen Buntbarsche des Njassa-Sees wie Türkis-Buntbarsch, Kobaltorangebarsch und viele andere gebracht. Beide Geschlechter sind meist auffallend verschieden gezeichnet, eine Hilfe zum Erkennen unter nah Verwandten. An seiner Afterflosse trägt das Männchen sogenannte Eiflecken, die das Weibchen, das seine abgelegten Eier sofort in die Mundhöhle aufnimmt, veranlassen, danach zu stupsen, um das Männchen zur Samenabgabe anzuregen. Etwa drei Wochen bleiben die Eier in der Mundhöhle, bis die relativ großen Jungen geschlüpft sind und dann sofort selbständig werden. Als »Säugetiere« unter den Fischen könnte man die Diskusfische bezeichnen, denn sie geben an ihre Jungen sogar eigene Körpersubstanz ab. Die Eier, um die sich beide Eltern kümmern, werden in einer Grube abgelegt und bewacht. Wenn die Jungen schwimmfähig sind, müssen sie aber die Körperfläche der Eltern aufsuchen, die inzwischen angeschwollen ist und das erste Futter darstellt. Ohne diese elterliche »Hingabe« ist eine Aufzucht nicht möglich. Viele weitere Arten laden zum Selbstentdecken ein.

Den glanzvollen Höhepunkt des Aquariums bildet die berühmte Sammlung der schönsten unter allen Fischen, der Korallenfische, deren Farbenpracht und Formenmannigfaltigkeit sich eigentlich nur noch mit den Schmetterlingen und Orchideen vergleichen läßt. Seit nach dem Kriege ab 1953 die ersten dieser Tiere wieder importiert wurden, hat sich die Wilhelma, durch Erfolge ermutigt, besonders mit den Fischen der Tropenmeere beschäftigt. Mehr als 220 Arten werden ständig gezeigt, über viele Jahre erfolgreich gehalten und sogar die ersten von ihnen hier gezüchtet. Unvorstellbar mannigfaltig sind die biologischen Möglichkeiten in einem Korallenriff, das seine Existenz der Kalkabsonderung winziger Korallenpolypen verdankt, die in den Tropenmeeren aller Erdteile heute noch mit 8 Mio. km² eine größere Fläche besiedeln, als der Erdteil Australien ausmacht. Hier im ständig warmen, sauerstoffreichen, lichtdurchfluteten klaren Wasser, in der unendlich reich gegliederten Vielfalt der Schlupflöcher und Höhlen, Sandflächen und Felspartien hausen neben den Baumeistern, den Korallen, die verschiedensten Muscheln und Schnecken, riesige Aktinien, Würmer und Tintenfische, Seesterne, Seeigel und Seegurken. Garnelen, Krebse und Krabben, die noch von der Fülle der bizarrsten und buntesten Fischgestalten übertroffen werden; harmlose und gefährliche, prächtige und unscheinbare nebeneinander. Nur wenige von ihnen können vorgestellt werden.

Der vorherrschende Typ ist der des flachen, blattförmig hochgebauten Schwimmers, der in den engen Spalten und wechselnden Strömungen im Labyrinth der Korallenstöcke gut zu manövrieren vermag. Dem entsprechen zum Beispiel die Schmetterlingsfische oder Falterfische, die in allen tropischen Meeren zu finden sind. Bei fast gleichem Körperumriß mit spitzigen Schnäuzchen, die in engen Spalten die Nahrungssuche erleichtern, prunken die vielen Arten mit einem aparten, stets wechselnden Streifenmuster in Silber, Gelb, Orange, Weiß und Schwarz in immer neuer Zusammenstellung. Auf die Spitze getrieben haben dieses Prinzip die Pinzettfische, so genannt wegen ihres über die Maßen schnabelförmig verlängerten Schnäuzchens, das wie mit einer Pinzette selbst aus den engsten Schlitzen noch etwas Freßbares hervorholen kann. Die farbigsten von allen sind die verwandten Kaiser- und Engelfische. Ihre »Plakatfarbigkeit« ist ein Zeichen dafür, daß sie

Wie ein voll aufgetakeltes Kriegsschiff beeindruckt der giftige Rotfeuerfisch durch seinen bizarren Flossenbehang.

ihre Reviere hartnäckig gegen Artgenossen verteidigen, die ja auch die perfektesten Konkurrenten mit den gleichen Lebensansprüchen sind. Andere Arten mit anderen Ansprüchen werden ohne weiteres geduldet, was bei der Vielfalt differenzierter Lebensmöglichkeiten im Riff auch zu beispielloser Artenfülle geführt hat.

Kaiserfische sind Spezialisten im Wechsel von Farbe und Zeichnung vom Jugend- zum Alterskleid, wie es auch viele andere Fische tun. Gemeinsam oder mindestens ähnlich ist bei vielen Kaiserfischarten die schwarzblaue Jugendform mit mehr oder weniger gekrümmten weißen Querbinden. Völlig abweichend davon sind die verschiedenen Alterskleider, die in ganz anderen Farben dann statt quer-, längs- oder diagonalgestreift oder getupft sein können mit abenteuerlichen Kopfmasken, anderen Schwanzfarben und Körperpartien. Namen wie Pfauenkaiserfisch, Traumkaiserfisch, gekrönter- und Gelbbrandkaiserfisch, Maskenkaiser oder Ringkaiserfisch können nur andeuten, welche Pracht und Vielfalt sich dahinter verbirgt. Nur ein Stachel auf dem Kiemendeckel ist das gemeinsame Merkmal von allen. Womöglich noch

abwechslungsreicher erfolgt der Farbwechsel bei den Lippfischen, oft über mehrere Stufen. Gleichzeitig kann damit eine Geschlechtsumwandlung verbunden sein, die zum Beispiel beim Schnabel-Lippfisch aus einem braun-weißen funktionsfähigen Weibchen durch Weiterwachsen und Umfärben ein ebenso funktionsfähiges blaugrünes Männchen entstehen läßt. Immer wieder faszinierend war es für die Wilhelma-Leute, solchem Wechsel zuzusehen. So konnten wir uns zum Beispiel nicht vorstellen, daß sich aus einem leuchtend metallisch goldglänzenden Jungfisch mit kreisrunder, glasig durchscheinender Schwanzflosse, in dem wir eine neue, uns unbekannte Art vermuteten, über ein stumpferes Kupfer, dann ein samtenes Violett endlich gar der kräftig blaue, wohlbekannte Rotzahndrückerfisch mit seinem gleichfarbigen Sichelschwanz entwickeln würde.

Farbwechsel gibt es auch in anderem Zusammenhang. Während der allgemeine Farbwechsel im Verlauf des Wachstums nur langsam erfolgt, ist auch ein schnellerer Wechsel zum Beispiel bei der Balz und Eiablage mit rascher Signalwirkung bei vielen Arten möglich. Andere wieder wechseln zwischen Tag- und Nachtfärbung, die oft der besseren Tarnung dient. Regelrecht aus der Haut schlüpfen manche Schaukelfische, die gelegentlich ihre gesamte Oberhaut erneuern, wie es auch die Steinfische tun, deren anhängselreiche Haut auch noch von Algen bewachsen sein kann. Selbst Körperformen und Proportionen können sich im Lauf des Wachstums ändern, Flossen kleiner oder größer werden und Buckel oder Hörner auf dem Kopf wachsen. Die vielfältigen Veränderungen von Farbe und Zeichnung haben dazu geführt, daß Jugend und Altersstadium sogar als verschiedene Arten beschrieben wurden, denn früher bekamen die Wissenschaftler ja nur »eingelegte Leichen« zu Gesicht. Erst mit der zunehmenden Lebendbeobachtung und der daraus erwachsenen Kenntnis wurden solche Fehler bereinigt.

Unter den ortstreuen Formen gibt es nicht nur Einzelgänger, die Reviere bilden oder Höhlen bewohnen, sondern auch solche, die in Schwärmen leben. Obwohl ihnen die scheinbare Weite des Meeres zur Verfügung stünde, fühlen sie sich an einen eng begrenzten Platz, oft nur an einen einzigen Korallenstock gebunden, über dem sie tagsüber als Wolke stehen. Naht ein Freßfeind, wird die Wolke immer kleiner und verschwindet schließlich zwischen den schüt-

Mit seinem normalen Skelett steckt der Kofferfisch in einem starren Kasten von Hautverknöcherungen.
Mancherlei Vergiftungserscheinungen kann der Genuß eines der prächtigen Leopardendrückerfische hervorrufen.

Wie alle Kugelfische kann auch der Zitronenkugelfisch seine dehnbar zähe Haut auf das Mehrfache seines Volumens aufblasen.
Nicht zu Unrecht hat der auf seine Beute in Höhlen lauernde Juwelenbarsch seinen Namen erhalten.

zenden Korallenzweigen, wo jedes Schwarmmitglied seinen bestimmten Winkel auch als Schlafplatz hat. Die Ortstreue geht so weit, daß sich zum Beispiel viele der schwarz-weißen Preußenfische oder andere kleine Riffbarsche eher mit dem Korallenstock aus dem Wasser heben lassen, als den vermeintlich schützenden Platz aufzugeben. Ähnlich ortstreu sind auch die lustig bunten Anemonen- oder Clownfische, die zwischen den nesselnden Fangarmen der großen Riffanemonen sicher wie in Abrahams Schoß leben und Schutz genießen, während andere Fische gefressen werden. Des Rätsels Lösung ist, daß schon die Jungfische beim vorsichtigen Nähern Stoffe der Anemone an ihre Haut bringen und dann sozusagen immun sind. Meist bewohnt ein Paar eine Anemone und legt auch im Schutz ihres Tentakelkranzes seine Eier ab. Eine eigene Villa bauen sich bestimmte Kieferfische wie die Brunnenbauer, die im Kiesboden zunächst eine Grube graben, die tiefer ist, als sie selbst lang sind. Dann wird ein Steinchen nach dem anderen mit den Kiefern gepackt und sorgfältig im Kreis geschichtet bis

In engsten Spalten kann das spitze Schnäuzchen des Pinzettfischs eindringen. Dank seines scheibenförmigen Körpers ist er auch im Korallengewirr ausgezeichnet manövrierfähig.

eine senkrechte, seitlich wieder eingeebnete Wohnhöhle entsteht, in die sich der Fisch zurückziehen kann. Je nach »Feindlage« läßt er tagsüber mehr oder weniger viel von sich sehen. Nachts wird das Haus sogar noch mit einem passenden Kiesel verschlossen und erst am Morgen wieder geöffnet.

Fressen und Gefressenwerden ist ein Gesetz, das auch im Korallenmeer gilt, und zahlreich sind die Räuber, die von ihresgleichen leben wollen. Standorttreue Zackenbarsche können jahrzehntelang die gleiche Höhle bewohnen und zu Riesentieren heranwachsen. Flinke Jäger, wie zum Beispiel die nur gelegentlich die Riffe besuchenden Haie und Makrelen, machen den getarnt lauernden Bodenfischen die Beute streitig. Wer wollte schon in einem zerschlissenen Algenbüschel einen Fisch vermuten, wenn sich nicht plötzlich inmitten der Fäden und Anhängsel ein großer Rachen öffnen würde, mit welchem der raffiniert getarnte Steinfisch sein Opfer, das so groß sein kann wie er selbst, verschlingt. Ähnlich raffiniert sind die Armflosser oder Froschfische, die über eine richtige Angel

verfügen. An einem beweglichen Stäbchen über dem Maul werden einige wurmartige Hautlappen so geschickt bewegt, daß sich viele täuschen lassen und, statt einen guten Bissen zu schnappen, selbst zur Beute werden. Tarnfarben spielen bei den ruhig lauernden Räubern eine große Rolle. So ist bei manchen Muränen, die ihr zahnbewehrtes Maul meist offen tragen, die Fleckenzeichnung bis ins Innere der Mund-

höhle fortgeführt. Eine Art von Netz- oder Reusenfang betreiben die Rotfeuerfische, die ihre überdimensional entwickelten Brustflossen spreizen, nach vorn bringen und so einen gewissen Wasserraum abgrenzen, in dem dem vorgesehenen Opfer nur noch der Weg in das Maul des Räubers übrig bleibt.

Auf nicht weniger eigenartige Weise gehen

die Putzerlippfische ihrem Nahrungserwerb nach. Sie bewohnen paarweise einen exponierten Korallenstock, vor dem sie mit bestimmten Schwimmbewegungen ihre »Kundschaft«, allerhand Großfische, auf sich aufmerksam machen. Die kommen herangeschwommen, spreizen ihre Kiemen und lassen sich von den »Kleinen« die Parasiten der Außenhaut, ja sogar die Rachen- und Kiemenhöhle absuchen. Furchtlos

schwimmen die kleinen Putzer dabei den großen Räubern ins Maul. Wie fest das Verhältnis Putzer – Kunde fixiert ist, mag folgende Begebenheit belegen. Beim Bezug des Aquariums wurde in ein Becken, in dem bereits ein Zackenbarsch und andere Fische lebten, noch ein Kaiserfisch zusammen mit einem Putzer eingesetzt. Der Zackenbarsch betrachtete das kleine

Die meisten der im Alterskleid sehr variablen farbenprächtigen Kaiserfische haben untereinander sehr ähnliche schwarzblaue, mehr oder weniger stark gekrümmt weiß quergestreifte Jugendformen, die nichts davon ahnen lassen, daß sie später durch die aparte Alterszeichnung ersetzt wer-

den. Als erwachsene Beispiele seien vorgestellt: Halbmond-Kaiserfisch aus dem Roten Meer (oben links), Ringkaiserfisch (unten links), Traumkaiserfisch (unten rechts) und der längsgestreifte Nikobaren-Kaiserfisch (oben rechts) mit seiner Jugendform neben ihm auf der nächsten Seite.

Die Jugendform vieler Kaiserfische ist schwarz-blau-weiß. Hier der Nikobaren-Kaiserfisch

Orientalische Südlippe, ein Zeichnungswechsel-Spezialist, jung gefleckt, alt gestreift

Fischlein wohl zunächst als Beute, schoß hoch und schluckte es. Offenbar bemerkte er aber den »Fehler«, schüttelte sich und spuckte den Putzer wieder aus, der munter weiterlebte. Putzerlippfische werden von manchen Schleimfischen in raffinierter Weise kopiert. In gleicher Gestalt, Färbung und Bewegung schwimmen auch sie Kunden an, um ihnen dann aber, statt sie zu putzen, Hautstücke auszureißen.

Mannigfaltige Schutzeinrichtungen erleichtern das Überleben und wenn es nur zwei schlanke Dornen, zwei aufrichtbare Stilette an der Schwanzwurzel sind, die den Doktorfischen oder Chirurgen den Namen gegeben haben. Sie sind harmlose Pflanzenfresser, die in Schwärmen die Tangwälder abweiden und ihre Waffen nur zur Verteidigung verwenden. Ihre zähe Haut auf das Mehrfache ihrer Körpergröße aufblasen können die Kugelfische, die damit für den Angreifer als vorgesehene Beute zu groß werden. Igelfische sind durch die aufrichtbaren Stacheln in ihrer Haut noch weniger angreifbar, aber gerade deshalb werden sie getrocknet als Souvenir gehandelt und zählen zu den traurigen Requisiten von Seemannskneipen. Die sippenverwandten Drückerfische haben einen Mechanismus an den ersten Strahlen ihrer Rückenflosse entwickelt, mit dem sie sich in Spalten festklemmen können, wobei der Hinterkörper noch zusätzlich durch Knochenplatten unter der Haut geschützt wird. Dieses Prinzip haben die Kofferfische perfektioniert. Sie verfügen ne-

ben ihrem normalen Fischskelett über ein zweites unter der Haut, das einen festen Knochenkasten bildet, in dem Löcher ausgespart sind für Maul und Augen, Flossen und Schwanz, sonst wäre ja keine Bewegung möglich. Die bekannten Seepferdchen stecken in einem ähnlichen Knochenkorsett. Nur das lustige Ringelschwänzchen ist beweglich und gestattet den schlechten Schwimmern, sich irgendwo festzuhalten, um einfach auf das Frühstück zu warten, das sicher herangeschwommen kommt, um es mit ihrem Röhrenmaul wie mit einer Saugpumpe aufzusaugen. Das gleiche Prinzip mit noch längerem Schnabel wenden auch die Schnepfenmesserfische an, die ihr Leben lang auf dem Kopf stehen. Als fast durchsichtige, messerblattdünne Raketenkörper (die tatsächlich getrocknet als kleine Messerchen verwendet werden) schwimmen diese Fische in ganzen Scharen, von den ans Körperende gewanderten Flossen wie von Düsen getrieben, in exakt aufeinander abgestimmter Formation über die Riffe, einem unsichtbaren Befehl gleichzeitig präzise gehorchend.

Gift spielt meist nur zur Verteidigung eine Rolle, ist aber in der Art der Verteilung und Wirkung höchst unterschiedlich. Bei den Drachenkopfartigen, z.B. den Rotfeuerfischen, liegen Giftzellen in der Haut der Stacheln ihrer Rückenflossen. Verletzungen können Erscheinungen wie nach einem Schlangenbiß hervorrufen: starke Schmerzen, Entzündungen, Benommensein, im schlimmsten Falle Atemlähmung. Die bisher von Privathaltern bekannt gewordenen Fälle ließen sich aber durch Anti-Allergie-Therapien und Herzstützung leicht beherrschen. Dennoch ist hier für den Tierpfleger große Vorsicht geboten, insbesondere bei dem der gleichen Familie angehörenden Steinfisch, der als der giftigste gilt und auch Tauchern schon gefährlich geworden sein soll. Giftfische, die zur Delikatesse werden können, sind dagegen die Kugelfische. In Japan gerät eine solche Fugu-Mahlzeit zum besonderen Nervenkitzel, denn nur speziell ausgebildete Köche wissen die gifti-

gen Teile exakt zu entfernen und das Gift, das auch die Muskulatur enthält, zu neutralisieren. Unsachgemäß zubereitete Mahlzeiten können deshalb tödlich enden. Eine besondere Teufelei steckt hinter der Ciquatera genannten tropischen Fischvergiftung, die von vielen Fischarten hervorgerufen werden kann, aber noch viele Rätsel aufgibt. Nach Randall sind die ursprünglichen Gifterzeuger bestimmte Blaualgen, deren Gift über die Nahrungskette aufgenommen wird. Dies würde erklären, warum die gleiche Fischart auf einer Inselseite giftig, auf der anderen harmlos sein kann. Als immer giftig in diesem Sinne gelten die Koffer- und Drückerfische. Genießt man etwa einen farbenprächtigen Leopardendrückerfisch, kann dies eine ganze Serie von Vergiftungserscheinungen hervorrufen: heftige Schmerzen, Anschwellen der Glieder, Schüttelfrost und Fieber, zeitweiliges Erblinden und schließlich die Atemlähmung. Übersteht ein Patient die akuten Erscheinungen, so wirkt das Gift noch jahrelang auf sein Zentralnervensystem ein, kehrt sein Kälte-Wärmegefühl um und läßt ihn unter der heißen Dusche frieren, oder Speiseeis blasen, um es abzukühlen.

Nur ein kleiner Teil der vielen Merkwürdigkeiten konnte angedeutet werden. Hier lohnen sich Entdeckungsreisen zu dieser schier unausschöpfbaren Quelle von Beobachtungsmöglichkeiten, und man ist geneigt zu glauben, daß die Natur gerade im Korallenmeer ihre verblüffendsten Einfälle verwirklicht hat.

Das blaugrüne Vogelfisch-Männchen war vorher als Weibchen braun-weiß.

Erst im Laufe seines Lebens wächst dem Einhornfisch, auch Nashornfisch genannt, sein Horn.

Die beiden großen Verbindungsgänge zwischen den zwei Aquarienblöcken und der Krokodilhalle sind zu differenzierten Lebensräumen für Reptilien und Amphibien gestaltet worden. Aus klimatischen Gründen nimmt der erste Teil die Bewohner der Trockengebiete, der zweite die Bewohner des tropischen Regenwaldes und anderer feuchter Zonen auf: Echsen und Schlangen, Schildkröten und Frösche im bunten Wechsel. Manche leben schon seit Eröffnung des Hauses hier, viele sind im Haus geboren.

Unter den Echsen finden vor allem die Warane stets Interesse. Diese artenreiche Familie hat mit den Mosasauriern die gleichen Vorfahren wie die Schlangen und auch Beziehungen zu diesen. Warane sind nämlich als einzige Echsen imstande, ihren Schlund zu erweitern, und deshalb fähig, auch größere Beutetiere zu verschlingen. Als Universalisten, die gut laufen, graben, schwimmen und klettern können, besiedeln sie alle aus Temperaturgründen für Reptilien überhaupt geeigneten Biotope der Alten Welt von der Wüste bis zum Regenwald. Drei Arten wurden hier zum Teil als Welterstzuchten auch geboren wie zum Beispiel die kleinen Stachelschwanzwarane und Fleckenwarane aus Australien. Vom gleichen Kontinent stammt ein Baumbewohner, der Smaragdwaran, der seinen

Zwei im Blattgewirr gut getarnte grüne Baumpythons aus Neu-Guinea in ihrer typischen Ruhestellung. Links vorn die seltene blaue Farbvariante.

Riesenschlangen und Giftzwerge

langen Schwanz als Greifschwanz benützt und in seiner grünen Tarnfarbe kaum auszumachen ist.

Richtige Sonnenanbeter sind die Bartagamen. Sie verdanken ihren Namen ihrer stacheligen Halskrause, die als Drohgebärde aufgerichtet werden kann. Aus Nordafrikas Wüsten kommen die Berberskinke, Glattechsen mit ansprechender Punktzeichnung und die Dornschwanzagamen mit wehrhaft bestachelten Schwänzen, mit denen sie sich in ihren selbstgegrabenen Höhlen schützen. Wie eine Stachelkugel wirkt der zusammengeringelte Schuppenpanzer des südafrikanischen Riesengürtelschweifs, der sich selbst in dieser Verteidigungshaltung festbeißt, um die Bauchseite zu schützen. Aus Madagaskar stammt die nah verwandte, ebenfalls gut gepanzerte Vierstreifenschildechse. Zu den größten Vertretern der neuweltlichen Leguan-Familie zählen die Nashornleguane aus Haiti. Leuchtend grün gefärbt ist der madagassische Taggecko im Gegensatz zu seinen vielen bräunlichen nachtaktiven Verwandten. Haftlamellen an seinen Zehen erlauben ihm das Laufen an senkrechten Wänden, wobei auch Glasscheiben kein Hindernis bedeuten. Als ausgesprochene Wassertiere sind die Cochinchina-Wasseragamen sehr geschickte

Abgottschlange, eine Boa-Riesenschlange (links). Weißlinge – Albinos können unter allen Tierarten, wie z. B. auch bei der als Giftschlange gefürchteten Kobra (unten) auftreten.

Schwimmer. An den Flußufern Südostasiens zu Hause, flüchten sie bei Gefahr sogar ins Wasser, wo sie sich sicher fühlen. Ihre Männchen erkennt man am stärker ausgebildeten Nackenkamm. Bei den großschuppigen Tannenzapfenechsen lassen sich kaum Schwanz und Kopf richtig voneinander unterscheiden, denn ihre kurzen Schwänze sind als Speicherorgane für Notzeiten kopfdick angeschwollen. Die größte aller Glattechsen ist schließlich der Wickelschwanzskink, eine gefährdete endemische Art der Salomon-Insel San Cristobal, die 65 cm lang werden kann. Ein oder zwei lebende Junge werden bei dieser, ihren Greifschwanz geschickt brauchenden, baumbewohnenden und vegetarisch lebenden Form auch in der Wilhelma regelmäßig geboren. Aus Wüstengebieten Mexikos stammt eine der beiden einzigen giftigen Echsenarten der Welt, die Skorpiongiftechse mit ihrer wie Perlstickerei wirkenden Schuppenzeichnung. Ihr hochwirksames Gift wird aber nicht wie bei den Schlangen durch spezielle Zähne im Oberkiefer übertragen, sondern in der Unterkieferspeicheldrüse gebildet und gelangt beim Biß nur teilweise in die Wunde.

Unter den Schlangen imponieren vor allem die mächtigen Riesenschlangen wie der Tigerpython Südostasiens. Sie gelten als sehr urtümlich. Als Beweis der Echsenabstammung sind bei ihnen Reste des ehemaligen Beinskeletts noch als Afterklauen erhalten. Riesenschlangen, die alle ungiftig sind, töten ihre Beute durch Zupacken mit den schlanken, nach hinten gekrümmten Zähnen und gleichzeitigem Umschlingen. Dies erfolgt so blitzartig, daß dem Beutetier schon der nächste Atemzug unmöglich wird. Wie alle Schlangen verschlingen sie ihre tote Beute kopfvoran als Ganzes, wobei sich die nur durch stark dehnbare Bänder verbundenen Kiefer nach und nach nach vorn schieben und sozusagen um das Opfer herum gekrochen wird. Zur Vermehrung legen die altweltlichen Pythonarten Eier, die vom Weibchen bebrütet werden. Die neuweltlichen Boas bringen lebende Junge zur Welt, die aber, da es sich ja nur um das Heranreifen von Eiern innerhalb des Körpers handelt, auch mit den Eihüllen wie in einem Plastikbeutelchen geboren werden können, aus dem sich die kleinen Schlangen sofort befreien. So eine kleine Boa, von denen schon viele auch in der Wilhelma geboren wurden, ist etwa 45–50 cm lang und 50 Gramm schwer. Nach einem Jahr hat sich die Länge verdoppelt

Unter den Waranen als Baumbewohner spezialisiert und gut getarnt: der Smaragd-Waran

und das Gewicht verzehnfacht. Stark ans Wasser gebunden sind die Paraguay-Anakondas. Auch die apart gezeichneten Hundskopfschlinger gehören zur gleichen Familie. Leuchtend bunt geringelt sind die Königsnattern, die mit ihrer Zeichnung die giftigen Korallenschlangen nachahmen. Als besonderer Spezialist sei auch die afrikanische Eierschlange vorgestellt, die ganze Vogeleier verschlingt und mit Wirbelfortsätzen, die in die Speiseröhre ragen, knackt.

An Giftschlangen, gegen deren eventuelle Bisse alle Vorsichtsmaßnahmen getroffen sind und stets das entsprechende frische Antiserum bereitgehalten wird, sind alle Typen vertreten.

In bunter Warntracht: blaue Pfeilgiftfrösche. Trotz ihrer Winzigkeit von nur drei Zentimeter Länge sind sie hochgiftig.

Die Giftnattern mit der Kobra, deren Halsrippen bei Erregung zum Schild gespreizt werden, haben kurze Giftzähne mit einer Rinne, die vorn im Oberkiefer sitzen. Ihr Gift wirkt hauptsächlich neurotoxisch, d.h. als Nervengift. Trugnattern tragen ihre Giftzähne hinten im Oberkiefer wie die prächtig schwarz-gelbe Mangrovennachtbaumschlange oder die Schmuckbaumnatter. Das richtige Injektionsinstrument, der geschlossene Röhrenzahn, findet sich erst bei den Ottern oder Vipern, hier bei der Bergotter aus Vorderasien und bei den Grubenottern, z.B. der Basiliskenklapperschlange. Ihr Grubenorgan neben der Nasenöffnung verfügt über einen so feinen Wärmesinn, daß sie einem kleinen Säugetier allein durch die Wahrnehmung des Temperaturunterschieds zu folgen vermag. Die Mündung des Röhrenzahns liegt nicht an seiner Spitze, sie würde ja beim Biß verstopfen, sondern davor und garantiert so die volle Injektion.

Von der großen Zahl der Schildkröten seien Riesen-Schlangenhalsschildkröte, Parkers Schlangenhalsschildkröte und Spitzkopfschildkröte erwähnt, die alle bereits gezüchtet wurden. Wie eine Ansammlung Fallaub wirkt die gut getarnte Fransenschildkröte oder Matamata, die ihre Beute mit blitzschnellem Saugschnappen fängt. Den Vogel schießt aber die größte Nordamerikanerin, die Geierschildkröte, ab, deren winzige Zunge im oberflächengrauen aufgesperrten Maul einen kleinen rosa Regenwurm als Köder imitiert und ebenso bewegt. Das leckere Frühstück, das er sich erhofft, bietet der nahende Fisch dann selbst.

Kleine Wandvitrinen beherbergen einige ausgesuchte Beispiele von Froschlurchen wie die großen Korallenfinger-Laubfrösche Australiens oder die südasiatischen Weißbartruderfrösche, die beim Laichen ein Schaumnest anlegen, in dem die Eier bis zum Schlüpfen geschützt sind. Noch stärkere Brutfürsorge treiben die bunten Baumsteigerfrösche Südamerikas. Sie legen ihre Eier meist in die wasserführenden Blattachseln von Bromelien. Die geschlüpften Kaulquappen trägt dann das Männchen auf seinem Rücken in freies Wasser. Berühmtheit haben die Baumsteigerfrösche aber auch durch ihre hohe Giftigkeit erlangt. Das Sekret ihrer Hautdrüsen wird von Indianern zum Vergiften ihrer Pfeilspitzen benützt. Es ist hoch herzwirksam und beschleunigt die Schlagfrequenz so stark, daß es letztlich zur Herzblockade kommen kann. Ihre auffallende Buntheit ist als Warnfarbe zu deuten.

Das architektonische Kernstück des Aquariums ist die Krokodilhalle. Durch diese Tropenhalle wandelt der Besucher unter einem grünen Blätterdach auf Stegen über Urwaldflüsse. Der elegante Sechseckbau von knapp 30 m Durchmesser und 12 m Höhe, dessen Klima bei etwa 25°C Temperatur und 80 Prozent relativer Luftfeuchtigkeit gehalten wird, behagt nicht nur den Krokodilen, sondern auch den hier gepflegten Pflanzen. Hier kann man buchstäblich das Gras wachsen sehen, denn auch der Riesenbambus ist nichts anderes als eine große Grasart. Er schiebt zur Austriebszeit seine armdicken Schäfte bis zu 60 cm täglich in die Höhe, was man an einer dann aufgestellten Meßlatte verfolgen kann. Hier wachsen große Schraubenbäume mit ihren Stelzwurzeln neben verschiedenen Bananenstauden oder dem Baum der Wanderer aus Madagaskar, ebenfalls ein Bananengewächs, aus dessen ganz regelmäßig gefächerten Blattachseln Trinkwasser gewonnen werden kann. Hier stehen mancherlei Palmen wie Latania-Fächerpalme oder Fischschwanzpalme neben Etagenbaum, Sandbüchsenbaum oder Manilahanf. Ja selbst im Gehege der Alligatoren wachsen echte Mangroven. Ein großer, weitverzweigter Stamm in der Mitte ist über und über mit Bromelien, den Ananasgewächsen, bepflanzt. Nur schwer als Angehörige der gleichen Familie zu erkennen ist das in großen Bärten herabhängende Louisiana-Moos (Tillandsia usneoides). Es lebt nur von Luft und Wasser, kann aber selbst Telegrafendrähte besiedeln und diese durch sein Gewicht zum Reißen bringen. Trotz seines moos- oder flechtenähnlichen Wuchses weisen es seine Blüten als echtes Ananasgewächs aus.

Bei den Krokodilen, die hier leben, ist man längst von der früher üblichen Artensammlung abgekommen, bei der es immer wieder zu Kämpfen und Verletzungen kam. Lange Diskussionen waren vorher auch über die notwendigen Sicherheitsabstände geführt worden, die man größer wählte als anderswo. Wer beschreibt unser Entsetzen, als eines Tages ein Gärtner, der die Feuchtigkeit des Bodens prüfen wollte, mit seiner Hand in einem Krokodilgelege landete. Die danach zusätzlich eingebauten Abweiser haben sich bis heute bewährt. Die fünf Gehege werden nun mit einer Ausnahme jeweils von Paaren bewohnt. Das Pärchen Mississippi-Alligatoren hat zwar schon erste Brutvorbereitungen angestellt, bisher allerdings

Auch Krokodile können klettern

ohne Erfolg. Regelmäßig Junge haben dagegen die Krokodilkaimane, die deshalb so heißen, weil bei ihnen, wie bei allen echten Krokodilen, der vierte Zahn des Unterkiefers als Ausnahme zu sehen ist, während sonst bei allen Kaimanen und Alligatoren die Zähne durch den breiteren Oberkiefer verdeckt werden. Neben den beiden klein bleibenden Arten, dem Pärchen Süßwasser- oder Johnson-Krokodilen aus Neu-Guinea, die bereits Eier, allerdings unbefruchtet, gelegt haben, und dem Stumpfkrokodil-Paar aus Afrika, lebt als Glanzstück des Hauses schon seit 1968 das große Weiße Krokodil aus Thailand. Damals etwas über metergroß, hat es seine Länge inzwischen vervierfacht und sein Gewicht mindestens verdreißigfacht. Neben den Riesenechsen, den Krokodilen, haben auch die

Da Krokodile über keine Schweißdrüsen verfügen, verschaffen sie sich Kühlung über die Mundschleimhaut.

größten Landschildkröten hier eine Heimat gefunden: Elefantenschildkröten von den Galapagosinseln im Ostpazifik. Ihnen steht in der warmen Jahreszeit auch eine Freianlage zur Verfügung.

Ein Stück Japan und noch mehr …

Dem Wilhelma-Ideal, Botanik und Zoologie zusammenzuführen, kommen die großen Klimalandschaften am nächsten, die die Kerne der beiden Aquarienblöcke bilden und nicht nur die

jeweiligen Wasserbewohner eines bestimmten Gebietes vorstellen, sondern auch einen Eindruck von der umgebenden Vegetation vermitteln sollen. Den Reigen eröffnet die sogenannte Schwarzwald-Landschaft, ein Naturausschnitt, bei dem Steine, Hölzer und Pflanzen aus einem Schwarzwaldtal, dem Lengenbachtal bei Bad Liebenzell, ausgebaut und in der Wilhelma wieder zusammengefügt wurden. Über Kaskaden stürzt das gefilterte und gekühlte Wasser in einen großen Kolk, in dem Forellen leben. Neben unserer altbekannten einheimischen Bachforelle tummeln sich hier die beiden bei uns eingeführten und häufig vertretenen Zuwanderer aus Nordamerika, der an den weißen Vorderrändern seiner Bauchbeflossung leicht erkennbare Bachsaibling und die Regenbogenforelle mit violett irisierenden Flanken.

Der Japangarten bildet die ideale Umgebung für die vom Menschen in jahrtausendelanger Züchtung in allen möglichen Farbvarianten erzielten phantastischen japanischen Farbkarpfen, die Koi, die in Japan immer noch groß in Mode sind und in alljährlichen Wettbewerbsausstellungen prämiert werden. Natürlich ist der kunstvolle japanische Gartenstil nur nachempfunden mit Bambus-Zaun und immerhin echten, importierten Steinlaternen und alten Regeln folgender Steindekoration.

Dekorationslos, die hohe See darstellend, schwimmen die Meeresschildkröten in zweimal 7000 l Meerwasser. Sie zählen mit zu den ältesten Wilhelma-Bewohnern. Die Suppenschildkröte ist ein Geschenk des bekannten Meeresforschers Cousteau, der sie 1957 als Jungtier von seiner Filmreise ins Rote Meer mitbrachte. Die Echte Karettschildkröte war früher der Lieferant

In einem richtigen Tropendschungel wandelt der Besucher über Brücken und Stege durch die Krokodilhalle. ▶

des bekannten Schildpatts, das zum Glück von modernen Kunststoffen verdrängt wurde. Die unechte Karettschildkröte, übrigens die Art, die am weitesten nach Norden vordringt, wurde 1958 als Jungtier im Mittelmeer gefangen. Im großen Rundum- oder Arenabecken nebenan ziehen die zu groß gewordenen tropischen Meeresfische in 15 000 l Meerwasser ihre endlosen Kreise, für die Hochseeformen eine wichtige Möglichkeit. Vorgetäuscht wird die Endlosigkeit durch den hohlen Turm in der Mitte – zugleich die einzige Bedienungsmöglichkeit —,

um den sich durch die Einströmrichtung des gefilterten Wassers eine leichte Strömung einstellt. Mit ihr oder gegen sie schwimmen tagein tagaus die großen Stachelmakrelen und Leopardenhaie, Meerwelse, Kugel-, Drücker- und Doktorfische, während die Zackenbarsche vor ihren Höhlen stehen, und Ammenhaie und Muränen den Boden bevölkern.

Das Amazonasufer ist der Blickfang des zweiten Landschaftsblocks. Vor der Kulisse wild wuchernder Tropenpflanzen leben hier neben den größten Salmlern der Erde, den Pakus, die aben-

Die Klimalandschaft des Japangartens vermittelt einen Eindruck, zu welcher Farbenvielfalt eine Fischart – die japanischen Farbkarpfen oder Kois – unter dem züchterischen Einfluß des Menschen fähig ist.

teuerlichen Tigerspatelwelse und Rotschwanzwelse mit starker Knochenpanzerung. Südostasien ist das nächste Großbecken gewidmet. Karpfengroße Riesen-Guramis mit ihren langausgezogenen Bauchflossen durchstoßen oft die Oberfläche, um ihrem Atmungsorgan, dem

Labyrinth, frische Luft zuzuführen. Fähnchen-Messerfische und Schwanefeldbarben durchziehen das Wasser neben asiatischen Gabelbärten und den überaus seltenen Neuguinea-Weichschildkröten, als einzigen Vertretern einer eigenen Familie. Gelegentlich leuchten aus dem Dschungel auch die Blüten von Phalaenopsis-Orchideen, die »lieblichen Malayenblumen«. In den folgenden beiden Landschaften vermitteln Korallenfische einen kleinen Eindruck von der Arten- und Formenmannigfaltigkeit der Korallenriffe.

Der zoologisch-botanische Garten

Gleichzeitig gartenhistorische Besonderheit und aktuelles Blütenwunder erfreut der Maurische Garten alljährlich Hunderttausende zu den Höhepunkten der Magnolienblüte und der Blüte der tropischen Seerosen. Auch heute noch entspricht dieser Gartenteil weitestgehend der Definition seines Erbauers von Zanth, der schrieb: »Diese Villa in der Art der fürstlichen Landsitze Italiens…, welche durch Gartenanlagen verbunden sind, in denen Blumenbeete, Wasserbecken, Springbrunnen und Baumpflanzungen, regelmäßig angeordnet, miteinander abwechseln.« In seiner Intimität bietet dieser innere Garten »die ausgedehntere Wohnung« im Sinne Fürst von Pückler-Muskaus, des großen Gartenschöpfers jener Zeit. Zanth verstand es meisterhaft, beide Elemente, das orientalische und das italienische, in freier Anwendung, aber in konsequent symmetrischer Form, zu verbinden. In der Überlagerung von »maurischem« Exotismus und »pompejanisch« italienischem Historismus entstand so ein Gartenkleinod, das auch nach über 140 Jahren nichts von seinem Reiz verloren hat. Mit hohem Aufwand wurde deshalb bisher schon der größte Teil der Anlage restauriert. Bis auf Teile der Wandelgänge und einen Eckpavillon ist der äußere Rahmen wiederhergestellt, ebenso wie das erhaltene Wegenetz. Die vier ergänzten und neu vergoldeten Kandelaber erinnern am deutlichsten an die alte Pracht.

Wer einmal den unteren Blumengarten zur Hauptblütezeit der Magnolien im April durchwandert hat, wird diesen Eindruck bestimmt nicht so schnell vergessen. Immer noch erblühen die alten, knorrigen Magnolienbäume des Schwabenkönigs, ergänzt durch mancherlei nachgepflanzte, in überquellender Fülle vom reinen Weiß über Zartrosa bis zum tiefen Purpur. Hunderttausende leuchtender Blütenkelche öffnen sich noch bevor sich die ersten Blätter zeigen in einem der größten Magnolienhaine Europas. Rund 70 Bäume und Büsche in verschiedenen Arten und Sorten wetteifern miteinander. Eine einzige kräftige Frostnacht genügt, um all die Schönheit zu braunen Lappen zusammensinken zu lassen, obwohl interessanterweise sich in den Blüten Wärme entwickelt. Abends kann die Temperatur im Kelch bis zu 10°C höher sein als die Außentemperatur. Wenn die Botaniker diese alabasterfarbenen, manchmal purpurüberhauchten Blütenkronen schnöde als »primitiv« bezeichnen, dann mei-

Das Herzstück des Kleinods

Orientalische Architektur bildet den Rahmen.

nen sie damit ihren urtümlichen Aufbau. Tatsächlich sind Magnolien sehr alte Pflanzen, deren Blütenblätter, Staubblätter und Fruchtblätter immer noch so spiralig angeordnet sind wie die Schuppen an einem Fichtenzapfen. Auch ihre Früchte sehen durchaus zapfenähnlich aus. In feuchten Sommern überraschen die Magnolien manchmal mit einer zweiten Blüte an den Zweigspitzen, deren Kelche dann zwischen voll entfalteten Blättern stehen.

Die rund 75 Magnolienarten, die es heute gibt, wachsen im atlantischen Nord- und Mittelamerika sowie in Südost- und Ostasien. Nach Europa gelangten die ersten Pflanzen vor allem in die königlichen Gärten von Paris. Und von Frankreich aus eroberten sie dann Europa. In einer Baumschule bei Paris tüftelte der »Chevalier« Soulange-Bodin. Er war ein Gefolgsmann Napoleons gewesen und hatte auf seinen Kriegszügen die botanischen Gärten in Wien-Schönbrunn und Moskau – und auch in Stuttgart – besucht. Nach Napoleons Sturz widmete

er sich der Pflanzenzucht. Sein Interesse galt dem Erzielen winterharter Magnolien. Er kreuzte zwei ostasiatische Arten: Magnolia denudata, einen kleinen Baum mit weißen Blüten, mit Magnolia liliiflora, einem Strauch mit lila-roten Blüten. Daraus entstanden die verschiedenen Sorten von Magnolia soulangiana, die sich als widerstandsfähig gegen Spätfröste erwiesen.

Den direkten Gegensatz zu den zarten Blütenwolken der Magnolien bilden die riesigen, schwarzgrünen, in Form geschnittenen Taxussäulen, die den ganzen Garten gliedern. Ursprünglich, etwa ab 1862 gepflanzt, sollten sie als strenge, schlanke Säulen bzw. Pyramiden an die mediterranen Zypressen erinnern. Im Laufe der Zeit aber wurden diese immergrünen Nadelbäume immer mächtiger und bestimmen stark den Charakter des Gartens. Taxus baccata, die Eibe, ist ein alter Europäer, aus unseren Wäldern aber leider weitgehend verschwunden und deshalb unter Schutz. Ihr zähes, harzfreies Holz wurde schon in der Jungsteinzeit zu Waffen, Bogen und Gebrauchsgegenständen verwendet. Zweige und Samen sind giftig, nicht aber der rote, schleimig-süße Samenmantel, der zur Reifezeit den jeweils einzigen Samen als Ring umgibt. Frische Nadeln, die das Alkaloid Taxin enthalten, werden in der Heilkunde verwendet. Eiben können sehr alt – bis 1500 Jahre – werden. Die ältesten Wilhelma-Eiben mit ihren 130 Jahren sind also noch rechte Kinder.

An den Säulen der Wandelgänge ranken wie zu Königs Zeiten Schlingrosen und andere Kletterpflanzen. Die vielfältigen Blumenbeete im unteren Garten, auf der kleinen Terrasse und dem oberen Blumenparterre sind Wechselpflanzungen, die zweimal im Jahr ausgetauscht werden. Im unteren Ring wetteifern im Frühling vielerlei Narzissen mit den Magnolien, im Sommer sind es vor allem die Canna-Gruppen am großen See, die ins Auge fallen. An der oberen Terrassenkante überbrücken seit 140 Jahren die prächtigen Strauchpäonien die blütenärmere Zeit zwischen Frühjahrsblüte und Sommerflor. Auch die Kugelbäume der schmalen Mittelterrasse, die im Krieg verloren gingen, sind wieder gepflanzt und müssen nur noch wachsen. Trotz einiger weniger Veränderungen ist also des Königs Schmuckkästlein in seinem Kern erhalten, in vieler Hinsicht schöner denn je und vor allem zugänglich für jedermann.

Die einzige Ausnahme, der große Runde See, soll uns nun noch beschäftigen.

Ein ungewohntes Bild von eigenem Reiz: Schnee im Maurischen Garten

Hunderttausende erfreuen sich an der alljährlichen Pracht der Magnolienblüte. Die ganze Pracht des Maurischen Gartens zeigt auch die Abbildung im hinteren Buchdeckel.

Frisch vergoldete Kandelaber: ein Relikt aus vergangenen Tagen

Ein traumhaftes sommerliches Blütenerlebnis ist Albert Schöchle zu verdanken, der auf die Idee kam, den fast 1000 m² großen Runden See im Maurischen Garten heizbar zu machen. Aus erwirtschaftetem Geld ließ er 1956 einen zusätzlichen Heizkessel in der Ruine des Maurischen Festsaals aufstellen, mit dem sich die Temperatur des Sees ohne weiteres auf 30° C bringen ließ, ideal für alle möglichen tropischen Wassergewächse, in erster Linie aber für die prächtigste von allen, die Victoria regia, die bisher immer in einem Gewächshaus kultiviert worden war. Rund ein Dutzend dieser Riesenpflanzen blühen seither alljährlich hier. Zusammen mit den schönsten aus aller Welt zusammengetragenen Seerosen und Lotosblumen lassen sie die Illusion des tropischen Wundergartens Wirklichkeit werden.

Entdeckt wurde die Königin der Seerosen 1801 von dem deutschen Botaniker Haenke, der sie im Amazonasgebiet, im Rio Mamoré in Bolivien, fand. Er starb, und seine Aufzeichnungen wurden für Fabeln gehalten. Sein Fund wurde aber später von französischen Forschern mehr-

Die großen Kuchenbleche der Victoria-Blätter können selbst einen erwachsenen Menschen (auf fester Unterlage!) tragen.

Die Königin der Seerosen und ihr Hofstaat

fach bestätigt. 1832 beschrieb dann ein Deutscher, Eduard Pöpping, die Pflanze ausführlich. Man erkannte, daß es zwei Arten gab: die nördliche aus dem Amazonasgebiet mit ganz großen Blättern von über 2 m Durchmesser und niedrigerem, rotem Rand, die Victoria amazonica (früher Victoria regia zu Ehren der britischen Königin) und die südliche aus dem Rio Parana, die widerstandsfähigere Victoria cruciana, mit etwas kleineren, hochrandigeren Blättern. 1846 keimten die ersten Samen in England und 1851 bereits in Deutschland in Hannover. Auch ihre Wilhelma-Geschichte begann dank der Stiftung eines württembergischen Landpfarrers schon in diesem Jahr. Pfarrer Bilfinger von Rohracker schrieb am 12. November 1851 an den König: »Ew. Majestät wage ich einige frische und keimfähige Kerne der Victoria regia für die Wilhelma ehrfurchtsvoll zu überreichen mit dem Wunsch, daß die Pflanze zu Ew. Maj. Freude herrlich grünen und blühen möge.« Seither hat sie mit wenigen Unterbrechungen hier Heimatrecht.

Wer weiß aber schon, daß diese nur einjährigen Riesen alljährlich aus einem erbsengroßen, schwarzen Samenkorn herangezogen werden müssen, um nach fünf Monaten bereits eine Wasserfläche von 30–50 m² zu bedecken. Zuerst erscheint ein grasartiges, lineares Keimblatt. Die nächsten Blätter tragen schon kleine Blattflächen, die später dem dreiteiligen des Pfeilkrauts ähneln, sie verbreitern sich immer mehr zum noch eingeschnittenen Seerosenblatt, dann zur runden, geschlossenen Scheibe und schließlich biegt der Rand sich auf. Wie im Lehrbuch bestätigt sie damit eine biologische Regel, nach der die Einzelentwicklung jeweils die kurze Wiederholung der Stammesentwicklung darstellt. Die dann bis 3 m² großen »Kuchenbleche« sind durch lange, dicke Stiele, die sich der jeweiligen Wasserhöhe anpassen, mit den Wurzeln verbunden. Jedes dieser überdimensionalen kreisrunden Blätter ist ein Wunderwerk für sich. Die Unterseite wird durch starke, wie das Maßwerk der Rosette eines gotischen Domes wirkende Rippen gestützt, die selbst aber aus einem innen sehr luftreichen und damit tragfähigen Gewebe bestehen. Große

Hoch über die Wasserfläche erhebt sich die wohl schönste Seerosenblüte: die »heilige« Lotosblume.

Wasservögel landen sicher auf solchen Blattflächen, ja sogar ein erwachsener Mensch kann bei gleichmäßiger Belastung von einem so leicht verletzlichen Gebilde getragen werden. Bis zu 3 m² pro Woche zu wachsen, erfordert entsprechende Energie, die die Sonne liefert. Ihre Wärmestrahlen lassen nicht nur über die 1,9 Milliarden Spaltöffnungen große Wassermengen verdunsten, deren nachströmender Ersatz genügend Nährstoffe liefert, sie sind gleichzeitig auch für die entsprechende Assimilation und Substanzbildung verantwortlich und bedingen die außerordentliche Wuchsleistung von ein Drittel Quadratmeter pro Tag. Die großen Wassermassen heftiger Tropenregen fließen durch zwei Spalten am Blattrand und Poren an der Blattoberfläche wie durch ein Sieb ab. Geschützt ist die Pflanze durch eine gewaltige Bestachelung an der Blattunterseite, ja selbst an Blatt und Blütenstielen und den Kelchblättern. Schon bei der Entfaltung sieht das schiffchenförmige Blatt wie ein rückenschwimmender Igel aus. Die herrliche, 30 cm große, elfenbeinweiße Blüte öffnet sich erst bei Dunkelheit, um in den Stunden der ersten Nacht einen betäubend süßen Geruch zu verströmen. Schon rosafarben schließt sie sich gegen Morgen, öffnet sich am zweiten Abend erneut, färbt sich langsam dunkelrot und versinkt wieder geschlossen am nächsten Morgen im Wasser, um in faustdicken Früchten nach etwa 8–12 Wochen ihre Samen zu bilden. Die kurze Blütezeit wird durch die

Bildung immer neuer Knospen ausgeglichen. Der ananasähnliche Duft lockt Insekten zur Bestäubung, die sich in der 10° C wärmeren Blüte gern einfinden. Der Gärtner verläßt sich lieber auf die Handbestäubung. Als Schaupflanzen besonders geschätzt sind Kreuzungen der beiden Arten, die die größten Blattflächen bei halbhohen, roten Blatträndern entwickeln. Wenn die Tage kürzer werden, läßt das Wachstum nach, die Blätter sterben, und selbst stärkste Beleuchtung kann den Tod der Pflanze nicht verhindern. In den Samenkörnern aber sind die Wunder des nächsten Jahres schon gespeichert.

Ähnliche, wenn auch kleinere Riesenblätter hat der Teufelskopf (Euryale ferox) mit bestachelter Blattoberfläche, dessen Samen in China gegessen werden. Dies gilt auch für die Samen der Indischen Lotosblume und für deren Wurzelstöcke. In Indien genießt diese Pflanze mythologische Verehrung als Attribut von Gottheiten. Buddha thront auf einer Lotosblüte, und auch im alten Ägypten, wohin sie eingeführt wurde, spielte sie eine entsprechende Rolle. Sie ist die einzige Seerose, die ihre großen Schirmblätter meterhoch über die Wasserfläche erhebt. In deren großen, nach oben offenen, wachsüberzogenen Schüsseln sammeln sich die Tautropfen wie glänzende Quecksilberkugeln. Bestechend ist das Ebenmaß der rosa- oder creme-

Wie das Maßwerk der Rosette eines gotischen Doms wirken die Stützrippen auf der Blattunterseite der Victoria.

Die cremefarbige Riesenblüte der Victoria öffnet sich erst nach Einbruch der Dunkelheit.

farbigen Blüten, die die Blätter noch überragen. Die Lotosblumen bilden am Rande des Beckens große Horste und sind die einzigen, die dort auch mit ihren Wurzelstöcken überwintern.

Den bunten Rahmen für die großen bildet schließlich das Heer der aus aller Welt zusammengetragenen kleineren tropischen Seerosen der Gattung Nymphaea, in vielerlei Variationen von Blatt und Blüte. Einfarbig grüne, gescheckte und tief braunrote Blätter sind möglich. Weiß, gelb, rosa, rot, violett und blau mit vielen Zwischentönen sind die Blütenfarben. Manche Blüten öffnen sich nachts, andere am Tage. Kleinere flach ausgebreitete Sterne wechseln mit größeren kugeligen mehr oder weniger hoch über der Wasserfläche, ein Anblick, der zu allen Tageszeiten immer wieder begeistert. Bei Nymphaea daubeniana kann man beobachten, wie sich am Stielansatz der Blätter bereits wieder neue Jungpflänzchen, die selbst schon wieder blühen, bilden, um so für die Vermehrung dieser Art zu sorgen. Ergänzt wird dieses Bild durch das leuchtende Gelb des Wassermohns und die frei schwimmenden Blattbüschel der Wasserhyazinthe, die im Herbst erst ihre zartvioletten Blütenstände treibt. Allwöchentlich müssen aber fleißige Gärtnerhände karrenweise Blätter herausschneiden, damit noch ein Stück Wasserfläche zu sehen bleibt.

Auf drei Wegen fand auch die Bildende Kunst Eingang in die Wilhelma. Zunächst in Form der heute zerstörten Bildergalerie, dann mit dem Aufstellen von Skulpturen, die wenigstens teilweise erhalten sind, und schließlich mit der Galerie im Wilhelma-Aquarium, die alljährlich Neues bietet.

Einen besonderen Schmuck des Maurischen Gartens bilden die plastischen Tiergruppen. Bei den Kunstwerken, die noch gut erhalten sind, handelt es sich fast ausschließlich um Arbeiten des renommierten Stuttgarter Bildhauers Albert Güldenstein (1822–1891) aus den Jahren 1856/57. Vier verschiedene Plastiken aus carrarischem Marmor umgeben das große Mittelbassin. Vor dem Hintergrund der Magnolien präsentieren sich ein starker Löwenmann in drohender Gebärde, ein Panther im Kampf mit einer Riesenschlange, eine Hyäne über einem gerissenen Schafböckchen sowie zwei flüchtende Gazellen von hoher Aussagekraft. Zwei weitere Plastiken auf der Terrasse vor dem Maurischen Landhaus standen früher auf Rasenflächen neben dem Festsaal. Drei Güldensteinsche Werke aus anderem Material sind auf den Terrassen hinter dem Maurischen Landhaus aufgestellt worden. Leider wurden die in der Erzgießerei Wilhelm Pelargus in Stuttgart aus Zinkguß her-

Vier Plastiken des Bildhauers Albert Güldenstein aus carrarischem Marmor, die in den Jahren 1856/57 um das große Mittelbassin aufgestellt wurden, bilden den Hauptschmuck des Maurischen Gartens.

gestellten Figuren im Kriege stark beschädigt. Hauptstück auf dem Mittelpodest ist ein kapitaler, von drei Wölfen angegriffener Rothirsch. Rechts und links unterhalb des Belvederes haben Bären- und Wildschweinhatz ihren Platz. Alle drei Gruppen harren noch der Restaurierung. Versuche, auch die eine oder andere Plastik unserer Tage in die Wilhelma einzufügen, sind zwar bis heute nicht gelungen, für die Zukunft aber auch nicht ganz auszuschließen.

Lange schon lag die Idee in der Luft, die Wände gegenüber den Schauterrarien der beiden Reptilienhallen des Aquariums zu Ausstellungszwecken zu nützen. Immerhin bieten sich dort auf 18 Wandflächen rund 42 m² Schaufläche für Bilder an. Nach mancherlei Überlegungen entschloß man sich 1983, eine Wilhelma-Galerie ins Leben zu rufen. Hier sollte sich ein weiteres kleines Fenster zur Kunst öffnen. Zwar maßt sich die Wilhelma nicht an, Avantgardistisches vorzustellen. Sie möchte aber dem unbefangenen Besucher einen leichten und zwanglosen Zugang zu Themen anbieten, die Brücken schlagen zwischen der Realität des zoologisch-botanischen Gartens mit seiner Fülle von Naturobjekten und der Kunst, wobei keine Form der Darstellung ausgeschlossen bleiben soll. Ob es sich um das Werk eines Einzelkünstlers, einer

Lebensecht wirken die Hyäne über dem gerissenen Schafböckchen, der Panther, der mit einer Riesenschlange kämpft und der stattliche Löwenmann in seiner Angriffstellung.

Gruppe von Kunststudenten oder Hobby-Malern handelt, oder um die Ergebnisse eines Schüler-Malwettbewerbs, um das Nacherleben historischer Expeditionen und Forschungen, oder den Einblick der modernen Elektronenmikroskopie in die Strukturen des Lebendigen. Der Leitgedanke war und ist, neue Blickrichtungen anzubieten und Gebiete zu erschließen, Anregungen zu geben, auf wie vielfältige Weise sich Dinge betrachten lassen. Wobei freilich zuzugeben ist, daß sich die Themen im allgemeinen auf den Bereich der lebenden Natur: Tier, Pflanze, Mensch beschränken, und dem Blick auf die Wilhelma besonderer Raum zugestanden wird.

Bunt ist der Reigen, der in den zehn Jahren des Bestehens der Wilhelma-Galerie ihren Besuchern gezeigten Ausstellungen. Einige wenige, die die Bandbreite aufzeigen, seien hier genannt. Den Anfang machten Professor Peter Grau von der Stuttgarter Kunstakademie mit seinen Schülern unter dem Motto »Studenten zeichnen die Wilhelma«. Seit Jahrzehnten der

Wilhelma verbunden, hat Professor Grau auch persönlich viel in der Wilhelma gearbeitet. Sein faszinierender Wilhelma-Zyklus von 29 großformatigen Kohlezeichnungen schmückt Räume und Flure des Verwaltungsgebäudes. Neben Studenten der Kunstakademie, deren Klassen Grau und Seemann mehrfach ausstellten, zeigten auch Studierende der Freien Kunstschule Stuttgart, Fachrichtung Grafik Design, ihre Arbeiten. Unter dem Titel: »Natur erlebt und meisterhaft gestaltet« boten die subtilen Aquarelle Wilhelm Bühlers Einblicke in die Arbeit dieses, ob seiner akribischen Genauigkeit als Magier des Naturalismus bezeichneten Künstlers. An einem Wettbewerb »Die Wilhelma: Bunter Garten in der Stadt; Tiere – Blumen – Menschen« beteiligten sich Schüler von hundert Gymnasien. Das 25. Jubiläum des Aquariums war Anlaß, Entwicklungsgang und Arbeit dieses Hauses aufzuzeigen. Im Winter wird die Galerie meist genutzt, um den Besuchern preisgekrönte Arbeiten vergangener Wilhelma-Fotowettbewerbe auch zur eigenen Anregung zu bieten.

Der Güldensteinsche Hirsch von Wölfen verfolgt, ein Zinkguß hinter dem Maurischen Landhaus, wurde im Zweiten Weltkrieg stark beschädigt und konnte bis heute noch nicht restauriert werden.

Ein einen Stier überfallender Löwe (oben) von einem unbekannten italienischen Künstler, eine Plastik, die König Wilhelm so gefiel, daß er sie vom Neuen Schloß in die Wilhelma übertragen ließ.

In vier großen Freilandterrarien wurden neben dem Aquariengebäude für einheimische, d. h. europäische Reptilien und Amphibien kleine Biotope eingerichtet, die erstaunlich gut funktionieren. Alle hier lebenden Tiere können mit wenigen Ausnahmen auch an Ort und Stelle in vorbereiteten Höhlen überwintern, durch eine Laubschicht vor allzu kalten Temperaturen geschützt. Leider mußte man sich entschließen, die vier großen Sechsecke mit an sich unerwünschten Drahtgittern abzusichern. Insektenfutter wegfressende Spatzen, Eidechsen fangende Krähen und andere Langfinger erzwangen diese Maßnahme. Seither gedeihen Pflanzen und Tiere ohne Störung.

Man muß allerdings ein wenig Geduld mitbringen, um die recht heimlichen Bewohner, die heute alle unter Naturschutz stehen, zu entdecken. Nur zu bestimmten Zeiten sonnen sich die kleinen Mauereidechsen oder die kräftigeren Zauneidechsen, deren Männchen bei gleicher Zeichnung grün, die Weibchen braun gefärbt sind, auf Steinen und Büschen. Die großen, leuchtend grünen Smaragdeidechsen Südeuropas, die bei uns in Deutschland nur noch in wenigen wärmeren Enklaven wie am Kaiserstuhl vorkommen, haben hier regelmäßig Nachzucht erbracht. Auch die Gelbbauchunken, die selbst in einer wassergefüllten Wagenspur ablaichen, in der sich ihre Kaulquappen erfolgreich entwickeln können, tun dies auch in ihrem kleinen Wasserbecken. An Regentagen oder am Abend gehen Erdkröten, Wechselkröten, Kreuzkröten und Grasfrösche auf Futtersuche. Gern ins Wasser gehen auch die beiden harmlosen Nattern wie die noch häufige Ringelnatter, leicht erkennbar an ihren gelben Nackenflekken, und die braune Würfelnatter.

Heimatrecht genießen die griechischen Landschildkröten und die europäischen Sumpfschildkröten. Manche von ihnen Jahrzehnte alt, legen beide Arten alljährlich befruchtete Eier, die entweder in Brutkästen erbrütet werden, oder auch an Ort und Stelle schlüpfen. Die Jungtiere stehen für Wiederansiedlungs-Programme zur Verfügung. Nicht immer bekommt man unsere häufigste Echse, die Blindschleiche, die wegen ihrer Beinlosigkeit oft als Schlange verkannt wird, zu Gesicht. Zwei Drittel des glatten wie lackiert wirkenden Körpers entfallen auf den Schwanz, der nach Eidechsenart abgeworfen werden kann. Lebende Junge werden geboren. Diese harmlosen Regenwurm- und Nackt-

Ein wenig Geduld und Beobachtung sind nötig, um die Bewohner der Freilandterrarien in ihren Mini-Landschaften zu entdecken. Sicher wird sich dabei die Gelbbauchunke (links) nur mit ihrer graubraun getarnten warzigen Oberseite präsentieren und nicht in ihrer Schreckstellung (ganz links). Wasserfrösche (oben) und europäische Sumpfschildkröten sonnen sich meist in Ufernähe, ebenso die Smaragdeidechsen (unten).

schneckenfresser, die mit über 50 Jahren den Altersrekord unter den einheimischen Echsen halten, verdienen Schutz. Kräftigere Nahrung wie Eidechsen, Gehäuseschnecken und Mäuse, die mit den starken Kiefern gepackt und zermahlen werden, braucht der größte der ganzen Familie, der südosteuropäische Scheltopusik. Beinahe handgelenkstark und bis zu 1,25 m lang können diese Riesenblindschleichen werden.

Nützliches Provisorium

Schon als Interims-Aquarium und -Terrarium war das 1963 an den Wintergarten angeschlossene große Seriengewächshaus eine Attraktion. Mit einem Minimum an Kosten wurde der damals schon bedeutende Bestand an Fischen und Reptilien nicht nur gesund über die Bauzeit des neuen Aquariums gerettet, sondern auch ansprechend ausgestellt. Zugleich ließen sich noch wertvolle ausstellungstechnische und pflegerische Erfahrungen sammeln. Ein in vier Jahren so bewährtes Haus wieder aufzugeben, wäre sicher ein großer Fehler gewesen. Es bot sich an, den Bau mit geringem Aufwand in ein Vogel- und Kleinsäugerhaus umzuwandeln. Recht verschiedene Typen finden sich hier, dem

Im Kleinsäuger- und Vogelhaus trifft sich eine Auswahl der schönsten und interessantesten Arten kleinerer Säugetiere und Vögel, wie zum Beispiel das Männchen des Smaragdbreitrachens (oben) oder Bartletts-Dolchstichtaube mit dem auffallenden »Blutfleck« am Hals (rechts). Chinchillas (unten) aus den Anden sind ihres feinen Felles wegen stark gefährdet. Nagetiere sind die baumbewohnenden Greifstachler aus Brasilien.

Wilhelma-Prinzip entsprechend in bepflanzter und gestalteter Umgebung.

Acht Kleinvolieren beherbergen einige bunte Edelsteine wie die neuweltlichen Tangaren oder die Prachtfinken der Alten Welt. Aus dem Halbdunkel des Pflanzengewirrs leuchtet das strahlende Grün des Smaragdbreitrachens, eines fruchtfressenden, kurzschwänzigen Vertreters der Breitmäuler aus Südostasien. Lebhaft bunt sind auch die mit den Spechten verwandten Bartvögel, die ihren Namen den haarartigen Federborsten am Schnabelgrund verdanken. Die kleinsten Eulen finden sich hier mit afrikanischen Perlkäuzen, die schon mehrfach in der angebotenen Höhle Junge erbrütet haben. Die Großvolieren sind jeweils als Landschaftstypen gestaltet – von der offenen Steppe bis zum Regenurwald. Zu den farbigsten unter den echten Staren zählen die Dreifarbglanzstare. Ihr stahlgrün glänzendes Gefieder kontrastiert zum Rotbraun und Weiß der Unterseite. In Steppen und Savannen Afrikas zu Hause, bauen sie ihre kugeligen Reisignester oft zu mehreren zusammen. Hochgradig gefährdet ist der reinweiße Balistar, der nur einen kleinen Teil seiner Heimatinsel Bali bewohnt, oder eher bewohnt hat. Auch die Wilhelma arbeitet bei dem internationalen Erhaltungszuchtprogramm mit, aus dem bereits die ersten Vögel wieder nach Bali geschickt werden konnten. Zu den Tukanen zählen die Arassaris mit ihren dicken Schnäbeln, einer superleichten Konstruktion aus dünnen Knochenblättchen. Wie blaues Porzellan schimmern die schwarzblauen Männchen des Elfen-

blauvogels, deren Weibchen stumpf blaugrün getarnt bleiben. Wie ein »echter Blutfleck« erscheint die Brustzeichnung der Bartletts-Dolchstichtauben, die als »Dauerbrüter« hier wohnen, neben Gelbstirnsammelspechten, Blauflügel-Blattvögeln und manchen anderen. Hauptblickpunkt ist zweifellos die wohlgelungene Uferlandschaft an der Stirnseite des Hauses, die von einer Gruppe Säbelschnäblern, Rotschulterenten und als Untermieter einigen Haubenmainas bewohnt wird.

Im Durchgang zum Kleinsäugerhaus sind als erste Säugetiere die hasengroßen Bergpakas, Nagetiere der Gebirgsregion der südamerikanischen Anden, angesiedelt. Über ihnen hängen meist ruhig die Zweizehenfaultiere in ihrem strähnigen Fell. Entwicklungsgeschichtlich interessant sind im anschließenden Haus die Spitzhörnchen oder Tupajas, die man sich an der Wurzel der Säugetierentwicklung etwa zwischen Insektenfressern und Halbaffen vorstellen und – zumindest ähnliche Formen – auch in unsere eigene Ahnenreihe einordnen muß. Als älteste Hausbewohner züchten die baumbewohnenden Greifstachler aus Brasilien immer noch regelmäßig, obwohl Nagetiere, zu denen sie zählen, eher als kurzlebig gelten. Zahlreich ist ihre nähere und weitere Verwandtschaft vertreten wie die Hutiacongas oder Greifschwanzferkelratten, die in ihrer kubanischen Heimat gefährdet sind und nur noch in Schutzgebieten vorkommen. Goldagutis und Wildmeerschweinchen gehören dazu, aber auch Streifenhörnchen und Rennmäuse, Roborowski-Zwerghamster und Degus, die sich zunehmend als neue Heimtierart etablieren. Aus der argentinischen Pampa stammen die in Kolonien lebenden Viscachas. Mit ihrem Gewicht von 7 kg sind sie die größten engeren Verwandten der Chinchillas, die die nächste Vitrine bewohnen. Wegen ihres ungemein weichen, flauschigen Fells wurden die Chinchillas schon zu Beginn des Jahrhunderts fast ausgerottet und beflügeln heute die Phantasie manches Nebenerwerbs-Pelzzüchters. Als Vertreter der Insektenfresser sind die großen Tanreks oder Borstenigel aus Madagaskar eine wirkliche Besonderheit. Unserem Igel nicht unähnlich, nur größer, langschnäuziger und statt Stacheln Borsten tragend, weisen sie die höchste Jungenzahl auf, die ein Säugetier gebären kann. Auch in der Wilhelma führte ein Weibchen diesen Beweis mit 28 Jungen, die alle aufwuchsen.

Ganz unspektakulär entstand schon 1956 aus Tombola-Mitteln des Württembergischen Gartenbauvereins mit der Umgestaltung des sogenannten Halbmond-Sees eine durchaus respektable Schwimmanstalt für Seelöwen und See-Elefanten. Dank der gekrümmten Form des 500 m³ fassenden Beckens bietet er lange Schwimmstrecken und neben dem Landteil abgesenkte Stallungen mit kleinen Wasserbecken zur Abtrennung von Muttertieren oder der Pflege Kranker. Im Sommer kühlend, im Winter beheizt, wird das Bassin von der eigenen artesischen Wilhelma-Quelle, die mit 15° C austritt, gespeist. Bei 10 Sekundenlitern Schüttung, die zum großen Teil in das Seelöwenbecken fließt und das Wasser täglich erneuert, fühlen sich die Bewohner in dieser Art Cannstatter Sprudel wirklich wohl.

Robben sind Raubtiere, die sich hervorragend an das Leben im Wasser angepaßt haben. Ihre Gliedmaßen sind zu flossenartigen Ruderorganen, von denen eigentlich nur noch die Hand zu sehen ist, umgestaltet. Das Land wird nur zur Geburt der Jungen, zum Haarwechsel und eventuell zum Schlafen aufgesucht. Die noch Verwandtschaftsbezüge zu den Bären aufweisenden Wassersäuger bilden zwei Gruppen. Als Beispiel für die Ohrenrobben zeigen die kalifor-

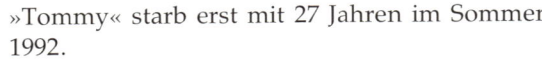

nischen Seelöwen ihre Fähigkeiten. Die verkürzten Ohren sind äußerlich noch sichtbar. Sie können die Hinterflossen nach vorn einschlagen und damit an Land noch relativ rasch, nicht auf den Zehen, sondern auf den Knöcheln watscheln oder hüpfen. Ihre wirkliche Eleganz und Körperbeherrschung zeigen sie erst im Wasser. Intelligent und neugierig, mit ausgeprägtem Gleichgewichtssinn, gelten sie als beliebte Zirkuskünstler. Die Männchen sind wesentlich größer als die Weibchen. Die einzeln geborenen Jungen werden lange neun Monate gesäugt. Auch in der Wilhelma gelang die Aufzucht mehrfach, wobei die kritische Zeit vor der ersten Aufnahme von festem Futter liegt. Seelöwen können recht alt werden. Das Männchen

Die »milchreiche« kalifornische Seelöwenmutter »Evi« mit ihrem Kind

Der stattliche See-Elefantenmann »Charly« leistet sich ein Nickerchen am Beckenrand.

»Tommy« starb erst mit 27 Jahren im Sommer 1992.

Das Beispiel für die Hundsrobben bilden die größten von ihnen, die See-Elefanten. Sie tragen ihren Namen wegen der aufblasbaren Rüsselnase der Männchen und können 6,5 m Länge und 3,5 Tonnen Gewicht erreichen. Sie haben kein äußerlich sichtbares Ohr und bewegen sich an Land schwerfällig durch Aufbuckeln und Vorwärtsschieben vorwärts. Dabei bleiben die Hinterflossen nach hinten ausgestreckt. Wie gelenkig sie dennoch sein können, wird erst bei der Fütterung deutlich. So kann sich ein See-Elefant ohne weiteres so weit nach hinten beugen, daß sein Kopf die Schwanzwurzel berührt. Berühmtheit erlangten die Wilhelmatiere nicht

nur durch die beliebte Schaufütterung, die durch die Bewegungsübungen die Gesunderhaltung fördert, sondern vor allem durch die Welterstzucht, über die an anderer Stelle berichtet wird. Man weiß wenig darüber, wie alt See-Elefanten im freien Meer werden können. Die zwölf Jahre, die »Tristan« hier lebte und etwa 17jährig starb, galten damals als Zoorekord. »Charly«, der seit 1974, damals etwa zwei- bis dreijährig nach Stuttgart kam, hat ihn nun schon bei weitem übertroffen.

Die ersten Seehunde, die Robbenart unserer Nordseeküsten, verdankt die Wilhelma einer Spende der Deutschen Hochseefischerei. Sie haben die heimischen Sandbänke mit einer flachen Felsinsel in einem Becken im Maurischen Garten vertauscht und schwimmen im gleichen Sprudel wie ihre großen Vettern. Daß sie sich hier wohlfühlen beweist die mehrfache Geburt und Aufzucht von Jungtieren, was nur selten in Zoos geschieht.

Ihr Pendant auf der Nordseite des Maurischen Gartens ist eine andere Gruppe von Unterwasserjägern, die auch Gliedmaßen zu Flos-

sen umgebildet haben. Als Vögel konnten es bei den südafrikanischen Brillenpinguinen aber nur die Flügel sein, mit denen sie um den Preis der Flugunfähigkeit kräftig und geschickt unter Wasser rudern. Alle Pinguine, deren Vorkommen sich mit einer Ausnahme, dem Galapagos-Pinguin, auf die kalten Gebiete der Südhalbkugel unserer Erde beschränkt, sind mit ihren schuppenförmigen Federn und einem dicken Unterhautfettpolster hervorragend für das Leben im kalten Wasser gewappnet. Geschwindigkeit verschaffen die Flossenflügel, die sie weit aus dem Wasser werfen können. Ihr aufrechter Gang und der schwarz-weiße Frack ihrer Zeichnung machen sie uns besonders sympathisch. In künstlichen Höhlen erbrüten die Brillenpinguine alljährlich ihre Jungen, die den eleganten Frack aber erst nach der zweiten Mauser bekommen.

Nord und Süd begegnen sich

Ein gekühltes Appartement, verbunden mit einem großen Außenschwimmbecken, steht den zweitgrößten der Pinguinfamilie, den Königspinguinen, im Aquarium zur Verfügung. Ihre Haltung hat in der Wilhelma eine lange und erfolgreiche Tradition. Seit April 1967 wurden

acht Vögel bereits in Stuttgart geboren. Der neunte dürfte mit seinen 28 Jahren wahrscheinlich den Altersrekord im Zoo halten. Wenn man bedenkt, welchen extremen Bedingungen und Temperaturen die Vögel in ihrer antarktischen Heimat ausgesetzt sind, nimmt es nicht wunder, daß sie im Zoo nur bei sorgfältiger Betreu-

Von den neun Königspinguinen auf ihrer Freianlage wurden acht in Stuttgart geboren.

Ein ganz spezielles Balzverhalten führt die Paare der eleganten cremefarbigen Baßtölpel zusammen.

ung ein normales Leben führen können. Dazu gehört zunächst die Umstellung auf den Jahresrhythmus der Nordhalbkugel, von dem zum Beispiel der Zeitpunkt von Mauser und Brut abhängen. Die Mauser, während der die Pinguine schwimmunfähig sind, muß an einem Stück erfolgen. Vor dem erstaunten Beobachter beginnen die Vögel gemeinsam »anzuschwellen«, weil sich die neuen Federn alle gleichzeitig bilden und die alten nach außen schieben, um dann in großen Partien abzufallen. Dies läßt sich meist im Mai beobachten. Nach der anschließenden Balz, die von lauten Rufen der fest verbundenen Paare begleitet wird, legt das Weibchen das einzige Ei, das von einem der Partner in eine große Hautfalte aufgenommen, auf den Füßen gehalten und bebrütet wird. Bei heimatlichen Außentemperaturen von $-40°$ C eine Bruttemperatur von $+40°$ C zu erzielen, ist schon eine erstaunliche Leistung, die 54 Tage lang durchgehalten werden muß. Dabei wechseln sich die Partner unter einem speziellen Ritual der Übergabe ab. Die zunächst nackten Küken werden in der Bauchfalte so lange gewärmt, bis ihr dunkelbrauner Flaum gewachsen und sie selbst zu groß geworden sind. Bei guter Fütterung der Eltern oder der Tierpfleger erreichen die Riesenküken nach etwa acht Monaten ein Gewicht von 16 kg, das mehr als 3 kg über dem der Erwachsenen liegt. Über die vielen Generationen hinweg müßten die Königspinguine inzwischen wohl schon kirchturmhoch gewachsen sein, wenn sie nicht nach Einstellen des Fütterns durch die Eltern, der ersten Mauser und der Wanderung zum Meer so viel Substanz verlieren würden, um wieder genau so schwer zu sein wie ihre Vorfahren. In der schwierigen Brutzeit, die sie auch sonst an Land verbringen würden, bleiben die Vögel in den Sommermonaten in ihrem gekühlten Innenraum.

In den Außenanlagen kann sich zu dieser Zeit die Brut der Baßtölpel abspielen, die sonst das Schwimmbecken mit den Königspinguinen teilen. Nur schwer schreiten diese mit den Pelikanen und Kormoranen verwandten Ruderfüßer zur Brut, wenn nicht eine Mindestzahl von Vögeln diese Koloniebrüter dazu stimuliert: Mit sechs Tieren schien dies in der Wilhelma erreicht worden zu sein, und nach lebhafter Balz mit Kopfhochrecken, Flügellüften und Schnabelklappern fand sich ein Paar zusammen und zog den 1990 erbrüteten Jungvogel auch erfolgreich auf, wohl zum erstenmal im Binnenland.

14 Jahre lang hat die sogenannte Affen-Luxusbaracke gute Dienste geleistet, um es in der Pionierzeit der Wilhelma ab 1958 überhaupt möglich zu machen, Menschenaffen zu halten. Das damals aus der Not geborene Prinzip ließ einen entscheidenden Vorteil erkennen: die vollständige Trennung von Tieren und Besuchern durch eine Glasabgrenzung. Trotz des provisorischen Charakters des in Holzbauweise errichteten »Stalles« war in dem Bau eine gesunde und erfolgreiche Menschenaffenpflege, zuerst von Schimpansen und später von Orang-Utans und auch Gorillas durchaus möglich. Zunächst an ein Gewächshaus nördlich des Festsaals angelehnt, mußte die Baracke schon 1963 dem Neubau des Aquariums weichen. Sie wurde unter gleichzeitiger Erweiterung für die inzwischen hinzugekommenen Tiere an den Südrand des damaligen Giraffenaußengeheges am Theater verlegt. In den nächsten neun Jahren kamen hier sogar die ersten fünf Orang-Utans gesund zur Welt. Da die Affen rascher wuchsen, als der Neubau vorankam, atmete alles auf, als endlich umgezogen werden konnte.

Wegen Finanzierungsschwierigkeiten und unerwarteter Verzögerungen beim Bau konnte das neue Domizil aber erst im Herbst 1972 bezogen werden. Es bedurfte sorgfältigster Planung, um auf der relativ kleinen Fläche mit ihren Höhenunterschieden die optimale Lösung zu finden. In dem Dreieck zwischen Maurischem Garten, Terrassenanlage und Pragstraße entstand ein neuer, in sich geschlossener interessanter Zoobereich. Außer den drei in Höhe und Tiefe gestaffelten Pavillons mit Außenkäfigen für die Menschenaffen wird er ergänzt durch eine Freianlage für Klammeraffen und ein Haus für Niedere Affen, das einen Teil der Hanghöhe überwinden hilft und zwanglos in den Erweiterungsteil überleitet.

Das dreigeteilte Schauhaus für die Menschenaffen ist eine zweischalige Stahlbetonkonstruktion mit flachen Kiespreßdächern und entsprechender Wärmeisolation. In den Grundmaßen entsprechen alle drei Abteilungen einander. Die ersten beiden sind unterteilt und stehen den Schimpansen, den Zwergschimpansen oder Bonobos und zwei Gruppen von Orang-Utans zu Verfügung. Die großen Bodentiere, die Gorillas, bewohnen einen ungeteilten Raum für sich allein. Auf Gitter konnte verzichtet werden, denn nun trennen Tiere und Besucher aus Sicherheitsgründen bis zu 42 mm starke Verbundglas-

Nach 20 Jahren immer noch sehr beliebt ist die Wilhelma-Erfindung der Rundläufe für die Menschenaffen. Besonders gern dreht das Orang-Utan-Weibchen »Suma« seine Runden.

scheiben, die die völlig freie Sicht gewährleisten und der Spiegelung wegen nach innen geneigt sind. Große Oberlichte und Sichtkuppeln leuchten die Innenkäfige blendungsfrei aus, wobei ein Teil des Daches geöffnet werden kann. Unter dem Dach liegen auch die wichtige Befeuchtungsanlage und ein Teil der Heizung, die die Fußbodenheizung ergänzt. Den erweiterten Schauraum für Jungtiere, der wegen des Jungtieraufzuchthauses nicht mehr gebraucht wird, bewohnt zusammen mit dem entsprechenden Außenkäfig inzwischen die Drill-Familie. Die verzinkte Stahlkonstruktion der Außenkäfige verhindert mit den gleichen Sicherheitsscheiben den direkten Besucherkontakt. Sie bietet

aber ungefiltertes Sonnenlicht und durch die Wahlmöglichkeit eine erhebliche Ausweitung des Lebensraums, die über den Flächenwert hinausgeht.

Entscheidend für das Wohlbefinden der Pfleglinge ist aber nicht zuletzt die richtige Gestaltung der Gehege. Wegen der aus Hygienegründen gewählten Kachelung und der eher abstrakt wirkenden Einrichtung, sprachen Uneingeweihte gelegentlich etwas abschätzig von »Badezimmerarchitektur«. Es gibt aber viele gute Gründe, gerade das Stuttgarter Haus zu verteidigen, ja es dürfte sogar in seinem ausgeklügelten Aufbau das funktionellste unter allen Menschenaffenhäusern sein. Es war ein Glücksfall, daß sich in Florian Pfeiffer ein Innenarchitekt mit großem Formgefühl fand, der unsere auf die Funktion bezogenen Skizzen und Wünsche nicht einfach in Architektur umsetzte, sondern, nach langer Beobachtung an den Tieren, ihnen die Einrichtung sozusagen auf den Leib schneiderte. Die Grundstruktur ist in allen Gehegen gleich. Der zur besseren Beobachtung angehobene Gehegeboden setzt sich fort in einem quaderartigen Aufbau, der die Schlafboxen enthält, den darunter liegenden Wärtergang überdeckt und den direkten Zugang zum Außengehege ermöglicht. Alle Böden sind mit glatten Epoxydharz-Anstrichen versehen, die sich gut desinfizieren lassen und gleichzeitig haarschonend sind. Wenn sie naß sind, benutzen die Affen sie bei ihren Laufspielen gern zum Schlittern.

Die Einbauten sind den Bedürfnissen der verschiedenen Arten angepaßt. Für die baumbewohnenden Orang-Utans gibt es möglichst viele hohe Sitzplätze und Möglichkeiten zum Hangeln und Schwingen, für die bodenlebenden Gorillas zwei große Laufebenen vor und über den Schlafkäfigen. Beide Flächen sind mit großen Holztrommeln gegliedert, die Versteck, Beschäftigungselement und Sitzplatz zugleich sind. Eine Balkenkonstruktion darüber erlaubt es schwächeren Tieren, auszuweichen. Für die recht universellen Schimpansen und Bonobos sind beide Elemente, Lauf- und Klettermöglichkeiten, berücksichtigt. Die Menschenaffen brauchen Anregungen zu Beschäftigung und Spiel. So gibt es in allen Abteilungen Rundläufe aus Stahl und beweglich aufgehängte Seile. Erstmals wurden auch überall Badebecken eingesetzt. Ein Annäherungsschalter erlaubt den Affen, Wasserstrahlen mit temperiertem Wasser jederzeit einzuschalten und bietet einen weiteren Anreiz. Dazu werden den Tieren abwechselnd verschiedene lose Spielgeräte angeboten, und auch die reichliche Versorgung mit Zweigen und Blättern ist nicht nur eine Ernährungsfrage. Der hohen Zerstörungskraft der Menschenaffen wegen wurde Edelstahl verwendet, die Sitzplätze aber aus kurzfaserigem Hartholz gefertigt. Sie sind den Affen sicher trotz der abstrahierenden Form lieber als Pseudobäume aus Beton. »Beißhölzer« aus Weichholz helfen, die Sitze zu schonen.

Ein spannender Tag für die Wilhelmaleute war die Inbesitznahme durch die neuen Bewohner. Würden unsere vielen Überlegungen auch angenommen werden? Zur Übersiedlung mußten zumindest die großen Männchen narkotisiert werden, und alle Affen bezogen zunächst die vorgesehenen Schlafkäfige. Nach zwei Tagen wurden die Schieber geöffnet und die

Anregung und Beschäftigung sind wichtig für alle Menschenaffen und entscheidend für ihr Wohlbefinden in Menschenobhut. Orang-Utan »Buschi« am »Honigtopf« und der reich gegliederte Innenkäfig der Gorilla-Gruppe

Räume zur Erkundung freigegeben. Die starken Gorillas waren dabei die Vorsichtigsten. Erstaunlicherweise nutzte das rangtiefste Weibchen die Situation und inspizierte als erstes den neuen Raum ausführlich, während das stärkste Männchen als letzter die Schlafbox verließ. Bald war aber die alte Ordnung wiederhergestellt, nur das jüngere Männchen umarmte immer wieder sich selbst, um einen imaginären Halt zu finden. Die Orang-Utans suchten bedächtig die hochgelegenen Sitzplätze auf. Das Weibchen Suma ging schnurstracks auf den Rundlauf zu und begann zu drehen, als ob es dies schon hundertmal getan hätte. Seither haben die Rundläufe, Badebecken und all die anderen Angebote nichts von ihrem Reiz verloren. Nach über 20 Jahren kann man sagen, daß sich das Haus hervorragend bewährt hat, wofür auch die 65 in der Wilhelma geborenen Menschenaffenbabys sprechen.

An die Haltung von Menschenaffen wäre in der Zeit, als der Wilhelma strengste Beschränkung auferlegt war, nicht zu denken gewesen, wenn es sich nicht um eine Stiftung gehandelt hätte. Über den Verein der Freunde und Förderer ermöglichte das Haus Breuninger im Februar 1958 den Ankauf der ersten drei Schimpansenweibchen, denen im Herbst noch ein Männchen folgte. Die drei »Damen« waren vorher Artistinnen, die von ihrer erkrankten Besitzerin abgegeben werden mußten. Sie waren die Auslöser für den Bau der schon genannten Luxusbaracke. Star dieser Truppe war die Schimpansin Sonny, über die an anderer Stelle noch berichtet wird. Der jetzige Chef »Moritz« kam etwa zwölfjährig im Februar 1975, die beiden Weibchen »Susi« und »Fips« etwa zweijährig im Juni 1967 nach Stuttgart. Eigenartigerweise hielten diese lebhaften Afrikaner, die heute noch häufigsten und auch pflegeleichtesten Menschenaffen im Gegensatz zu den anderen drei Arten, bei uns nur wenig von der Zucht. Das erste Jungtier »Beppo« kam erst im Januar 1974 zur Welt, nachdem schon acht Orang-Utans geboren worden waren. Insgesamt waren es sechs Jungtiere, von denen das achtjährige Weibchen »Sophie« und als Jüngster das zweijährige Männchen »Sascha« noch in der Gruppe leben. Als Zuchtleihgabe hat die 13jährige »Zenta« ihren Wohnsitz seit drei Jahren in München.

Vielfaches Glück: Jungtiere bei Orang-Utans (links), Zwergschimpansen (oben) und Gorillas

Die Orang-Utan-Haltung begann 1962 mit dem Erwerb von zwei jungen Pärchen der auf Sumatra lebenden Unterart. Orang-Utans sind die einzigen Menschenaffenart Asiens. Mit ihren langen Armen und dem roten Zottelfell sind sie hochgradig an das Baumleben angepaßt. Sie leben nur in den Regenurwäldern Sumatras und Borneos mit je einer Unterart. Stark gefährdet durch die immer stärkere Einschränkung ihres Lebensraums und trotz Schutzes im Bestand weiter abnehmend, ist ihr Zoobestand durch Geburten ständig wachsend gesichert. Der erste in der Wilhelma überhaupt geborene Menschenaffe war die im August 1967 geborene kleine »Lea«, die heute selbst schon Großmutter in Zürich ist. Da sich ihre Mutter »Kiki« nicht um sie kümmerte, wurde sie von Frau Scharpf, der Gattin unseres Obertierpflegers, in Obhut genommen und hervorragend betreut. Vor allem Frau Scharpf und später einigen Helferinnen gebührt das Verdienst der nahezu verlustlosen Aufzucht der Stuttgarter Menschenaffen-

babys, die von ihren Müttern nicht angenommen wurden. Inzwischen sind in 25 Jahren 22 Orang-Utans hier auf die Welt gekommen, 7 Knaben und 15 Mädchen, von denen sieben bereits die zweite Zoogeneration darstellen. Immer noch lebt die in sechs Geburten bewährte, mindestens 33jährige »Suma« mit ihrem stattlichen, ein Jahr älteren Mann »Buschi« zusammen, während das zweite Gehege drei Weibchen der Nachwuchs-Generation mit einem blutsfremden Männchen aus Nürnberg bewohnen, darunter »Moni«, die ihren ersten Sohn selbst aufzieht.

An Erfahrungen reicher und durch die bisherigen Haltungserfolge bestärkt, wagte man sich auch an die Haltung von Gorillas. Im Oktober 1965 bezogen die ersten beiden ein bis zwei Jahre alten Jungtiere eine Abteilung der Luxusbaracke, denen im nächsten Frühjahr drei weitere folgten. Mit einer Ausnahme, die einer Virus-Infektion zum Opfer fiel, wuchsen alle prächtig heran und übersiedelten 1972 gesund in das neue Haus. Um den Altersaufbau der Gruppe zu verbessern, wurden nochmals drei Jungtiere erworben und zwei ältere abgegeben. Bis heute leben sie harmonisch und außerordentlich erfolgreich zusammen, wobei allerdings das jüngere, inzwischen zum stattlichen Silberrückenmann herangewachsene Männchen nach zwölf Jahren 1985 an den Leipziger

Damals eine Sensation: An der Jahreswende 1973/74 wurden innerhalb von sechs Wochen Babys von drei Menschenaffenarten geboren. Dieses Bild schmückte als Kodakriesendia von 11×4 Meter den Stuttgarter Hauptbahnhof.

Zoo verliehen wurde und dort für die erste Gorilla-Geburt in der damaligen DDR gesorgt hat. Gorillas, die mächtigsten aller Menschenaffen, sind in ihrer afrikanischen Tropenheimat in ihrem Bestand ebenfalls stark gefährdet. Deshalb kommt der Zucht dieser Art besondere Bedeutung zu. Große Freude herrschte, als am 12. Dezember 1973 – als fünftem Zoo in Europa – das erste Jungtier, ein Weibchen »Mora«, geboren wurde. Ihr folgten noch 24 weitere und machten damit die Wilhelma in der Gorillapflege weltweit zu einem der erfolgreichsten Zoos. Mora wuchs gesund heran und gebar ihr erstes Kind im Juni 1982. Tragischerweise starb sie zwei Jahre später bei der Aufzucht ihrer zweiten Tochter, die sie schon vier Monate lang bestens gepflegt hatte, an Leukämie. Ihre 29jährige Mutter »Mimi« wurde nur deshalb zu unserem erfolgreichsten Zuchtweibchen, weil sie acht ihrer Babys sofort nach der Geburt immer mit allen Zeichen des Ekels abgelegt hatte und dadurch rascher wieder schwanger wurde. Ihr neuntes Kind aber zog sie plötzlich zu unserem Erstaunen und völlig unerklärbar mit rührender Sorgfalt auf, als ob sie es nie anders getan hätte. Da schien uns für den kleinen Sohn der Name »Maayabu«, was auf Suaheli so viel wie Wunder bedeutet, durchaus angebracht. Abgegeben oder zu Zuchtzwecken verliehen wurden von dem Kindersegen bisher 19 Gorillas in alle Welt.

Über den Zoologischen Garten Antwerpen gelangte als letzte Menschenaffenart erst 1973 eine Gruppe von fünf Zwergschimpansen oder Bonobos in die Wilhelma. Sie dürfen wohl als die menschenähnlichsten gelten. Ihre Heimat sind unzugängliche Teile des zentralen Kongo-Urwaldes südlich des großen Kongo-Bogens. Obwohl ihr Bestand in ihrer abgelegenen afrikanischen Heimat wohl noch nicht gefährdet ist, gelangen sie nur höchst selten in zoologische Gärten. Von ihren nächsten Vettern, den Schimpansen, unterscheiden sie sich durch die schlankere Gestalt, die dunklen Gesichter, hellere Stimmen und andere Angriffsweise, die vor allem in harten Hand- oder Fußkantenschlägen besteht. Mensch, Schimpanse und Bonobo haben die gleiche Molekularstruktur ihres Hämoglobins, des Blutfarbstoffs. Während Schimpansen noch Antikörper gegen menschliches Blut-

eiweiß bilden, wäre beim Bonobo, der dies nicht tut, sogar – bei entsprechender Blutgruppe – eine Übertragung möglich. Ihre Intelligenz ist unbestritten. Ein Beispiel: Alle Menschenaffenarten in der Wilhelma haben gelernt, die Annäherungsschalter, die Wasserstrahlen auslösen, zu bedienen. Nur die Bonobos haben aber begriffen, daß während des drei Minuten automatisch laufenden Wassers mit der gleichen Bewegung die Strahlen auch früher abgestellt werden können. Besonders das Männchen »Masikini« beherrscht dies souverän, ein »dummer Affe«, dem dies niemand erklärt hat. Mit zwölf seit Februar 1977 geborenen Jungtieren leistet die Wilhelma als dritter Zoo der Welt auch hier einen wertvollen Beitrag und ist gleichzeitig ein Beispiel für das weltweite Management gefährdeter Tierarten. Vom ursprünglichen Import leben nur noch »Masikini« und das Weibchen »Kombote«, zusammen mit einem in Frankfurt geborenen Weibchen und deren Tochter in Stuttgart. Alle anderen sind Leihgaben, die sich mit den in Stuttgart geborenen und aus Zuchtgemeinschaften erzielten Tieren wiederum weit verteilen.

Nach 35 Jahren Menschenaffenhaltung ergibt sich so mit 65 Geburten bei allen vier Arten eine überaus erfreuliche Bilanz.

Der ganze Orang-Utan-Stamm kurz nach seiner Ankunft in Stuttgart 1962. Von links nach rechts: »Charly«, »Kiki«, »Suma« und »Buschi«.

Sozusagen in Untermiete bei den Menschenaffen – sie bewohnen das frühere Baby-Abteil – lebt eine Drillgruppe, westafrikanische Kurzschwanzpaviane, die Männchen mit imponierendem schwarzen Faltengesicht. Wegen der immer rascheren Entwaldung ihres kleinen Verbreitungsgebiets sind diese Affen extrem gefährdet. Die Zoos bemühen sich nun, mit den wenigen vorhandenen Tieren eine stabile Zucht aufzubauen, zu der die Wilhelma mehrfach beitragen konnte. Obwohl das alte Zuchtmännchen starb, hat es zwei junge Nachfolger, die allerdings noch einige Jahre wachsen müssen bis auch ihre Gesichter die imponierenden Falten tragen werden. Stuttgarter Drills leben in Atlanta/USA, Osaka/Japan und in Wuppertal.

Die Vertreter der Neuweltaffen oder Breitnasen, die Klammeraffen, haben eine eigene Anlage. Zwei Inseln in einem großen Wasserbekken und die daneben liegenden Schlafräume sind mit einem ausladenden Stangengeflecht untereinander verbunden, das von den Affen optimal genutzt wird. Kleine offene Kästen bieten Schutz vor zu viel Sonne, Regen oder Wind. Wie in ihrer Heimat, den Urwäldern Mittelamerikas und des Amazonas-Beckens, gebrauchen sie ihren langen Greifschwanz geschickt als fünfte Hand, mit der sie sich stets absichern.

Die Verwandtschaft mit großen und kleinen Nasen

Der an der Greifseite unbehaarte Schwanz ist so kräftig, daß sich ein Klammeraffe mit Leichtigkeit an dessen Spitze aufhängen und schwingen kann. Die Art gilt zwar als recht gut ausdauernd im Zoo, aber kaum als züchtbar. Um so erfreulicher ist es, daß in der Wilhelma regelmäßig Junge zur Welt kommen und gut aufwachsen. Sogar Zwillinge wurden schon geboren.

Ein gelungener Versuch ist der riesige »Flugraum«, den man speziell für Gibbons entwikkelte. Mit frei wie Leitern aufgehängten Holzspieren werden ihnen ähnliche Sprungmöglichkeiten wie in den heimatlichen Baumkronen geboten. Die als Reinigungseinrichtung an einem Rundlauf bewegliche Edelstahlleiter ist wie der Rundlauf selbst ein willkommenes zusätzliches Schwing- und Klettergerät, Wandsitze aus Holz beliebte Ruheplätze. Südostasien ist die Heimat der fünf Gibbonarten, von denen der Weißhandgibbon gezeigt wird. Nahe mit den Menschenaffen verwandt, sind diese schwanzlosen

Hangel- und Schwingkletterer die perfektesten Luftakrobaten unter allen Primaten oder Herrentieren. Die Eleganz ihrer Bewegungen, die sie scheinbar mühelos über Entfernungen bis zu zwölf Metern hinwegschnellen lassen, ist unübertroffen. Sie benutzen die extrem verländer-

In ihrem hohen »Flugkäfig« fühlt sich die Gibbon-Familie sichtlich wohl.

Zu den absonderlichsten Primatengestalten zählen zweifellos die Nasenaffen, blattfressende Schlankaffen, deren Männchen mit riesigen »Gurkennasen« imponieren. Die Mangrove-Wälder der Küsten Borneos sind ihre Heimat.

ten Finger und den stark verkürzten Daumen als Haken und schwingen abwechselnd mit beiden Armen. Schon ein kleines Antippen am nächsten Zweig ändert die Richtung, ja es heißt, daß sie sogar im freien Flug durch Schwerpunktverlagerung noch Korrekturen vornehmen können. In der Wilhelma lassen sie sich von zwei Ebenen aus beobachten, denn ein Treppenlauf führt auf eine Empore, von der aus man die Klammeraffeninsel von oben beobachten kann und den Gibbons dann sozusagen Auge in Auge gegenübersteht. Das aus einer Gruppe von Jungtieren hervorgegangene Paar war außerordentlich erfolgreich. Neun Junge gebar das Weibchen von 1976 an, die alle gesund aufwuchsen. Ihr sechstes und siebtes Kind folgten mit achteinhalb Monaten so knapp aufeinander, daß man von unechten Zwillingen sprechen mußte, wenn beide gleichzeitig bei ih-

rer Mutter tranken und rührend von ihr betreut wurden. Ihr dichtes Fell läßt Gibbons auch tiefere Temperaturen ertragen, so daß man ihren eleganten Schwüngen auch im Winter zusehen kann. Nur selten suchen sie die trockenen Innenräume auf.

Ein kleine Sensation: »Baby blue«, der wohl erste handaufgezogene Nasenaffe

Die raffinierte Gestängekombination der Klammeraffeninsel wird von ihren Bewohnern, auch Breitnasen genannt, optimal genutzt. Sie setzen dabei geschickt ihre »fünfte Hand«, den Greifschwanz, ein.

Im gleichen Haus leben als besondere Kostbarkeiten zwei Arten von Schlankaffen, ausgesprochene Blattfresser-Spezialisten, aus Südostasien. Für sie werden jedes Jahr große Mengen von Laubfutter eingefroren, damit sie auch im Winter ihre wichtigste Nahrung bekommen können. In den Mangrove-Wäldern Borneos sind die Nasenaffen zu Hause, deren Männchen wohl die absonderlichsten Gesichter von allen Affen haben. Die weit vorspringende, unförmige Gurkennase kann so groß werden und über das Maul herabhängen, daß sie beim Fressen zur Seite geschoben werden muß. Die Nase der Weibchen, die wie die Männchen mit lustigen Stupsnasen geboren werden, bleiben schlank und spitz. Wahrscheinlich dient die Nase als Schallverstärker und unterstreicht – mit geöffnetem Maul – die Drohgebärde. Erstaunlicherweise können Nasenaffen sehr gut

schwimmen, ja sogar tauchen. Sie zählen zu den heikelsten Pfleglingen und wurden bisher erst in ganz wenigen Zoos, darunter der Wilhelma, gezüchtet. Zur Zeit sind sie überhaupt nur in zwei Tiergärten, in New York und Stuttgart, zu sehen, dabei auch zwei Tiere aus Köln als Zuchtleihgaben. Im Schaubereich leben das Kölner Männchen und das Weibchen »Babyblue«, das in der Wilhelma zur Welt kam. Der Rest der Gruppe wird hinter den Kulissen betreut.

Großer Beliebtheit wegen ihrer lustigen »Zottel-Frisuren« erfreuen sich die Haubenlanguren. Wie bei allen Schlankaffen gestattet ihnen ihr mehrkammeriger Magen, die Blattnahrung durch Bakterien besser aufzuschließen. Trotz ihrer großen Gelenkigkeit als Baumbewohner sind sie eher ruhige Tiere, die viel Zeit brauchen, um ihre zwar leicht zu erwerbende Nahrung zu verdauen. Unsere Tiere sind Budengs, die javanische Unterart, die gleichzeitig in zwei Farbschlägen auftritt. Rotbraune und schwarze Tiere können in der gleichen Familie abwechselnd geboren werden, ein Phänomen, das auch in der Wilhelma immer wieder beobachtet wird. Die Babys der rotbraunen Variante werden hellorangefarben geboren und dunkeln später nach, wie dies auch bei anderen Languren der

Fall ist. Die schwarze Variante allerdings kommt gleich schwarz zur Welt. Mit 20 bisher geborenen Jungtieren, die von ihren Müttern ausgezeichnet betreut wurden, ist die Gruppe dieser schwer zu pflegenden, langschwänzigen Waldgeister mehr als erfolgreich.

Lange Wilhelma-Tradition hat die Haltung von Bartaffen. Mit unter den allerersten Affenkäufen waren 1952 zwei Weibchen dieser Makakenart. Das Männchen »Mecki«, das im nächsten Jahr folgte, schloß Freundschaft mit vielen Dauerbesuchern und gehörte als »Affenpersönlichkeit« über 30 Jahre lang zum Kernbestand. Bartaffen sind die extremsten Gestalten unter allen Makaken. Nur mittelgroß, kontrastiert zum glänzend schwarzen Fell der mächtige graue Bartkragen, aus dem das Gesicht wie aus einer Schüssel heraussieht. Der mittellange Schwanz hat am Ende eine Quaste, weshalb er im Englischen Lion-tailed=Löwenschwanz-Makak genannt wird. Leider sind die Bartaffen heute in ihrem relativ kleinen Verbreitungsgebiet, den Wäldern an der Malabarküste im südwestlichen Vorderindien, sehr stark gefährdet. Ein Erhaltungszuchtprogramm, das am Primaten-Zentrum in Göttingen geführt wird, koordiniert die Bemühungen, zu denen auch die Wilhelma beiträgt.

Harmonischer Übergang vom historischen Bereich in das Erweiterungsgelände sind die beiden 1975 fertiggestellten, landschaftlich hervorragend eingebetteten Freianlagen als gute Beispiele moderner Tiergärtnerei. Hier können verschiedene Tiere nicht nur im Herdenverband, sondern auch in ihren zwischenartlichen Beziehungen beobachtet werden. Den Hang ansteigend erblickt man durch eine große Glaswand ein Felspanorama, das mit seinen Urgesteinsformationen optisch in etwa der afrikanischen Heimat der Bewohner entspricht und ihren Bedürfnissen nachkommt. Hier lebt eine Herde von Mähnenschafen, bei der sich besonders die Böcke durch ihre mächtigen, kreisförmigen Gehörne und einen langen Haarbehang an Hals und Brust auszeichnen. Diese absolut trittsicheren Kletterer nordafrikanischer Wüstengebirge teilen sich den Raum mit Blutbrustpavianen oder Djeladas, einer auffallenden Bodenaffenart der abessinischen Hochländer. Ihre erwachsenen Männchen, die jeweils über eine erkämpfte Anzahl Weibchen »herrschen«, tragen einen schönen Mantel dunkelbrauner Haare um die Schultern. Beide Geschlechter zeigen freie, rotgefärbte Hautstellen auf der Brust, denen sie ihren Namen verdanken. Es war eine Freude zu sehen, wie die Anlage von ihren neuen Bewoh-

nern mit Selbstverständlichkeit in Besitz genommen wurde. Als Dritte im Bunde bezogen auch noch Klippschliefer Quartier. Diese kleinen Unpaarhufer weisen, obwohl nur etwa hasengroß, ganz unerwartet nähere Verwandtschaftsbeziehungen zu den riesigen Elefanten auf und sind deshalb von besonderem Interesse. Mit ihren Jungen sind sie hier richtig integriert. Nicht nur die halbwüchsigen Djeladas benützen die geduldigen Mähnenschafe gerne als Reittiere, auch die Klippschliefer sehen in ihnen besonders in der kalten Zeit praktische Wärmflaschen.

Die zweite, höher gelegene, aber kleinere Felsanlage ist der Spielplatz einer Großfamilie von Japanmakaken. Es sind die nördlichsten Affen unserer Erde, die auf der japanischen Nordinsel sogar in Gebieten mit längeren Kälteperioden leben können und mitten im meterhohen Schnee noch in warmen Quellen baden. Ihr Sozialleben und ihre Lernfähigkeit sind besonders gut erforscht. In Kunst und Mythos spielen sie

Unter Zedern und Schwarzkiefern

ihre Rolle als die drei weisen Affen, die nichts Böses sehen, hören oder sagen, deren Plastik jedermann kennt. Aus der vermehrungsfreudigen Wilhelma-Horde wurden schon viele Jungtiere abgegeben. Eingebunden in die Umgebung, die etwas vom Landschaftscharakter und

Drei Felsspezialisten, die sich gut miteinander vertragen: die trittsicheren Mähnenschafe Nordafrikas, die mit den Elefanten entfernt verwandten hasengroßen Klippschliefer und die abessinischen Blutbrustpaviane.

Pflanzenwuchs der Herkunftsländer anklingen lassen soll, deuten Atlas-Zedern, Wacholder und Hartgräser auf das nordafrikanische Gebirge, Blasenbaum (Koelreuteria) und japanische Sicheltanne (Cryptomeria) auf den fernen Osten. Ein Hain alter Schwarzkiefern, die man sich ähnlich in beiden Gebieten vorstellen kann, vermittelt zwischen den Anlagen.

Adler, Geier und andere Greife

Der Hang zum Koniferental auf der südlichen Terrassenseite ist den Greifvögeln vorbehalten, die hier in sieben Großvolieren eine Heimat gefunden haben. In bis zu 220 m² großen und bis zu 8 m hohen Flugräumen, die fast nur aus einer durchsichtigen Konstruktion von Stahlmatten und wenigen Tragsäulen und dem notwendigen Windschutz bestehen, leben zum Teil

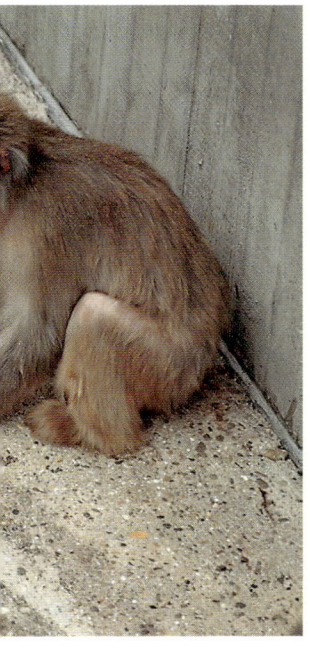

Sie standen Modell für die bekannte Plastik der drei weisen Affen, die rotgesichtigen Japanmakaken.

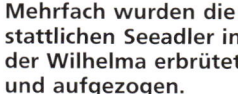

Mit seinem scharfen Schnabel löst der Gänsegeier auch kleinste Fleischteilchen von den Knochen. Darunter: Nichts entgeht den scharfen Augen der Bartkäuze.

Mehrfach wurden die stattlichen Seeadler in der Wilhelma erbrütet und aufgezogen.

»uralte« Wilhelmabewohner. Neu ist ein junges Paar der gefährdeten europäischen Bartgeier. Auch die Wilhelma will an der Erhaltung, Vermehrung und Wiederansiedlung dieses Sonderlings in den Alpen, der als »Lämmergeier« zu Unrecht verfolgt wurde, mitarbeiten. Bartgeier ernähren sich außer von Aas auch von Knochen, die sie aus großer Höhe auf Felsplatten fallen lassen, wo sie zersplittern. Die ersten Jungvögel wurden bereits erfolgreich in den Alpen ausgewildert.

Gleiches geschah auch schon mit gezüchteten Gänsegeiern, die mit freifliegenden zusammen langsam in den Alpen wieder heimisch werden. Unseren Grundstock bilden vier von Schmugglern als Nestjunge 1981 ausgehorstete und vom Zoll beschlagnahmte Geier, ergänzt durch drei Vögel aus anderen Zoos. In der Wilhelma bewohnt eine Gruppe von neun dieser geselligen Vögel die größte Voliere. Leider sind unter den sieben erwachsenen Tieren nur zwei Weibchen, die beide aber je ein Junges schon erfolgreich aufgezogen haben. Es besteht also noch gute Hoffnung für die Zukunft, daß auch einmal Stuttgarter Gänsegeier in den Alpen segeln werden. In diesem Sinn schon erfolgreich erwies sich die Zusammenarbeit mit der Greifvogelwarte Guttenberg, der wir zunächst unser altes Seeadlerweibchen zur Verfügung stellten, dessen Nachkommen zum Teil in Südböhmen ausgebürgert wurden. Das von Guttenberg übernommene jüngere Leihpaar war zweimal erfolgreich und zog je ein Junges aus einem Zweitgelege im Publikumsbereich auf. Aus den Erstgelegen schlüpften Junge in Guttenberg. Nicht gelungen ist uns bisher die Zucht des Kaiseradlers. Die an ihren weißen Schulterflecken erkennbaren Vögel, legten in vielen Jahren nur wenige Eier, die leider unbefruchtet waren.

Bei den beiden Mäusebussarden und den zwei schwarzen Milanen, die gemeinsam eine Voliere bewohnen, handelt es sich um verletzt aufgegriffene und wieder gesund gepflegte Vögel, die nicht mehr voll flugfähig sind.

Zwei kleine Volieren sind schließlich noch den Eulen vorbehalten. Auch die Waldkäuze und Waldohreulen sind gesund gepflegte Findlinge. Ihre Nachbarn, ein Paar der großen nordischen Bartkäuze, stammen bereits aus Zoonachzuchten. Wie bei allen Eulen sind ihre Augen direkt nach vorn gerichtet. Dadurch können sie Entfernungen exakt schätzen, haben aber einen eingeschränkten Gesichtskreis. Den lautlosen Flug der Eulen ermöglichen die feingezähnten Vorderkanten der äußersten Schwungfedern, die jede stärkere Wirbelbildung der Luft und damit das Geräusch verhindern.

Dem Wilhelma-Prinzip Schauen und Lernen wird auch der Wassergarten hinter dem Maurischen Landhaus gerecht. Am Fuße der Terrassen wechseln bepflanzte Beete und kleine Wasserbecken mit niedrigen Fontänen neben einladenden Sitzplätzen. Auf der Gebäudeseite laden sechs große, bepflanzte Wasserbecken zum Studium der Flora unserer immer stärker bedrängten Feuchtgebiete ein. Was man sonst nur in ausgedehnten Exkursionen nach und nach zu sehen bekommt, erreicht man hier mit wenigen Schritten. Von den Pflanzen des freien Wassers, der Uferzonen von Bächen, Flüssen und Seen bis zu denen des Hochmoors, solchen im nährstoffreichen oder nährstoffarmen Milieu, sind alle wichtigen Vertreter zu finden.

So sind die Ufer langsam fließender, seichter und nährstoffreicher Bäche von Bach-Röhricht bewachsen, das vor allem aus krautigen Pflanzen besteht. Charakteristisch sind Bachbunge und vor allem der Igelkolben mit seinen schwertförmigen Blättern und stacheligen Kugelfrüchten. Am höheren Ufer schließen sich Hochstauden wie Mädesüß oder Sumpfwolfsmilch an, denen Uferweidengebüsch und Feuchtwiesen folgen. Am Rande unserer nährstoffreichen und kalkhaltigen Teiche und Seen wächst das echte Röhricht, das eine wichtige Rolle bei der Verlandung spielt, da sich durch Blattfall und Wurzelwachstum der Boden langsam erhöht. Es ist gleichzeitig wichtiger Uferschutz. Je nach örtlicher Gegebenheit und Hauptbewuchs spricht man von Schilf-, Pfeilkraut- oder Wasserschwadenröhricht. Froschlöffel und Blumenbinse, Schachtelhalm, Sumpf-Schwertlilie und Rohrkolben wachsen hier. Zum freien Wasser hin schließen Schwimmblattgesellschaft und Laichkrautgesellschaft an, deren Arten besonders gut an das Leben im Wasser angepaßt sind. Sie können frei schwimmen wie Wasserlinse oder Hornkraut, aber auch mit ihren Wurzeln im Boden verankert sein wie Laichkräuter und Seerosen. Manche bleiben ganz unter der Wasseroberfläche wie die Wasserpest, oder strecken nur die Blüten über den Wasserspiegel wie die meisten Laichkräuter. Andere wieder bilden Schwimmblätter wie Seerose, Teichrose und Seekanne. Durch Regulierungen und Wasserverschmutzungen wird dieser Bereich, der als Laichgebiet der Süßwasserfische so wichtig ist, immer mehr gefährdet.

Die feuchteren Teile verlandender Uferzonen sind als Großseggenriede mit Seggen und Riedgräsern auf mäßig saurem Torfboden ausgebildet. Auf sie folgt das Kleinseggenried, ein kurzrasiger Sumpf- oder Schwingrasen auf nährstoffarmen, torfmoosreichen Böden. Hier wachsen Sumpfblutauge und Fieberklee, Kleinseggen, Binsen und Simsen usw. Sie werden Sauergräser genannt, weil sie das Vieh nur ungern frißt. Die Landwirtschaft versucht deshalb, durch Entwässerung, Einsaat hochwertiger Gräser und Düngung aus »sauren« Wiesen »süße« zu machen.

Im kühlen, feuchten Klima können sich

Von Palmen und Blumenrabatten eingerahmt, verlocken die kleinen Fontänen zum Spielen.

Ausschnitt aus dem Wassergarten mit gelben Teichrosen, einer unserer auffallendsten heimischen Wasserpflanzen

schließlich durch die außer Feuchtigkeit nur wenig Nährstoffe brauchenden Torfmoose Hochmoore bilden. Torfmoose, die sozusagen auf ihren eigenen Leichen weiterwachsen, halten das 10 - 20fache ihres Volumens an Wasser fest und bilden mächtige Schichten. Wollgräser und Zwergsträucher wie Moosbeeren und andere wachsen hier. Wegen des massiven Torfabbaus und der fortschreitenden Kultivierung ist auch dieser Landschaftstyp stark gefährdet und wenigstens teilweise unter Schutz gestellt, sind doch ganz generell Feuchtgebiete wichtige und unersetzliche Lebensräume vieler Tiere und Pflanzen, die nur hier überleben können. Es lohnt sich also, die Charakterpflanzen unserer Feuchtgebiete aus der Nähe zu betrachten.

Röhricht und Hochmoor im Miniformat

Sie standen ganz am Anfang der Wilhelma und bestimmten die Richtung der Hauptachse, die von Hofgärtner Bosch 1835 angelegten Terrassen am Letschenberg, denen zehn Jahre später das Maurische Landhaus vorgelagert wurde. Ursprünglich der Standort für das königliche Spalierobst und Weinreben, sind sie heute eine der reizvollsten Anlagen an der Nahtstelle zwischen historischem und neuem Teil. Unterhalb des wiederhergestellten »Belvedere«, des Aussichtspunktes über dem Neckartal, begleitet die

Kennst Du das Land, wo die Zitronen blühen

Bewachsene Pergolen, Kugelbäume, Blumensäulen und eine Fülle von südlichen Gewächsen bilden den Rahmen für eine Vielzahl bunter Papageien, die auf den Subtropenterrassen ihre Heimat gefunden haben.

zentrale Treppenanlage die Hauptachse. Auch die Brunnen aus Gußeisen und die noch zu restaurierenden Kandelaber und Plastiken stammen aus Königs Zeiten. Durch die weitgehende Südorientierung bietet sich dieser wärmste Teil des Gartens aber geradezu an, südliche Elemente aufzunehmen. Als »Subtropenterrassen« sollen sie ein weiteres Beispiel für den Zusammenklang von Botanik und Zoologie sein, dem sich die Wilhelma verschrieben hat. Bei der strengen Form der langen und schmalen Terras-

Erst im Sommer öffnen sich die elfenbeinfarbenen großen Kelche der immergrünen Magnolie.

Nicht wegen ihrer Gefährlichkeit reifen die Wilhelma-Zitronen hinter Gittern.

sen liegt die Betonung auf dem gärtnerischen Aspekt, der dem Besucher die Fülle der Südgewächse, die die Gärten der Mittelmeerländer schmücken, vorstellen und ihn in diese Gefilde versetzen sollen. Intime Sitzplätze unter von Schlingpflanzen überwucherten Pergolen unterstreichen den Charakter der Anlage.

In wohlüberlegter Anordnung und Verteilung, um alles optimal zur Geltung zu bringen, finden sich die unterschiedlichsten Formen wie Hanfpalmen und Drachenbäume, Pinien und echte Zypressen, Säulenwacholder und Ölbäume, Zierbananen, Feigen- und Maulbeerbäume, immergrüne Magnolien, die ihre cremeweißen Riesenblüten erst im Sommer öffnen.

Daneben gibt es große Oleanderbüsche, bizarre Araukarien und Stechpalmen, Tropentrompeten, die erst am Abend ihren intensiven Duft verströmen, Hibiskusbüsche mit ihren leuchtenden, großen »Eintagsblüten«, Korallenbäume und Spanisch-Rohr, Himalaja-Zeder und Taubenbaum, Rosmarin und Lavendel und viele, viele andere mehr. Notwendigerweise hinter Gittern, vor allzu frühen Zugriffen geschützt, tragen auch Orangen und Zitronen hier Früchte. Ganze Teppiche bunter Blüten erfreuen das Auge. Alte, zur Kugelform geschnittene Kornelkirschenbäume gliedern die obere Terrasse. Die untere wird von einer gestutzten Hecke großblättrigen Buxbaums gegen den

Hang begrenzt, den einige Rosenbüsche zieren. Einen speziellen botanischen Leckerbissen stellen vier große, elegante Schauvitrinen – eine Stiftung des Württembergischen Gartenbauvereins – auf der unteren Terrasse dar, die wechselnde Ausstellungen botanischer Themen aufnehmen. Besonderes Interesse und deshalb in den letzten Jahren im Sommer regelmäßig gezeigt, fanden die sogenannten »fleischfressenden« oder insektenfressenden Pflanzen aus aller Welt.

8000 Pflanzen in rund 150 Arten waren notwendig, um die alten, neuen Räume zu verzaubern. 400 Exemplare robusterer südlicher Arten wurden ausgepflanzt, in der inzwischen bestä-

Bunte Stiefmütterchen bestimmen bis über die Zeit der Magnolienblüte hinaus das Bild auf den Subtropenterrassen, bevor sie von den Palmen und anderen Südgewächsen abgelöst werden.

tigten Hoffnung, daß sie sich auf den warmen Terrassen wohlfühlen würden. 450 frostempfindliche aber, die in Kübeln wachsen, müssen zweimal im Jahr transportiert und in temperierten Gewächshäusern überwintert werden.

In diese botanische Vielfalt eingefügt sind in Abstimmung mit den Denkmalschutz – dem Charakter der Terrassen entsprechend und ihre Symmetrie berücksichtigend – in aufgelockerter Bauweise 13 Pavillons entstanden, an die sich beidseitig 26, zum Teil unterteilte Volieren anschließen, in denen der Besucher einen attraktiven Überblick über die besonders bunte und manchmal auch recht lautstarke Familie der Papageien erhält. Hier geben sich von den größten Ara-Arten bis zu den kleinsten Sittichen, Loris und Kakadus, Amazonen und Graupapageien und viele andere ein farbenfrohes Stelldichein. Da die Pavillons heizbar sind, bleiben die Volie-

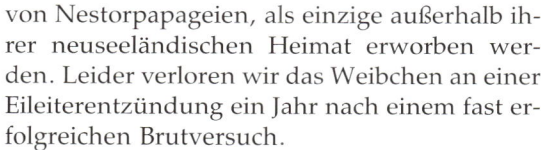

Als Ausnahme brütet zwischen den Papageien auch eine Kolonie der fast ausgestorbenen Waldrappen in der Wilhelma (oben). Mit seiner Federhaube gehört der australische Inka-Kakadu (Mitte) zu den schönsten Papageien.

Große Zuchtbemühungen gelten einem der seltensten Papageien Neuseelands, dem krähengroßen apart gefärbten Kaka, einer der beiden Arten von Nestorpapageien, die als sehr ursprünglich gelten.

ren das ganze Jahr über bewohnt, und die Papageien fühlen sich hier so wohl, daß die allermeisten von ihnen auch schon erfolgreich gebrütet haben. Schon im ersten Jahr nach der Eröffnung (1981) galt dies zum Beispiel für die seltenen Rotohr-Aras, denen Ararauna und Arakanga-Ara und 1992 auch die größten, die Hyazinth-Aras folgten. Gelbhauben-, Rosa- und Inka-Kakadus, Blaustirnamazonen und vielerlei Sittich- und Lori-Arten taten es ihnen gleich. Ganz besonders erfreulich ist die regelmäßige Brut der krähengroßen neuseeländischen Keas, eine der beiden Arten von Nestorpapageien. Sie gelten mit ihrem langen Sichelschnabel als die ursprünglichsten Arten der heute noch lebenden Papageien. Sehr neugierig und stets zu Spielen aufgelegt, bewegen sich die nicht allzu guten Flieger besonders geschickt am Boden. Die kältegewohnten Vögel, die in ihrer Heimat oberhalb der Baumgrenze in Höhlen brüten, beginnen auch bei uns mitten im Winter ab Ende Januar mit ihrer Brut. Als ganz große Rarität konnte 1985 ein Pärchen Kakas, die zweite Art

von Nestorpapageien, als einzige außerhalb ihrer neuseeländischen Heimat erworben werden. Leider verloren wir das Weibchen an einer Eileiterentzündung ein Jahr nach einem fast erfolgreichen Brutversuch.

Zwei Ausnahmen unterbrechen den Papageien-Reigen. Die erste ist die Brutkolonie der Waldrappen, schwarze ibisähnliche Vögel mit kahlen, roten Köpfen, die nur im Nacken einen Federschopf tragen. Bis ins 17. Jahrhundert lebte diese heute nahezu ausgestorbene Art auch in Mitteleuropa. Bis vor wenigen Jahren gab es noch zwei geringe Vorkommen. Die kleine Kolonie in Birecik in der Türkei am Oberlauf des Euphrat scheint inzwischen erloschen, und auch die Bestände in Küstengebirgen Marokkos sind auf unter 200 Vögel gesunken. Der Zucht in den Zoos kommt deshalb besondere Bedeutung zu. War doch der Bestand von wenigen importierten Vögeln schon Ende 1990 auf 636 Tiere in 40 Zoos angewachsen und damit höher als das Dreifache des Wildbestandes. Zur Zeit gibt es Überlegungen, die in Marokko noch

vorhandenen Kolonien zu verstärken, wozu auch die Wilhelma aus ihrem Bestand, in dem bisher 41 Vögel aufgezogen wurden, gern beisteuern wird. Die zweite Ausnahme ist eine Sippe südamerikanischer Totenkopfäffchen, die eine Doppelvoliere mit ihren stürmischen Fangspielen ausfüllen. Der Name für diese sympathischen eichhörnchengroßen Verwandten der Kapuzineraffen, den sie ihrer maskenartigen Gesichtszeichnung verdanken, ist sicher nicht glücklich gewählt. In großen Horden bis zu 500 Tieren durchstreifen sie die Kronen der Urwaldbäume weiter Teile des tropischen Südamerika. Früchte und Insekten sind ihre Hauptnahrung, die auch im Zoo geboten werden muß, wenn sie gesund bleiben sollen. Der weitausladende Hinterkopf läßt ihren Schädel »menschlicher« als alle anderen Affenschädel erscheinen, und ihr Gehirn ist im Verhältnis zum Körpergewicht das schwerste aller Herrentiere. Mit $1/17$ übertrifft es das von uns Menschen gewaltig, das nur $1/35$ unseres Körpergewichts ausmacht. Doch Gewicht ist nicht alles!

Eine alljährliche Sommerattraktion bieten die Schauvitrinen auf den Subtropenterrassen mit ihrer Ausstellung der verschiedensten Insektivoren, der insektenfressenden oder besser insektenfangenden Pflanzen. An nährstoffarmen Standorten wie zum Beispiel in Mooren, auf Sandflächen und Felsen oder an Baumrinden, müssen Pflanzen das, was sie an wichtigen Nährstoffen wie Stickstoff, Phosphat oder Schwefel nicht über die Wurzeln aufnehmen können, versuchen auf andere Weise zu bekommen. Durch das Fangen und Verdauen von Insekten und anderem Kleingetier greifen sie dem normalen Stoffkreislauf vor und verbessern ihre Lebenschancen. Die Fähigkeit, Tiere zu fangen, haben mindestens sechs verschiedene Pflanzenfamilien entwickelt. Dies kann auf passive Weise mit Krugfallen, Reusenfallen oder Klebefallen geschehen oder aktiv mit beweglichen Klebefallen, Klappfallen oder gar Saugfallen. Von unseren heimischen Mooren bis in die Regen- und Nebelwälder der Tropen sind sie zu finden, wenn auch in bestimmten Lebensräumen vielfach gefährdet, was auch für unsere heimischen Arten wie Fettkraut, Wasserschlauch und Sonnentau gilt.

Als Zubrot ein paar Fliegen

Noch gibt es sie aber, die stillen Jäger, von denen wir einige typische Beispiele kennenlernen wollen. Die einfachste und ursprünglichste Form einer passiven Krugfalle hat der Sumpfkrug (Heliamphora) aus Venezuela mit seinem zusammengerollten Blatt entwickelt, das in der Mitte einen kleinen Schlitz läßt, um den Wasserstand der Falle zu regulieren, die der Regen sonst füllen würde. Der glockenförmige Trichter trägt an seiner Spitze ein »Löffelchen«, das, dicht mit Nektardrüsen besetzt, die Insekten anlockt. Nektardrüsen umgeben auch die Trichtermündung, die mit einem Pelz nach unten gerichteter Haare besetzt ist. Die Haare geben aber nur scheinbar Halt, die Beute rutscht ab und fällt in die Flüssigkeit. Haare in der Tiefe und darüber eine glatte Fläche verhindern die Rückkehr. Die Verdauung besorgen Bakterien, da der Sumpfkrug noch keine Enzyme entwickelt hat.

Wirkungsvollere und kompliziertere Krugfallen kennzeichnen die Schlauchpflanzen (Sarracenia) Nordamerikas. Ihre bis meterlangen Blätter bilden, vielfach abgewandelt, eine trompetenförmige Röhre mit meist bauchiger Kanne und einem Deckel, der das Regenwasser wenigstens teilweise abhält. Die Schlauchmündung ist zu einem oft auffallend gefärbten Wulst umgebogen, der ebenso wie der Deckel viele Nektardrüsen trägt. Sicherer Landeplatz für Insekten ist zunächst der mit kurzen Haaren besetzte Deckel. Die Angelockten folgen der Nektarspur nach unten, die Drüsen werden zahlreicher und glitschiger. Dort wo sie beginnen, Enzyme zu produzieren, stürzen die Eindringlinge ab, und in der Tiefe hindern sie nach unten gerichtete Haare am Aufwärtsklettern. Enzyme und Bakterien verdauen die Beute. Eine Art, Sarracenia psittacina, hat ihre Blätter zu regelrechten Reusenfallen entwickelt. In ihren Schlauchblättern bilden steife, lange Haare eine »Einbahnstraße«, die unweigerlich in die Verdauungszone führt. Ihr Blattdeckel überwölbt den dunklen, drüsenbesetzten Eingang und gibt darunter nur eine kleine Öffnung frei. Insekten, die hier durchkriechen, werden von durchsichtigen »Fen-

Fast wie ein Farnwedel entwickelt sich hier das Blatt des gespaltenblättrigen Sonnentaus. Noch bevor es sich ganz geöffnet hat, sind bereits die an feinen Stielchen im Licht glitzernden Leimtröpfchen als perfekte Klebefalle wirksam.

stern« im Deckel, die sie für Ausgänge halten, getäuscht und fallen in die Reuse, wo sie von Enzymen verdaut werden. Noch besser beherrscht den »Fenstertrick« die Kobrapflanze (Darlingtonia), von deren Schlauchfallen mit hochgewölbtem »Kuppelkopf« eine Zunge herabhängt, die an eine zustoßende Schlange denken läßt. Auch hier ist die Kuppel mit zahlreichen »Fenstern« versehen, gegen die die hochgekletterten Eindringlinge so lange fliegen, bis sie kraftlos abstürzen.

Perfekte Krüge bilden die südostasiatischen Kannenpflanzen (Nepenthes) aus, Kletterpflanzen, die bis 15 m hoch werden können. Auch hier schützt ein bunter, drüsenbesetzter Deckel bei gleichzeitiger Lockfunktion die Kannenöffnung. Die Rippen des Randes stehen nach innen weit über und tragen ebenfalls Nektardrüsen. Der obere Kannenteil ist mit Wachs glatt ausgekleidet, der untere mit Verdauungsdrüsen besetzt. Nepenthes-Kannen funktionieren

Aktiv zuschnappen können die Blättchen der Venus-Fliegenfalle. ◄

Verdauungssaft erwartet den Eindringling am Grunde des Kruges der Kannenpflanze. ▼

Ausgesparte helle Stellen täuschen bei der Kobrapflanze eine Fluchtmöglichkeit vor. ▲

Die glitzernd glatte, aber klebrige Blattoberfläche des Fettkrauts verlockt Insekten zum Landen.

perfekt. Sie scheiden zusätzlich oberflächenaktive Netzmittel aus, die die Beute rasch absinken lassen. In großen Kannen (die bis 2 l fassen) hat man auch schon kleine Säugetiere und Reptilien gefunden. Sogar eine angepaßte Fauna lebt in ihnen: Spinnen, die auf Beute lauern, Einzeller, Rudertiere und Kleinkrebse leben in der Flüssigkeit, in der sich auch gegen die Enzyme unempfindliche Mückenlarven entwickeln können.

Ähnliche Krüge am Boden bildet der Zwergkrug (Cephalotus) als einzige Art seiner Familie und weder mit Kannen- noch Schlauchpflanzen verwandt. In trockenen Teilen südwestaustralischer Sumpfgebiete warten die kleinen, bis 5 cm großen »Krüge« auf Beute.

Auch die Regenbogenpflanze (Byblis) ist in Australien zu Hause. Ihre vielen gestielten Klebdrüsen, die auf Blättern, Stengeln und sogar auf den Kelchblättern stehen, bilden passive Klebefallen. Verdauungsdrüsen in geschützten Rinnen verarbeiten die festsitzende Beute. Mit

dem gleichen Prinzip arbeitet auch das Taublatt (Drosophyllum) trockener Böden der iberischen Halbinsel und Marokkos. Blattbüschel werden als wirksame Fliegenfänger in die Fenster gehängt. Aktive Klebefallen haben die ebenfalls mit gestielten Klebdrüsen ausgestatteten zahlreichen Arten des Sonnentaus (Drosera), bei denen sich die Drüsenstiele über die Beute krümmen und sie so besser festhalten und verdauen. Auch das Fettkraut (Pinguicula) hat aktive Klebefallen. Seine in Rosetten stehenden, durch Klebedrüsen wie feucht aussehenden Blätter wölben sich über die Beute.

Den Typus des aktiven Fängers stellt die Venusfliegenfalle (Dionaea) dar. Ihre Blätter mit verbreitertem Blattstiel und in der Mittelrippe beweglicher Blattspreite bilden eine sehr wirksame Klappfalle. Beim Schließen greifen Sperrborsten ineinander und halten die Beute fest. Je drei Fühlborsten auf jeder Blatthälfte sind dabei die Auslöser.

Über die komplizierteste Fangeinrichtung, eine Saugfalle, verfügt der Wasserschlauch (Utricularia). Die verschiedenen Arten der weltweit verbreiteten Gattung können frei im Wasser schwimmen, in den wassergefüllten Zisternen von Bromelien leben, aber auch zwischen Rinde, feuchtem Moos oder im lockeren nassen Boden mit ihren Blasenfallen kleinste Insekten fangen. Die kurz gestielten, $1/4-5$ mm großen ovalen Fangblasen sind mit einem beweglichen Deckel verschlossen. Fangbereit stehen sie unter Unterdruck, der, wenn ein durch süße Substanzen herangelocktes Tier, Sinneshaare am Deckel berührt, dieses in $1/100$ Sekunde blitzschnell nach innen saugt; eine der schnellsten Bewegungen, zu der Pflanzen fähig sind. Sofort schließt sich der Deckel wieder und die Verdauung beginnt. Man kann verstehen, daß sich viele Liebhaber den Insektivoren zuwenden und ihnen in der Wohnung als Zubrot ihre Fliegen reichen.

Die Haltung von Raubtieren oder besser Beutegreifern hat in der Wilhelma eine lange Tradition. 1950 wurden die ersten Löwen erworben und bezogen im ehemals königlichen Magazingebäude, das bis heute noch einschlägig benützt wird, Quartier. Der Bestand wuchs und war nicht zuletzt Anlaß für die erste Erweiterung 1968 in den Rosensteinpark, deren wichtigstes Objekt ein modernes Raubtierhaus mit großer Freianlage war. Vier pavillonartig hintereinander geschaltete Baukörper, die sich gut dem Gelände anpassen, sind mit modernen tiergärtnerischen Möglichkeiten ausgestattet. Jedes Haus enthält zwei abgeschirmte Wurfboxen, in denen die Tiermütter ihre Jungen in aller Ruhe zur Welt bringen können. Die inzwischen nahezu beliebige Vermehrbarkeit der Großkatzen bedingt aber ein sorgfältiges Management, um den Bestand nicht zu groß werden zu lassen. Allen Innenkäfigen sind entsprechende Außenanlagen mit Klettermöglichkeiten, teilweise beheizten Liegeflächen und anderen Komforteinrichtungen zugeordnet. Der aufwendigste Teil ist zweifellos die große Freianlage mit ihrer 5 m hohen ovalen Rückwand und dem 8 m breiten, 2 m tiefen Wassergraben, der die Kleinigkeit von 1300 m³ Wasser faßt. Dabei kann kein Zweifel bestehen, daß unter »frei« in erster Linie der Blick des Besuchers zu verstehen ist. Den Bewohnern ist die Art der Abgrenzung ganz sicher gleichgültig. Bei Gitterabgrenzung könnte man ihnen bei gleichem Aufwand sogar weit mehr Fläche zur Verfügung stellen. Man muß sich jedoch vor Vorurteilen und Fehleinschätzungen hüten. Denn gerade der »König der Tiere«, der Löwe, nutzt den in erster Linie ihm zugedachten Raum nur wenig. Auch in ihrer Heimat, der afrikanischen Steppe, bewegt sich die wohl faulste Großkatze nur, wenn ihr Magen knurrt. Da Löwen außerordentlich wasserscheu sind und den Graben nicht nützen, hat man sich in den letzten Jahren entschlossen, die Anlage doch lieber mit Tigern zu besetzen, die gerne einmal ein Bad nehmen und dabei kaum die Regenbogenforellen stören, die hier als Futtertiere für wertvolle Fischfresser herangezogen werden.

Der erste große Laufkäfig steht deshalb den Löwen zur Verfügung, die aus Betschuana-Land aus dem südlichen Afrika stammen. Wenn sie ihre kilometerweit zu hörende Stimme erschallen lassen – ihr dumpfes Brüllen ist das lauteste aller Katzen – zittern auch in der Wilhelma die Wände. Die kräftige Mähne, die

1300 Kubikmeter Wasser für die Katz

Kleine Diskussion bei Jaguars. Das systematische Merkmal der einzigen neuweltlichen gefleckten Großkatze, die Fleckenringe mit Kernflecken, ist deutlich erkennbar.

nur die Männer dieser Katzenart tragen, ist eine Art Schutzschild vor Prankenhieben bei Auseinandersetzungen mit Rivalen. Löwen jagen im Rudel, wobei sie sich die Beute zutreiben und dann gemeinsam fressen. Die zwei bis fünf Jungen, die nach etwa hunderttägiger Tragzeit geboren werden, sind gefleckt und mit drei Jahren geschlechtsreif. Ausgewachsen mit sechs können starke Männchen über 200 kg schwer werden. Heute leben Löwen noch in offenen Gebieten Afrikas südlich der Sahara und wenige im kleinen Schutzgebiet des Gir-Forstes in Indien.

Die größte aller Katzen ist der Tiger in seiner sibirischen Unterart, die auch in der Wilhelma im Rahmen eines Zuchtprogramms im kühl gehaltenen alten Raubtierhaus gepflegt wird. Im Ussuri-Amur-Gebiet leben noch etwa 200 dieser stattlichen Katzen, die bis 250 kg schwer werden können. Der Zoobestand des im Zuchtbuch geführten reinrassigen Bestandes liegt über 700! Auf der Freianlage des Raubtierhauses lebt mit einem Paar Sumatra-Tigern eine der kleinsten, aber zeichnungstärksten Unterarten und bestätigt die sogenannte Bergmannsche Regel, die besagt, daß je näher eine Unterart am Äquator lebt, sie um so kleiner bleibt, je weiter weg, um so größer. Auch der Sumatra-Tiger ist stark gefährdet. In den Zoos werden rund 160 gepflegt. Tiger sind Einzelgänger, die große Huftiere jagen. Sie fühlen sich wohl, wo es Großwild, Wasser und Deckung gibt. Recht standorttreu bleiben sie über Jahre im gleichen Revier, das pro Tier in wildreichen Gebieten Indiens etwa 50 km², in wildarmen Sibiriens weit über 1000 km² groß sein kann.

Als gefleckte Großkatze hält die Wilhelma von den zahlreichen in Afrika und Asien lebenden Unterarten des Leoparden die persische, die besonders elegant gezeichnet ist. Die Ringflecken auf hell sandfarbenem Grund sind innen leicht nachgedunkelt. Die Haare, besonders im Schwanzbereich, sind länger, was auf das Vorkommen in kühleren Gebirgsregionen deutet. Im Zuchtbuch dieser hochgefährdeten Unterart sind rund 130 Tiere eingetragen. Immer wieder haben unbefangene Besucher Schwierigkeiten, bei den gefleckten Katzen die altweltlichen Leoparden von den süd- und mittelamerikanischen Jaguaren zu unterscheiden. Trotz vieler Unterarten ist ein Leopard immer daran zu erkennen, daß seine aus kleinen dunklen Tupfen bestehenden Ringflecken innen ungekernt bleiben. Beim Jaguar dagegen tragen die aus größeren Flecken bestehenden Ringe der Rückenpartie meist einen oder mehrere Kernflecken. Schwieriger wird es, wenn es sich bei beiden Arten um Schwärzlinge handelt. Da muß man schon die gedrungenere Körperform und den größeren Kopf des Jaguars in Betracht ziehen, oder ihn bei Schrägbeleuchtung genau anschauen. Dann lassen sich nämlich auch bei ihm die gekernten Ringflecken schwarz in schwarz erkennen. Besonders leicht kann man sich dies in der Wilhelma machen, denn dort leben schwarze und gefleckte Jaguare direkt nebeneinander. Jaguare klettern nicht so gut wie Leoparden, schwimmen aber ausgezeichnet und beweisen große Kräfte beim Wegschleppen von Beute bis Pferdegröße! Kreuzungen mit dem Leoparden, die selbst wieder fruchtbar sind, sind möglich. Beim einfarbigen Puma oder Silberlöwen, der von Kanada bis Patagonien und Feuerland über beide amerikanische Kontinente verbreitet ist, sind nur die Jungen bei ihrer Geburt kräftig gefleckt. Auch bei ihm bestätigt sich die Bergmannsche Regel. Die kanadische und die patagonische Form sind groß und graubraun, die des brasilianischen Regenwaldes rotbraun und kleiner.

Eine kleine Freianlage zwischen Raubtierhaus und Dickhäuterhaus bewohnt ein Paar der eigenartigen Waldhunde, die man eher für eine kurzbeinige, dackelähnliche Haushundekreuzung als für Wildtiere halten würde. Dennoch

Gleichmäßig kleingefleckt, viel leichter, schlanker und hochbeiniger als ein Leopard, mit schmalen Pfoten, deren Krallen sie nicht einziehen können, sind sie die idealen Kurzstreckenläufer, die 100 – 110 Stundenkilometer erreichen können. Länger als 500 m halten sie aber den Spurt nicht durch und müssen dann die Beute, meist mittelgroße Huftiere, laufen lassen. Oft gelingt jedoch der Überraschungsangriff, der durch geschicktes Anschleichen vorbereitet wird. Die Zahl der Männchen übertrifft die der Weibchen um ein Vielfaches, doch ist nur ein geringerer Teil von ihnen fruchtbar. Nicht nur deshalb gelingt im Zoo die Zucht nur selten. Die Wilhelma war bisher noch nicht unter den Glücklichen.

Surikaten oder Erdmännchen beobachten ihre Umgebung gern hoch aufgerichtet.

Kurzbeinige Kleintierjäger sind die Waldhunde der Savannen des Amazonasgebiets.

Die kleinste, aber lebhaft gestreifte Unterart der Tiger, die Sumatra-Tiger, bewohnen die große Freianlage.

sind sie echte Wildhunde, die in den savannenartigen Teilen des Amazonas-Urwaldes ein heimliches Leben führen. Die goldbraunen Läufer sind Kleintierjäger, beste Schwimmer unter den Hundeartigen und graben auch gut. Im Zoo sind sie seltene Gäste. Eine zweite Freianlage am Giraffengehege mit unterirdischem Zugang zu einer geheizten Schlafhöhle ist die Heimat einer Familie der zu den Schleichkatzen zählenden Erdmännchen oder Surikaten aus Südafrika. Quergestreift mit spitzem Kopf und langen Krallen an den Vorderpfoten graben die gesellig lebenden Tagtiere sehr geschickt nicht nur ihre Bauten, sondern auch Kleintiere aus dem Boden, die neben Vögeln, Kleinsäugern, Schlangen und Früchten ihre Nahrung sind. Besonders gern stehen sie hoch auf den Hinterbeinen aufgerichtet in Beobachtungshaltung und warnen die Kolonie vor möglichen Feinden rechtzeitig.

Schließlich dürfen auch die schnellsten aller Säugetiere, die Geparden, nicht vergessen werden, deren Laufgehege an der Hangkante neben dem Belvedere liegt. Schon im alten Ägypten und bei indischen Fürsten wurde dieser elegante Läufer zur Jagd auf Gazellen abgerichtet.

Die Elefanten, die größten Säugetiere der Erde, sind seltsame Geschöpfe. Die lange Rüsselnase der bis zu sechs Tonnen schweren grauen Riesen ist nicht nur ein ausgezeichnetes Riech- und Atemorgan, sondern ein sensibles Universalwerkzeug. Es wird sogar zum Trinken gebraucht, indem es Wasser aufsaugt, um es nachher in den Mund zu spritzen. Die 2 cm dicke Haut ist sehr empfindlich und bedarf sorgfältiger Pflege. Der ziegelgroße einzige Zahn in jedem Kiefer, der etwa zehn Jahre gebrauchsfähig bleibt und fünfmal gewechselt wird, begrenzt so das Alter auf ungefähr 60 Jahre. Nach 22 Monaten, der längsten bekannten Tragzeit, kommt das über 100 kg schwere Junge zur Welt, das seine Nahrungsquelle, zwei Zitzen, zwischen den Vorderbeinen der Mutter findet. Die prächtigen, zu Stoßzähnen ausgewachsenen oberen Schneidezähne aus dem geschätzten Elfenbein, wären dem Riesen fast zum Verhängnis geworden, wenn nicht 1989 ein weltweites Handelsverbot ausgesprochen worden wäre. Bis dahin war der Bestand afrikanischer Elefanten, deren Männchen und Weibchen große Stoßzähne tragen, in den letzten zehn Jahren von 1,2 Millio-

Panzer mit rasantem Liebesleben

nen auf weniger als 600 000 gesunken und nimmt weiter ab. Der Bestand asiatischer Elefanten, bei denen nur die Männchen Stoßzähne aufweisen, scheint bei 30 000 – 40 000 stabil zu sein.

In der Wilhelma leben vier indische Elefanten-Damen: Vilja seit 1952, damals etwa vier Jahre alt, Molly und Pama, Jahrgang 1966, und Zella, die etwa 1968 zur Welt kam. Die kleineren Ohren, der einzelne Greiffinger am Rüsselrand und die Stoßzahnlosigkeit weisen sie als Asiaten aus. Um die grauen Kolosse richtig zu pflegen und ihnen im Notfall auch helfen zu können, müssen ständig kleine Dressurübungen gemacht werden. Aus dem gleichen Grund, und um sie vor gegenseitigen Rempeleien zu schützen, werden sie – wie auch in ihrer Heimat seit Jahrtausenden geübt – nachts lose angekettet. Zur Planungszeit vor über 30 Jahren entschloß

man sich, wegen der Gefährlichkeit erwachsener Männchen auf die Bullenhaltung zu verzichten. Heute in neuer Situation, mit neuen Erfahrungen, denkt man über einen entsprechenden Umbau nach.

Die kostbarsten Bewohner der Wilhelma sind zweifellos die Indischen Panzernashörner im gleichen Haus. Ihr Bestand in freier Wildbahn hat sich in sechs Schutzgebieten in Indien und Nepal wieder auf etwa 1700 Tiere erholt. Gründe für die außerordentliche Gefährdung aller fünf heute lebenden Nashornarten sind ihre Hörner, die nichts anderes darstellen, als die verklebte Masse überdimensionaler Haare, reine Hornsubstanz also, die ohne Knochenzapfen nur in der Haut verankert ist. In Ostasien gilt der Stoff, der mit bis zu 30 000 DM pro Kilo gehandelt wird, zerrieben als Aphrodisiakum, als geschlechtliches Aufputschmittel, was jeder Grundlage entbehrt. Im Jemen werden um noch horrendere Summen die Griffe der traditionellen Krummdolche aus dem Nasenhorn gefertigt. Der Zucht im Zoo, wo über 100 Tiere leben, kommt also große Bedeutung zu. Das Stuttgarter Paar »Nanda« und »Puri«, beide im Zoo Ba-

Zu den kostbarsten Pfleglingen eines Zoos gehören die Indischen Panzernashörner: Mutter »Nanda« mit ihrem zehnten Kind.

Die Schwergewichte der Wilhelma stellen sich vor: »Zella«, »Vilja«, »Pama« und »Molly«, die indischen Elefantendamen (von links).

sel geboren, war hierin vorbildlich. Zwar mußte »Nanda« (geb. am 25. 8. 1965) zunächst zwei Hochzeitsreisen nach Basel unternehmen, da das zwei Jahre jüngere Männchen noch nicht geschlechtsreif war. Nach etwa 16-monatiger Tragzeit wurde am 16. Juli 1971 ihr erstes Kind, ein Weibchen geboren, das seine Mutter im Schreck des Unbekannten an die Wand warf und tötete. Alle weiteren neun Kinder zog sie aber vorbildlich auf. Man muß einmal gesehen haben, welche Energie in diesen Riesen steckt, wenn sich das Paar in der Brunft stundenlang wie zwei D-Zug-Lokomotiven verfolgt, die empfindliche Haut sogar blutig schrammt, bevor es endlich zur Vereinigung kommt. Leider starb Nanda 27jährig im Sommer 1992 an Kreislaufversagen. Zum Glück war ihr letztes Kind ein Weibchen, auf dem nun neue Hoffnungen ruhen. Stuttgarter Panzernashörner leben heute nicht nur in Köln, Nürnberg oder München, sondern auch in der Tschechoslowakei, in Brasilien, Japan und Singapur.

In Afrika, südlich der Sahara noch weit verbreitet, lebt ein weiterer bis zu drei Tonnen schwerer Riese, das Flußpferd. Sein Name ist ir-

Auf Mutters Rücken ist gut rasten für das 12. Kind von Flußpferd »Rosi«.

reführend, denn mit den Pferden hat es gar nichts zu tun. Es ist vielmehr ein Schweineverwandter, dessen große untere Eckzähne seine Waffen darstellen, die nicht nur in Rivalenkämpfen eingesetzt werden. Hervorragend an das Leben im Wasser angepaßt, besiedeln die gesellig lebenden Tiere die Ufer stehender oder langsam fließender Gewässer und gehen nur nachts zur Nahrungsaufnahme an Land. Ihr Revier markieren sie mit ihrem Kot. Deshalb ist es eine wahre Sisyphusarbeit, ein Flußpferdhaus sauber zu halten, denn der kleine kräftige Spatelschwanz, der als perfekter Düngerstreuer dient, markiert das saubere Haus sofort wieder. Bei Bedrohung flüchten sie ins Wasser. Nasen-, Augen- und Ohröffnung sitzen auf einer Linie hoch oben am Kopf und erlauben Atmung und Orientierung bei minimalem Auftauchen. Ihre Jungen gebären und säugen sie unter Wasser. Im Zoo sind sie dankbare Pfleglinge, die 50 Jahre alt werden können. Das Stuttgarter Paar, der damals dreijährige Bulle »Egon« und das einjährige Weibchen »Rosi« übersiedelten im Mai 1968 ins neue Flußpferdhaus. Mit Egon zusammen hatte Rosi von 1972 an in schöner Regelmäßigkeit elf Kinder, bis Egon sozusagen in seinen besten Mannesjahren im Dezember 1988 einer Besucherunachtsamkeit zum Opfer fiel. Er verschluckte einen ihm zugeworfenen Tennisball, der seinen Dünndarm blockierte, und nahm, da der Magen ja voll blieb, kein Futter mehr auf. Ohne sonstige Krankheitszeichen zu zeigen, starb er nach Wochen, ohne daß man ihm helfen konnte. Sein dreijähriger Nachfolger, der im Juni 1989 aus Antwerpen eintraf, sorgte unerwartet rasch für Kontinuität, denn schon im Juni 1990 kam »Rosis« zwölftes Kind zur Welt.

Nur ein Zehntel des Gewichts seines nahen großen Verwandten erreicht das Zwergflußpferd, das in seinem kleinen Verbreitungsgebiet in Westafrika trotz Schutz stark verfolgt wird. Im Gegensatz zum Flußpferd lebt es als Einzelgänger in Urwaldgebieten, flüchtet zwar auch ins Wasser, bringt aber seine Jungen an Land zur Welt. Die nur wenig größeren Männchen erkennt man an ihrer auffallenden hellen Schwanzquaste. »Hannibal« und »Nelly«, die beiden Stuttgarter Zwergflußpferde kamen im Zoo Kopenhagen zur Welt und hatten bisher zusammen fünf Kinder.

Seit Anfang des Tertiärs, seit 50 Millionen Jahren, haben die Tapire – Unpaarhufer, die mit den Nashörnern verwandt sind – ihre Gestalt kaum verändert. Von den heute noch lebenden vier Arten bewohnt nur eine Asien. Die malaiische Halbinsel und Sumatra sind die Heimat des auffallend schwarz-weiß gezeichneten Schabrackentapirs, dessen Farbflächenverteilung in freier Wildbahn eher Tarnfunktion hat. In feuchten Urwäldern bewohnen die meterhohen Einzelgänger die Flußufer, baden gern und schnüffeln nach Schweineart mit dem Rüssel

Aus den Hochanden Ekuadors stammen die überaus seltenen Bergtapiere (Text S. 108).

nach Fressbarem. Jungtiere, die nach 13 Monaten Tragzeit geboren werden, sind lebhaft längsgestreift, ähnlich wie Wildschwein-Frischlinge und noch schwerer zu erkennen als die Erwachsenen. Die Wilhelma war in der Zucht dieser seltenen Art bisher sechsmal erfolgreich. Die jetzigen Hoffnungen ruhen auf einem jungen Männchen, das in einem thailändischen Zoo zur Welt kam und der alten Stammutter »Lilith« und ihrer Tochter »Lydia« zugeführt wurde.

Es bedurfte der langen Anlaufzeit von zwölf Jahren bis die provisorischen Huftiergehege in ihrer endgültigen Gestalt als Afrikanische Huftieranlagen im Mai 1980 dem Publikum übergeben werden konnten. Eine alte Idee war in einem großen Bauprojekt endlich verwirklicht, und ein weiterer Teil der Großtiere konnte aus der historischen Wilhelma umgesiedelt werden, ergänzt durch bisher noch fehlende Tierformen. In einem großen, S-förmigen Bogen schwingt sich der Besucherweg vom Flußpferdhaus über die Hochfläche bis zum reizvollen Koniferental und umschließt dabei eine Fläche von mehr als 3 ha. In sechs Stallgebäuden und zwölf Freianlagen ist die bunte Tierwelt Afrikas – die Giraffen, Zebras und Antilopen – in ästhetisch ansprechenden Anlagen tiergerecht untergebracht. Die Gehege fügen sich harmonisch in das Gelände ein und gehen zwanglos in den Rosensteinpark über. Die weiten, offenen Flächen auf dem Plateau bewohnen die Steppentiere, der hangseitige Teil nimmt die Bewohner der Regen-Urwälder auf.

Den Reigen eröffnen die südafrikanischen Oryx-Antilopen oder Spießböcke, die mit ihren pfeilgeraden, nahezu meterlangen Hörnern und der attraktiven Fellzeichnung zu den schönsten aus ihrem Verwandtschaftskreis zählen. Die Hörner der wehrhaften Tiere dienen der innerartlichen Auseinandersetzung aber auch zur Verteidigung. Bei den Jungtieren, die ohne Hornschmuck geboren werden, meint man zusehen zu können, wie rasch diese Zier wächst. Das große Laufgehege gegenüber bewohnt die Herde der Grevy- oder Riesen-Zebras – alle mit Stuttgarter Geburtsschein. Durch besonders elegante, lange Streifenzeichnung auffallend, leben sie heute nur noch in kleinen Trupps in den Hochländern des südlichen Äthiopien und angrenzender Teile Kenias. Ihr Bestand ist sehr gefährdet. Um so erfreulicher ist die Geburt von 47 Fohlen bis zum Sommer 1992, von denen drei bzw. sechs von den beiden 1954 importierten Weibchen »Karin« und »Liese« stammen, allein 13 von der hier geborenen Linde, die mit 26 Jahren im hohen Zebra-Alter starb. Wie in der freien Wildbahn halten sich auch hier die Strauße gern in der Nähe der Zebras auf. Mit bis zu 2,75 m Höhe und 150 kg Gewicht sind sie die größten lebenden Vögel der Erde. Ihre Flügel taugen nicht zum Fliegen, sie sind nur Fächer oder Sonnenschirm und Imponiermittel bei der Balz. Dafür aber können sie

Ein Stück Afrika im Rosensteinpark

Als »Zehennagelspitzengänger« bewegen sich die Klippspringer-Antilopen extrem geschickt auf Fels.

mit ihren langen, muskulösen Beinen trefflich laufen und rund 50 km Stundengeschwindigkeit leicht über längere Zeit durchhalten. Mit etwa 1500 g legen sie die größten Eier aller heute lebenden Tiere, was 25 - 30 Hühnereiern entspricht. Hahn und Henne, die unterschiedlich gefärbt sind, wechseln sich beim Brüten ab.

Die nächste Einhuferart, die Somali-Wildesel, stehen in ihrer von Krieg überzogenen Heimat, der Danakil-Senke Äthiopiens und in Somalia, vor der akuten Ausrottung. Nur wenige Tiere konnten in Zoos und einem Schutzgebiet in Israel gerettet werden. Ob aber der geringe Bestand in Menschenobhut ausreicht, diese eleganten und drahtigen Lauftiere der Halbwüste zu erhalten, ist noch fraglich. Mit bisher drei Geburten von selbst schon zoogeborenen Elterntieren konnte die Wilhelma einen kleinen Beitrag zu ihrem Überleben leisten. Ein Gemeinschaftsgehege zusammen mit zwei Antilopenarten bewohnen als Vertreter der Steppenzebras die klar schwarz-weiß gestreiften Grantze-

bras Ostafrikas. Diese nördlichste Unterart kann noch große Herden bilden, bestehend aus kleineren Familienverbänden und Hengstrudeln. Für das Leben in Sandwüsten und sandigen Trockensteppen sind die Mendes-Antilopen, die schon von den alten Ägyptern in halbzahmen Herden gehalten wurden, mit ihren breiten Hufen gut ausgestattet. Beide Geschlechter tragen lange, schraubenartig gewundene Hörner, die beim Männchen gedrungen ausfallen. Das gelblichweiße Fell reflektiert gut die hohe Sonneneinstrahlung. Ihr Bestand in den südlichen Bereichen der Sahara ist stark bedroht. Im Zoo gelingt die Zucht regelmäßig, in der Wilhelma bisher 24mal. Ein erstes Wiederansiedlungsprogramm ist in Tunesien angelaufen. Bleßböcke bevölkerten einst in ungeheuren Herden die Steppen Südafrikas, wurden aber von den weißen Siedlern bis auf wenige hundert, die heute noch auf Farmen gehalten werden, zusammengeschossen. Die charakteristische Blesse ist bei den hell geborenen Kälbchen (in der Wilhelma 48!) die einzige dunklere Partie, die sich erst später umfärbt. In einem gegen Unterwühlen gesicherten Gehege sind die Warzenschweine untergebracht. Sie verdanken ihren Namen den abenteuerlich gestalteten Kopfauswüchsen. Die gewaltigen Hauer, die Eckzähne, der Männchen sind recht gefährliche Waffen. Neben ihnen erfreut eine Familie der hirschgroßen Defassa-Wasserböcke, bei denen nur die Männchen Hörner tragen, regelmäßig mit Jungtieren. Bei ihnen leben zwei Marabus, auch Kropfstörche genannt, die als großschnäbelige Aasvertilger Schutz genießen. Die Wasserfläche wird gern von dem Paar Sporengänsen als weiteren Untermietern aufgesucht, die wegen ihres wehrhaften Dorns am Flügelbug so heißen.

Die größte Anlage, geschützt gegen allzu kräftige Winde von einer hohen, glasklar durchsichtigen Windschutz-Wand aus sehr zähem Macrolon-Kunststoff, bewohnt die Netzgiraffenherde. Ihre Untermieter sind die kleinen Kudus, elegant gestreifte, zierliche Antilopen, deren Männchen ein mehrfach gedrehtes Schraubengehörn tragen. Ein Gehege im Gehege bildet der zaunumgebene Felshügel, der einem afrikanischen Inselberg nachempfunden wurde, in seinem Inneren einen Stall verbirgt und speziellen Felsbewohnern den gewünschten Lebensraum bietet. Es sind die extremsten Zehenspitzen-, ja man muß sogar sagen Zehennagelspitzengänger, die man kennt: Klippspringer, kleine Antilopenverwandte, die mit allen acht Hufspitzen zugleich auf einer Streichholzschachtel Platz finden und sich mit unvorstellbarer Sicherheit auf dem Fels bewegen. Das größte Haus in diesem Bereich, das Giraffenhaus, ist zugleich auch das einzige, das für Besucher zugänglich ist. Quer durch das Haus läuft die imaginäre Grenzlinie zwischen Steppen- und Urwaldbereich. Den Steppentieren, den Netzgiraffen, stehen die Urwaldgiraffen, die sagenhaften Okapis, gegenüber. Vier weitere Kleingehege im Haus bieten Übergänge nach beiden Seiten. Ein Stück Wüstenbiotop wird von den kleinsten Wildhunden der Erde, den großohrigen Fenneks oder Wüstenfüchsen, besiedelt. Ihre Hauptnahrung sind Kerbtiere, vor allem Heuschrecken, Eidechsen, Nager, auch Pflanzen. In einer kleinen Vitrine leben die zierlichen, etwa mausgroßen Rüsselspringer, die ihren Namen der lang ausgezogenen Nase und ihren flinken Bewegungen verdanken. Die Jungen dieser südafrikanischen Insektenfresser, die nach zwei Monaten Tragzeit geboren werden, sind schon recht groß – extrem weit entwickelte Nestflüchter –, die nur eine Woche lang gesäugt werden. Charaktertiere der

Steppe, Webervögel, deren Männchen mit großem Geschick Kugelnester flechten und sie mit lebhaftem Gesang und Balzspiel ihren Weibchen als Eigenheim anbieten, bewohnen die große Mittelvoliere. Innenstall- und ein Bambusdschungel im Freien, der an den heimatlichen Papyrussumpf erinnern soll, bieten an der Stirnseite des Hauses den Schuhschnäbeln Quartier. Diese seltenen Storchverwandten der Sümpfe des südlichen Sudans und oberen Nils benützen ihren großen, scharfkantigen Hakenschnabel zum Fischfang.

Nach der zweigeteilten, verschiedene Bodenqualitäten bietenden Außenanlage der Okapis folgt ein Gemeinschaftsgehege für eine Gruppe Impalas oder Schwarzfersenantilopen, bei denen nur die Männer eine weit geschwungene Hornzier tragen. Zu ihnen gesellen sich die größten des Geschlechts, die rindergroßen Elenantilopen, die man schon mehrfach zu Haustieren zähmen wollte. Die buntesten der Reihe und in ihrer geballten Kraft auch die schönsten unter allen Antilopen sind zweifellos die Bongos, kräftige und kräftig gezeichnete Tiere des Regen-Urwaldes, bei denen beide Geschlechter lyraartig gewundene Hörner tragen. Zur gleichen Unterfamilie der Waldböcke gehören auch

die schlankeren und zierlicheren Nyalas. Das sehr dunkle Männchen dieser Antilopenart bewacht einen Harem heller, weiß-quergestreifter weiblicher Tiere.

Deutlich unterscheidet sich bei den Nyala-Antilopen das größere, dunkelgefärbte Männchen vom zierlichen, hell quergestreiften Weibchen.

Ein weiträumiges Gemeinschaftsgehege teilen sich je eine Gruppe von Addax- oder Mendes-Antilopen und Bleßböcken mit einer Grantzebra-Familie.

In freier Wildbahn fast ausgestorben: die eleganten Somali-Wildesel. Für den Tierpfleger nicht ungefährlich: die bizarren Warzenschweine (unten).

Noch bis ins Mittelalter sah man Giraffen, da man sie anders nicht einordnen konnte, als Kreuzungsprodukte zwischen Kamel und Leoparden an, und auch ihr wissenschaftlicher Name lautet noch heute Giraffa camelopardalis. Mit bis zu 5,80 m Scheitelhöhe, die große Bullen erreichen können, sind diese faszinierenden Geschöpfe nicht nur die höchsten unter allen Säugetieren, sondern im Verhältnis von Höhe zur Länge zugleich auch die kürzesten. Trotz des kurzen Körpers und der schlanken Gliedmaßen sind sie mit 800–1900 kg relativ schwer. Die Weibchen bleiben aber einen Meter niedriger und sind erheblich leichter. Giraffen, die einmal ganz Afrika besiedelt haben, leben heute in unterbrochenen Verbreitungsgebieten nur noch südlich der Sahara und sind auch im Kapland ausgestorben. Die oft recht verschieden gezeichneten Unterarten, deren Fellmuster von der klar abgegrenzten Netzzeichnung bis zum aufgelösten Fleckenmuster der sogenannten Weinlaubgiraffe variieren kann, sind alle untereinander fruchtbar kreuzbar, so daß man alle Giraffen als nur eine Art ansieht. Kein Tier ist gleich gezeichnet und kann deshalb an seiner Musterung individuell erkannt werden. Giraffen bewohnen die offenen Landschaften der Busch- und Baumsavannen und meiden den geschlossenen Wald. Ihr langer Hals gestattet ihnen leicht das Aufnehmen von Blättern an Bäumen und Büschen, wobei sie ab etwa 2 m Höhe keine Konkurrenten mehr haben. Gras, das sie nur mühsam erreichen, fressen sie nur selten. Sie bevorzugen die nährstoffreichen Blättchen

Auch der längste Giraffenhals wird nur von sieben Halswirbeln gestützt wie bei uns Menschen auch. In der Wilhelma lebt die Zuchtgruppe der prächtig gezeichneten Netzgiraffen, aus der 27 Jungtiere hervorgegangen sind, schon seit 1965.

der Akazien, die es meist das ganze Jahr über in guter Qualität gibt, und holen sie mit der 50 cm langen, sehr beweglichen Zunge geschickt zwischen den Dornen heraus. Bis zu zwölf Stunden täglich dauert die recht mühsame Nahrungsaufnahme von rund 60 kg Futtermasse, die wiedergekaut und in einem 77 m langen Darm aufgeschlossen wird. Den langen Hals stützen erstaunlicherweise auch nur sieben Wirbel wie bei den allermeisten anderen Säugetieren und auch bei uns Menschen. Bis 40 cm sind diese Knochen lang, die den Kopf so hoch halten, daß das Gehirn etwa 1,60 m über dem Herzen liegt, das die entsprechende Pumpleistung erbringen muß. Die größten Schwierigkeiten aber ergeben

sich beim Trinken. Man muß einmal einer Giraffe in freier Wildbahn zugesehen haben, wie lange und vorsichtig sie sichert, bevor sie ihre Fluchtbereitschaft einschränkt und ihre Vorderbeine grätscht oder in geringerer Grätsche einknickt, um den Wasserspiegel zu erreichen. Den gewaltigen Druckausgleich, der dabei nötig ist, um das Gehirn immer mit gleichmäßigem Druck zu versorgen, schafft ein sogenanntes Wundernetz, eine Adervernetzung in der Halsregion, unterstützt durch Rückstauklappen in der Halsvene. Um die Trinkzeit kurz zu halten nimmt die Giraffe in einem Zug 10–15 Liter Wasser auf. Im Skelett des Kopfes gibt es Hohlräume, die sein Gewicht verringern. Giraffen zeigen Verwandtschaftsbeziehungen zu den Hirschen und den Horntieren. Die beiden Geschlechtern eigenen Knochenzapfen auf der Stirn sind aber von Haut und Fell überzogen und tragen weder Geweihe noch Hornscheiden. Die Zahl dieser »Hörner« kann je nach Unterart schwanken. Oft wächst besonders bei alten Bullen ein Fortsatz auf der Stirn zu einer Art drittem Horn aus. Die Männchen der Rothschildgiraffen Ugandas läßt ein zweites Paar Stirnzapfen fünfhörnig erscheinen. Als Paßgängern, die beide Beine einer Körperseite gleichzeitig bewegen, fällt es ihnen nicht leicht im Galopp zu springen, in dem sie immerhin bis 56 Stundenkilometer schnell sind. Hier dient der Hals als Balance, der vor- und zurückschwingt, um jeweils Vorder- oder Hinterbeine vom Boden abheben zu lassen. Halsschwünge dienen aber auch der innerartlichen Auseinanderset-

Ihre auf den ersten Blick so regelmäßige Netzzeichnung ist genau so verschieden wie menschliche Fingerabdrücke. Sie teilen ihr Gehege mit den Kleinen Kudus, Antilopen, bei denen nur die Männchen ein Schraubengehörn tragen.

zung vor allem der Männchen, die zunächst den Kopf anheben, um zu imponieren, ihn dann aber zur Drohgeste senken, um von unten mit Wucht zuzuschlagen. Feinden gegenüber werden meist die harten Hufe eingesetzt, die durchaus imstande sind, einen Löwenschädel zu zertrümmern. Das Junge, das nach 15monatiger Tragzeit geboren wird, hat einen luftigen Start, denn Giraffen gebären im Stehen. Es fällt also mit seinen langen, zusammengefalteten Beinen zunächst 2 m weit zu Boden, kann aber sehr bald aufstehen, die Milchquelle suchen und der Mutter folgen. Giraffen sind in vielen der Länder, in denen sie heute noch vorkommen, geschützt. Dennoch geht der Bestand infolge Lebensraumverlust und Wilderei, die auf den Schädel, das Fell und vor allem den Schwanz mit seiner langen Endquaste abzielt, zurück.

Schon zu Cäsars Zeiten, 46 v. Chr., gelangte die erste Giraffe aus einem Tiergehege aus Alexandria nach Rom. 1215 tauschte der Sultan von Ägypten mit dem Hohenstaufenkaiser Friedrich II. eine Giraffe gegen einen Eisbären.

Die Giraffenhaltung der Wilhelma begann, wie schon geschildert, bereits 1951 mit einem Paar Massai-Giraffen in der ehemals königlichen Wagenremise mit abgesenktem Boden. Ihnen folgten zwei Rothschildgiraffen. Die erfolgreiche Zucht setzte aber erst mit dem Import von vier jungen Netzgiraffen 1965 ein. Ihr erstes Jungtier kam 1970 zur Welt. Seither wurden (bis Frühjahr 1993) in schöner Regelmäßigkeit 27 Kälber geboren, die wegen ihrer besonders schönen Zeichnung sehr begehrt waren und in alle Welt reisten. Das erfolgreichste Weibchen war dabei »Salta«, die zehn Kindern das Leben schenkte und 26jährig 1989 starb. Ähnlich erfolgreich ist ihre Tochter »Scheda«, die 1976 zur Welt kam und bisher siebenmal geboren hat.

Nicht unbedingt auf den ersten Blick erkennt man das Okapi als einzigen weiteren Vertreter der Giraffenfamilie. Sein kürzerer Hals, die einheitlich tiefbraune Farbe, die nur an den Beinansätzen und auf den Hinterbacken zebraartig gestreift erscheint, lassen eine ganz andere Verwandtschaft vermuten. Erst sehr spät erlangte man Kenntnis von einem sagenhaften Tier in den unzugänglichen Regenwäldern des Kongogebietes. 1901 gelangten ein erstes Fell und zwei Schädel nach London. Erst jetzt erkannte man den Giraffencharakter. Schon vorher, 1900, hatte Scalter das Tier als Pferd bzw. Zebra, Equus johnstoni, nach Fellresten beschrieben.

Mit ihrer langen Zunge streift die Giraffe auch feinste Blättchen zwischen Akaziendornen ab.

Das Okapi oder die Waldgiraffe, wie man es auch nennt, bleibt mit einer Schulterhöhe von 1,50 bis 1,70 m und dem Gewicht von 200 bis 280 kg weit hinter seinem hohen Vetter zurück. Wie er ist es ein reiner Pflanzenfresser, der über 100 Pflanzenarten – darunter auch Wolfsmilchgewächse – meist Laub- und Zweig-

Seit 1981 gehört die Wilhelma in den Kreis der Pfleger der seltenen Waldgiraffen, der Okapis. Auch bei ihnen ist die Streifenzeichnung individuelles Unterscheidungsmerkmal.

spitzen mit seiner langen Zunge zu sich nimmt. Die beiden Hornzapfen auf der Stirn trägt nur das Männchen. Auch Okapis gebären nach 14 – 15monatiger Tragzeit im Stehen. Das einzige Junge trinkt bald, wird in den ersten Tagen im Busch abgelegt und von der Mutter nur zum Säugen aufgesucht. Schon nach sechs Wochen nimmt es erste feste Nahrung auf und ist nach 8 – 10 Monaten entwöhnt. Als Einzelgänger, der nur den Leoparden und den Menschen zu fürchten hat, lebt es scheu und zurückgezogen. Sein Bestand im Schutzgebiet des Ituri-Waldes im nördlichen Zaïre wird auf 5000 Tiere geschätzt.

Die zoologischen Gärten bemühen sich sehr um diese interessante Art. Das Weltzuchtbuch wird im Zoo von Antwerpen geführt, wohin 1919 das erste Okapi gelangte und 1954 das erste Jungtier geboren wurde. Ende 1988 lebten etwa 70 Tiere in ausgewogenem Geschlechterverhältnis in zoologischen Gärten. Die Wilhelma gehört seit 1981 in den Kreis der Pfleger. Kalume aus Rotterdam und Jindi aus Antwerpen harmonieren gut miteinander. Das Ergebnis war das Weibchen Stina, das 1989 zur Welt kam und als Jährling nach Frankfurt weiterreiste, um dort ein neues Paar zu bilden.

Grün ist nicht gleich Grün

Zumindest seit den Anregungen des Schweizer Zoologen Hediger machen sich die modernen Tiergärtner zunehmend Gedanken, wie die Gehege für ihre Pfleglinge zu gestalten sind, damit die Tiere in einer möglichst artgerechten Umgebung leben können. Dabei weiß man, daß es nicht auf die blinde Nachahmung des Biotops, sondern auf den funktionellen Ersatz ankommt, der dem Tier das Ausleben seiner Bedürfnisse gestattet. Bodenstruktur, Sichtverbindung, Komfort- und Futterplätze, Bergeräume usw. spielen dabei eine Rolle, ganz abgesehen von der mehr auf den Besucher gezielten, ästhetisch-harmonischen Gestaltung. Mit im Zoo möglichen Mitteln wird angestrebt, die Lebensräume so auszuformen, daß ihren jeweiligen Bewohnern alle notwendigen Grundstrukturen geboten werden.

Auch in der Wilhelma bemüht man sich um diese Problematik besonders, z. B. bei den eben geschilderten Afrikanischen Huftieranlagen. Schon die Absperrungen zum Besucher sind heute ganz andere. Man hat gelernt, daß für die territorialen Huftiere oft schon symbolische Abgrenzungen wie ein weniger als zwei Meter breiter Trockengraben, der jederzeit überwunden werden könnte, völlig ausreichen, um die Tiere auf ihrem Territorium, in dem sie sich wohlfühlen, festzuhalten. Je nach Geländeform kann auch mit Wasserflächen, Absenkungen oder durch mit Büschen hinterpflanzten Zäunen zwischen Nachbargehegen abgegrenzt werden. Absperrbereiche zur zeitweiligen Separierung, Pflanzeninseln als Gehegeteiler und Schattenspender, Holz- und Reisighaufen, Flachwasserbecken und Sandplätze, Palisadenwände zur Sichtunterbrechung, Punching-Klötze zur Beschäftigung und Aggressionsableitung und vieles andere machen zusammen mit der richtigen Bodenstruktur ein solches Gehege zum Heim. Für die Giraffen gehört dazu auch die hohe Windschutzwand oder der Futtergalgen, für die Klippspringer ihr Felshügel.

Außerdem sind die Anlagen eingebaut in das Gelände und nach verschiedenen Gesichtspunkten in den Gesamtpark integriert. Mehr als anderswo wird dabei in der Wilhelma als gleichzeitigem botanischen Garten Wert auf eine durchdachte Pflanzenauswahl gelegt.

Der heutige Zoo müßte eigentlich ein Öko-Zoo sein, der tatsächlich stärker Rücksicht nimmt auf die gegenseitigen Abhängigkeiten der Tier- und Pflanzenwelt voneinander. Sicher ist es eine Utopie, Elefanten im echten Dschungel zeigen zu wollen, oder einer Giraffen-Gruppe in einer »Zoo-Savanne« zu erlauben, die dort gepflanzten Akazien abzuweiden. Dennoch gibt es Möglichkeiten der Gehegegestaltung, die dann den Eindruck erwecken oder wenigstens andeuten, die jeweiligen Tiere bewegten sich im entsprechenden Biotop. Die Schwierigkeit liegt in erster Linie darin, daß Tiere zunächst einmal Pflanzen zerstören. Pflanzenfresser ernähren sich von ihnen, andere verwenden sie zum Nestbau oder zerstören sie auf dem meist nur relativ kleinen Raum mechanisch. Der einfachste, wenn auch aufwendigste Weg ist sicher die Schaffung von angenäherten Kleinbiotopen im voll klimatisierten Raum, wie sie in den Aquarien und Terrarien und besonders in den Klimalandschaften zu sehen sind. Auch im Vogelhaus bieten sich viele Möglichkeiten, Lebensräume mit Pflanzen zu gestalten. Dabei stellt sich sehr bald heraus, daß sich nur bestimmte Gewächse unter den gegebenen Bedingungen eignen. Mit zunehmender Tier- und Gehegegröße steigen die Schwierigkeiten und vielerlei Kompromisse sind unvermeidbar. Den-

Huftiergehege mit »Savannen-Charakter«, Bauminseln, in der Randbepflanzung Wechsel von »Regen-« zur Trockenzeit, von blühenden Kräutern zu hohen Gräsern

noch läßt sich vieles tun. Wo die Pflanzenzerstörungen im Gehegebereich zu groß wären, lassen sich gesicherte Inseln mit Bepflanzung schaffen, Hintergrund und Flanken optisch geschickt gestalten und vor allem den dem Besucherauge nächsten Bereich, den Grenzstreifen zwischen ihm und dem Gehege, als biotoptypischen »Pflanzenvorhang« behandeln. Selbstverständlich können dies nur bei einheimischen Tieren die Originalarten sein, bei anderen eben solche, die in Gestalt und Struktur ähnlich sind, um wenigstens den entsprechenden optischen Eindruck zu erzielen. Das ist sicherlich nur eine Notlösung, die aber den Besucher mehr erleben läßt als ein belangloses Einheitsgehege und vielleicht auch dem Tier Positives bietet.

Der differenziertere Pflanzenbestand vermittelt nicht nur ein anderes Landschaftsbild, sondern kann auch didaktisch genützt werden, um botanische Besonderheiten, Wuchsformen oder

Vermehrungsweisen zu zeigen und ökologische Zusammenhänge deutlich zu machen. Beginnend beim Baumbestand läßt sich mit nach botanischen Gesichtspunkten ausgewählten Arten nicht nur die sowieso nötige Bepflanzung bereichern, sondern auch ohne den Etat zu belasten, der Erlebniswert steigern und botanisches Interesse wecken. Zwar stehen diese Bestrebungen erst am Anfang, und es wird noch vieler Anstrengungen bedürfen, bis sich all das, was sich in der Theorie als wünschenswert relativ leicht aufzählen läßt, auch in der Praxis wenigstens annähernd erreicht sein wird. Viel zu wenig weiß man noch über die praktischen Fragen. Welche Pflanzen werden von welchen Tierarten geduldet und nicht zerstört, oder wachsen rasch genug, um den Verlust zu ersetzen? Wie läßt sich die Bodenqualität unter Tierbelastung erhalten? Welche Pflanzen sind giftig für Tier und Mensch, welche werden wegen eines unangenehmen Geruchs oder Geschmacks gemieden? Solche und viele andere Fragen lassen sich oft nur empirisch in dem mühsamen Prozeß von Versuch und Irrtum ermitteln. Die Richtung ist aber erkannt und erste Erfolge, die auch in der Wilhelma zu sehen sind, lassen hoffen. Ein falscher Weg und deshalb abzulehnen wäre die leichtfertige Verwendung von künstlichem Ma-

Felslandschaft für Klettertiere im Vegetationsrahmen

Affen-Außengehege, eingebunden in »Urwald-Pflanzen«

terial, z. B. von Plastik-Pflanzen, die zwar dem flüchtigen Blick des Besuchers die Illusion des natürlichen Biotops vermitteln, in Wirklichkeit aber unter Umständen in klimatischer Hinsicht völlig unkontrollierte Verhältnisse entstehen lassen. Die Verwendung natürlicher Pflanzen ist deshalb besonders wichtig bei der Darstellung von Kleinbiotopen. Hier kann die biotopgerechte Pflanze ein guter Indikator für das richtige Mikroklima sein und damit auch eine wertvolle Hilfe für die Gesunderhaltung der eingestellten Pfleglinge. Ganz abgesehen davon, daß die gut gepflegte natürliche Bepflanzung auch in ästhetischer Hinsicht am meisten befriedigt, wie sich an vielen Beispielen in Aquarium und Terrarium beobachten läßt. Dabei muß in aller Deutlichkeit gesagt werden, daß auch das im vorgestellten Sinne beste Tiergehege niemals das in den Zoo übertragene echte Biotop sein kann, sondern nur ein unter Zoobedingungen gut funktionierender Ersatz, der den Tieren eine adäquate Heimat bietet und den Besuchern zum Erlebnis wird. Es ist ein Weg, ökologische Zusammenhänge spürbar werden zu lassen, die belebte Natur als Einheit zu erkennen und die Menschen sensibler zu machen, diese Einheit nicht weiter zu zerstören, sondern sie vor ihrer Ausrottung zu schützen.

Zur Bundesgartenschau 1977, die den südöstlichen Teil des Rosensteinparks in ihren Gestaltungsbereich mit einbezog, wurden an der Wilhelma-Seite zwei weiträumige Schaugehege geschaffen, die ein sehr gutes Beispiel dafür bieten, wie sich ein alter historischer Park und ein moderner zoologischer Garten in Einklang bringen lassen. Als großzügiges Schaufenster erlauben sie den Spaziergängern im Rosensteinpark einen freien Einblick in einen Teil des Zoos. Der Wilhelma-Besucher wiederum erlebt zwei großzügige Anlagen für südamerikanische Tiere, die als grüne Weideflächen harmonisch in die Baumumgebung eingebunden sind. Man gewinnt tatsächlich den Eindruck, mitten in der freien Landschaft plötzlich auf eine Herde Alpakas zu stoßen, dort wo ein Jahr vorher noch der provisorische Parkplatz für 500 Autos lag. Das ganz in Holz sehr zurückhaltend gestaltete Stallgebäude fügt sich im tiefsten Punkt, abgedeckt durch eine alte, prächtig gewachsene Buchengruppe, gut in das Gelände ein. Als imponierende Kulisse erweisen sich dazu die 130jährigen Mammutbäume. Zur Ausgestaltung der

Nicht nur die Tiere sind echt auf der Stuttgarter Pampa

Gehege selbst wurden noch einige typisch südamerikanische Florenelemente angepflanzt, z. B. die Südbuchen oder das heute in vielen Gärten zu findende Pampasgras.

Dem Koniferental zugewandt macht den Beginn eine Zuchtgruppe der grazilen Vikunjas, die kleine seltene Wildtierform der Schafkamele aus den Hochsteppen der Anden von Südekuador bis Peru und Bolivien. Die Wolle der hohe Kälte ertragenden Tiere ist so weich und fein, daß im alten Inkareich nur der Herrscher und seine nächste Umgebung Stoffe und Teppiche aus Vikunja-Wolle verwenden durften. Wegen

Durch seinen abgesenkten Zaun geht das Südamerika-Gehege harmonisch in den Rosensteinpark über. Hauptbewohner sind hier die Alpakas, die den Raum mit Nandus, Maras, Wasserschweinen und großen Ameisenbären teilen.

dieser Wolle rücksichtslos bejagt, haben sich nach strengen Schutzmaßnahmen die Bestände heute wieder etwas erholt. In den Zoos werden die wenigen Vikunjas in einem Zuchtprogramm, zu dem die Wilhelma regelmäßig beiträgt, sorgfältig betreut. Noch viel kostbarer sind ihre Nachbarn, ein Paar Woll- oder Bergtapire aus den unzugänglichen Hochanden Ekuadors, die außer in Stuttgart nur noch in Los Angeles und San Diego zu sehen sind. Die kleinste der vier heute noch lebenden Tapirarten ist mit ihrer dichten, wolligen schwarzen Behaarung gut an das Leben in 2000 - 4000 m Höhe angepaßt. Trotz gelegentlicher Kältegrade baden sie genau so gern wie ihre Verwandten. Die wenigen, je in Zoos gelangten Tiere gelten als sehr empfindlich. Unser Paar, von dem das Weibchen »Anja« als schon älteres Tier 1969 eintraf und das jüngere Männchen »Boris« 1971 zu uns kam, erfreut sich immer noch guter Gesundheit, obwohl ein Zuchterfolg Stuttgart leider versagt geblieben ist.

Im dichten Rudel leben die geselligen Halsbandpekaris, auch Nabelschweine genannt,

weil beide Geschlechter auf dem Hinterrücken Drüsen tragen. Als Neuweltschweine, die Beziehungen zu den Wiederkäuern aufweisen, nehmen sie eine gewisse Sonderstellung ein. Meist werden Zwillinge geboren, die an den beiden Zitzen der Mutter ihre Nahrung finden.

Der gut klimatisierte Stall zwischen beiden Gehegebereichen, der auch ein Innenbad für die Bergtapire enthält, ist recht vielseitig nutzbar. 15 Boxen stehen den Vikunjas, Bergtapiren, Pekaris, Nandus, Ameisenbären und Capybaras zur Verfügung.

Nahezu einen halben Hektar nimmt die größere der beiden Flächen ein, ein Stück südamerikanische Steppe oder Pampa, die als Großanlage von mehreren Tierarten gemeinsam bewohnt wird. Die Hauptzahl stellt die Herde der 20 Alpakas. Sie sind Haustiere und als solche recht verschiedenfarbig. Sie stammen von der einfarbigen Wildtierform der Schafkamele, dem Guanako, ab, das zwar noch etwas weiter verbreitet ist als das Vikunja, aber ebenfalls selten geworden ist. Alpakas können nicht wie die zweite aus dem Guanako hervorgegangene größere Haustierform, das Lama, als Tragtiere dienen, sondern werden ausschließlich wegen ihrer langen und sehr feinen Wolle hoch geschätzt. Wahrscheinlich schon vor den Inkas wurden sie in den Anden-Hochländern in großen Herden gehalten und regelmäßig geschoren. Ein Vorgang, der auch in der Wilhelma mindestens im Zweijahresabstand stattfindet, denn sonst würden die Lieferanten bald von ihrem eigenen Produkt erstickt werden. Frisch geschoren aber sind sie fast wieder genau so schlank und zierlich wie die beim Publikum besonders beliebten hochbeinigen Jungtiere, die alljährlich zur Welt kommen.

Mit den Alpakas teilen den Raum die Nandus, eine der beiden südamerikanischen Straußenarten, die noch etwas häufiger vorkommt. Die Vögel stammen aus den Steppengebieten der Tiefländer von Argentinien bis Ostbrasilien. Etwa 1,4 m hoch und 20 kg schwer kann der Pampasstrauß, wie dieser flugunfähige Laufvogel auch heißt, werden. Ausschließlich der Hahn besorgt das Brutgeschäft und die Aufzucht der Jungen. Mit imponierenden Balztänzen schart er eine ganze Anzahl von Hennen um sich, die alle ihre Eier in die gleiche, von ihm ausgehobene Nestmulde ablegen, oft in so großer Zahl, daß der Hahn gar nicht mehr alle bebrüten kann.

Vikunja-Stute mit ihrem Fohlen

Meist in der Nähe des großen Wasserbeckens halten sich die Wasserschweine oder Capybaras auf. Ihr Name ist total irreführend, denn bei diesen bis 50 kg schweren und meterlangen Riesenmeerschweinchen im fahlbraunen, grobsträhnigen Fell handelt es sich um die größten Nagetiere der Erde. In größeren Rudeln bewohnen die mit Schwimmhäuten zwischen den Zehen gut an das Wasserleben angepaßten

Großer Ameisenbär, von den Indianern wegen seiner zahnlosen Röhrenschnauze »Kleinmund« genannt, auf dem Morgenspaziergang

Schwimmer und Taucher die Uferbereiche, Schilfzonen und Sumpfwälder entlang der Ströme Brasiliens und Paraguays. Nicht nur der Jaguar, dessen Hauptbeute sie sind, schätzt ihr Fleisch. Auf manchen Farmen werden sie deshalb nicht nur geduldet, sondern regelrecht genutzt. Ihre Jungen kommen, wie man auch in der Wilhelma beobachten kann, nach fünfeinhalbmonatiger Tragzeit voll entwickelt zur Welt und werden rasch selbständig.

Keinen Platz im Stall beanspruchen die Maras oder Pampashasen, die ihre Unterschlüpfe im Gehege haben. Auch ihr Name ist irreführend, denn sie haben mit den eigentlichen Hasen nichts zu tun und sind ebenfalls – wenn auch recht hochbeinige – Verwandte der Meerschweinchen. Auf ihren schlanken Beinen wirken die hasengroßen Pflanzenfresser gelegentlich fast wie kleine Antilopen. Sie sind Paßgänger, die sehr gut laufen und zwei Meter weit springen können. In den Trockensteppen und Halbwüsten Argentiniens und Patagoniens graben sie geschickt ihre Höhlen, in denen ihre Jungen – meist Zwillinge – zur Welt kommen. Die Zweizahl bietet sich an, denn die beiden Zitzen der Mutter sitzen zwischen den Vorderbeinen.

Nur recht selten bekommt man einen der großen Ameisenbären, wohl eine der absonderlichsten Tiergestalten, in einer seiner Aktivitätsphasen zu Gesicht. Auch sein Name führt in die Irre. Die spanischen Eroberer nannten ihn wohl so wegen seines zottigen Fells. Die Indianer nennen in Yurumi, »Kleinmund«, wegen der kleinen Öffnung seiner langen, zahnlosen Röhrenschnauze. Mehr als metergroß mit dem fast ebenso langen buschigen Schwanz, der einerseits Größe vortäuscht, andererseits als Bettdecke benützt wird, ernährt sich der Spezialist von Ameisen und Termiten, deren harte Bauten er mit seinen scharfen, 10 cm langen Klauen an den Vorderbeinen aufreißt. Mit der langen, klebrigen Zunge, die 150 mal in der Minute vorgestoßen wird, holt er eine kleine Mahlzeit aus dem Bau, um sich gleich dem nächsten zuzuwenden, um so seine Nahrungsbasis nicht zu zerstören. Im Zoo lassen sich Ameisenbären mit einer Diät aus Hackfleisch, Eiern, Milch und Mineralstoffen gut über viele Jahre pflegen. Die Zuchterfolge aus Nills Tiergarten, die ersten im Zoo, die wir schon kennengelernt haben, konnte die Wilhelma bisher leider nicht fortsetzen. Wahrscheinlich haben sich eben die richtigen Partner noch nicht gefunden.

Mehr als zehn Jahre Anlaufzeit waren nötig für das bisher größte Einzel-Bauvorhaben der Wilhelma, das am 11. Juli 1991 endlich dem Publikum übergeben werden konnte. Nach zahllosen Verhandlungen und Planungen zusammen mit der massiven Hilfe des Vereins der Freunde und Förderer der Wilhelma, dank dessen Initialzündung und Zuschuß von 3,5 Millionen DM bei Gesamtkosten von 25 Millionen das Vorhaben erst ermöglicht wurde, entstand eine eindrucksvolle Anlage, an der Bewohner und Besucher ihre helle Freude haben.

Nach den Entwürfen des Staatlichen Hochbauamts Ludwigsburg lag die Ausgestaltung der Anlage in den Händen des Bildhauers Günter E. Herrmann. In der spannungsreichen Beziehung zwischen Beton, Naturstein, Glas und Metall zu Wasser, Erde und Pflanzen und nicht zuletzt zu den Tieren, entstanden in reichlich vierjähriger Bauzeit 15 vorbildliche Gehege für elf Tierarten, die zusammen rund einen Hektar Fläche einnehmen. Den Maßstab liefern dabei die Grundformen aus Beton, die auch die Ställe und Wurfboxen, Wärter-, Technik- und Nebenräume umschließen. Mehrere Sorten Granit, Serpentin und Marmor sind verwendet, um die Räume zu gliedern, Übergänge und Durchdringungen zu schaffen, so daß auch der aufmerksame Besucher oft kaum spürt, wie harmlos die Gehege ineinander übergehen und doch sorgfältig getrennt bleiben. Ein paar Metallstäbe im Wasser, eine glatte Wand und einige Glaswände zu Besucherseite sind keine Einschränkung, im Gegenteil, sie verstärken das Gefühl, den Tieren unbefangen nahe sein zu können. Verschiedene Bodenstrukturen und wo immer möglich auch Pflanzen, abgestimmt auf die Bewohner, runden das Bild ab.

Man erreicht die Anlage im Verlauf des Rundwegs. Entlang des ersten Südamerikageheges und des Mammutbaumwäldchens gelangt man an die Hangkante und genießt zunächst vom Aussichtspunkt des ehemaligen Bellevue-Gartens aus, von einer Art Bastion einen weiten Blick über das Neckartal. Beginn und Abschluß ist das 1700 m² große Steinbockgehege. Felsbänder und Kanzeln, Schuttflächen, Magerwiesen und Bauminseln gliedern den Hang bis zum abschließenden Wasserbecken. Die Alpensteinböcke, die schon viele Jahre Heimatrecht in der Wilhelma genießen, haben sich im neuen Domizil gut eingewöhnt. Von der höchsten Kanzel aus überblickt der stärkste Bock sein Reich, und

Die Bären waren der Motor

Ein Eisbär betrachtet sein Spiegelbild, bevor er sich wieder zum Spiel in die Fluten stürzt.

die Kitze üben sich im Klettern. Diese bekannteste Wildziege, die zwischen Baumgrenze und Gletscherzone lebt, stand gegen Ende des letzten Jahrhunderts nach rücksichtsloser Jagd vor der Ausrottung. Heute leben in den Alpenländern Deutschland, Schweiz, Österreich und Italien wieder an die 10 000 Stück.

Zwischen dem letzten Steinbockfels und dem ersten Bärenhaus öffnet sich eine Art Gebirgskar, das man sich aber schon wieder in Südamerika vorstellen muß. Auch seine Wasserfläche zieht sich noch, nur durch Stahlstäbe getrennt, bis ins Steinbockgehege. Hier lebt ein Paar der einzigen Großbärenart des genannten Kontinents, die Brillenbären. Sie sind die einzigen Vertreter der eigenen Unterfamilie der Kurzschwanzbären. Sozusagen als das letzte Eiszeitrelikt der Neuweltbären sind sie in den Waldregionen von Venezuela bis Bolivien und Chile in

Höhenlagen von 1500 – 2000 m zu Hause. Die auch Andenbären genannten besten Kletterer unter allen Großbären, unter denen sie aber die kleinsten sind, leben einzeln oder familienweise. Sie ernähren sich von Früchten, auch solchen von Kakteen, Palmschößlingen und Kleintieren. Nur selten vergreifen sie sich an größerem Wild oder Haustieren. Dennoch wurden sie rücksichtslos verfolgt. Nicht zuletzt auch wegen der Zerstörung ihres Lebensraums ist der Bestand stark gefährdet. Daher gilt ihnen ein spezielles internationales Erhaltungszuchtprogramm, dem auch die beiden Stuttgarter Tiere, die aus den Zoos von Yersey und Zürich stammen, angehören. Wie alle ihre Artgenossen tragen sie ihre Erkennungszeichen, die weiß-gelbe »Brille« um die Augen, die sich über die Wangen und den Hals bis zur Brust fortsetzen kann und jedes Einzeltier unverwechselbar macht. Für das Muskeltraining gibt es hohe Kletterbäume mit Ausblicken zu den Nachbarn.

Das große Laufgehege nebenan erstreckt sich von der Lindenallee im gegenläufigen Schwung bis auf das Dach des Bärenhauses und deutet ein Stück Trockenbuschwald und Grassavanne an. Hier führen die prächtigen Mähnenwölfe, deren Verbreitungsgebiet die offenen Landschaften zwischen Mittelbrasilien, Ostbolivien, Paraguay und Nordargentinien sind, ein eher heimliches Leben. Leuchtend rostbraun, mit langen schwarzen Stiefeln und großen Ohren, ähnelt dieser elegante und hochbeinigste Vertreter der ganzen Hundefamilie viel eher einem Fuchs auf Stelzen als einem Wolf. Die Hochbeinigkeit macht es ihm möglich, gut über das hohe Gras seines Lebensraums hinweg zu sehen und seine Kleintierbeute, die kaum über Meerschweinchengröße hinausgeht und auch Vögel, Echsen, Frösche und sogar Schnecken einschließt, in raschem Zugriff zu fangen. Obwohl der scheue und harmlose Einzelgänger den Siedlungen ausweicht und sich kaum einmal an einem Haushuhn vergreift, wird ihm das immer schnellere Vordringen der Zivilisation und die damit verbundene Verfolgung zum Verhängnis. Fast nur zur Fortpflanzungszeit und Kinderbetreuung finden sich die Paare zusammen. Im Zoo allerdings vertragen sich die Partner auch das ganze Jahr über. Bei der Jungenbetreuung wechseln sie gerne einmal den Aufzuchtplatz. Deshalb gibt es für das Wilhelmapaar wahlweise zwei Wurfhöhlen mit entfernt liegenden Eingängen.

Wie alle Bären lieben auch die syrischen Braunbären das Wasser und spielen darin lange und
ausdauernd.

**Als einzige Großbärenart Südamerikas haben
auch die wegen ihrer Kopfzeichnung so genannten Brillenbären Einzug in die Wilhelma gehalten.**

In ihrer zentralasiatischen Gebirgsheimat
wegen ihres herrlichen Fells hoch gefährdet,
haben sich Schneeleoparden in Zoos inzwischen
gut vermehrt. Auch die Wilhelma hat dazu
beigetragen: eines der beiden Jungtiere
vom Sommer 1992.

Bevor der Landschaftscharakter zur Arktis
hin wechselt, befindet sich hinter einem großen
Tor das Versorgungs- und Wärterzentrum, der
eigene kleine Wirtschaftshof der Bärenanlagen.
Von außen bleibt dem Besucher verborgen, daß
hier zwei große zweistöckige Gebäude im Hang
versunken und völlig in die, wenn auch künstliche Landschaft integriert sind. Hier sind alle
die Elemente, die zu einem funktionierenden
Betrieb notwendig sind, zusammengefaßt. Neben Absonderungsgehegen für Bären und Huftiere liegen im ersten Stallgebäude die Schlafkäfige der Brillenbären und Braunbären übereinander, verbunden mit isolierbaren Wurfboxen,
zwei Ställen und Wurfboxen für die Mähnenwölfe, Wärterraum, Futterküche und Kühl-
raum, Technikräume und Lagerraum. Im zweiten Haus finden sich auf der oberen Ebene die
Schlafkäfige für die Eisbären zusammen mit drei
besonders hochwertig isolierten Wurfboxen für
die geräuschempfindlichen Eisbärenmütter.
Darunter liegen die Ställe der Schneeziegen.

Auge in Auge mit Eisbär, Biber und Otter

Die zweifellos interessanteste Anlage ist das
Doppelgehege für die Eisbären, die sich hier
sichtlich wohlfühlen. Man muß einmal gesehen
haben, mit welch offensichtlicher Lust sie sich
von den Eisschollen symbolisierenden weißen
Marmorblöcken oder den schwarzgrünen Ser-
pentinfelsen ins Wasser stürzen, dort mit allen
möglichen Gegenständen spielen, das Publikum an den Sichtfenstern anschwimmen, oder

sich an den Begrenzungsscheiben spielerisch
aufrichten. Es ist schon ein Erlebnis, einem Eisbär so »Auge in Auge« gegenüberzustehen oder
seine Unterwasserschwimmkünste zu beobachten. Eisbären sind hervorragend an das Wan-
derleben in und an den treibeisbedeckten Meeren der arktischen Zone angepaßt. Ihr strähni-
ges, gelblich-weißes und glänzendes Fell läßt
Wasser rasch ablaufen, die Zehen sind mit
Schwimmhäuten versehen, die Fußsohlen be-
haart. Große Männchen können 700 kg und
schwerer werden. Geschickt jagen sie Robben
und sogar Fische, geben sich aber auch mit Lem-
mingen oder Aas zufrieden. Im Winter lassen
sie sich in selbstgegrabenen Schneehöhlen ein-
schneien und zehren von ihren Fettvorräten.
Die Weibchen bringen dort auch ihre rattengro-
ßen Jungen – meistens Zwillinge – zur Welt, die

**Eher wie ein hochbeiniger Fuchs mit schwarzen
Stiefeln wirkt der südamerikanische Mähnenwolf.**

sie sorgfältig pflegen und nach dem Verlassen
der Höhle nach vier bis fünf Monaten noch bis
zu drei Jahren führen. Die Wiegen der Wilhel-
ma-Eisbären standen allerdings in Karlsruhe,
Köln und Kopenhagen.

Eines der seltsamsten Nagetiere, das früher
über weite Bereiche Europas, Asiens und Nordamerikas verbreitet war, der Biber, bewohnt das
nächste »Schwimmgehege«. Ihm glaubt man
wie kaum einem anderen die Nagetiereigen-
schaft, können Biber doch Bäume mit bis zu
70 cm Stammdurchmesser mit ihren breiten,
orangeroten Nagezähnen zu Fall bringen. Als
Burgen- und Dammbauer berühmt, die sich ihre
eigenen Seen aufstauen, verfolgt wegen ihres
hervorragenden Pelzes, sind sie in Mitteleuropa
bis auf kleine Reste an Rhone und Elbe verschwunden und heute streng geschützt. In der
Wilhelma, die die kanadische Unterart pflegt,
kann man teilhaben an ihrem Familienleben.
Von einem Schauraum aus hat man durch eine
große Scheibe Einblick in ihren Kunstbau, der
nur unter Wasser zugänglich ist. Schon im ersten Jahr wuchsen vier Junge, die nach dreiein-
halbmonatiger Tragzeit geboren wurden, gesund auf und folgten bald ihrer Mutter.

Einen ähnlichen Einblick hat man auch in die
Wohnstube und Wurfbox der Fischotter, doch
wird man wegen der Jugend des Paares auf
Nachzucht noch warten müssen. Wie die Biber
wurden auch die Otter ihres Pelzes wegen stark
verfolgt, dazu ihr Lebensraum, bewaldete Flußufer und Seen, immer stärker eingeschränkt.
Der Schutz des Restbestandes wird durch be-

sondere Hege sehr ernst genommen. Otter sind sozusagen die Wasserausgabe in der Marderfamilie, die mit ihrem stromlinienförmigen Körper bei angelegten Vorderbeinen gewandt schwimmen und tauchen, angetrieben von kräftigen Schlägen der mit Schwimmhäuten versehenen Hinterfüße und Wellenbewegungen von Körper und Schwanz. Auch an Land sind Otter nicht ungeschickt. Ihre Bauten sind unter Wasser zugängliche Uferhöhlen. Sie fressen Fische, allerhand Kleinsäuger, Frösche, Krebse, Eier oder junge Wasservögel. Otter spielen gern und werden auch leicht zahm.

Den beiden Otteranlagen gegenüber stehen zwei Großkäfige für eine der schönsten Groß-

katzenarten. Die lange, dichte Behaarung, besonders des Schwanzes, weisen den Irbis oder Schneeleoparden als ein Tier des Hochgebirges aus, der in Zentralasien vom Pamir, dem Himalaya bis Sikkim und Tibet in Höhen von 2000 m bis 5000 m lebt. Das lichtgraue, mit großen Ringflecken gezierte Fell schützt hervorragend gegen Kälte, aber auch vor zu starker Sonneneinstrahlung. Selbst die Sohlen tragen ein dichtes Haarpolster, das das Einsinken im Schnee verhindert. Obwohl vollständig unter Schutz, wird er des herrlichen Pelzes wegen immer wieder gejagt und ist deshalb stark von der Ausrottung bedroht. Das internationale Zuchtbuch verzeichnet aber mit über 500 Tieren bereits einen recht stabilen Bestand, zu dessen Ergänzung auch die Wilhelma schon mit den ersten beiden im Sommer 1992 geborenen Jungtieren beitragen konnte.

Hangabwärts lehnt sich an die hohe Rückwand des Eisbärengeheges eine große Voliere an, die zur Aufnahme von nordischen Seevögeln auf einer Art Vogelfelsen gedacht war. Da passende Tiere bisher nicht zu bekommen wa-

ren, wird dieser Raum zunächst von einer Gruppe in der Wilhelma geborener Waldrappen bewohnt, Ibisvögeln, die uns schon auf den Terrassen begegnet sind.

Auf einer Brücke überqueren wir nun ein Hochgebirgstal und sehen einigen Extremkletterern zu, den Schneeziegen, die in dem zerklüfteten Felsgebirge der Rocky Mountains der nördlichen USA und Kanadas leben. Mit traumwandlerischer Trittsicherheit bewegen sich diese weißen Gemsenverwandten auf den schmalsten Felssimsen und Graten. Das lange, dichte Fell läßt sie größer erscheinen, als sie tatsächlich sind. Ihre schwarzen, glatten, aber nur bis 25 cm langen, sehr spitzen Hörner sind gefährliche Waffen, die sie sich nicht scheuen auch gegen Hunde und sogar Bären erfolgreich einzusetzen. Zur Satzzeit sondern sich die Weibchen aus den kleinen Rudeln ab. Hangabwärts von der Brücke, durch nicht sichtbare Zäune getrennt, fordern die Alaska-Dickhornschafe oder Dallschafe zum Vergleich heraus. Bei dieser

Schneeziegen der nördlichen Rocky Mountains bei ihrer ersten Gehege-Erkundung.

Die Eisbären nutzen ihr schönes großes Schwimmbecken ganz begeistert und mit offensichtlicher Lust.

reinweißen Unterart des Dickhornschafs, das am Yukon zu Hause ist, sind die starken Rundhörner der Böcke auch ihr Rangmerkmal.

Fast 900 m² gestaltete Landschaft sind das Reich der Braunbären. Nur durch Trockengräben und eine steile Wand von ihren Nachbarn, den Schneeziegen und Steinböcken, getrennt, haben sie hier ihr bärengerechtes Zuhause gefunden mit Wasserfall, Planschbecken, Kletterbäumen und Felsaufbauten. Von den vielen Unterarten des Braunbären wurde die stark gefährdete syrische ausgewählt. Sie ist zugleich die kleinste und am hellsten gefärbte. Wie alle Braunbären sind auch sie Allesfresser, schwimmen und klettern gern, aber zeigen keine leicht erkennbaren Gemütsbewegungen wie die Katzen, da ihnen die mimische Muskulatur fehlt. Die noch jungen Bären, die aus Bern und Nürnberg stammen, sollen eine neue Zucht beginnen, während die beiden alten Damen, die zoologischen Initiatoren der Anlage, die 29jährige Braunbärin »Petzi« und die 22jährige Schwarzbärin »Blacky« nun in aller Ruhe hier ihr Gnadenbrot genießen können.

Das Rückgrat der alten und der neuen Wilhelma, der Rahmen, in dem sich alle Bauten, Tiere und Pflanzen präsentieren, ist ihr Baumbestand. Nach dem Willen König Wilhelms I. schufen seine Hofgärtner und später deren Nachfolger auch eine dendrologische Kostbarkeit, die trotz mancher Kriegsschäden ihren Reiz behalten hat und ständig weiter vermehrt. Ein paar wenige Beispiele sollen Lust zum Entdecken machen. Im Gegensatz zu dem schon vorgestellten inneren Park, dem Maurischen Garten, mit seinen herrlichen Magnolien und streng geformten Taxus-Büschen in ihrer kleinteiligen Symmetrie, bietet der äußere Park ganz andere Dimensionen. Auch hier wurde nicht auf Symmetrie verzichtet. Dafür stehen schon die geschnittenen Doppel-Alleen der Platanen rechts und links des langen Sees, die von der Hauptachse der Anlage bestimmt sind und die sie begleitenden Lindenalleen mit ihren Querverbindungen und Rondellen.

Den stärksten Eindruck aber hinterlassen die freistehenden Einzelbäume, die Solitärs, besonders solche, die noch aus der Anfangszeit des Gartens stammen und damit rund 150 Jahre alt sind. Zu ihnen gehören zum Beispiel die beiden mächtigen aus den Vereinigten Staaten stammenden Gurkenmagnolien mit ihren knorrigen Stämmen und den weit ausladenden, frühzeitig verzweigten Ästen, die die Kinder so sehr zum Klettern reizen. Ihre unscheinbaren grünlichen Blüten öffnen sie erst im Juni. Die rosafarbenen, später tiefroten Früchte stehen aufrecht und bilden die 5 – 8 cm langen »Gurken«. Zweifellos die größten Wilhelma-Bäume sind neben einigen nur wenig kleineren Exemplaren der gleichen Art zwei »gewöhnliche« Platanen, eine als Bezugsbaum der Vogelanlage am Theater, die zweite unweit des Haupteingangs auf der Flamingowiese. Mit Stammumfängen von 6 m bzw. 6,75 m und einer Höhe von 35 m lassen sie die Konkurrenz hinter sich. Auch Haselnüsse, die auf Bäumen wachsen, gibt es auf der Flamingowiese. Die Baumhasel aus Südost-Europa bis Westasien ist ein stattlicher Baum mit großen dunkelgrünen Blättern und in Büscheln stehenden Früchten, ähnlich der Haselnuß, aber flacher mit sehr dicker und harter Schale. Als weiteren Magnolienverwandten sollte man auch auf den Tulpenbaum (Liriodendron) achten, der an verschiedenen Stellen, z. B. vor dem Menschenaffenhaus zu finden ist. Obwohl nahe verwandt, ist er nicht mit den Magnolien, die auch

Mammutbäume im Schwabenland

Knapp 130 Jahre steht das Mammutbaumwäldchen am Rande des Rosensteinparks.

manchmal als Tulpenbäume bezeichnet werden, zu verwechseln. Auch er ein Amerikaner mit typischen vierlappigen Blättern, die aussehen als ob man ihnen die Spitze abgeschnitten hätte. Die grünlichen, orange gefaßten Blüten erscheinen zwischen den Blättern im Juni und duften nach Vanille. Die aufrechten, braunen, papierartigen Früchte bleiben über den Winter am Baum. Mit unserer unscheinbaren Braunwurz (Scrophularia) ist der Blauglockenbaum (Paulownia) aus China verwandt, an dessen offener Krone sich Ende Mai noch vor dem Blattaustrieb an 20 – 30 cm hohen aufrechten Rispen viele blaßviolette bis purpurblaue Blütenglocken öffnen. Schon ab August, während die Früchte reifen, sind die neuen Rispen mit den großen, dicht behaarten Knospen für den nächsten Frühling sichtbar. Nach dem späten Laubaustrieb öffnen sich die weißen, gelb und pur-

Schon Goethe faszinierten die »wunderlichen« Blätter des Gingko-Baumes.

pur gefleckten, am Rand gefransten Rispenblüten des Trompetenbaums (Catalpa) weithin leuchtend, z. B. am Elefantenhaus. Auch dieses schöne Gewächs verdanken wir Amerika. Seine großen Blätter verliert es früh, und nur die langen, bleistiftschlanken Samenkapseln bleiben als Erkennungszeichen hängen.

Als lebendes Fossil, denn er wuchs schon zur Zeit der Saurier und hat sich seither nicht verändert, muß man den Gingkobaum ansprechen, als einzigen noch lebenden Vertreter einer früher zahlreichen Familie. Zwei stattliche Exemplare dieses chinesischen Wunderbaums stehen am Wintergarten, weitere am Aufgang zum Maurischen Landhaus. Das zähe Überbleibsel aus der Vorzeit ist extrem widerstandsfähig gegen Umweltgifte und wird heute am Berliner Kurfürstendamm oder am Kölner Ring, in Brasilia oder Manhattan als Straßenbaum angepflanzt. Sein »wunderliches« Blatt mit bis zu 4000 Adern hat schon Goethe fasziniert. Dieses nacktsamige Gewächs heißt wegen seiner zweilappigen, fächerförmigen Blätter auch Fächerbaum oder Entenfuß- bzw. Elefantenohrbaum. Die unscheinbaren männlichen und weiblichen Blüten wachsen auf verschiedenen Pflanzen, d. h. Gingko ist zweihäusig. Die gelben Früchte, die Silber-Aprikosen, deren harter, eßbarer Kern von einem fleischigen Mantel umgeben ist, sind bei der Reife gar nicht aprikosenhaft, sondern wegen der entwickelten Buttersäure richtige kleine Stinkbomben. Seit 5000 Jahren werden in China Blätter und Früchte, ja sogar das Holz medizinisch verwendet und sollen gegen alles mögliche wie Husten, Falten, Asthma, Würmer oder mangelnde Spermaproduktion helfen. Auch die moderne Medizin hat die Wirkstoffe der Gingko-Blätter erkannt und setzt entsprechende Präparate zur Gefäßerweiterung und besseren Durchblutung sowie zur Krampflösung ein, ohne daß dabei ein unerwünschter Blutdruckabfall eintritt. Bei alten Menschen bekämpft es die Cerebralsklerose, verbessert das Gedächtnis und dient zur Nachbehandlung von Herzinfarkten und anderem. Bei so viel Wirksamkeit spielt der Gingko auch in der Mythologie eine große Rolle als Mittler zu Ur- und Überwelt. Auch uns mag er Symbol der Beständigkeit und der Kräfte allen Lebens sein.

Nadelgehölze waren beim König zunächst verpönt, ja er verbot sogar ihr Anpflanzen im Rosensteinpark. Seine Leidenschaft des Pflanzensammelns, die in den Gewächshäusern große Erfolge zeigte, ließ ihn aber die Abneigung überwinden und oberhalb der Terrassen und im anschließenden Tälchen eine Koniferensammlung anlegen. Allein die Bestellung des Jahres 1851 umfaßte 73 Arten mit 286 Exemplaren. Wilhelm dachte dabei nicht nur an den Schmuck seines Parks, sondern auch an die Artensichtung hinsichtlich ihrer Eignung für die württembergische Forstwirtschaft. Von dieser Sammlung ging wegen des engen Standes, aus klimatischen Gründen und solchen der Bodenqualität sowie durch den Krieg zwar vieles verloren, doch ist sie heute noch sehenswert. Da gibt es Nordmanns- und Hemlocktannen, Douglasien, Kaukasus- und Stechfichten, Gelb- und Schwarzkiefer, Scheinzypressen und Lebensbäume, Wacholder und Eiben und viele andere. Den Höhepunkt aber stellt das Mammutbaumwäldchen an der oberen Hangkante dar. Aus einem im Frühjahr 1864 ausgesäten, aus Kalifornien gelieferten halben Pfund von »Wellingtonia-Saamen« waren bis zum Sommer 1865 ungefähr 5000 kräftige Pflanzen gewonnen worden, die zum größten Teil auf die Förstereien im Lande verteilt, in Stuttgart zum Preis von 3 Gulden und 36 Kreuzer das Dutzend verkauft und auf eine Fläche am oberen Ende des Koniferentals gepflanzt wurden. Obwohl zu dicht stehend und im ungünstigen Boden kleiner geblieben, geben die 42 Exemplare aus dieser Zeit dennoch ein imposantes Bild ab. Der Riesen-Mammutbaum (Sequoiadendron giganteum) des kalifornischen Felsengebirges in den Talschluchten der Sierra Nevada und Höhen zwischen 1500 und 2400 m zählt zu den größten Organismen der Erde. Bis 135 m hoch, 12 m dick und 4000 Jahre alt sollen sie werden. Das Holz ist sehr leicht, aber widerstandsfähig gegen Insekten und Pilze, dabei sehr dauerhaft bei der Verwendung im Boden. Einzelne besonders stattliche Bäume hat man genauer untersucht und benannt. So ist »General Sherman« im Sequoia-Nationalpark 83 m hoch und am Wurzelhals 11 m dick. Er wird auf 3500 Jahre geschätzt. Aus den errechneten 1400 Festmetern Holz könnte man 40 Häuser mit je fünf Räumen bauen. Sie entsprächen der Holzmenge eines mageren Kiefernwaldes von 9 ha. Demgegenüber sind unsere Wilhelma-Exemplare mit ihren 130 Jahren noch nicht einmal Jünglinge, sondern Kleinkinder, die das Leben noch vor sich haben, wenn sie nicht eines unschönen Tages dem Waldsterben zum Opfer fallen.

Ein fast unbeschreibliches Farbenmeer erlebt der Besucher alljährlich im zweimaligen Wechsel auf den Pflanzflächen des inneren und äußeren Gartens. Beginnend auf und unterhalb der Subtropenterrassen, des oberen und unteren Blumenparterres vor dem Landhaus, im Maurischen Garten und vor allem auf den großen Rabattenflächen des äußeren Parks wird schon im Herbst der Grund gelegt für die Blütenfülle des kommenden Jahres. Nach einem ausgefeilten Konzept werden rund 90 000 Blumenzwiebeln gesteckt, was einem Gewicht von etwa 3,5 Tonnen entspricht. Auf dem langen Band des Rundbeetes, das den Wandelgang im Maurischen Garten begleitet, bilden sieben Narzissensorten in allen Abstufungen von gelb, weiß und orange den leuchtenden Rahmen für die Magnolienblüte. Auf den anderen Beeten und den großen Rabatten im Park wetteifern zwölf in ihrer Leuchtkraft bewährte Tulpensorten miteinander um den Preis der Sortenreinheit und Blütenkraft. Weiß und gelb, rosa und rot bis zum Schwarzpurpur sind die Nuancen des Farbenmeeres, in das sich die Wilhelma im Mai bis in den Juni hinein verwandelt, ergänzt von vielerlei Stiefmütterchen, Maßliebchen, Vergißmeinnicht und Goldlack. Sie decken als sogenannte Unterpflanzung schon im Herbst die sonst kahlen Beetflächen ab und zeigen bereits im Vorfrühling die ersten Farben. Im Frühling wachsen dann die Tulpen oder Narzissen zwischen ihnen hoch und über sie hinaus. Nach deren relativ kurzer Blüte hält der Unterwuchs die Beete bunt bis zum Umpflanzen. Sorgfältig wird dabei auf eine ansprechende Farbkombination von »oben« und »unten« geachtet und so die Harmonie der Gesamtwirkung noch verstärkt.

Im Juni aber wird all die vergängliche Pracht ausgetauscht, um den noch bunteren Sommerblumen Platz zu machen, die inzwischen in der Anzuchtgärtnerei herangezogen wurden. Abgestimmt in Farbe und Wuchshöhe, überprüft auf Nah- und Fernwirkung, bietet sich bald wieder ein neues, mindestens ebenso prächtiges Bild bis tief in den Herbst hinein. Nun braucht es keine Unterpflanzung mehr, denn die Sommerblumen sind ausgesuchte, von Gärtnerhand getrimmte Dauerblüher, die die Farben in Permanenz garantieren. Ganz besonders bunt wird dabei das Beetband gehalten, das den Maurischen Garten umschließt. Die großen Rabatten im äußeren Park aber brauchen – der Fernwirkung wegen – größere Pflanzflächen für jede

Sorte oder deren Kombination. Insgesamt setzt sich das Blüten-Kaleidoskop aus über 50 verschiedenen blühenden Pflanzensorten zusammen. Erst der Frost oder der nächste Pflanztermin setzt diesem Farbenrausch ein Ende.

Schau und Wissen

Auch im Sommer umfängt uns Kühle im größten Pflanzenschauhaus der Wilhelma, dem Wintergarten, ein Kontrast zum davor liegenden Tropenhaus, der noch mehr im Winter auffällt. Er ist aber notwendig, um die Großgewächse dieses Hauses, vor allem die Palmen, gesund zu erhalten. Bei höheren Temperaturen

würden die Pflanzen auch in der lichtarmen Zeit des Winters weiterwachsen, nur dünne Triebe bilden und so vergeilen. Die Tiefenwirkung des Raumes von immerhin 700 m² unterstützt ein Trick, der jeweils ein Stück der anschließenden Gewächshäuser mit einbezieht und so die Grenzen des Hauses hinausschiebt. Der Hauptweg teilt sich und umschließt ein Mittelfeld, eine große grüne »Wiese«, von hohen Stämmen und bunten Blütenteppichen unterbrochen. Die grüne Wiese, die als Grasrasen des Lichtmangels wegen nicht denkbar wäre, bilden Abertausende kleiner Moosfarnpflänzchen (Sellaginella), einer sehr alten Pflanzengattung, die zu den Bärlappgewächsen zählt und sich seit 350 Millionen Jahren kaum verändert hat. Die gegabelten Zweiglein wachsen durch immer wieder eingestreute Erde so lange weiter, bis die Polster zu dick geworden sind und in einer Großaktion eine neue Wiese mit fast einer Viertelmillion Stecklingen wieder gepflanzt werden muß.

Das Farbenkaleidoskop des Sommerflors vom Dach des Wintergartens aus betrachtet

Des Lichtmangels wegen gedeihen auch die über 500 Orangen- und Zitronenbäume nicht, die der König beim Bau des Hauses hatte pflanzen lassen. Besser gediehen hingegen die Palmen, von denen einige, die bereits begonnen hatten, das Dach abzudecken, entfernt werden mußten. Palmen, für uns Mitteleuropäer der Inbegriff des Südens, bilden unverzweigte Stämme, die an ihrer Spitze einen Schopf von gefiederten oder fächerartigen Blättern tragen. Man spricht deshalb von Fieder- oder Fächerpalmen. Zu ersteren zählen die Verwandten der Dattelpalme, die Kanarischen Palmen (Phoenix canariensis) mit ihren mehrere Meter langen Riesenwedeln. Auch die Howeia oder Kentiapalme trägt gefiederte Wedel. Der glatte, schlanke von den Blattnarben gezeichnete Stamm bleibt grün. Zu den Fächerpalmen zählen die Latania-Palmen, die rechts des Eingangs mit ihren wuchtigen Blattschöpfen eine imponierende Gruppe bilden, ebenso wie die gleichfalls gefächerten hohen Hanfpalmen im Hintergrund. Immer wieder kann man Exemplare beobachten, die dattelartige Früchte tragen oder männliche Pflanzen (Palmen sind »zweihäusig«) mit dem Behang ihrer gelben oder orangefarbenen Blüten, deren Pollen sie dem Wind anvertrauen.

Die Blumeninseln in der »Wiese« wechseln im Jahreszyklus. Selbst im tiefsten Winter duftet hier der weiße Flieder, leuchten die gelben Mimosen und wetteifern Super-Alpenveilchen mit bis zu 50 Blüten am Stock in allen Farbtönen von weiß und rosa bis tiefrot. Ihnen folgen Primeln und Spaltblumen (Schizanthus), die man wegen ihrer Blütenform die Orchideen des kleinen Mannes nennt, oder die sattgelben Narzissen, die besonders gut zu der tiefblauen Sorte der Cinerarien, der Aschenpflanzen, passen. Akzente in weiß, rot und tiefviolett setzen die großen Blütenglocken der Gloxinien, die wieder abgelöst werden von den buschigen Elatior-Begonien in gelb, orange und rötlichen Kombinationen. Das ganze Jahr über tagt hier der Frühling sozusagen in Permanenz und setzt immer wieder neue Lichter auf, zu denen auch die großen Rispen der Kahnorchideen (Cymbidium), die Blütenköpfe des Rittersterns, der Clivien und vieler anderer gehören können.

Außerhalb des Wegekranzes findet der botanisch Interessierte manches Gewächs, von dem er bisher nur den Namen kannte. Den zarten, doppelt gefiederten Blättern der Jacaranda sieht man nicht ohne weiteres an, daß der Baum Pali-

Schon im zeitigen Frühling, noch vor der Magnolienblüte, geben Tausende von Stiefmütterchen und Maßliebchen den großen Rabatten des Parks erste Farben.

Frühjahrshöhepunkt im äußeren Park: die Farbenpracht der Tulpenblüte

Ein Blüten-Kaleidoskop von über 50 Arten leuchtet bis weit in den Herbst hinein.

1949 ausgepflanzt, hat sich dieser Gummibaum zu einem Riesenexemplar entwickelt.

Schon um die Weihnachtszeit blüht im Wintergarten neben den vielen Cyclamen der weiße Flieder.

In nur wenigen Monaten erheben sich die hohen Schäfte der Riesennatternköpfe von den Kanarischen Inseln.

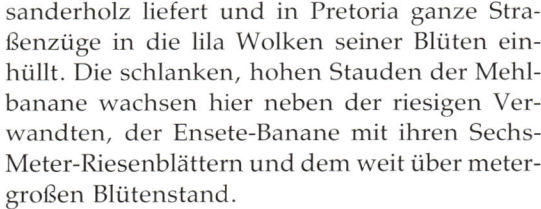

sanderholz liefert und in Pretoria ganze Straßenzüge in die lila Wolken seiner Blüten einhüllt. Die schlanken, hohen Stauden der Mehlbanane wachsen hier neben der riesigen Verwandten, der Ensete-Banane mit ihren Sechs-Meter-Riesenblättern und dem weit über metergroßen Blütenstand.

Was aus einem ganz normalen Gummibaum, der in den fünfziger Jahren in keiner Wohnung fehlte, werden kann, zeigt das 1951 ausgepflanzte Exemplar mit seinen mächtigen, aus der Höhe herabgeführten Stützwurzeln. Viele, mehr als armdicke Äste mußten ihm schon entfernt werden. Frei entfalten können sich die langsam wachsenden hohen Kamelien, Zickzack-Strauch und Hammerstrauch, Erdbeerbaum und Zimmeraralie, Baumtomate und Wollmispel neben Vertretern der australischen Flora mit vielen anderen, die sich entdecken lassen wollen.

Eine Fundgrube besonderer Pflanzen ist das tropische Warmhaus, dessen Bewohner nur andeutungsweise geschildert werden können. In dieser guten Stube der Gärtner ist ein breiter Querschnitt charakteristischer Pflanzen der Warmgebiete der Erde zu sehen. Die Temperatur hier schwankt zwischen 25°C und mehr im Sommer und 16°C im Winter. Hier finden sich auch die Schauvitrinen mit den blühenden Orchideen, über sie später mehr. Ein wildes Gewucher der verschiedensten Tropengewächse empfängt hier den Besucher. Auswahlkriterien sind auffallende Blattformen und -farben, Blütenbildungen und Früchte oder besondere biologische Eigenschaften. Bereits am Eingang begegnen uns die kräftigen Stauden der Zwergbanane, die jungfernfrüchtig ist, d. h. sie bedarf keiner Blütenbestäubung, um die zartfleischigen Früchte, die natürlich auch keine Samen enthalten, zu entwickeln. Allerdings muß jeder der ungefährlichen! Fruchtstände einen »Beißkorb« tragen, denn nur so sehen die Besucher einmal reife Früchte und spüren den aromatischen Duft.

◄ **Zwei Handflächen groß sind die Blüten der Riesen-Pfeifenblume (oben). Unübersehbar ist das Heer der Ananasgewächse, der Bromelien (Mitte). Die meterhohe Blüte der Titanenwurz erscheint schon vor ihrem einzigen Blatt (unten).**

Ein besonderes Aroma verströmen zur Reifezeit auch die großen Kolbenfrüchte der kräftig wuchernden Monstera-Büsche. Sie entwickeln sich nur an alten Pflanzen. Kräftige Oxalatkristalle, die in die Zunge stechen, lassen vom direkten Genuß abraten, doch liefern die Kolben eine herrliche Bowle. Königin Olga hat sich ihrer deshalb auch stets für die eigene Tafel versichert. Die Familie der Aronstabgewächse, zu der auch Monstera, das Fensterblatt gehört, stellt rund 2000 meist tropische Arten wie die Flamingoblumen (Anthurium) mit ihren roten wie lackiert wirkenden Hochblättern, an denen der Blütenkolben aus vielen kleinen Einzelblüten sitzt. Viele sind Ranker, einige bilden eßbare Knollen, manche sind giftig wie die Gattung Dieffenbachia, die Schweigepflanze, deren Gift Rachen- und Schlundgewebe stark anschwellen läßt. Wieder andere locken mit Aasgeruch Fliegen zur Bestäubung an wie die Titanenwurz (Amorphophallus), deren Riesenblüten erst nach dem wieder eingezogenen, wie ein Baum verzweigten einzigen Blatt erscheinen.

Zwei Handflächen große Einzelblüten trägt auch die Riesen-Pfeifenblume (Aristolochia gigas), ein Schlinggewächs. Ihre Blüten sind Insektenfallen, die ihre »Beute« aber nur zur Bestäubung anlocken und später wieder entlassen. An seitlichen Klettergerüsten ranken allerhand Lianen und andere Schlingpflanzen wie die geflügelte Klimme, Passionsblumen oder die Riesengranadille mit ihren Kokarden-Blüten, Gurania, eine neuweltliche Liane aus der Gurkenverwandtschaft, deren kleine orangenfarbene Blüten von Kolibris bestäubt werden, die herrlich gelb blühende Allamanda neben dem zarten Violett der Thunbergie oder der aparte Jadewein mit seinen türkisfarbenen Blütentrauben. Ja selbst echte Palmen wie die Rotangpalmen können klettern. Die Peddigrohr liefernden 1 - 3 cm dicken Stengel können bei manchen Arten über 100 m lang werden! Im eingebauten Sumpfbecken wächst die Papyrusstaude mit ihren charakteristischen Schöpfen. Das flachgeschnittene Mark der hohen, dreikantigen Stengel wurde im alten Ägypten zum ersten Papier verarbeitet. Daneben öffnet die Hakenlilie (Crinum) den Kranz ihrer leuchtenden Kelche oder zeigt ein Schraubenbaum (Pandanus) seine spiralig angesetzten Blätter.

Schier unübersehbar ist das Heer der 2000 neuweltlichen Bromelien-Arten, der Ananasgewächse, deren meist trichterförmigen Blattrosetten sowohl am Boden als auch als Überpflanzen, als Epiphyten, auf Bäumen wachsen können. Abwechslungsreich in Gestalt, Farbe und Zeichnung von Blättern und Blüten sind sie zu beliebten Sammelobjekten von Liebhabern geworden. Als anatomische Besonderheit können sie Wasser nicht nur über die Wurzeln, sondern auch über Schuppenhaare, sogenannte Saugschuppen, auf der Blattoberfläche aufnehmen. Zu den bekanntesten Gattungen zählen Aechmea, Billbergia, Guzmania, Nidularia mit im Blattkelch versenkten Blüten, Vrisea und Tillandsia. Nicht zu vergessen die Ananas selbst, deren Blattschopf über der aromatischen Frucht wieder zu einer neuen Pflanze heranwachsen kann. Die epiphytisch lebenden Bromelien siedeln auf großen eingebauten Ästen und teilen

dort den Platz mit verschiedenen baumbewohnenden Korallenkaktus-Arten der Gattung Rhipsalis, die mit ihren dünnen Zweiglein ganz anders aussehen, als man es von Kakteen gewöhnt ist.

Auf den Beeten bilden die schön geäderten Blätter der Fittonien ganze Teppiche. Begonien, wegen des asymmetrisch ansetzenden Stiels auch Schiefblatt genannt, zeigen die Wandlungsfähigkeit ihrer Blattformen und Zeichnungen. Schmucke Blütenähren tragen die Aphelandra-Arten sowie Pachystachys und Jacobinia. Das auffallend aufrecht stehende gezackte Acanthus-Blatt soll Vorbild des Akanthus-Kapitells griechischer Säulen gewesen sein. Von Kauliflorie, von Stammblütigkeit, spricht man, wenn Blüten direkt am alten Stammholz erscheinen wie bei der Goethe-Pflanze, einem Malvengewächs. Die zahllosen Wolfsmilchgewächse erscheinen in ganz verschiedenen Kleidern. So hat der Katzenschwanz (Acalypha) hängende rote Blütenstände, der Wunderstrauch (Codiaeum) wechselt Blattform und Farbe, der Schneebusch wechselt die Farbe seiner Blätter von weiß über scheckig nach grün. Auch der Weihnachtsstern gehört zu den Wolfsmilchgewächsen, ganz abgesehen von den vielen dickfleischigen Sukkulenten wie Christusdorn und stärker kakteenähnlichen Formen. Die ganze Verwandtschaft ist wegen ihres nicht unbedenklichen Milchsaftes mit Vorsicht zu behandeln. Seltsames gibt es auch bei den Gesneriengewächsen wie den Schieftellern (Achimenes) mit schräg angesetzter Blütenkrone oder der Drehfrucht (Streptocarpus) mit gedrehtem Fruchtknoten. Streptocarpus wendlandii zum Beispiel bildet nur ein einziges bis 90 x 60 cm großes Blatt aus, an dessen Ansatz bis zu 60 cm hohe Blütenschäfte mit violettblauen Blüten sprießen. Manchmal öffnet auch ein seltenes Schraubenbaumgewächs, die Freycinetia, ihre orangenen Hochblätter nach drei Seiten, um die unscheinbaren Blüten Fledermäusen zur Bestäubung anzubieten. Ingwergewächse, die man schon an ihrem typischen Geruch erkennt, tragen oft auch prächtige, zum Teil eigenartig geformte Blüten wie die über zwei Meter hohe Alpinia, der Ananas-Ingwer oder Gardners Kranzblume mit großer gelber Blütenähre. Beständig ist in diesem Haus eigentlich nur der Wechsel. Da immer wieder ausgetauscht wird, ist das Tropenhaus auch stets für eine Überraschung gut.

Wer einmal zur Hauptblütezeit im März das Azaleenhaus der Wilhelma besucht hat, wird diesen Eindruck bestimmt nicht so schnell vergessen, wandelt er doch zwischen Abertausenden von Blüten durch ein Farbenmeer in Weiß, Rosa, Rot, Lila und Lachsfarben. Hier wetteifern uralte ungefüllte Formen mit modernen Züchtungen hoher Wuchskraft und noch stärkerer Blütenbildung. Bei genauerem Hinsehen kann man sich des Reizes der alten Sorten, an denen schon unsere Ur-Ur-Ur-Großmütter ihre Freude hatten, kaum entziehen. Ihre durchscheinend zarten Blüten in Weiß, Hell-lachsfarben und Rosa lassen noch die ursprüngliche Blütenform mit den normalen Staubgefäßen und Stempeln erkennen und wirken besonders im Sonnenlicht. Die sehr viel kräftiger wachsende, robuste, rotviolette Sorte »Conncina« ist als Pflanze im Haus wesentlich jünger, als Sorte aber bereits 1849 in England entstanden. Auch die 1888 in Deutschland gezüchtete rote Sorte »Hexe« wird heute noch gepflegt. Erfreulicherweise haben sich von den berühmten Züchtungen des Hofgärtners Johann Baptist Müller noch einige erhalten, obwohl von einem frustrierten Nachfolger die meisten weggeräumt worden

100 Jahre sind kein Alter für Azaleen und Kamelien

Seit 140 Jahren blüht diese zartfarbige Azaleen-Sorte in der Wilhelma.

Frühjahrshöhepunkt in den Gewächshäusern ist zweifellos die Azaleen-Blüte, ein Farbenmeer in Weiß, Rosa, Rot, Lila und Lachsfarben.

waren. Die ältesten Sorten aus seiner Zeit bezeichnet der 1932 verantwortliche Schloßgarteninspektor Klotz als zum größten Teil in der Wilhelma gezüchtet, die ältesten davon 80 Jahre alt. Einige der heute 140jährigen Riesenpflanzen erfreuen uns heute noch, und auch für ihren Nachwuchs ist gesorgt.

Die Gattung Rhododendron, zu der auch die Azaleen gehören, zählt etwa 800 Arten. Grundlagen für die heutigen Zuchtformen sind in erster Linie indische (Rhododendron simsii und Rh. indicum) und japanische Azaleen (Rh. obtusum), zu denen durch Einkreuzung auch noch andere Arten beigesteuert hatten. 1680 gelangten die ersten Pflanzen nach Holland. Die für die heutigen Züchtungen maßgebenden und zu Kreuzungen benützten, waren zum Teil selbst schon Gartenformen, die zu Beginn des 19. Jahrhunderts nach England eingeführt worden waren und sich von dort rasch verbreiteten. Am natürlichen Standort in ihrer Heimat China, Formosa und Japan bevorzugen die Azaleen geschützte, etwas beschattete Plätze in feuchten Tälern, zwischen Gestein an Gebirgsbächen oder an felsigen Berghängen. Als ausgesprochene Kalkflüchter brauchen sie sauren Boden. Gegossen wird mit in großen Zisternen aufgefangenem Regenwasser. Im Gewächshaus bleiben die Temperaturen im Winter kühl, zwischen 4° und 7°C. Nach den letzten Frösten übersiedeln alle Pflanzen im Mai zur Sommerfrische ins Freie in sogenannte Schattenhallen, um dort die Kraft für die nächste Blüte zu sammeln. Im Herbst wird wieder eingeräumt und das nächste Blütenwunder inszeniert. Die Behauptung, je älter Azaleen um so schöner seien sie, kann man für die Wilhelma nur bestätigen.

In der azaleenfreien Zeit im Sommer wird das Haus zum zweiten Tropenhaus umfunktioniert. Dann wandelt man durch einen Dschungel tropischer Grünpflanzen, Aronstab- und Bananengewächsen, Schraubenbäumen, Palmen, Ficusarten und vielen anderen. Am Boden begleiten neben Farnen Kaladien, die zu den schönsten buntblättrigen Pflanzen zählen, in vielfältigen Kombinationen von Grün, Weiß und Rot den Weg. Überwuchert wird alles von allerlei Kürbisgewächsen wie dem Wachskürbis mit riesigen bemehlten Früchten oder der gelben Balsambirne, von Luffa, deren Früchte mit ihrem zähen Fasernetz den Luffaschwamm liefern, Flaschen- und Zierkürbissen in verschiedenen Farben und Formen.

Verhaltener, aber nicht weniger reizvoll ist die Blüte der zum Teil ebenfalls über 100 Jahre alten Kamelien. In ihrem Haus beginnt der allererste Frühling in der Wilhelma schon im Dezember und dauert bis in den April, da sich die Knospen der einzelnen Kameliensorten nach und nach öffnen. Dennoch beeindruckt die ästhethische Form und die zarten Farben der Blüten im aparten Kontrast zu den dunkelgrün gelackten Blättern. Wie bei den Azaleen reicht auch bei den Kamelien die Farbenpalette von Weiß, Zartrosa und Rosa bis zum Rot aber ohne Beimischung von Blau zu violetten Tönen. Ungefüllt blühende einfache, den normalen Staubbeutelkranz tragende Wildformen stehen neben halbgefüllten und gefüllten Sorten, exakt symmetrisch gestaltete neben unregelmäßig gefüllten, einfarbige neben geschckten, alte Sorten neben neuen, großblumigen Züchtungen. Bei genauem Hinsehen kann man Stadien der Umwandlung vom Staubgefäß zum Blütenblatt erkennen, denn nicht anders entstehen ja die gefüllten Blüten.

Wie die Azaleen sind auch die Kamelien in unseren Breiten leider nicht wirklich winterhart. So wurde im Schloßpark von Dresden-Pillnitz eine 1771 in die Hofgärtnerei gelangte einfache rotblühende Camellia japonica 1801 ausgepflanzt. Sie hat sich in 200 Jahren auch zu einem stattlichen Baum von 9 m Höhe und 8 m Breite entwickelt, aber sie muß im Winter von einem zerlegbaren und heizbaren Überwinterungshaus umgeben werden, um sie frostfrei zu halten. Die Pflanzen stellen weniger Ansprüche an die Bodenqualität, sind aber empfindlich gegen Staunässe und trockene Umgebungsluft. Deshalb ist ihre Bedeutung als hochgeschätzte Zimmerpflanzen des vergangenen Jahrhunderts etwas zurückgegangen, denn nicht jedem gelingt es, in der zentralgeheizten Wohnung das frühzeitige Abwerfen der Knospen zu verhindern.

Kamelien gehören der Familie der Teegewächse an und sind damit, was nicht jeder weiß, die nächsten Verwandten des Teestrauchs mit nur kleinen weißen Blüten, dessen Produkte, die fermentierten Spitzenblätter, weltweit geschätzt werden. Die Heimat der 94 bekannten Arten ist Ostasien, Mittel- und Ostchina, die japanischen Inseln, Formosa und Indochina. Jahrhundertelang, bevor vor über 300 Jahren die ersten Pflanzen nach Europa gelangten, hatte man sich in China und Japan schon züchterisch mit ihnen beschäftigt. Tausende

Sorten, von denen sich aber nur ein Bruchteil erhalten hat, entstanden allein im vergangenen Jahrhundert, nicht nur in ihrer Heimat sondern auch in Zuchtzentren in England, Frankreich, Belgien und Italien, aber auch in Deutschland und Amerika. In klimatisch günstigen Gebieten, die die Freilandkultur erlauben, sind sie heute wichtige Gartenelemente, z. B. in Oberitalien oder Florida.

In der Wilhelma bedarf es nach wie vor der sorgfältigen Betreuung, im Winterhalbjahr im Gewächshaus und im Sommer in der Schattenhalle, um alljährlich wieder mit ihren eleganten Blüten das Blumenjahr beginnen zu können. Im Herbst nach dem Einräumen sind sie zunächst nur Hintergrund für zahlreiche weitere ostasiatische Gäste, nämlich eine Auswahl attraktiver Chrysanthemensorten, die abgelöst werden von einem Teppich bunter Primeln, Treibtulpen, Hyazinthen und Narzissen, auf die schließlich noch Hortensien und Spaltblumen folgen. Im Sommer aber wird das leere Haus gleich wieder von einem Heer verflossener und wieder moderner Lieblingsblumen, einer umfassenden Sammlung alter und neuer Fuchsiensorten, über die noch berichtet wird, besiedelt.

Bei den Wildformen der Kamelien ist der Kranz der Kronblätter von den Staubblättern, die sich bei den Zuchtformen zu Kronblättern umwandeln können, noch klar getrennt (links). Ein zartes Blühwunder: magnolienblütige Kamelie (Mitte) neben der ebenmäßigen Blütengestalt einer alten Zuchtsorte

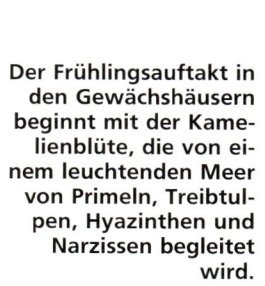

Der Frühlingsauftakt in den Gewächshäusern beginnt mit der Kamelienblüte, die von einem leuchtenden Meer von Primeln, Treibtulpen, Hyazinthen und Narzissen begleitet wird.

Kaum eine andere Pflanzenfamilie fasziniert uns Menschen ob ihrer ästhetischen Schönheit, ihrer Farben- und Formenmannigfaltigkeit mehr als die Orchideen. Mit etwa 18 000 – 20 000 verschiedenen Arten, zu denen eine eher noch größere Zahl von Züchtungen kommt, ist sie eine der artenreichsten und stellt etwa 7 – 9 Prozent aller bekannten Blütenpflanzen. Mit Ausnahme der kalten Pole, der Wüsten und eisigen Gebirgshöhen leben Orchideen auf der ganzen Erde, hauptsächlich in den Tropengebieten. Auch in Europa und im Mittelmeerraum kommen rund 250 Arten vor. Es sind Erdorchideen, die vom mageren Trockenrasen bis zu Sumpf und Wald alle möglichen Biotope besiedeln. In den Tropen leben sie vielfach auch als Überpflanzen, als Epiphyten, auf Bäumen und sogar Felsen. Orchideen sind einkeimblättrig und stehen den Liliengewächsen nahe. Ihre winzig kleinen Samen – eine Kapsel kann mehrere Millionen Samen enthalten – sind ohne Nährgewebe. Die kleinen Keimlinge sind nur dann entwicklungsfähig, wenn sie von den in der Mutterpflanze lebenden symbiontischen Pilzen, die ihnen wichtige Nährstoffe liefern, durchwuchert werden. Bei der Zucht umgeht man mit besonderen Nährlösungen diesen Umstand. Manche Erdorchideen kühler Zonen bilden Wurzelknollen im Boden. Dies gab der ganzen Familie den Namen, denn die hodenartige Form der oft paarigen Knollen regte die Griechen an, sie Orchis = Hoden zu nennen. Auch der Name Knabenkräuter bezieht sich darauf.

Ihre prächtigen Blüten, die mit Größen von wenigen Millimetern bis zu 13 Zentimetern ein Feuerwerk an Farben und ein Panoptikum des Gestaltenwechsels bieten, gehorchen erstaunlicherweise alle dem gleichen Grundplan: 2 × 3. Drei Kelchblätter und drei Kronblätter in zwei Kreisen sind versetzt zueinander angeordnet. Der äußere Kreis der Kelchblätter kann teilweise verwachsen sein. Vom inneren Kreis ist das mittlere der drei Kronblätter meist vergrößert und bildet die »Lippe«, die vielfältig gegliedert, zum Pantoffel ausgeweitet sein und auch einen bis zu 30 cm langen, Honig führenden Sporn tragen kann. Ihr steht das »Säulchen« gegenüber, das Narben und Staubblätter trägt. Die Pollen sind zu Pollinien vereinigte Pakete, manchmal mit einer Klebescheibe zum Anheften an Besucher versehen. Oft ist der Blütenbau ganz artspezifisch auf bestimmte Bestäuber eingestellt: Bienen, Wespen, Fliegen, Ameisen, Kä-

Vielfalt in der Einheit

Nur die blühenden Exemplare der rund 4000 blühfähigen Pflanzen der Orchideensammlung der Wilhelma werden in den Schauvitrinen gezeigt. Oben: Tropischer Frauenschuh

fer, Schmetterlinge, Kolibris, Fledermäuse, ja sogar Frösche wurden als solche nachgewiesen. Direkt genützt werden nur die unreifen Schoten einer Art, der bekannten Vanille, und im Orient als Salep die getrockneten Wurzelknollen mehrerer Erdorchideen mit sehr fraglichem Nährwert und noch fraglicherer aphrodisischer Wirkung. Allergrößte Bedeutung aber haben sie als kultivierte Schmuckblumen, der sich ganze Industrien und 400 Orchideengesellschaften in aller Welt widmen.

Auch in der Wilhelma galt von jeher das Interesse diesen herrlichen Pflanzen, von denen sie eine recht bedeutende Sammlung besitzt. In vier nicht zugänglichen, klimatisch verschieden gesteuerten Anzuchthäusern werden rund 4000 blühfähige Exemplare kultiviert, die 150 Gattungen und 650 Arten angehören, zu denen noch 200 hybridisierte Zuchtformen zu rechnen sind. Dem Besucher bieten sich also in fünf Schauvitrinen des Tropenhauses, wohin jeweils die blühenden Stücke gebracht werden, im Laufe des Jahres 850 Verschiedenheiten an. Ihre Kultur erfordert hohes gärtnerisches Geschick, angefangen bei der Aussaat der staubfeinen Samen auf künstliche Nährböden bis zur ersten Blüte nach manchmal vielen Jahren sorgfältiger Pflege. Neben Pflanzen, die auch daheim am Fensterbrett

gedeihen, finden sich größte Seltenheiten, von denen nur wenige Exemplare bekannt sind. Winzige, kaum streichholzlange Rispen mit Dutzenden kleinster Blüten wechseln ab mit den meterlangen Blütenständen der Kahnorchis (Cymbidium) oder den hohen Büschen der Sobralia. Handflächengroße Cattleyen – für viele der Inbegriff von Orchideen – neben der zartgliederigen Schmetterlingsorchidee (Oncidium papilio) usw. Jeder Besuch bietet da neue Überraschungen.

Dem gleichen Prinzip der Vielfalt in der Einheit haben sich auch die Fuchsien verschrieben. Hier bildet die Zahl vier die Grundlage. Über dem unterständigen Fruchtknoten setzt die Kelchröhre an, die in vier Kelchblätter (Sepalen) mündet, vier Kronblätter (Petalen) bilden die Blütenkrone. Aus ihr ragen die Staubblätter und noch weiter der Stempel (Narbe und Griffel) hervor. Bei Zuchtformen ist die Zahl der Kronblätter vermehrt: halbgefüllt auf sieben, ganz gefüllt auf mehr als sieben. Die nüchterne Aufzählung kann aber nicht den Reiz vermitteln, der von der immer neuen Abwandlung dieses Schemas ausgeht und mit den Farbtönen weiß, rosa, rot, hell und dunkelviolett heute schon in rund 10 000facher Abwandlung spielt. Die erste Fuchsie entdeckte der französische Pater Char-

In den Gebirgen Mexikos und Guatemalas lebt die große Zahnzunge in Höhen bis zu 2700 m.

Mehr als 100 000 Blütenglöckchen können im Fuchsienhaus zur Hauptblütezeit gleichzeitig offenstehen.

les Plumier 1695 auf seiner dritten Südamerika-Expedition auf der Insel Santo Domingo. Er benannte den zierlichen Blütenstrauch zu Ehren des berühmten deutschen Mediziners und Botanikers Leonhart Fuchs, der 150 Jahre vorher in Tübingen gelehrt hatte. Die leichte Pflege und Kreuzbarkeit ließ die Fuchsien im 19. Jahrhundert sehr rasch in England, Frankreich, Deutschland und vor allem in den USA zu Lieb-

Wie grazile Tänzerinnen reihen sich die Einzelblüten der Spinnenorchis zur Rispe.

lingspflanzen werden. Der Familie der Nachtkerzengewächse angehörend, also auch mit unseren Weidenröschen verwandt, leben Fuchsien in über 100 Arten in Mittel- und Südamerika, vor allem in Gebirgswäldern um den Äquator in Höhen bis zu 3000 m. Bestäubt werden die Blüten vom Wind, von Insekten und auch von Kolibris.

In der Wilhelma besiedeln die »Tänzerinnen im lustigen Ballettröckchen« im Sommer das Kamelienhaus in einer umfangreichen Sammlung alter und neuer Sorten. Rund 180 verschiedene Gartenfuchsien, von denen etwa 60 als Hochstämmchen kultiviert werden und 30 als Hängesorten in Ampeln gepflanzt sind, wetteifern mit 30 botanischen Wildarten. Zur Hauptblütezeit können (durch Auszählen von Teilflächen errechnet!) weit über 100 000 Blütenglöckchen gleichzeitig offen sein. Vor allzu großer Begeisterung sei gewarnt, denn viele hat schon der Bazillus des Orchideen- oder Fuchsiensammelns befallen. Die Deutsche Orchideen- und die Deutsche Fuchsiengesellschaft aber freuen sich immer über neue Mitglieder.

Pflanzliche Überlebenskünstler

Wasser, von dem alles Leben abhängt, ist in vielen Gebieten unserer Erde Mangelware. 35 Prozent des Festlandes sind aride Gebiete, wo die Verdunstung größer ist als die Niederschlagsmenge, und lange Trockenperioden zur Bildung von Wüsten und Halbwüsten führen. Und doch gibt es auch hier vielfältiges Leben, das, mit raffinierten Einrichtungen ausgestattet, nicht nur überdauert, sondern gedeiht. Unter den Pflanzen sind es vor allem solche, die über ein leistungsfähiges Speichersystem in Stengeln oder Blättern verfügen. Sie können Wasser in guten Zeiten in großen Mengen aufnehmen und geben ihre Vorräte nur ganz langsam und haushälterisch wieder ab. Saftpflanzen oder Sukkulenten – nach dem Lateinischen »succus« = Saft – nennt man die »geschwollene« Gesellschaft und

je nach dem Sitz des Geschwollen-Seins spricht man von Stamm- oder Blatt-Sukkulenten. Wegen der oft glänzenden verdickten Oberflächen sprechen Laien oft auch von »Fettpflanzen«, ein falscher Ausdruck, da ja kein Fett, sondern nur Wasser gespeichert wird. Neben den bekannten, aus Amerika stammenden Kakteen, die allein schon 2700 Arten in 150 Gattungen stellen und mit ganz wenigen Ausnahmen alle stammsukkulent sind, gibt es vorwiegend in der Alten Welt noch rund 50 gänzlich verschiedene Pflanzenfamilien mit einer Unzahl sukkulenter Arten. Sie finden sich unter Wolfsmilch-, Schwalbenwurz-, Lilien-, Gurken-, Mittagsblumen- und Dickblattgewächsen. Ja sogar unter Korbblütlern und vielen anderen gibt es solche Wuchsformen.

Zahlreiche Schutzeinrichtungen helfen Wasser zu sparen. Die wichtigste liegt in der Verkleinerung der Oberfläche. Ideal ist die Kugelform, die bei kleinster Oberfläche das größte Speichervolumen bietet. Blattlose, runde oder gerippte Säulen sind häufig. Lederig verdickte Haut-, Wachs- und Korkschichten oder Haare schützen die Oberfläche. Spaltöffnungen werden in der Zahl verringert und in Gruben tiefer gelegt. Blattsukkulenten verkleinern die Blattfläche bis zur Schuppen- und Kugelform oder bilden Rosetten, verringern die Blattzahl bis nur noch zwei Blätter jährlich gebildet werden oder versinken im Boden. Manche nehmen auch Feuchtigkeit aus der Luft durch Blatthaare, quellungsfähige Oberhautzellen, saugfähige Nebenblätter oder Luftwurzeln auf. Dornen und giftige Milchsäfte schützen vor dem Gefressenwerden.

Nur an den Blüten läßt sich die Familienzugehörigkeit eindeutig erkennen. Das Prinzip der Sukkulenten auf die Spitze getrieben haben aber ohne Zweifel die Mittagsblumengewächse. Ihr Hauptverbreitungsgebiet ist Südafrika. Dort bewohnen sie in riesiger Artenzahl die offenen und öden Flächen der Karoo, des Namaqualandes oder der Namib. Viele von ihnen bestehen aus nicht mehr als zwei dicken Kugelblättern, die auch noch fast vollständig im Erdreich versteckt sind. Nur ihre kieselförmige Oberfläche ist zu sehen. Das hat ihnen den Namen »Blühende Steine« eingetragen, denn einmal im Jahr öffnet sich, wie aus dem Boden gezaubert, für wenige Tage zwischen den beiden Dickblättern eine leuchtend große Blüte.

Mehrhundertfach bietet die Wilhelma das Phänomen dieser oft so prächtig blühenden Hungerkünstler in zwei Schaugewächshäusern an. Gleich am Haupteingang beginnt die Parade mit den große Rosetten bildenden Schwertblättern der neuweltlichen Agaven aus der Lilienverwandtschaft. Nur einmal in ihrem Leben treiben sie nach Jahrzehnten einen Blütenschaft, der meterhoch über das Dach hinausragen kann und wie auf Kandelaberarmen Hunderte von Blüten trägt. Bevor die Pflanze nach der Blüte stirbt, treibt sie neue Ableger an der Rosettenbasis. Zahlreiche Aloë-Arten Südafri-

Einen Eindruck von der Formenvielfalt bietet das große Kakteenbeet im Sukkulentenhaus. Über 100 Jahre hat der große goldstachelige Igelkaktus schon auf seinem Rücken.

kas, nahe Verwandte aus der Alten Welt, schmücken sich alljährlich mit leuchtenden Fakkelblüten. Die blattlosen Säulen vieler Wolfsmilcharten würde jeder Unbefangene für Kakteen halten, wenn sie sich nicht durch ihren Milchsaft und die völlig anders gestalteten Blüten ausweisen würden. Stachelige Säulen bilden auch die Dickfußarten (Pachypodium) Madagaskars mit einem Blattschopf und gelegentlichen Blüten an der Spitze. Viel niedriger, dafür aber mit leuchtend rosaroten Blüten überhäuft, bleibt die Wüstenrose (Adenium) aus der gleichen Familie der Hundsgiftgewächse. Zarte Ranken bilden die Leuchterblumen (Ceropegia). Das Brutblatt, ein Dickblattgewächs, trägt Hunderte von Jungpflanzen an seinen fleischigen Blättern. Als richtige Raritätenkammer de-

Nur einmal im Leben treibt die große Amerikanische Agave ihren 6–8 m hohen Blütenstand, der das Gewächshausdach weit überragt.

Beide stachelstarrend: blühender Igelkaktus (oben) und kuglige Wolfsmilch (rechts)

monstriert eine Vitrine das Prinzip der Sukkulenz auf engstem Raum in Dutzenden von Beispielen. Sie werden noch übertrumpft von den verschiedenartigsten Kakteen in diesem Haus. An einer Wandseite ranken sich schlingende Säulenkakteen hoch, zu denen die »Königin der Nacht« mit ihren riesigen, weißen Blütentrichtern gehört, die sich nur für wenige Nachtstunden öffnen. Am auffallendsten unter den Kugel-

kakteen sind die riesigen, zum Teil über 100 Jahre alten, goldstacheligen Igelkakteen (Ech. grusonii). Sie alle tragen, wenn auch zu verschiedenen Jahreszeiten, ihre leuchtenden, vielstrahligen Blütentrichter, die sie zu begehrten Liebhaberpflanzen haben werden lassen. Deshalb sind auch die kleineren Arten vor all zu großer Liebe hinter Glasscheiben geschützt. Nur eine Pflanze im Haus ist nicht sukkulent: die Paradiesvogelblume (Strelitzia reginae), ein Bananengewächs, dessen eigenartige Blüten von Vögeln bestäubt werden.

Im nördlichen hohen Kuppelhaus am Maurischen Landhaus beeindrucken die riesigen Säulenkakteen, deren Jahreszuwachs bis zu einem Meter betragen kann, neben langsam wachsenden Formen wie dem peruanischen Felsenkak-

Nur aus zwei Blättern besteht die ganze Pflanze zwischen denen sich die einzige Strahlenblüte öffnet.

tus. Vielrippige Säulen stehen neben den dicken Scheiben der Stammglieder der Feigenkakteen oder Opuntien, deren dickfleischige Früchte gern gegessen werden. An Säulen haben sich zwei Arten der einzigen, richtige Laubblätter tragenden Kakteengattung Peireskia als Besonderheit etabliert. Wer ein wenig Geduld mitbringt, kann in beiden Häusern manche »geschwollene« Entdeckung machen.

Um all die botanische Vielfalt in den Schauhäusern und im Park mit den verschiedenen Wechselpflanzungen aufrecht zu erhalten und den ständigen Nachschub zu gewährleisten, ist ein beträchtlicher Aufwand nötig. Für den Betrieb der botanischen Schauhäuser und die Anzuchtgärtnerei sind daher nicht weniger als drei Sachbearbeiter, sieben Gärtnermeister, 20 Gärtner und sechs Auszubildende verantwortlich. Die großen Parkflächen werden von einem Sachbearbeiter, einem Gärtnermeister, zehn Gärtnern und zwölf Gartenarbeitern betreut. Allein 20 verschieden große und unterschiedlich klimatisierte Anzuchtgewächshäuser mit über 4000 m² Fläche, 1500 m² Frühbeetkästen und 270 m² Wasserkästen für die Seerosenanzucht zusammen mit 550 m² Schattenhallen werden gebraucht. Sie liefern den Nachschub für 20 botanische Schaubereiche mit rund 6000 m² Fläche, aber auch für 6000 m² Blumenbeete und Rabatten in der Wilhelma und in den Staatlichen Anlagen und Gärten.

Wie sich jeder vorstellen kann, muß diese Vielfalt in überschaubare Bereiche nach Themen und praktischen Gesichtspunkten gegliedert werden. Seit langem hat sich die Aufteilung in acht Gruppen bewährt. Die erste Gruppe ist zuständig für die Anzucht und Pflege der 4000 Orchideen, die in vier Gewächshäusern unterschiedlicher Klimaführung betreut werden. Nur die jeweils blühenden Exemplare dieser, an das Können der Gärtner erheblich Ansprüche stellenden Pflanzenfamilie werden in den Schauvitrinen ausgestellt. Gruppe zwei kümmert sich um die Vermehrung der Grünpflanzen aus Samen oder Stecklingen, um die Anzucht der Wasserpflanzen für das Aquarium und die der tropischen Seerosen. Hier werden größere Pflanzen verschiedener Herkunftsländer weiterkultiviert zum Austausch in den Schauhäusern und zur Besiedlung des Azaleenhauses im Sommer. Ein Teil der Sommerblumen aus Samen oder Stecklingen wird herangezogen.

Die Aufgabe der dritten Gruppe ist die Anzucht der verschiedenen Blütenpflanzen, die im Jahresgang für Farbe in den Schauhäusern sorgen. Dazu gehören Alpenveilchen, Gloxinien, Drehfrucht (Streptocarpus) Usambaraveilchen, Schiefteller (Achimenes), Spaltblumen (Schizanthus), Hortensien, Flamingoblumen (Anthurium) und andere. Die Vielzahl der Ananasgewächse (Bromelien) und der Farne wird hier kultiviert. Ein weiterer Teil der Sommerblumen-

Selbstversorgung und weltweiter Tausch

Auch große Kakteen müssen klein anfangen.

Auf sterilen Spezial-Nährböden werden die feinen Samen der Orchideen ausgebracht. Jahrelang dauert oft die Anzucht bis zur blühenden Pflanze.

anzucht aus Samen und Stecklingen gehört zum Bereich, darunter auch die Kultur des Indischen Blumenrohrs (Canna indica) und schließlich die Aussaat und Betreuung der Kultur von Zweijahresblumen wie Vergißmeinnicht, Goldlack, Gänseblümchen und einem bunten Primelsortiment.

Die vierte Gruppe widmet sich der Anzucht und Pflege der gesamten Kakteensammlung und aller anderen sukkulenten Pflanzen im Wilhelmabereich. Die fünfte Gruppe erledigt die Anzucht und Pflege der tropischen Nutzpflanzen und zeichnet für die Pflege und Mitgestaltung der Farnhäuser sowie der Halle des Maurischen Landhauses verantwortlich. Das gleiche gilt für die Wassergärten hinter dem Maurischen Landhaus und die dazu notwendige Anzucht der »kalten« Sumpf- und Wasserpflanzen. An Blütenpflanzen für die Schauhäuser werden hier vor allem die Chrysanthemen, aber auch Aschenpflanzen (Cinerarien) Pantoffelblumen (Calceolarien) und verschiedene Primeln herangezogen. Ein weiterer Teil der Anzucht von Sommerblumen aus Samen und Stecklingen gehört dazu und auch die Anzucht und Weiterkultur von weniger bekannten botanischen Pflanzengattungen und Besonderheiten.

Zum Bereich der sechsten Gruppe zählt die Anzucht und Pflege sowie die ansprechende Präsentation der Azaleen und Kamelien in den Schauhäusern im Winterhalbjahr und deren optimale Versorgung während der Sommermonate in den beiden Schattenhallen. Die Pflege und Mitgestaltung des Wintergartens gehört hierher ebenso wie die Versorgung der großen Anzahl von Kübelpflanzen für die Subtropenterrassen im Winterhalbjahr und deren Präsentation auf den Terrassen im Sommer, zusammen mit der Betreuung und Mitgestaltung der dortigen Beete und Schauvitrinen. Eine weitere Aufgabe ist die Anzucht, Pflege und Ausstellung der reichhaltigen Fuchsiensammlung sowie deren Überwinterung zusammen mit der Anzucht und Weiterkultur verschiedener Kalthauspflanzen.

Das Aufgabengebiet der siebenten Gruppe umfaßt die Pflege und Mitgestaltung des Tropenhauses (Warmhaus), des Vogel- und Kleinsäugerhauses, der Pflanzen des Aquariums mit der Krokodilhalle und den Klimalandschaften sowie im Sommerhalbjahr der Kultur und Pflege der Pflanzen im tropischen Seerosenteich.

Die achte Gruppe schließlich ist für den gesamten Außenbereich des Parks außer den schon genannten Ausnahmen zuständig, pflegt die Rasenflächen, Bäume, Sträucher und Bodendecker und die 3500 m² Wechselpflanzung auf Beeten und Rabatten.

Diese Einteilung beruht vor allem auf praktischen Erwägungen, die Arbeitskapazität und Flächenangebot im zeitlichen Ablauf des Jahres möglichst optimal zu integrieren versuchen. Das ganze Jahr folgt eine Kultur auf die andere. Alljährlich werden rund 75 000 Sommerblumen, 58 000 Zweijährige für die Herbstpflanzung, 6500 Grünpflanzen, 1000 Wasser- und Sumpfpflanzen und 14 500 sonstige blühende Pflanzen herangezogen, von vielen kleinen Spezialkulturen einmal abgesehen. Da die vorhandene Anzuchtfläche nicht ausreicht, müssen sogar noch 94 000 Sommer- und Herbstpflanzen zugekauft werden. Rechnet man noch die 120 000 Blumenzwiebeln dazu, die für die Wilhelma und die Staatlichen Anlagen und Gärten – über die noch zu sprechen sein wird – gebraucht werden, dann gehen alljährlich knapp 370 000 neue Pflanzen durch die Hände der Gärtner, die eben nicht nur den enormen Bestand zu pflegen haben, sondern auch für den Wechsel sorgen.

Abertausende von Jungpflanzen wachsen in der Gärtnerei heran.

Die hier bereitgestellten Pflanzengefäße ziehen bald ins Freie um.

Die wichtigste Möglichkeit zur Beschaffung botanisch interessanter Pflanzen besteht in der engen internationalen Zusammenarbeit der botanischen Gärten untereinander, von der die Wilhelma profitiert, und zu der sie auch selbst beiträgt. Basis dieser Arbeit ist die gegenseitige weltweite Versendung von Samentauschlisten, aus denen jeder Garten das für ihn interessante Material auswählen und bestellen kann. Die Zusendung erfolgt dann jeweils kostenlos. So hat jeder die Möglichkeit, ohne komplizierten Zahlungsverkehr und hohen Verwaltungsaufwand praktisch von jedem Punkt der Erde die notwendigen Sämereien, die in den Gärten gezüchtet oder in freier Natur gesammelt wurden, direkt zu beziehen. So verschickt die Wilhelma zum Beispiel ihre Samentauschliste an rund 250 botanische Gärten in 44 Länder aller Erdteile von Angola bis Neuseeland, von Kanada bis Südafrika und Australien. 317 verschiedene Sämereien wurden 1990/91 darin angeboten. 88 ausländische und 44 deutsche botanische Gärten nahmen diesen Dienst in Anspruch und erhielten 2631 Samen-Portionen ausgeliefert. Nicht zuletzt sind es diese Kontakte, die die Gestaltung interessanter Sonderschauen und die Vorstellung mancher botanischen Kostbarkeit ermöglichen.

Eine besonders wichtige Aufgabe ist den zoologischen Gärten in den letzten Jahrzehnten in immer stärkerem Maße und nahezu zwangsläufig zugewachsen: die Erhaltung und Vermehrung gefährdeter Tierarten. Zwar gab es schon seit der Jahrhundertwende zum Teil recht erfolgreiche Ansätze in dieser Richtung, doch erst die Gefahr des immer rascher verlaufenden Artenschwundes ließ die Zucht bedrohter Tierarten zu einem zentralen Thema werden. Wo sonst gäbe es dazu die Erfahrung und den Sachver-

Gefährdet, aber durch Zucht erhalten

lich muß man sich dabei fragen, ob es überhaupt möglich und sinnvoll ist, Tierarten auf Dauer über viele Generationen und Jahrzehnte hinweg im Zoo erhalten und vermehren zu wollen, bei nur allzu begrenzten räumlichen und finanziel-

Bewußtsein der Besucher wach halten und damit andauernd und anschaulich für den Biotop- und Artenschutz werben.

Dazu einige Beispiele: Zunächst eines der Frühzeit. Zwar konnte August III., König von Polen und Kurfürst von Sachsen, am 27. September 1752 noch 42 Auer (=Wisente) erlegen, aber schon damals waren die Tage dieser großen Wollbüffel gezählt. Bis zum Anfang des 19. Jahrhunderts waren die Bestände in den Urwäldern von Bialowieza in Ostpolen bereits auf 400–600

In freier Wildbahn wahrscheinlich schon ausgestorben: Zuchtgruppe des Mesopotamischen Damhirschs.

Nur etwa 60 Exemplare leben in zoologischen Gärten, die sich sehr um den Erhalt dieser schönen Hirsche bemühen.

stand und wer, wenn nicht die Zoos, könnte eine solche Aufgabe überhaupt übernehmen. Schon heute gibt es eine ständig wachsende Zahl von Tierarten, deren Bestände in den Tiergärten bereits größer sind als die in der freien Wildbahn, was zum Beispiel für den Sibirischen Tiger oder den Waldrapp zutrifft. Andere müßten gar als in der freien Natur ausgestorben gelten wie das Przewalski-Pferd, wenn sie nicht nach ihrer Vermehrung im Zoo in alte Lebensräume zurückgekehrt wären, was zum Beispiel für den Wisent oder die Hawaiigans gilt. Natür-

len Möglichkeiten. Inzwischen erworbene Erfahrungen und speziell entwickelte züchterische und demographische Methoden, die in internationaler Zusammenarbeit koordiniert werden, geben Anlaß zu berechtigten Hoffnungen. Dennoch kann kein Zweifel bestehen, daß das Ziel aller solcher Anstrengungen nur heißen kann, bestenfalls Überbrückungshilfen zu bieten, bis wieder gesicherte Lebensräume zur Wiederansiedlung zur Verfügung stehen. Nicht zu unterschätzen ist dabei der erzieherische Wert solcher Bemühungen, die das Thema im

Tiere zurückgegangen und bis 1921 die letzten Tiere in freier Wildbahn vernichtet. In einigen Zoos und privaten Haltungen aber gab es 1922 immerhin noch 56 reinblütige Wisente mit leider nur 20 zuchtfähigen Kühen. Dr. Priemel, der Direktor des Frankfurter Zoos, gründete 1923 in letzter Minute die Internationale Gesellschaft zur Erhaltung des Wisents und das erste Zuchtbuch. Durch sorgfältige züchterische Betreuung konnten die Bestände wieder vermehrt und sogar über den Zweiten Weltkrieg gerettet werden. 1969 gab es bereits wieder 1145 eingetragene Wisente, davon 434 in freier Wildbahn. Heute liegt der Weltbestand bei weit über 3000 Tieren und ihre Rettung muß längst als gesichert gelten.

Ähnlich, wenn nicht noch dramatischer, verlief das Schicksal der Weißen Oryx-Antilope, einer Wüstenform der Arabischen Halbinsel, von der es seit 1972 keinen Nachweis mehr aus freier Wildbahn gibt. Bevor aber die letzten Tiere der Jagdleidenschaft zum Opfer gefallen waren, gelang es 1962 einer Expedition, noch zwei Männchen und ein Weibchen einzufangen. Für ein Zuchtprogramm schenkte der Emir von Kuwait ein Weibchen, zwei Paare stellte der Zoo von Riad und ein Weibchen der Londoner Zoo. Diese acht Tiere bildeten die sogenannte Weltherde, die sich im Zoo von Phoenix, Arizona, mit ähnlichem Klima wie im Herkunftsland gut vermehrte und bald, um das Risiko zu verkleinern, Tiere nach Los Angeles und San Diego abgab. Heute pflegen schon mehr als 40 Zoos über 500 Weiße Oryx-Antilopen. Seit 1978 sind wieder die ersten Exemplare in Israel und im alten Verbreitungsgebiet, in Oman und der Wüste Rub al Khali angesiedelt worden, wo sie sich auf über 200 Tiere vermehrt haben.

Inzwischen gibt es zahlreiche Wiederansiedlungsprogramme in aller Welt, die schon erfolgreich arbeiten oder erst in den Anfängen stehen. Dies gilt zum Beispiel für Alpensteinbock und Biber, für Uhu, Bartgeier, Gänsegeier und Seeadler in Europa, für den chinesischen Pater Davidshirsch, das mongolische Urwildpferd, die Hawaii-Gans, Addax- und Säbelantilopen in Tunesien, ja selbst für Riesenschildkröten auf Galapagos und andere mehr. Ihre Zahl könnte noch viel größer sein, wenn es mehr geeignete Biotope gäbe und in manchen Ländern der Schutz besser gewährleistet werden könnte. Leider sind auch manche Chancen in einer dafür noch nicht sensibilisierten Zeit verpaßt worden.

Dies gilt zum Beispiel für das Quagga, das nur am Vorderkörper gestreifte und sonst hellbraune Steppenzebra Südafrikas, das dort in der ersten Hälfte des 19. Jahrhunderts noch große Herden bildete. Sein rasanter Niedergang, der durch die leichte Zucht sehr einfach hätte aufgehalten werden können, war schon 1878 in Afrika beendet. Fünf Jahre später starb das letzte Zooexemplar in Amsterdam. Ein ähnliches Schicksal erlitt die Wandertaube, die in Millionenschwärmen Nordamerikas Mischwäl-

der durchstreifte. Im März 1900 wurde das letzte Exemplar in Ohio geschossen. Erst 14 Jahre später starb die letzte bereits zoogezüchtete! Wandertaube, der heute noch ein kleines Museum im Zoo von Cincinatti gewidmet ist.

Mißverständnisse begleiteten das Schicksal des Kalifornischen Kondors, der in letzter Minute vielleicht doch noch gerettet werden konnte. Dieser imponierende Greifvogel bewohnte einst weite Gebiete der nordamerikanischen Westküste. Zur Jahrhundertwende hatte sich sein Brutgebiet schon bis auf einen Gebirgszug nördlich von Los Angeles verkleinert. DDT- und Bleivergiftungen sowie illegale Abschüsse verminderten den Bestand weiter rapide bis auf etwa 60 Tiere in den sechziger Jahren. Schon damals boten amerikanische Zoodirektoren den Naturschutzbehörden Hilfe an, die aber abgelehnt wurde. Im Gegenteil, jeder Eingriff wurde sogar strikt verboten. Der Bestand schrumpfte rasch weiter, 1984 auf 17 Tiere, 1985 auf acht. 1986 starb das letzte Weibchen. Nur drei Männchen waren übrig. In dieser prekären Situation hatte man sich 1982 dann doch noch entschlossen, nach Meinung vieler bereits zu spät, zwei Küken und später auch Eier den Horsten entnehmen zu lassen, so daß daraus letztlich 21 Vögel in den Zoos von Los Angeles und San Diego zu Zuchtzwecken zur Verfügung standen. 1988 schlüpfte der erste zoogeborene Kalifornische Kondor und seither werden alljährlich in beiden Zoos weitere Jungvögel erbrütet. 1992 sind die ersten beiden wieder unter sorgfältiger Kontrolle in einem Schutzgebiet angesiedelt worden. Hoffnungen sind also trotz der schmalen Zuchtbasis berechtigt. Unverständlich bleibt die jahrelange Weigerung der amerikanischen Naturschutzbehörde, vernünftige Hilfen anzunehmen, die rechtzeitig noch sehr viel hilfreicher hätten sein können.

Leider gibt es auch in unserem Lande ähnliche Meinungen. Man kann durchaus auf dem Standpunkt stehen, eine Tierart »in Würde aussterben zu lassen«. Heißt dies aber nicht, ohne Not auf wichtige Möglichkeiten zu verzichten? Bedeutet dies nicht gar zugleich auch Resignation im Bemühen um den Biotop-Erhalt? Die Zoos, und mit ihnen sicher auch die meisten ihrer vielen Millionen alljährlicher Besucher können diese Auffassung nicht teilen und werden sich der Verarmung der Fauna unserer Erde weiterhin entgegenstellen.

Heiratsmarkt per Computer

Es ist selbstverständlich, daß die zunächst spontan und in Einzelinitiativen entstandenen Bemühungen um die Erhaltung bedrohter Arten nicht dem Zufall überlassen werden können. Die inzwischen entwickelten heutigen Zuchtprogramme sind das Ergebnis sorgfältig geplanter, wissenschaftlich begründeter, weltweiter intensiver Zusammenarbeit, die sich der Erkenntnisse der modernen Populationsgenetik und -demographie bedient.

Am Beginn dieser Arbeit stand die Begründung internationaler Zuchtbücher, deren erstes – wie schon geschildert – 1923 für das europäische Wildrind, den Wisent, eingerichtet wurde. Heute werden diese Bücher nach Billigung durch die IUDZG (Internationale Union von Direktoren Zoologischer Gärten) weltweit durch den Herausgeber des International Zoo Yearbook bei der Zoologischen Gesellschaft von London zusammengefaßt. Im zuletzt erschienenen Band 30 von 1991 sind darin eine Amphibien-, vier Reptilien-, 20 Vogel- und 86 Säugetierarten enthalten, für die Zuchtbücher geführt werden, vom China-Alligator über Kongopfau und Weißnackenkranich bis zu Gorilla, Panzernashorn oder Zwergseidenäffchen. Die Teilnahme am Zuchtbuch ist für jeden Zoo freiwillig, doch wäre es mehr als ein Kavaliersdelikt, wenn sich ein Zoo, der als solcher anerkannt sein möchte, der Mitarbeit verschließen würde. Der Zuchtbuchführer erhält von den Mitgliedzoos alle notwendigen Meldungen über Geburten, Abgänge, Abgaben und Zugänge, die sich auf das einzelne Individuum beziehen. Er gibt Ratschläge und Hinweise für Transfers, soweit dies heute nicht die Koordinatoren spezieller Zuchtprogramme übernehmen. Die Wilhelma arbeitet bei 39 (Tabelle S. 190) der 111 Zuchtbucharten mit und war bisher bei 30 von diesen (=79%) züchterisch erfolgreich.

In der Wilhelma selbst wird das Internationale Zuchtbuch für den Hirscheber oder Babirusa geführt, eine der absonderlichsten Schweinearten. Auffallend sind besonders die Männchen, deren lange obere Eckzähne sich nach oben und hinten krümmen und dabei das Nasendach durchwachsen. Über deren wirklichen Zweck rätselt man noch, da sie weder zum Wühlen nach Nahrung, noch zu Kämpfen, denn sie sind sehr spröde und brechen leicht, eingesetzt werden. In der südostasiatischen

Heimat dieser Schweine, der Insel Sulawesi (Celebes) und einiger kleiner Nachbar-Eilande, sagen ihnen die Eingeborenen nach, sie würden sich nachts an den krummen Zähnen in die Bäume hängen! Ihres schmackhaften Fleisches wegen stark bejagt und durch Urwaldrodungen zurückgedrängt, ist ihr Bestand gefährdet. Die Vermehrungsrate ist klein, da in der Regel nur ein oder zwei Junge nach fünf Monaten Tragzeit geboren werden. Warme Unterkünfte sind für diese nackten, grauen Tropentiere nötig, vor allem aber ruhige Stallungen für die Muttertiere, weil diese bei Störungen sehr dazu neigen, ihre Jungen zu fressen. Alle heute außerhalb Indonesiens lebenden Hirscheber gehen auf wenige Importe der Zoos Antwerpen, Rotterdam und Stuttgart zurück. Bis Ende 1991 weist das Zuchtbuch bereits 165 Nummern auf, wobei die Bestände in Indonesien nicht voll erfaßt sind. Sechs von den zwölf Importtieren leben noch. Inzwischen wurden – Nachfolgegenerationen eingeschlossen – bereits 128 Jungtiere geboren. Davon leben heute in Europa und Nordamerika in 20 Zoos 86 Hirscheber(37, 47,2). In der Wilhelma sind es zur Zeit an Erwachsenen drei Männchen und drei Weibchen (3,3), die drei Zuchtpaare bilden. Darunter auch das 17jährige Importweibchen »Betina«, das sich guter Gesundheit erfreut. Eines der beiden Jungen des Jahrgangs 1992 stammt von ihr. 26 Jungtiere wurden hier geboren. Sie und ihre Nachkommen bilden einen ansehnlichen Teil des Weltbestandes von New York bis Wien.

Um der Notwendigkeit internationaler Zusammenarbeit besser gerecht werden zu können und die Vorteile elektronischer Datenverarbeitung für die Zoos zu nutzen, wurde 1974 im Zoo von Minnesota/USA ISIS (International Species Information System) ins Leben gerufen. Sein Zweck ist, die Tierbestände aller (freiwilligen) Mitgliedzoos zu erfassen, um sie sozusagen im Verbund betrachten zu können. Halbjährliche Meldungen aller Geburten und Todesfälle, Zugänge und Abgänge ermöglichen stets den aktuellen Überblick. Unter den ersten deutschen Zoos, die dem System beitraten, ist auch die Wilhelma zu finden. Bis Ende 1989 hatten sich bereits 343 Zoos aus 37 Ländern angeschlossen mit einer Zahl von 111 887 lebenden Tieren von 4361 Arten. Bis Ende 1991 stieg die Mitgliederzahl schon auf 405. 310 von ihnen benutzen auch das parallel entwickelte Karteisystem ARKS (Animal Record Keeping System), eine computerisierte Tierkartei, die dem Einzelzoo den raschen Zugriff zu vielen Daten des eigenen Bestandes wie Ankunft, Herkunft, Geschlecht, Jungenzahl, Alter, Abgang, Verbleib usw. gestattet. Beide Systeme sind miteinander vereinbar (compatibel in der Computersprache) und werden laufend verbessert.

Sehr bald zeigte sich, daß die Kooperation allein ohne gezielte Steuerung nicht ausreicht, auf lange Sicht gesunde Bestände zu erhalten. Zunächst begründete die amerikanische Zoo-Organisation AAZPA (American Association of Zoological Parks and Aquariums) 1981 ein wissenschaftlich untermauertes Zuchtprogramm, den sogenannten Art-Überlebensplan SSP (Species Survival Plan), der die Zucht gezielt steuert und koordiniert. Ähnliche Einrichtungen entstanden danach in Großbritannien, in Japan, in Australien und anderen Ländern in unterschiedlicher Intensität und Entwicklungsstand.

Natürlich wurden auch die Zoos des europäischen Festlands aktiv und riefen in Köln im November 1985 das Europäische Erhaltungszucht-Programm (EEP) ins Leben, zu einer Zeit als noch große Schwierigkeiten bestanden, die Zusammenarbeit auch über den eisernen Vorhang hinaus nach Osten auszudehnen. Dies gelang unerwartet rasch. Schon nach drei Jahren arbeiteten bereits Teilnehmer aus 17 Ländern bei 34 Programmen mit. Alljährlich werden es mehr. Auch organisatorisch bildet sich nun nach dem Fall des Eisernen Vorhangs ein gesamteuropäischer Verband der Zoos und Aquarien EAZA (European Association of Zoos and Aquaria), in dem Großbritannien und Irland fehlen, mit einer hauptamtlichen Koordinationsstelle.

Jedes dieser Programme wird geleitet von einem Artkoordinator, der mit den jeweiligen Artverantwortlichen der einzelnen Zoos zusammenarbeitet, Daten sammelt und auswertet. Empfehlungen zur Haltung und Pflege erarbeitet und auf die möglichst gleichmäßige Verteilung der Blutlinien aus der Gründerpopulation achtet. Er arbeitet eng mit dem Zuchtbuchführer zusammen. In speziellen Workshops bekommt er das Rüstzeug für seine Arbeit. Kriterien für die Aufnahme einer Art in das Programm ist der Grad ihrer Bedrohung, die systematische Stellung oder die Einmaligkeit in einer Region und das Vorhandensein von Beständen in Menschenobhut, die eine realistische Chance zum Aufbau einer langfristigen Erhaltungszucht bieten.

Die Wilhelma übernahm die Koordination von drei Arten: den Hirscheber, für den auch das Internationale Zuchtbuch hier geführt wird, die Bongo-Antilope und die Netzgiraffe. Über den Hirscheber wurde weiter vorn schon einiges gesagt. Im EEP-Programm sind zur Zeit 14 Zoos aus sieben Ländern vertreten, in denen 60 Hirscheber (29, 30, 1) gepflegt werden. Der Bestand wächst gut weiter.

Von stattlicher Gestalt mit aparter Streifenzeichnung auf kastanienrotem Grund und lyraartig gewundenen, kräftigen Hörnern, die beide Geschlechter tragen, wird der Bongo oft als die schönste aller Antilopen angesehen. Dieser Blattfresser bewohnt unterholzreiche Regenwaldgebiete von Westafrika über das Kongobecken bis nach Ostafrika hinein als scheuer Einzelgänger, über dessen Verhalten in freier Wildbahn man herzlich wenig weiß. Auch die Pflege im Zoo gilt als schwierig, da die Bullen als aggressiv gelten und viele Tiere leicht zu Panik neigen. In einem gut gegliederten Gehege aber kann auch ein ganzer Familienverband erfolgreich zusammen gepflegt werden. Aus wenigen Importen hat sich ein ganz stattlicher Bestand züchten lassen. Im weltweiten Zuchtbuch waren am 31. 12. 1990 297 Tiere (128, 169) verzeichnet. Im EEP-Programm liegt der Bestand Ende 1991 bei 86 Tieren (33, 53), die in 15 Zoos leben. In der Wilhelma wurden bis Mai 1992 19 junge Bongos geboren. Der Bestand nimmt kontinuierlich zu, wobei bei der geringen Zahl von Gründern verstärkt auf das Problem der möglichen Inzucht geachtet werden muß.

Obwohl der Bestand der Netzgiraffe in freier Wildbahn in ihrer nordostafrikanischen Heimat nicht unmittelbar bedroht ist, hat man sich doch entschlossen, ihren Zoobestand in Europa in einem Erhaltungszuchtprogramm zu betreuen, das die Gewähr dafür bieten soll, daß diese am schönsten gezeichnete Unterart als solche rein erhalten wird. Über die Wilhelma-Gruppe wurde bereits berichtet. Im EEP-Programm sind zur Zeit 73 (27, 46) Tiere integriert, die in 22 Zoos leben. Ihr Bestand ist in etwa gleichbleibend.

Im Zuge der Bestandsaufnahme erkannte man, daß es sinnvoll wäre, auch alle anderen Unterarten der Giraffen aufzunehmen, um eventuelle Vermischungen leichter zu erkennen und reine Linien aufzustellen. Diese Arbeit ist jetzt im Gange und wird rund weitere 150 Tiere erfassen.

Von den 1992 in Europäischen Erhaltungszuchtprogrammen (EEP) 83 betreuten Arten pflegt die Wilhelma 46 (= 55 %). Bei 33 (= 72 %) von diesen war sie bisher auch in der

Bei den Hirschebern, den abenteuerlichen Schweinen von der Insel Celebes, wachsen den Männchen die Hauer durch das Nasendach. Nur ein bis zwei Junge werden in der Regel geboren.

Zucht erfolgreich und leistet damit einen nennenswerten Beitrag (Tabelle S. 190).

Da diese Bemühungen nicht Selbstzweck sein können und dürfen, arbeiten die Zoos schon seit vielen Jahren mit verschiedenen internationalen Institutionen, die über die eigenen Verbände hinausgehen, zusammen, z. B. mit dem WWF (World Wide Fund for Nature), der mit in den Zoos gesammelten Geldern wichtige Biotopflächen ankauft, oder vor allem mit der IUCN (International Union for the Conservation of Nature and Natural Resources) und ihrer SSC (Species Survival Commission = Kommission für das Überleben der Arten). In einer Stellungnahme dieser Institution heißt es: »Biotopschutz allein reicht nicht aus, wenn das erklärte Ziel der Weltnaturschutzstrategie, die Erhaltung der biologischen Vielfalt, erreicht werden soll. Der Aufbau sich selbst erhaltender Zuchtpopulationen und andere Stützungsmaßnahmen sind notwendig, um den Verlust vieler Arten zu verhindern, insbesondere solcher, die durch weitgehend zerstörte, zerstückelte oder verkleinerte Lebensräume in höchstem Maße gefährdet sind. Zuchtprogramme müssen begonnen werden, bevor Arten bis auf kritische Anzahlen reduziert sind, und zwar international koordiniert nach wissenschaftlichen, biologischen Prinzipien, um lebensfähige Populationen in der Natur erhalten oder wiederaufbauen zu können.«

Als Teil der Kommission federführend für die Beziehungen zu den Zoos ist die CBSG (Captive Breeding Spezialist Group = Spezialistengruppe für die Zucht in Menschenobhut), eine aus etwa 420 Mitgliedern bestehende Gruppe von Spezialisten aus 64 Ländern, die nicht nur den Anstoß zu Programmen für ganz besonders bedrohte Tierarten in kleinen Populationen gibt und sich für das Management in freier Wildbahn und im Zoo einsetzt, sondern sich auch in verschiedenen Arbeitsgruppen der schwierigen Prioritätenfrage widmet. Ihre Ziele sind, ein weltweites Netz von Menschen und Mitteln zu organisieren, Informationen zu sammeln, zu analysieren und zu verbreiten, das Bewußtsein zu schärfen, wissenschaftliche Quellen zu erschließen und Interessenten zusammenzuführen. Die Arbeit gipfelt, neben der Abschätzung von Schutzplänen und Analysen zur Überlebensfähigkeit von Populationen und Lebensräumen in Programmen zum Schutz ganzer Regionen großer Artenvielfalt (wie z. B. Madagaskar), in die die Einzelprojekte integriert werden.

Tonnenschwere Bräute auf Hochzeitsreise

Die vielfache internationale Zusammenarbeit bringt es mit sich, daß auch die Tiere reisen müssen, um in den entsprechenden Zuchtprogrammen an richtiger Stelle mitzuwirken. Immer mehr hat sich dabei als vernünftig erwiesen, gegenseitig kein Geld zu fordern, sondern die Tiere als Zuchtleihgaben kostenlos zur Verfügung zu stellen, wobei der jeweilige Empfänger nur die Frachtkosten zu tragen hat. Auch die Wilhelma ist in diesem System vielseitig verflochten. Im Frühjahr 1992 (30. 4.) hatte sie anderen Zoos 75 Säugetiere, 16 Vögel und 4 Reptilien als Zuchtleihgaben zur Verfügung gestellt und selbst 44 Säugetiere, 15 Vögel und ein Reptil zum gleichen Zweck in Pflege.

Dazu einige Beispiele: An Stuttgarter Tieren leben heute Orang-Utans in Frankfurt, Hamburg, München und Nürnberg. Der große Gorilla-Mann »Gaidi« sorgte in Leipzig für die erste Gorilla-Geburt in der damals noch bestehenden DDR. Sieben weitere Artgenossen sind in Amsterdam, Heidelberg, München, Münster und Rotterdam zu Hause. Weltweit verstreut sind 18 Bonobos oder Zwergschimpansen in Antwerpen, Berlin, Cincinnati, Fort Worth, Köln, Leipzig, San Diego, Twycross/England und Wuppertal. Stuttgarter Drills wohnen in Atlanta/USA, Osaka/Japan und Wuppertal, Haubenlanguren in Berlin und Rotterdam, je ein Panzernashorn in Singapur, Köln und München. Allein elf Hirscheber, die Stuttgart gehören, stehen in acht europäischen Zoos, Bongo-Antilopen in Arnhem/Holland, Barcelona, Frankfurt und Madrid, Przewalski-Pferde in Neuwied und Nürnberg, ein Anoa in Rotterdam, ein Zwergflußpferd in Wroclaw/Polen, ein Schabrackentapir in Kopenhagen, eine Netzgiraffe in Whipsnade in England. An Vögeln leben Keas in Augsburg, Bremerhaven und Dortmund, zwei Sperbergeier in Arnhem, ein Eulenschwalm in Berlin, ein Mönchskranich in Whipsnade. Ein Rautenkrokodil kam nach Washington, und ein besonders seltener China-Alligator, der schon 20 Jahre in Stuttgart gelebt hatte, wurde in ein Zuchtprogramm in New York integriert. Eine Seychellen-Riesenschildkröte verstärkt die Zürcher Gruppe.

Aus anderen Zoos kamen nach Stuttgart: je ein Okapi aus Antwerpen und Rotterdam, zwei Nasenaffen aus Köln, zwei Bonobos aus Frankfurt, zwei Drills aus Hannover, Vicunjas aus

Bis zu 1,17 m messen die langen Haare des Orang-Utan-Mannes »Charly«, der als Zuchtleihgabe nach Frankfurt reiste.

Nach 20jährigem Wilhelma-Aufenthalt wurde dieses seltene China-Alligator-Weibchen in ein Zuchtprogramm nach New York abgegeben. Rechts: einer der ersten Zuchterfolge dieses Programms

Antwerpen, Amsterdam, Berlin und Zürich, Eisbären aus Karlsruhe, Geparden aus Neuwied, Klippspringer aus Frankfurt, ein Anoa aus Rotterdam, ein Warzenschwein aus Whipsnade und ein Großer Ameisenbär aus Kopenhagen. Seeadler und Kaiseradler von Guttenberg, ein Bartgeier aus Dortmund, von Rotterdam ein Klunkerkranich, eine Viktoria-Krontaube und ein Blauflügel-Kookaburra, eine Galapagos-Riesenschildkröte aus Frankfurt. Nur zur Aufzucht übernahm die Wilhelma an jungen Menschenaffen: ein Orang-Utan-Baby aus Nürnberg, je zwei Gorilla-Babys aus Rotterdam und Zürich und eines aus Apeldoorn.

Regelrechte Hochzeitsreisen auf Zeit mußte das Panzernashornweibchen »Nanda« nach Basel unternehmen, solange das eigene Männchen noch nicht geschlechtsreif war. Zweimal hatte sie damit Erfolg, der bei zwei längeren Aufenthalten der beiden indischen Elefanten-Kühe »Pama« und »Zella« in Zürich zum gleichen Zweck leider versagt blieb.

Zurück in die freie Wildbahn

Das erklärte Ziel der Erhaltungszuchten ist die Wiederauswilderung in geeigneten Biotopen, sei es zur Verstärkung geschwächter Populationen oder zur Wiederbesiedlung einst von den betreffenden Arten bewohnter Regionen. Dies ist allerdings nicht so leicht, wie man es sich vorstellt. Viele Faktoren sind zu beachten, um den Erfolg zu sichern. Die Eignung des Geländes muß gewährleistet sein ebenso wie der Schutz und die Kontrolle der ausgesetzten Tiere, die imstande sein müssen, nach guter Vorbereitung wieder selbst für sich zu sorgen und keine Krankheiten mitbringen dürfen, die den Freibestand gefährden könnten. Aktionen müssen daher gründlich vorbereitet und Pläne entwickelt werden, in die auch alle örtlichen Institutionen und die Bevölkerung einbezogen sind. Neben schon erwähnten erfolgreichen Wiederansied-

Regelmäßig werden die Uhu-Nachzuchten über den Bund für Vogelschutz zur Wiederansiedlung abgegeben.

Für ein Ansiedlungsprojekt in Jordanien wurde ein erster Onager, ein Halbesel aus Persien, zur Verfügung gestellt.

lungen sind zur Zeit rund 50 vorgesehen oder im Gange von der Arabischen Oryx-Antilope und dem Przewalski-Pferd bis zum Löwenäffchen, der Mauritius-Taube oder selbst Krötenarten. Die Erfolge sind unterschiedlich. Gut organisierte Programme haben aber gezeigt, daß Probleme zu lösen sind, und der Erfolg sich einstellt. Die Erfahrungen zeigen aber auch die Grenzen auf, die den Zoos gegeben sind, die niemals alle Arten retten können. Was sie aber können ist, den Schutzgedanken immer stärker zu propagieren, um die Biotope an Ort und Stelle zu erhalten.

In diesem Sinne arbeitet auch die Wilhelma seit eh und je. An praktischen Aussiedlungsprojekten hat sie bisher bei der Wiederansiedlung von Uhus in Deutschland mit allen Nachzuchten mitgewirkt. Seit 1976 gingen über den Bund für Vogelschutz insgesamt 33 Junguhus an die Arbeitsgemeinschaft Uhuschutz und wurden in der Hauptsache in Niedersachsen und im Weserbergland eingesetzt. Alpensteinböcke wurden für ein Programm in Tirol geliefert und auch zur Wiederansiedlung von Onagern, Halbeseln, die einst hier gelebt hatten, in Jordanien beigetragen. Erbrütete Störche wurden in diesem Sinne abgegeben. Ansiedlungsprogramme für europäische Sumpfschildkröten und Smaragdeidechsen sind geplant. Über weitere Arten wird verhandelt.

Ein lang verfolgtes Anliegen der Wilhelmaleitung war es, ihren Besuchern einmal Vorgänge zugänglich zu machen, die sich sonst nur im Verborgenen abspielen. Die Geburt und die frühe Aufzucht von Tieren sollte an möglichst ständig verfügbaren Beispielen demonstriert werden. Dabei wollte man auch einer speziellen Notwendigkeit der Wilhelma, das Aufwachsen der vielen Menschenaffen-Babys zeigen zu können, gerecht werden. Wenn auch die moderne Tiergärtnerei stets bestrebt ist, im Zoo geborene Tiere möglichst von ihren Eltern aufziehen zu lassen, so gibt es doch immer wieder Fälle, wo dies nicht möglich ist, und der Mensch helfend eingreifen muß. Besonders bei Erstgeburten, kann es vorkommen, daß die Tiermütter mit ihrem Nachwuchs Schwierigkeiten haben und nicht das Rechte damit anzufangen wissen. Dann müssen Tierpfleger einspringen und als Mutterersatz dienen. Junge Tierkinder beobachten zu können, gehört mit zum Reizvollsten eines Zoobesuchs. Die Idee war deshalb in einem Jungtieraufzuchthaus, das in dieser Form bisher noch nirgendwo bestand, dazu besondere Gelegenheiten zu geben und die Besucher miterleben zu lassen, wie Tierkinder gepflegt werden und sich vor ihren Augen entwickeln.

Der Weg dorthin war nicht einfach und wäre ohne die massive Hilfe des Vereins der Freunde und Förderer nicht gangbar gewesen. Dank dieser Hilfe entstand ein vielseitig nutzbares Bauwerk. Als Randbebauung mit »harter« Außenfront zur verkehrsreichen Pragstraße, dient es gleichzeitig als Lärmschutz- und Außenwand. Der ansprechend gegliederte, eingeschossige Stahlbetonbau bietet auf 630 m² Fläche Raum für 16 Innenkäfige und fünf Außenkäfige. Sie werden ergänzt mit den notwendigen Schlafboxen, Technik- und Wärterraum, Lager und Futterküche, Brutraum und Aufzuchtraum sowie sanitären Einrichtungen.

Da die Tiergärtnerei ständig dazu gelernt hat, kommt es kaum mehr vor, daß in dem einzigen dafür vorgesehenen »Wechselkäfig« ein verlassenes Säugetier mit der Flasche gefüttert wird. Meist zieht in diesem Raum in aus Strohballen improvisierten Höhlen ein Servalweibchen oder eine andere Katzenmutter ihre Jungen vor den Besuchern auf. Zwei Themen aber geben dem Haus seinen besonderen Reiz.

Welches Großstadtkind hat schon einmal erlebt, wie ein Hühnerküken aus dem Ei schlüpft, wie sich aus einer geschlossenen, glatten Hülle

Von Nesthockern und Nestflüchtern

Alltägliche Faszination: Küken schlüpfen im Schaubrutkasten.

plötzlich ein neues, feuchtstruppiges Lebewesen ans Licht arbeitet, versucht, sich auf seinen Beinchen zu halten und nach einer kurzen Ruhe- und Trockenphase als munteres Flaumbällchen umherläuft. Dieses Wunder ereignet sich täglich mehrfach im Schaubrutkasten und zieht auch Erwachsene in seinen Bann. Dazu wird jeden Tag ein Satz Bruteier in einen großen Brutschrank hinter den Kulissen eingesetzt und am 21. Tag, nach Ablauf der Brutzeit, zum Schlüpfen in den Schaubereich gebracht, wo man dem raschen Selbständigwerden dieses Nestflüchters zusehen kann. Ein voll entwickeltes Dunenkleid, funktionierende Sinnesorgane und kontrollierte Bewegungen sind dafür kennzeichnend, was für alle Hühner-, Enten- und Laufvögel gilt.

Das genaue Gegenbeispiel des Nesthockers findet sich gleich nebenan in den Brutnestern der Schildtauben, die durch ein leicht grau getöntes Fenster zu sehen sind und sich beim Brutgeschäft nicht stören lassen. Die hier geschlüpften Jungvögel sind zunächst blind, nackt und unbeweglich und auf Brutpflege angewiesen. Sie werden von der Taubenmutter mit sogenannter »Kropfmilch«, einer Flüssigkeit aus dem Kropf in der auch abgestoßene Wandzellen mit enthalten sind, direkt in den Schnabel hinein ernährt. Erst nach einer entsprechenden

Nestlingszeit, in der sich die Augen öffnen, die Bewegungsfähigkeit zunimmt und sich das Gefieder entwickelt, werden sie selbständig. Ein Phänomen, das nirgendwo so leicht zu beobachten ist wie im Wilhelma-Aufzuchthaus.

Ähnlich unterschiedlich verhalten sich auch junge Säugetiere. Als Nesthockerbeispiel werden weiße Mäuse gezeigt, deren Mütter sich rührend um die große Zahl ihrer ebenfalls zunächst blinden und nackten Jungen kümmern. Man spricht hier von »Lagerjungen«, die bei vielen Insektenfressern, Raubtieren und Nagetieren vorkommen. Das Wilhelmabeispiel wird gleichzeitig dazu benützt, durch das Kreuzen der weißen Mäuseweibchen mit schwarzen Männchen, ein wenig Vererbungslehre zu demonstrieren. Da die schwarze Farbe dominant ist, ziehen in der ersten Generation die weißen Mütter immer schwarze Kinder auf! Nestflüchter unter den Säugetieren, hier spricht man von »Laufsäuglingen« oder »Laufjungen«, sind vor allem die Huftiere, die rasch ihren Müttern zu folgen vermögen. Doch auch unter den Nagetieren finden sich Nestflüchtertypen wie bei den gezeigten Stachelmäusen, die mit vollem Fell, offenen Augen und flink beweglich geboren werden.

Als »Traglinge«, ähnlich wie Menschenkinder, muß man die Menschenaffenbabys ansprechen, denen drei große Spielkäfige mit mannigfaltiger Einrichtung zur Verfügung stehen. Stets von Besuchern umlagert werden hier diejenigen aufgezogen, die von ihren Müttern nicht angenommen wurden. Sie bekommen die gleichen Präparate in der Flasche zu trinken und haben die gleichen Windelhöschen an wie Menschenbabys. Was dabei wie Vermenschlichung aussieht, ist eine praktische Notwendigkeit. Da die Jungen nicht von ihren Müttern getragen und notfalls mit der Zunge gereinigt werden, was man den Tierpflegern nun wirklich nicht zumuten kann, tragen sie, um sich nicht zu verschmieren, die Höschen. Nach einem halben Jahr, wenn sie laufen können, dürfen sie das schon wieder als »freie Affen«. Wichtig ist dabei, daß sie mit Artgenossen zusammen aufwachsen und nicht auf Menschen geprägt werden. Viele gesunde Babys sind inzwischen erfolgreich in Erwachsenengruppen integriert worden. Da die letzten in der Wilhelma geborenen Menschenaffen aber alle von ihren Müttern aufgezogen werden, wäre dieser Hausteil längst verwaist, wenn sich sein guter Ruf nicht herum-

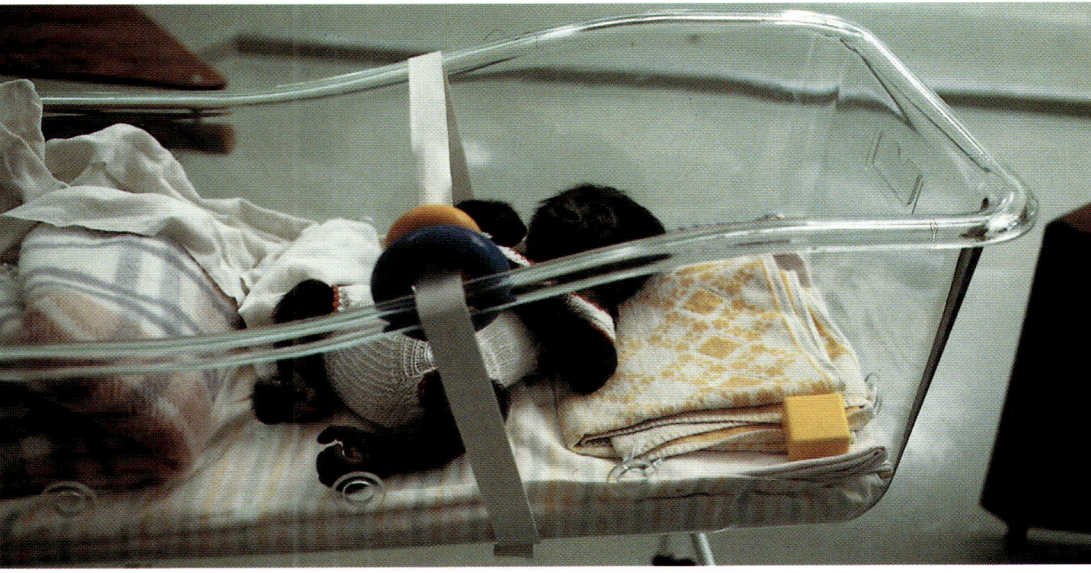

gesprochen hätte, und er deshalb jetzt als europäische Aufzuchtstation fungiert. Zur Zeit fühlen sich hier zwei junge Orang-Utans aus Frankfurt und Nürnberg und fünf Gorilla-Babys aus Apeldoorn, Rotterdam und Zürich wohl.

Einen Extremtyp in der Jungenaufzucht stellen die Känguruhs dar, die hier durch Dorias Baumkänguruh vertreten sind. Ihre Babys werden winzig klein in einer Art Embryonalstadium

Junge Tauben sind hilflose Nesthocker, die von ihren Müttern mit »Kropfmilch« ernährt werden.

Nur in den ersten Tagen nimmt eine Babywanne den verstoßenen kleinen Gorilla auf. Bald suchen die Heranwachsenden den Kontakt zur Verwandtschaft.

geboren und brauchen Monate, um im Beutel der Mutter zu einem richtigen Känguruh heranzuwachsen. Einige Ergänzungskäfige sind noch der Affenverwandtschaft vorbehalten. Als Vertreter der Halbaffen sind das die apart schwarzweißen Varis aus Madagaskar, aus der Krallenaffengruppe die kleinen, schwarzen Springtamarine, bei denen der Vater oder die älteren Geschwister die Jungen auf dem Rücken tragen, die nur zum Trinken zur Mutter kommen. Sehr starke Geschlechtsunterschiede zeigen als Beispiele neuweltlicher Breitnasenaffen die Weißgesicht-Sakis, zu deren schwarzen Männchen mit weißen Gesichtern graumelierte Weibchen gehören. Die schmalnasigen Altweltaffen schließlich sind durch eine Familie der langschwänzigen Grünen Meerkatzen vertreten.

Nicht vergessen werden darf der kleine Wintergarten, der mit seinen tropischen Pflanzen nicht nur einen Urwaldausschnitt als Vegetationsfläche in den Bereich der Käfige und des Publikums bringt, sondern auch Wohnung ist für die Edelsteine unter den Vögeln, die Kolibris. Diese hochspezialisierten Blütenbesucher finden ihr Spezialfutter in aufgehängten Futterröhrchen, vor denen sie im Schwirrflug mit 50–80 Flügelschlägen pro Sekunde in der Luft »stehen«, um den Saft mit ihrem langen Schnabel herauszusaugen. Nur zwei Gramm wiegen die kleinsten von ihnen. Obwohl sie schon mehrfach Nester gebaut und ihre winzigen Eier gelegt haben, steht hier der erste Bruterfolg noch aus.

Seit der Eröffnung des Insektariums im Frühsommer 1979 kann eine bis dahin vernachlässigte Tiergruppe in Beispielen dargestellt werden und hat seither eine Unzahl von Besuchern fasziniert. Wenn auch in den rund 40 Behältern nur ein ganz winziger Bruchteil der 800 000 bekannten Arten, die drei Viertel aller heute auf der Erde lebenden Tierarten ausmachen, gezeigt werden kann, gewinnt man doch einen Eindruck von der Vielfalt dieser außerordentlich erfolgreichen Tiergruppe.

Insekten sind nicht nur lästige Blutsauger und Krankheitsüberträger oder mit giftigem Stachel angreifende Kleinkrieger, sondern sie spielen auch eine unendlich wichtige Rolle als Pflanzenbestäuber oder beim Abbau organischer Substanz, produzieren Seide und Honig und leisten ganz Erstaunliches. Von den uns vertrauten Wirbeltieren unterscheiden sie sich allerdings ganz gewaltig. Zusammen mit den Krebsen, den Tausendfüßlern und den Spinnen sind sie Gliedertiere (Arthropoden) und damit völlig anders gebaut. Sie tragen kein knöchernes Innenskelett wie die Wirbeltiere, sondern einen Außenpanzer, ein Hautskelett, das aus Chitin, einem der pflanzlichen Zellulose verwandten Stoff kombiniert mit Eiweißstoffen, besteht. Das nicht dehnbare Außenskelett kann nur durch Ganzersatz, durch Häutungen verändert werden. Mit 0,02 cm ist die kleinste Schlupfwespe kleiner als ein Einzeller, ein Pantoffeltierchen, während bei den Riesen, den größten Stabheuschrecken, die Skala bei 33 cm zu Ende ist. Die höchsten Gewichte sind bei Herkules- und Goliathkäfer stolze 35 g. In der Größe begrenzt, erlaubt dieses Bauprinzip doch eine unvorstellbare Formenfülle, wie sie Urinsekten, Libellen, Schaben, Termiten, Heuschrecken, Wanzen, Hautflügler wie Bienen, Käfer, Zweiflügler wie Fliegen aufweisen, um nur die wichtigsten zu nennen. Ihr Körper ist segmentiert und meist in Kopf, Brust und Hinterleib gegliedert. An der aus drei Segmenten gebildeten Brust trägt das typische Insekt sechs Beine (daher griechisch Hexapoda). An den hinteren beiden Brustsegmenten können noch je ein Paar Flügel vorhanden sein. Der Atmung dient ein System von Luftröhren (Tracheen), die den ganzen Körper durchziehen und die Luft durch Atemlöcher (Stigmen) an den Körperseiten aufnehmen. Das grüne, gelbe oder braune Blut wird ohne Adern von einem segmentierten Rohr im Rückenbereich durch den Körper gepumpt.

Eine große Kopfgabel ist das männliche Merkmal dieses bunten tropischen Rosenkäfers.

Hochleistungen sind bei Insekten alltägliche Verrichtungen. Flöhe können das 150fache ihrer Körperlänge überhüpfen und Ameisen das 50fache ihres Körpergewichts tragen und wegschleppen. Wollte ein Mensch Ähnliches leisten, müßte er zwei Fußballfelder überspringen und einen Elefanten hochheben können. Phantastische Sinnesleistungen erbringen manche Seidenspinner-Männchen, die aus mehreren Kilometern Entfernung allein durch den Geruch zu ihren Weibchen finden. Ihre gefiederten Fühler sind so empfindlich, daß sie bereits ein einziges Molekül des vom Weibchen abgegebenen Sexuallockstoffes wahrnehmen können. Fliegen erfassen Bewegungen zehnmal rascher als der Mensch. Die großen Facettenaugen der räuberischen Libelle mit bis zu 30 000 Einzelaugen erlauben eine komplette Rundumsicht. Vielfältig sind die Organe zur Lauterzeugung mit den Flügeln, den Hinterbeinen oder der Brustmuskulatur. Feldheuschrecken hören mit ihren trommelfellartigen Tympamanalorganen im Hinterleib. Laubheuschrecken nehmen Erschütterungen mit einem saitenartigen Organ in ihren Vorderbeinen wahr usw.

Ein weites Feld ist auch die oft wunderbare Verwandlung, die Insekten im Laufe ihrer Entwicklung in mehreren Stadien durchlaufen. Ihre Vermehrung erfolgt meist durch Eier. Aus den Eiern schlüpfen bei unvollkommener Ver-

wandlung zunächst Larven, die den erwachsenen Vollinsekten schon ähnlich sehen und dieses Stadium nach verschiedenen Häutungen und eventueller Flügelbildung ohne Puppenruhe erreichen, was zum Beispiel bei Heuschrecken, Schaben und Wanzen der Fall ist. Bei vollkommener Verwandlung ist nach Ei- und Larvenstadien noch eine Puppenstadium eingeschaltet, bevor das Vollinsekt schlüpft. Die einzelnen Stadien sind dabei völlig verschieden. Niemand würde einer Raupe den Schmetterling ansehen, im Engerling den Maikäfer vermuten oder ohne weiteres glauben, daß aus einer fußlosen Made der schwarz-gelbe Jäger Wespe hervorgeht oder auch eine kräftige Fleischfliege.

Ein recht großer Aufwand muß hinter den Kulissen getrieben werden, um kontinuierlich ein breites Spektrum vorstellen zu können. Bei der Kurzlebigkeit vieler Arten kann hier nur der Wechsel beständig sein. Bevorzugt werden dabei solche, die sich das ganze Jahr über in nachfolgenden Generationen in Dauerzuchten vermehren lassen. In vier Zuchträumen läuft die »Produktion« auf vollen Touren, damit der Nachschub gesichert bleibt.

Den Schausaal betritt man über einen verglasten Vorbau, in den in einer Glasvitrine ein großes Volk der Roten Waldameise Quartier bezogen hat und an seinem geschäftigen Treiben teilnehmen läßt. Eine kleine Ton-Bild-Schau gibt zunächst einen Überblick und eine kurze Einführung in die uns so fremde Welt der Insekten. Die Erläuterung wird fortgeführt durch einen ringsum über den Schaubehältern laufenden Fries mit Groß-Farbdias und Zeichnungen über Bau und Funktion und die unterschiedlichen Entwicklungszyklen der verschiedenen Insekten und Gliedertier-Ordnungen. Hier kann man gelegentlich einen Schmetterling schlüpfen sehen, beobachten wie rasch ein Weizenhalm zwischen den Kiefern einer Wanderheuschrecke verschwindet, wie eine Spinne ihr Netz baut, oder wie aus der schwarzen Larvenhaut einer Schabe sich das zunächst elfenbeinweiße und weiche nächste Stadium herauswindet und danach aushärtet und nachdunkelt. Fangheuschrecken, die wegen der eigenartigen Haltung ihrer Fangbeine auch Gottesanbeterinnen genannt werden, lauern auf Beute. Zweige nachahmende Stabheuschrecken und die ganz verblüffend gut Eichenblätter imitierenden »Wandelnden Blätter« verlassen sich auf ihre Tarngestalt. In bizarren Formen präsentieren sich Gespenstheuschrecken oder Feldheuschrecken in bunten Farben.

Immer wieder sind auch tropische Großfalter ausgestellt oder deren farbenprächtige Raupen, Totenkopfschwärmer mit ihrer charakteristischen Rückenzeichnung und deren grünbunte, dicke, Liguster fressenden Raupen. Verschiedene züchtbare Käfer wie tropische Rosenkäfer, Düsterkäfer und andere ergänzen die Palette neben Raubwanzen und Riesenschaben, zirpenden Heimchen und Grillen. Besonderes Interesse findet auch die Kolonie der Blattschneiderameisen, die mit ihren Kiefern Blattstücke ausschneiden, in den Bau tragen und – nachdem sie zerkaut sind – auf dieser Masse Pilze züchten, die wiederum der Ernährung der Ameisen dienen. Ein Schaubienenstock bietet Einblick in das Leben einer weiteren sozialen Insektenart, die schon seit Jahrtausenden den Menschen begleitet. Eine erstaunliche Form der Brutpflege treibt die metallisch grün schillernde Juwelwespe, eine Grabwespe, die große Schaben zielsicher überfällt, mit ihrem Stachel, der genau das entsprechende Nervenzentrum trifft, lähmt, in eine Höhle einträgt und dann ihr Ei daran legt. Die schlüpfende Larve bohrt sich ein und frißt die Schabe, bei nicht lebenswichtigen Teilen beginnend, aus. Eine Sternstunde für den Beobachter, der einem solchen Überfall zusehen kann. In einigen Wasserbecken gibt es Schwimmkäfer und Libellenlarven, aber auch als Vertreter verwandter Gliedertiere einige Krebse oder Krabben. An Spinnentieren sind ständig einige Radnetzspinnen wie die großen Seidenspinnen, aber auch andere Formen zu sehen. Nicht fehlen dürfen die größten von ihnen, die Vogelspinnen, und auch die Skorpione, die ihren Giftstachel am Schwanzende beim Angriff über den Kopf schwingen und vor ihren Augen in die Beute schlagen, die von einem Greifscherenpaar festgehalten wird. Recht ungewöhnliche Gliedertiere sind auch die Riesentausendfüßler, die keine Probleme haben, ihre vielen Beinchen beim wellenförmigen Lauf zu koordinieren, oder die ihr Schneckenhaus als Wohnung mit sich tragenden Land-Einsiedlerkrebse. Unter großen Lupen wird schließlich die Entwicklung des Mehlkäfers mit Larve (Mehlwurm), Puppe und Vollinsekt gezeigt, dazu die Vermehrungsweise von Speckkäfer, Getreiderüßler, Reismehlkäfer und anderen. Eine Welt im kleinen, die viele Wunder für den bereit hält, der sich die Mühe macht, genauer hinzusehen.

Elfenbeinweiß, weich und verletzlich: die frisch gehäutete Schabenlarve neben ihrer alten Haut (oben). Darunter: Erzgrabwespe beim Überfall auf eine Schabe, der sie zuerst die langen Fühler abzwickt. Diese stattliche Vogelspinne (oben rechts) ist etwa handflächengroß. Das »Wandelnde Blatt« (Mitte), eine der bizarrsten Insektengestalten. Die Blattschneider-Ameisen können das Vielfache ihres Körpergewichts tragen (rechts).

Einen hellrosa bis leuchtend roten lebenden Blütenstrauß bietet die Wilhelma gleich im Eingangsbereich mit ihrer Flamingoherde als farbiger Insel im weiten Grün des Rasens. Seit 30 Millionen Jahren gibt es diese Vögel. Mit ihren großen Seih-Schnäbeln sind sie Spezialisten im Fang von schwimmenden Kleinkrebsen, Algen und mancherlei Kleingetier, wobei der abgeknickte Schnabel wie ein verkehrter Entenschnabel mit der schmalen Oberseite nach unten gehalten wird. Oft wird durch Trippeln auf der Stelle der Schlamm aufgewühlt und die Beute aufgescheucht. Flamingos bewohnen die flachen Uferbereiche brackiger Küstenlagunen oder Salzseen des Binnenlandes in den warmen Gebieten der Erde.

Flamingos schwimmen gern und suchen ihre Nahrung auch im Gründeln. Beim Flug werden Hals und Beine gestreckt. Mit bestimmten ritualisierten Putz- und Streckbewegungen bringen sich die Vögel schon vor der Brutzeit in Stimmung. Das Weibchen wählt den Platz für das Nest, das aus einem aus Schlamm bis 40 cm hoch aufgehäuften, oben flach eingedellten Kegel besteht, auf den das einzige Ei gelegt wird. Nach der Brutzeit von 27 bis 31 Tagen schlüpft das Junge mit weißlichem Dunenkleid. Einma-

Der Vogel, der seine Jungen mit seinem Herzblut ernährt

lig ist die Ernährungsweise der Kleinen. Was man den Pelikanen, denen die heftig bettelnden Jungen das hochgewürgte Futter tief aus dem Schlund holen, seit altersher deshalb fälschlicherweise nachsagte, sie würden ihre Brut mit ihrem Herzblut ernähren, geschieht hier tatsächlich. Ein hochwertiger, roter Futtersaft, der von der Wand der Speiseröhre abgeschieden wird, enthält wirklich auch Blut und ist im Nährwert der Milch der Säugetiere vergleichbar. Er wird den Jungen von der Mutter von Schnabel zu Schnabel auch nach Verlassen des Nestes nach wenigen Tagen mehrere Wochen lang eingeträufelt, bis sie nach dem Wechsel in das zweite graue Dunenkleid und danach ins graubraune Jugendgefieder selbst Nahrung aufnehmen können. Eltern und Junge erkennen sich dabei an der Stimme.

Auch in der Wilhelma genießen Flamingos, die Jahrzehnte alt werden können, seit der ersten Vogelschau 1950 Heimatrecht. Das im Win-

ter als Heizung wirkende Wasser der Wilhelma-Quelle, mit dem ihr Teich gespeist wird, erlaubt ihnen den ganzjährigen Aufenthalt im Freien. Alljährlich bauen sie hier ihre Kegelnester und ziehen seit 1970 auch Junge groß. Lange Zeit galten die Vögel aber im Zoo als nicht züchtbar, bis man erkannte, daß dazu das Mindestalter und auch eine Mindestgröße der Gruppe nötig sind, um in Brutstimmung zu kommen. Die schöne Rottönung des Gefieders aber verblaßt in wenigen Jahren, da die Vögel die Farbstoffe selbst nicht bilden können. Es sind Carotinoide, die sie sonst mit dem natürlichen Futter aufnehmen, das im Zoo nur sehr bedingt geboten werden kann. Dennoch läßt sich die Farbe erhalten, wenn man zum Beispiel ein synthetisches Carotinoid, das Canthaxanthin mit dem Futter zuführt. Eine wesentlich preiswertere und natürlichere Methode wird in der Wilhelma angewandt, deren Flamingos gemahlenen Rosenpaprika erhalten und schön bleiben wie am ersten Tag.

Nicht weniger interessant sind die großen, langbeinigen Kraniche, die mit den äußerlich ähnlichen Stelzvögeln wie Störchen und Reihern aber nicht verwandt sind. Ihre bei manchen Arten sehr kräftige Trompetenstimme ver-

► Wichtigste Nahrung des Flamingo-Jungen ist der mit Blutzellen versetzte Futtersaft des Altvogels.

Brutkolonie der Wilhelma-Flamingos. Auf die aus Schlamm gebauten Kegelnester wird das einzige Ei gelegt.

► Beim Weißnackenkranich führen beide Eltern sorgfältig ihre Jungen und zeigen ihnen Freßbares.

gelben Schmuckfedern, die sie als »Krone« auf dem Kopf tragen, machen die in Afrika südlich der Sahara noch recht weit verbreiteten Vögel unverwechselbar. Weiße Federbüschel am Kopf sind für die kleinsten, die Jungfernkraniche typisch, die in russischen Steppenlandschaften von der Ukraine bis Ostsibirien brüten und dies gelegentlich auch an einem versteckten Platz in der Wilhelma tun und ihre Jungen sorgsam bewacht über die große Wiese führen. Der erste Bruterfolg gelang schon 1957 mit den eleganten grauen Paradieskranichen Südafrikas, deren verlängerte, grauschwarze Schmuckfedern der Flügeldecke fast bis zum Boden reichen. Erstaunlich ist das rasche Wachstum der Nestflüchterküken, die gleich ihren Eltern zu folgen vermögen und nach zwei Monaten schon fast die Größe der Eltern erreicht haben. Nur zwei Eier werden gelegt. Mehrfach gelang auch die Zucht des Grauen Kranichs, der einzigen Art, die auch bei uns in Deutschland noch in geringer Stückzahl brütet. Unsere Tiere, die allerdings von Mitteleuropäern nicht zu unterscheiden sind, gehören der indischen Unterart, dem Lilford-Kranich, an. Wie die meisten Kranichküken sind auch ihre Jungen zunächst rostrote Flaumbällchen, denen die Eltern mit großer Ge-

Eintagsküken des Paradieskranichs, der in Südafrika zu Hause ist. Nach sieben Wochen (unten) weist es schon das Vielfache seines Geburtsgewichts auf.

danken sie der S-förmig in das Brustbein als Resonanzboden eingelegten Luftröhre. Schmuckfedern am Kopf und an den Schwingen, nackte rote oder weiße Hautpartien sind die Unterscheidungsmerkmale der sonst in dezenten Weiß- und Grautönen gefärbten Vögel. Der »Kranichtanz«, den beide Geschlechter unter Rufen, Hüpfen und Flügelschlagen aufführen, ist nicht nur auf die Balzzeit beschränkt. Die Kraniche der Nordhalbkugel sind Zugvögel, die unter lautem Rufen, dem Trompeten, in Keilform fliegen, um in nördlichen Regionen in einsamen Sumpf- oder Steppengebieten meist am Boden zu brüten. Außer in Südamerika und Neuseeland sind die 14 Kranicharten auf der ganzen Erde verbreitet, verfügen aber oft nur über winzige, auch zerteilte Brutgebiete. Ihr Bestand ist weltweit mehr oder weniger stark gefährdet.

In der Wilhelma dürfen sich die Artgenossen des Symbolvogels der ersten Vogelschau, ein Kronenkranich, frei im oberen Parkteil zusammen mit Jungfernkranichen bewegen. Sie schätzen es, am Abend auf den gut aufgewärmten Asphaltwegen spazieren zu gehen. Die starren

duld die ersten Nahrungsbissen vorhalten. Besonders erfreulich war der nun schon zweifache Bruterfolg bei den Weißnackenkranichen, deren Zuchtpaar erst vor wenigen Jahren zusammenfand. Ihr Jugendgefieder ist einheitlich graubraun. Bei zwei großen Arten, dem indischen Sarus-Kranich, der in seinem südostasiatischen Brutgebiet auch überwintert und dem Klunkerkranich Süd- und Ostafrikas, bei dem beide Geschlechter zwei befiederte Hautlappen an der Kehle tragen, wurden immerhin schon Eier gelegt.

Nicht nur Kraniche dürfen in der Wilhelma frei laufen. Auch eine Fülle freilebender Tiere unserer heimischen Fauna hat sich in dem alten Park mit seinem riesigen Bestand an großen Bäumen, Büschen und Stauden, die in vielfältigster Zusammensetzung viele verschiedene Kleinbiotope anbieten, angesiedelt, ohne sich von dem großen Besucherstrom stören zu lassen. Bei manchen gewinnt man sogar den Eindruck, daß sie sich in dieser vom Verkehr umbrandeten Oase besonders wohl fühlen.

Eine sehr auffallende Art, die nicht unserer Fauna angehört, muß zuvor noch genannt werden. Es sind die Pfauen, die schon seit den Zeiten Karls des Großen als Parkvögel bei uns gehalten werden. Jedermann sind die prächtigen Männchen dieses großen Hühnervogels ein Begriff, dessen lange, bunte Federschleppe mit den vielen Augenzeichnungen nicht, wie man annehmen sollte, aus den Schwanzfedern, sondern den Deckfedern des Schwanzes besteht. Bei der Balz zum großen Rad ausgebreitet, sind sie der Inbegriff des Imponierens und für viele Besucher von größerem Schauwert als eine Giraffe. Als ob sie von ihrer Schönheit wüßten, stolzieren sie besonders gern im Bereich der Blumenrabatten umher und werden dafür von den Gärtnern weniger geschätzt. Nachts suchen die Pfauen aus altem Instinkt hohe Schlafbäume auf. Die unscheinbaren Weibchen legen bis zu sechs Eier irgendwo in ein verstecktes Nest und

erscheinen erst wieder mit ihren hellbraunen Jungen, deren Männchen erst nach drei Jahren die volle, schöne Schleppe tragen. In ihrer indischen Heimat werden die Pfauen, die sich dort, wo man ihnen nicht nachstellt, auch in Siedlungsnähe aufhalten, nicht nur als Sinnbild des Gottes Krishna verehrt, sondern auch deshalb geschätzt, weil sie junge Kobras fressen und so diese Giftschlangen kurz halten. Mit ihren lauten, durchdringenden Schreien warnen sie das Wild vor Tigern und Leoparden, werden aber oft selbst deren Beute.

Groß ist die Zahl der Vogelarten, die die Wilhelma und den anschließenden Rosensteinpark als Aufenthaltsort, ja selbst als Brutplatz schätzen. Dies gilt zum Beispiel für die zugewanderten Türkentauben, die zuerst in der Wilhelma brüteten, bevor sie den Rosensteinpark besiedelten. Dazu gehören auch die großen Hohl- und Ringeltauben, während die verwilderten Haustauben eher ein negatives Problem darstellen. Sie fallen oft in großen Stückzahlen ein, dezimieren das Futter besonders beim Wassergeflügel und bringen mancherlei Krankheiten mit. Ein inzwischen wenigstens teilweise gelöstes

Problem bilden die Stare. Die Jungen der zahlreichen Brutpaare, die in verschiedenen Baumhöhlen brüten, schlüpfen nämlich zur gleichen Zeit wie die der Waldrappen. Deren Futterschalen wurden so intensiv von den Starenltern heimgesucht, daß trotz des Überflusses an Futter, Waldrappenbruten verloren gingen. Erst als man ein engeres Gitter anbrachte, das die Stare abhält, war diese Gefahr beseitigt. Zum Problem kann auch die Schwarmbildung der Stare vor der Zugzeit werden, da diese Schwärme gerne gemeinsam in Wassernähe übernachten. Oft suchen sie sich dazu die Platanen am langen See der Wilhelma aus, wo sie zu vielen Tausenden einfallen und allein durch ihr Sitzgewicht Zweige abbrechen, von der enormen Verschmutzung ganz zu schweigen. Große Stückzahlen stellen auch die Stockenten, denen man die Teilnahme am Futtertrog der vorhandenen Entenvögel ja gönnen würde, wenn sich einige von ihnen nicht ausgerechnet auf die Blütenknospen der tropischen Seerosen im Maurischen Garten konzentrieren und die Pracht des Teichs vor allem im Herbst stark einschränken würden. Weniger problematisch sind drei andere regelmäßige Besucher dieses Wasserbeckens. In der besuchsfreien Zeit am Abend und am frühen Morgen stehen oft einige Graureiher am Beckenrand, um sich mit gezielten Schnabelhieben einige der dort zu Tausenden aufwachsenden japanischen Farbkarpfen einzuverlei-

Ein radschlagender Pfauenhahn ist auch für uns Menschen von besonderem ästhetischem Reiz.

Nicht nur im Löwengraben kann man das muntere Familienleben der Teichhühner beobachten. ▶

Wie selbstverständlich ▶ sind die »wilden« Stockenten auch im Seerosenteich zu Hause. Ihre Vorliebe sind leider die Seerosenknospen.

ben. Auch die Lachmöwen haben diese Delikatessenquelle schon entdeckt und holen sich ab und zu ihren Anteil. Am schlauesten von allen haben es die grünfüßigen Teichhühner angestellt, die mitten im See aus Pflanzenteilen ihr Nest bauten und vor den Augen der Besucher brüteten. Auch sie schätzen es, ihren Jungen ab und zu einen zerteilten Minikarpfen vorzulegen. Der Bedarf kann sich steigern, wenn bei der nachfolgenden Brut auch die älteren Jungen noch mithelfen, ihre jüngeren Geschwister zu füttern. Teichhühner brüten an mehreren Stellen, darunter auch im Wassergraben der Tigerfreianlage.

Brutvögel sind auch die Rabenkrähen, die gelegentlich den Flamingos ein Ei streitig machen. Als Wintergäste kommen noch große Schwärme von Saatkrähen hinzu, denen die hohen Platanen als Schlafplätze gefallen. Eichelhäher streifen oft durchs Koniferental, und auch Turmfalken brüten in der Nähe. Es kann aber auch sein, daß ein Buntspechtpaar in die Weide vor dem Küchenfenster des Wilhelma-Direktors seine Höhle hämmert und dort seine Brut aufzieht. Die Fernsehantenne am Dach ist sowieso ein beliebter Spechtort zum »Trommeln«. Zahlreich sind als obligate Stadtvögel die Amseln, zu denen zunehmend auch die größeren Wacholderdrosseln kommen. Häufige Kleinvögel sind Kohl- und Blaumeise, Grünfink, Stieglitz und Buchfink, aber auch Kernbeißer, Mönchsgrasmücke, Gartenbaumläufer und Kleiber fehlen nicht. Selbst die winzigen Zaunkönige brüten an den Wilhelma-Hängen. Die zarten und zierlichen Rotkehlchen haben sogar erkannt, daß es

sich vor allem im Winter auch in den Gewächshäusern ganz gut leben läßt, besonders wenn freundliche Gärtner ab und zu mal einen Mehlwurm fallen lassen.

Als spezieller exotischer Gast stellte sich ab Spätsommer 1984 eine freifliegende Gelbkopfamazone ein, ein taubengroßer grüner Papagei, der zunächst mit Saatkrähen umherzog, dann

Zum besseren Schutz suchen Pfauen nachts ihre Schlafbäume auf.

aber immer wieder Kontakt mit den Amazonenpapageien auf den Terrassen aufnahm. Erstaunlicherweise überstand er die harten Winter 84/85 und 85/86. Mit einem zweiten, im Frühjahr 1986 auftauchenden Vogel, schritt er sofort in einer der Baumhöhlen zur Brut, die drei Jungvögel zeitigte. Auch im nächsten Jahr wurde erfolgreich gebrütet, später bildete sich ein zweites Paar, doch ließ sich die genaue Entwicklung nicht weiter verfolgen, da die Vögel ihr Revier immer weiter nach Cannstatt ausdehnten. In der Wilhelma aber sind sie immer wieder in wechselnden Stückzahlen unterwegs und lassen ihre kräftige, wenn auch wenig schöne Stimme hören.

Unter den freilebenden Säugetieren fällt am stärksten die zwischen den Verkehrsstraßen »eingemauerte« starke Population von Feldhasen auf, die im Rosensteinpark und der Wilhelma viel dichter siedeln, als sonst in Baden-Württemberg. Da nicht bejagt, sind sie wenig scheu und haben es immerhin geschafft, daß die Wilhelma die schönen, als »Mittagsgold« bezeichneten Korbblütler, die Gazanien, nicht mehr anpflanzt, da sie sie selektiv mit Stumpf und Stiel aus den Beeten fressen. Viel Aufmerksamkeit ziehen die munteren Eichhörnchen auf sich, während man Igeln nur nachts begegnet. In der Dämmerung fliegen Fledermäuse, die großen Abendsegler, manchmal zusammen mit Vögeln, den Mauerseglern, über den Maurischen Garten. Mauswiesel und Hermelin statten gelegentlich Besuche ab, ja sogar Füchse haben sich schon an wertvollen Wilhelma-Gänsen vergriffen.

So bedauerlich es ist, daß von der prächtigen Innenausstattung der Hauptbauten der Wilhelma, dem Maurischen Landhaus und dem Festsaal, nichts mehr erhalten ist, so überstand doch wenigstens das zuletzt errichtete Gebäude, die Damaszener-Halle, den Zweiten Weltkrieg in einem Zustand, der es erlaubte, sie wieder zu restaurieren, um wenigstens an einem Beispiel zeigen zu können, welch prunkvolles Refugium sich König Wilhelm I. in der Wilhelma hatte erbauen lassen.

Auch kurz vor seinem Tode erlahmte der Bauwille König Wilhelms nicht, um seine Wilhelma weiter auszugestalten. Nach Zanths Tod erhielt deshalb Professor Bäumer den Auftrag zum repräsentativen Abschluß der Hauptachse, den vorher nur ein achteckiger, noch von Zanth gebauter hölzerner Pavillon am Ende des langen Sees gebildet hatte. Neun Tage nach Vorlage der Pläne im Januar 1863 fiel die Entscheidung und am 11. März wurde bereits mit dem Bau begon-

Ein Stück erhaltener Glanz

nen. Die Fertigstellung aber erfolgte erst nach dem Tode des Königs im Herbst 1864. Über die Herkunft des Namens Damaszener-Halle gibt es keine Aufzeichnungen. Wahrscheinlich sollte damit nur dokumentiert werden, daß sich auch dieses Gebäude als in der orientalischen Tradition liegend verstand, obwohl es wie die anderen Bauten ein nachempfundenes Gemisch orientalischer Stile mit Ideen der Zeit darstellte. Zwar hat Bäumer nicht die Qualität Zanths aufzuweisen, obwohl er sich an dessen Prinzipien zu halten versuchte. Dennoch läßt das Innere trotz der sparsameren Gestaltung die Pracht der vergangenen Wilhelma spüren in der üppigen Ornamentik in Blau, Grün, Gelb und Gold, vor

allem der filigranen Deckengestaltung. Erdrote Stuckmarmorflächen wechseln ab mit Flechtmustern und Rosetten, säulengefaßten Wandnischen und die Höhe gliedernden Friesen. Prunkstück ist der zentrale, vergoldete Kronleuchter, der denen des Maurischen Festsaals gleicht. Von außen entspricht der Bau in seinem zweischichtigen Aufbau aus rotem und gelbem Sandstein den übrigen Wilhelma-Bauten, obwohl die Proportionen weniger ausgewogen erscheinen. Das überdimensionale Tor des überhöhten Mittelteils wird von einem leicht hufeisenförmig eingezogenen Spitzbogen abgeschlossen. Das Dach krönt ein vergoldeter Halbmond.

Das Prinzip König Wilhelms, wo immer möglich das Angenehme mit dem Nützlichen zu verbinden, spiegelt sich auch hier wider, denn an die steinerne Halle wurde als langgestreckte Apsis noch eine Fasanerie angebaut, eine – wie konnte es anders sein – lichte Glas-Eisenkon-

Das letzte Bauwerk der Wilhelma, die Damaszener-Halle, wurde erst nach König Wilhelms Tod fertiggestellt. Lithographie aus der Entstehungszeit

Der restaurierte und »elektrifizierte« Kronleuchter nach Entwürfen Zanths

Reich bemalter Stuck schmückt nun wieder die Wände.

struktion aus Wasseralfingen. In den ersten Jahren waren die Volieren auch gut besetzt. Sogar der württembergische Gesandte in Paris, von Varnbüler, bemühte sich persönlich um die Beschaffung eines Paares Kalifornischer Schopfwachteln. Neben verschiedenen Fasanen wurden Hühnerrassen (Cochinchina, Brama Putra), Papageien und Kanarienvögel gehalten. Anfänglich besuchte auch »seine königliche Majestät Karl das Vogelhaus öfter und hatte daran so viel Vergnügen, daß der Befehl gegeben wurde, auch im Schloßgarten Friedrichshafen das dort noch bestehende Fasanenhaus wieder einzurichten«. Das Interesse erlahmte aber und im Mai 1877 wurde sogar Order gegeben, die Fasanerie aufzulösen und den vorhandenen Tierbestand zu melden. Neben einigen Turteltauben waren dies 20 Silber-Fasanen und 31 noch zu bebrütende Eier, ein Paar Goldfasane, drei Himalaya-Fasane und 38 Kanarienvögel, ein Ara und zwei Kakadus. Den Ara und einen Kakadu erwarb um 50 bzw. 25 Mark der Frankfurter Zoo, der zweite Kakadu ging um 10 Mark an einen Privatmann. Die Fasane kamen nach Friedrichshafen und die Kanarienvögel wurden unter der Hand verkauft.

Erst nach dem Zweiten Weltkrieg zog wieder Leben in die Fasanerie ein, denn da wurde sie als Kleinraubtierhaus genutzt und zu Ostern 1953 dem Publikum übergeben. 15 Innen- und Außenkäfige wurden eingerichtet mit einem für die damalige Zeit sehr stattlichen Bestand. Anfangs gab es Marder, Ginsterkatzen, Ichneu-

mons, Servale und Ozelots, auch einen Puma, der mit einem recht kleinen Gehege vorliebnehmen mußte. Rohrkatzen oder Sumpfluchse, Marderbären, Goldkatzen, Korsak-Füchse, europäische Wildkatzen und andere, ja sogar Nebelparder wurden hier gehalten und gezüchtet. Um gestiegenen Ansprüchen gerecht zu werden, ging man 1971 daran, aus jeweils zwei Innen- und zwei Außenkäfigen einen einzigen Außenkäfig zu machen und im bisher dem Pu-

Die restaurierte Damaszener-Halle vom langen See aus gesehen

blikum zugänglichen Innenraum die Schlafboxen aufzustellen. Als diese Nutzung den Notwendigkeiten der modernen Tierhaltung nicht mehr genügte, wurde 1986 dort die Haltung von Kleinraubtieren aufgegeben, zumal sich die Möglichkeit ergab, das Haus als einziges zu restaurieren und wieder in seinen Urzustand zu versetzen.

Durch verschiedene Umstände etwas verzögert, wurde es im Herbst 1992 dem Publikum zurückgegeben, das nun wieder einen Eindruck von der fast schon verschwundenen Pracht erhält. Der romantische Schleier des uralten Efeus, der die Mauern eingehüllt hatte, wurde entfernt und sorgfältig jedes Detail, soweit es nicht erhalten war, ergänzt. Nun erstrahlt das Haus im alten Glanz, und auch der mächtige Kronleuchter hängt an seiner schweren Kette wieder am alten Platz. Der Empfindlichkeit wegen ist das Haus nur zu bestimmten Zeiten zugänglich, doch sollte sich niemand diesen Blick zurück entgehen lassen, zumal im Innern des Fasanerieteils eine interessante Schau zur Baugeschichte der Wilhelma einschließlich des Wilhelma-Theaters zu sehen ist, die die ganze Herrlichkeit der alten Anlage wieder lebendig werden läßt. Selbst für die kleinen Besucher werden, sozusagen einen Stock tiefer, im unteren Bereich der Schautafeln kindgemäße Wilhelma-Geschichten erzählt. Die alte neue Fasanerie aber wird nun, den Prinzipien moderner Tiergärtnerei besser entsprechend, von Vertretern unserer heimischen Vogelwelt besiedelt.

Zu den besonderen Publikumslieblingen gehören ohne Zweifel die mächtigsten Robben, die See-Elefanten. Sie imponieren schon, diese riesigen Speckwalzen, die so hervorragend an das Wasserleben angepaßt sind, aber auch an Land eine unerwartete Beweglichkeit entwickeln. In der Wilhelma hat die See-Elefantenhaltung eine lange Tradition. Schon vor 36 Jahren (1957) wurde das damals etwa zweijährige Weibchen »Marion«, das von Marion-Island – einer Insel im südwestlichen Indischen Ozean – stammte, importiert. Das Männchen, »Tristan«, folgte 1958, ein Jahr später. Er kam von Tristan da Cunha im südlichen Atlantik als etwa dreijähriger Jungbulle. Beide Tiere wuchsen bei Fütterung mit Heringen und Dorschen gesund heran und schon 1959 wurden erste Deckakte beobachtet. Bei dem großen Interesse, das diese wertvollen Tiere hervorrufen, war die Nachzucht dieser Art der Traum jedes Tiergärtners. Die ganz wenigen bisher in den Zoos der Welt geborenen Jungen überlebten leider die ersten 24 Stunden nicht. Es war also schon eine Sensation, als das damals neunjährige Weibchen »Marion« am 4. Mai 1964 ihr erstes Kind zur Welt brachte, ohne daß vorher die Trächtigkeit bemerkt worden wäre. Die Aufzucht wurde mit einer bei der Seehund-Heuler-Aufzucht erprob-

Schlagsahne als Lebensretter

ten Diät aus Heringsbrei, Milupa und Boviserin versucht. Sie hielt das Junge immerhin 16 Tage am Leben. Dennoch nahm es dabei an Gewicht ab und starb an einer Darminfektion. Marion wurde erneut trächtig und gebar ihr zweites Kind am 13. Mai 1965. Mitten auf der Felseninsel lag das samtschwarze Baby neben seiner Mutter, die keckernde Schrecklaute ausstieß und es zeitweilig sogar angriff. Man mußte das 1,33 m lange und 30,5 kg schwere Junge also erneut wegnehmen und die künstliche Aufzucht versuchen. Da die Zusammensetzung der See-Elefantenmilch unbekannt war, entschloß man sich zu einer Ersatzdiät, die dem Mittel aller Informationen über die bekannten Milchwerte ohrenloser Robben entsprach. Charakteristisch für die Robbenmilch ist der hohe Fettgehalt bei gleichzeitigem Fehlen von Kohlehydraten. Da den Robben kohlehydrat-spaltende Enzyme fehlen, kommt es bei kohlehydrathaltiger Ersatzmilch leicht zu gefährlichen Durchfällen. Vorsichtige Dosierung war also angesagt, denn

auch die vom Stuttgarter Milchwerk jeden Tag eigens hergestellte 40%ige Sahne (normale Sahne ist 30%ig!) enthält noch 2,4 % Kohlehydrate, die in Kauf genommen werden mußten. Sie wurden sozusagen »gerade noch« vertragen. Das wichtigste war deshalb die sorgfältige Überwachung der Nahrungsmenge. Als Indikator diente dafür die Beschaffenheit des Kots. Bei zu dünnem Kot wurde sofort wieder die Menge verringert. Um das Fehlen der Erstmilch und damit wichtiger Abwehrstoffe auszugleichen, wurde frisches Rinderserum gereicht. Da keiner der verschiedensten Saugertypen angenommen wurde, mußte das Tier mit der Schlundsonde ernährt werden, was sich sogar als Vorteil erwies. Als Nahrungsquelle erkannt, robbte es nämlich später munter dem roten Schlauch entgegen, und auch beim Übergang zur Fischnahrung lernte es leicht, ganze Heringe abzuschlukken. Angst und Sorgfalt wurden durch Gewichtszunahme des Babys belohnt. Bald konnte die mit Boviserin und Vitaminen versetzte Sahne mit Muschel- und Heringsbrei angereichert werden und am 34. Tag fraß das Junge den ersten ganzen Hering. Bis zum 60. Tag nahm es schon 3,2 kg Heringe täglich auf. Das Gewicht hatte bis dahin mit 45 kg das Geburtsgewicht schon um die Hälfte überschritten. Nun war die

Eine tiergärtnerische Sensation: »Isolde«, der erste in Menschenobhut aufwachsende See-Elefant im Alter von vier Wochen im ersten Haarwechsel

Schlacht fast gewonnen. Mit 88 Tagen war das Geburtsgewicht verdoppelt. Die schwarze Baby-Wolle verlor es schon ab dem 10. Tag. Sie hielt sich am längsten im Kopfbereich. Nach vier Wochen war das Junge vollständig durchgehärt und silbergrau wie ein erwachsener See-Elefant. Da sich der Nabel nur langsam schloß, wurde das erste Bad erst am 40. Tag gestattet, obwohl das Junge sicher schon früher geschwommen wäre, denn vom ersten Moment an schwamm und tauchte der Mini-Elefant hervorragend. Bei der Popularität des Vaters »Tristan« war es naheliegend, daß bei einem Namenswettbewerb viele Einsender den Namen »Isolde« vorschlagen würden, was dann vom Finanzminister mit ein paar Tropfen »Cannstatter Zukkerle« auch besiegelt wurde. Am ersten Geburtstag wog Isolde mit 187 kg nun mehr als das Sechsfache ihres Geburtsgewichtes und maß schon 184 cm. Alle Aufzuchtschwierigkeiten

Ein seltenes Bild: Die ersten in einem Schau-Aquarium aufwachsenden Korallenfische. Junge Weißrücken-Clownfische, die bereits eine Seerose aufgesucht haben.

lang es jedoch, auch nur ein Tier aufzuziehen, da es offensichtlich am richtigen Futter fehlte. Im Neubau mit seinen vielen Reservebecken konnte endlich ein wenig experimentiert werden. Nun war im Binnenland sicher nicht daran zu denken, ständig frisches Meeresplankton (=winzige Schwebetierchen) zu erhalten, aus dem sich die kleinen Fischlarven das Passende hätten aussuchen können. Es mußten deshalb kleinste Futtertiere gefunden werden, die in Dauerzuchten in größerer Menge gezüchtet werden konnten. Nach einigen Umfragen stießen wir auf ein kleines Seewasser-Wimpertierchen (Euplotes), das etwa so groß war wie ein Pantoffeltierchen und in Instituten zu Versuchszwecken gezüchtet wurde. Bald schwammen auch in der Wilhelma dichte Wolken von Euplotes in den Anzuchtbecken. Gleichzeitig wurde versucht, aus allen möglichen Import-Seewässern und bewachsenen Steinen weitere Planktonformen zu züchten, um bei einem neuen Anlauf unterschiedliches Futter anbieten zu können. Der Versuch gelang mit zwei Arten von Anemonenfischen, die jeweils paarweise in der Nähe einer Aktinie (»Seerose«, die ein Nesseltier ist) leben und sich in deren giftigen Tentakelkranz verstecken können, während andere Fische als Beute betrachtet, festgehalten und ge-

Welterstzucht bei den australischen Wasser-Waranen: drei der fünf erzielten Jungtiere, die weitgehend den Eltern gleichen.

waren längst überwunden, und es galt nur noch ganz heranzuwachsen. Der »tiergärtnerische Weltrekord« war erreicht, denn Isolde war der erste See-Elefant der Welt, der im Zoo geboren und aufgezogen wurde. Wer beschreibt unsere Trauer, als das Tier ungefähr ein halbes Jahr später, als niemand mehr im entferntesten an etwas Böses dachte und ohne die geringsten Krankheitszeichen gezeigt zu haben, tot aufgefunden wurde. »Isolde« starb ohne Vorwarnung, was für Robben oftmals typisch ist, an einer schweren Magenentzündung, die von damals als Wegebelag dienenden Split-Steinchen herrührte, die Besucher ins Becken geworfen hatten und die von ihr spielerisch aufgenommen worden waren.

Weitere Welterstzuchten gelangen der Wilhelma in ihrem neuen Aquarium. Ab November 1968 wuchsen dort die ersten beiden Arten von Korallenfischen auf, die in einem Schauaquarium geschlüpft waren. Doch der Weg bis dahin war weit. Immer wieder kam es bei verschiedenen Korallenfischarten zu Laichabgaben, von denen auch etwa die Hälfte schlüpften. Nie ge-

fressen werden. Zur Laichzeit putzen die Eltern den Laichplatz in der Nähe der Fußscheibe der Aktinie und das Weibchen klebt die gestielten Eier dort in einer geschlossenen Fläche meist um die Mittagszeit an. Die Gelege folgen jeweils nach etwa 14 Tagen, das Schlüpfen der Jungen nach 8 – 11, meist aber nach 10 Tagen. Die Eier werden von den Eltern bewacht und gepflegt. Die Jungen schlüpfen eine Stunde nach Eintritt der Dunkelheit, in deren Schutz sie sich verteilen können. Sie taumeln zunächst zur Oberfläche, schwimmen aber nach ein bis zwei Stunden ruhig in den oberen Wasserschichten. Mit dem Licht einer Taschenlampe lassen sie sich zusammenlocken und in ein Aufzuchtbecken überführen. Die zunächst silberhellen Jungfischchen lassen bald erkennen, wenn sich ihr kleiner Magen mit weißlich erscheinendem Plankton füllt. Salinenkrebs-Larven, die sonst ein beliebtes Aufzuchtfutter sind, reichten wir in den ersten Tagen nicht, da es sich bei der Zucht von Seepferdchen herausgestellt hatte, daß sie zwar diese Nauplien genannten Larven gerne fressen, sie aber in den ersten Lebenstagen nicht verdauen können, so daß die Nauplien den Darm sogar lebend wieder verlassen. Erst ab der zweiten Lebenswoche erhalten aber auch die kleinen Anemonenfische dieses Futter. Beste Ergebnisse werden dann erreicht, wenn der Schlupf in eine Zeit besonders guter Plankton-Entwicklung fällt. Die Jungfische, die überhaupt Futter annehmen, wachsen zusehends und sind innerhalb weniger Tage bereits dunkel gefärbt. Der helle Rückenstreifen der Elterntiere der Weißrücken-Clownfische ist nach drei Wochen, bei einer Größe von etwa 8 mm, zu erkennen. Beim Glühkohlenfisch wird schon nach 14 Tagen die weiße Kopfquerbinde der Erwachsenen andeutungsweise sichtbar. Später können noch zwei weitere Binden auftreten, die aber im Laufe des Wachstums wieder verschwinden. Im Alter von etwa vier Wochen verteilen sich die Jungfische stärker im Becken und bewohnen nicht mehr nur die obersten Wasserschichten. Ungefähr zu diesem Zeitpunkt werden auch Seerosen eingesetzt, die sie in wenigen Tagen annehmen und besiedeln. Nach und nach wird auf das Futter erwachsener Fische umgestellt. Nach vier Monaten sind die kleinen Weißrücken-Clownfische auf 2,5 – 3,5 cm herangewachsen, der Glühkohlenfisch-Nachwuchs, der schon erheblich größer schlüpft, ist dann rund 4 cm groß. Der damals beste Erfolg war die Auf-

zucht von 80 Jungfischen aus einer Brut. Heute werden mit der 1968 in Stuttgart entwickelten Methode, die inzwischen noch verfeinert wurde, weltweit immer neue Korallenfischarten gezüchtet, und auch in der Wilhelma sind weiterhin ständig Jungfische der Marke Eigenbau zu sehen.

1965 gelang neben der sensationellen See-Elefantenaufzucht ein weiterer herausragender Nachzuchterfolg mit der Welterstzucht der seltenen australischen Wasserwarane. Erst 1951 wurde diese Art für die Wissenschaft entdeckt und erhielt zu Ehren eines der bekanntesten internationalen Waran-Experten, Professor Mertens vom Senckenberg-Museum Frankfurt, den Namen Varanus mertensi. Die im tropischen Nordteil des Kontinents lebenden Tiere sind mit ihrem breiten Ruderschwanz und den auf der Kopfoberseite liegenden Nasenlöchern gut an das Wasserleben angepaßte Reptilien. Die vier erwachsenen Elterntiere mit einer Durchschnittsgröße von 1,15 m und 3 kg Gewicht kamen 1961 und 1963 nach Stuttgart. Ihre mit etwa 40 g knapp hühnereigroßen Eier legten sie im Januar 1965. In einem speziellen Brutkasten untergebracht, dauerte es immerhin ein halbes Jahr und einen Tag bis der erste »Minisaurier« schlüpfte. In Abständen folgten noch weitere vier, die zwischen 25 und 27 cm groß waren und etwa ebensoviel Gramm wogen. Alle fünf fraßen sofort kleine Fischchen und Garnelen und wuchsen gesund heran.

Jahrelang half die Schimpansin »Sony« bei der Seelöwen-Fütterung und scheute sich nicht, die Heringe am ausgestreckten Arm anzubieten.

Prosit Herr Minister – Orang-Utan Suma gratuliert

Einige Begebenheiten mit besonderen Tierpersönlichkeiten scheinen mir wert, berichtet zu werden. Obwohl es absolut nicht zu den Gepflogenheiten der Wilhelma gehört, mit Menschenaffen unter Menschen zu gehen, wurde doch einmal zu einem hohen Geburtstag des großen Förderers der Wilhelma, Finanzminister Gleichauf, eine Ausnahme gemacht. Mit einem Blumenstrauß bewaffnet, an der Hand von Obertierpfleger Scharpf, betraten wir mit »Suma«, dem zahmen Orang-Utan-Weibchen, das damals schon mehrfach Mutter war, die heiligen Hallen des Finanzministeriums. Ohne jede Scheu trat Suma dem Minister entgegen,

übergab mit einer Hand den Strauß, angelte mit der anderen zielsicher dessen Weinglas und trank es genüßlich in einem Zuge aus. Sie avancierte sofort zum Star der Veranstaltung und hielt nun statt des Herrn Minister Hof. Um nicht das Spiel in sein Gegenteil zu verkehren und vollends die Schau zu stehlen, zogen wir uns rasch wieder diskret zurück, nicht ohne daß Suma nochmals einen begehrlichen Blick auf die Gläser geworfen hätte.

Ein ganz spezieller Publikumsliebling war die Schimpansin »Sonny«, die uns immer wieder mit erstaunlichen Leistungen verblüffte. Nicht allein daß sie als gelernte Artistin zusammen mit ihrem Pfleger Scharpf ein halbstündiges interessantes Variete-Programm bestritt, sondern auch ihre Instinkt- und Intelligenzleistungen waren erstaunlich. Das zeigte sich schon 1958 bei der Übergabe an den damaligen Wilhelma-Direktor Schöchle anläßlich einer Abendveranstaltung des Vereins der Freunde und Förderer. Auf offener Bühne erkannte das sechsjährige Schimpansenmädchen, dem dies niemand erklärt hatte, klar die Situation, ging auf ihren neuen Herrn zu und erwies ihm durch die schimpansenübliche Paarungsaufforderung artgerecht ihre Ergebenheit und Reverenz. Klar erkannte sie auch die Hierarchiestufen im Zoo vom Tierpfleger zum Inspektor, zum Assistent und schließlich zum Direktor. In der richtigen Reihenfolge schenkte sie also dem jeweils »höheren« ihre Aufmerksamkeit, was später als sie geschlechtsreif wurde und nicht mehr unbedingt gehorchte dazu führte, daß sich während der Vorführung auf der Wiese vor dem Publikum die drei »Oberen« strikt fernhalten mußten, um ein Desaster zu vermeiden. Sonny überwand auch ihre Scheu vor Seelöwen und See-Elefanten, denen sie ja in ihrer Heimat nie begegnet wäre, warf ihnen Heringe zu und ließ sie sich sogar am hochgehaltenen Arm von springenden Seelöwen aus der Hand holen. Die kleinen Tricks wie »Lippen schürzen«, »Vogel zeigen« oder die Zunge herausstrecken vergaß sie nie und wendete sie auch im hohen Alter Bekannten gegenüber an, um auf sich aufmerksam zu machen.

Zwölf Jahre lang imponierte der stattliche See-Elefantenmann »Tristan« den Besuchern. Obertierpfleger Scharpf hatte ihm allerlei beigebracht für die Schaufütterung, die ja nicht nur zur Unterhaltung des Publikums, sondern auch der Bewegung und Beschäftigung und damit der Gesunderhaltung der Tiere dient. Hoch auf-

gerichtet hielt Tristan den Fischeimer zwischen seinen Vorderflossen, um dann ganze Bündel von Heringen in seinem Schlund verschwinden zu lassen. Die Gelenkigkeit seiner Wirbelsäule demonstrierte er durch so weites Hintenüberbeugen, daß er den nächsten Fisch direkt über seiner Schwanzflosse fassen konnte. Tristan – wie auch die anderen Robben – lernte, seinen Namen von anderen zu unterscheiden und ließ auf Kommando seine Stimme hören oder meldete sich, wenn seine Name fiel. Ende der Vorstellung war regelmäßig ein großer »Stapellauf«, wenn er auf Zuruf wieder langsam das Wasser aufsuchte und einen gewaltigen Wellenstoß verursachte. Seinen Pfleger ließ er nicht nur an Land, sondern auch im Wasser auf sich reiten. Sein Nachfolger »Charly« ist heute nicht weniger attraktiv und mit 19 Jahren auch noch erheblich älter, als Tristan es geworden war.

Eine unvergessene Episode mit den Elefanten war deren Transport aus ihrem ersten Quartier in das neu erbaute Elefantenhaus im Erweiterungsteil. 16 Jahre lang waren die beiden indischen Elefantendamen »Zella«, nach dem letzten Elefanten des Nillschen Tiergartens, und »Vilja«, nach dem Elefanten des Tiergartens auf der Doggenburg, genannt, mit der afrikanischen Elefantin »Jumbo«, die später dazu kam, herangewachsen. Sie bewohnten – zusammen mit den ersten Giraffen – die königliche Wagenremise, das heutige Kiwi-Nachthaus. Das Platzangebot war nicht üppig. Da aber alle drei friedlich waren, gab es in dieser Hinsicht keine Probleme. Nur die Publikumsbarriere um ihr Außengehege mußte, dem Rüsselwachstum folgend, zweimal weiter nach außen versetzt werden. Sorgfältig wurde der Tag des Umzugs vorbereitet. Immer wieder wurde das Verlassen des Geheges und das Anketten an einen großen LKW geübt, um so einen Elefanten nach dem anderen sicher ins neue Haus zu überführen. Der große Tag kam heran, und »Zella« wurde als erste auf den Weg gebracht. Als kräftiges Gegengewicht war der LKW mit mehreren Tonnen Sand beladen, und Schritt um Schritt marschierte Zella ihrer neuen Heimat zu. Alles ging gut, bis ausgerechnet am Fuße des Hanganstiegs das Differenzialgetriebe streikte, und der Wagen stehen blieb. Nun war guter Rat teuer. Abketten und frei führen war zu riskant, da bei der großen Scheu der Elefanten vor Unbekanntem eine Panikreaktion nicht auszuschließen war. Ein weiterer Lkw, ein Unimog und noch

ein zweiter mußten vorgespannt werden, bis nach und nach die Kavalkade von vier Autos und einem Elefanten doch noch sicher das neue Haus erreichte.

Als nächstes sollte nun »Vilja« auf die Reise gehen. Sie war viel ängstlicher und nervöser als »Zella« und ließ sich nur schrittweise mit gutem Zureden und dem Anbieten von Leckerbissen vorwärts bewegen. Immer wieder legte sie sich hin, denn man konnte ihr ja nicht erklären, daß sie sich vor dem viel besseren neuen Quartier gar nicht zu fürchten brauchte. Mit den langen Zwangspausen dauerte es über sieben Stunden, bis auch »Vilja« die reichlich 600 m Entfernung geschafft hatte. »Jumbo«, die ihre beiden Stallgenossinnen jetzt offenbar vermißte, brauchte kaum gebeten zu werden und war schon in einer guten halben Stunde wieder bei ihren Kameradinnen. »Vilja« aber hatte sich durch die ungewohnte Anstrengungen des oftmaligen Hinlegens und Aufstehens einen so vehemen-

ten Muskelkater zugezogen, daß sie nicht mehr stehen konnte und in einem Hängegurt mehrere Tage aufrecht gehalten werden mußte. Sie ist heute mit 45 Jahren die Seniorin der Gruppe.

Deutlich ist mir auch noch die Ankunft des »weißen« Krokodils in Erinnerung, das vor 25 Jahren aus Thailand kam und über einen holländischen Tierhändler geliefert wurde. Nicht nur seine Seltenheit und sein hoher Preis, sondern auch die Tatsache, daß es über ein Maul voll spitzer Zähne verfügte, ließen uns besonders sorgfältig mit ihm umgehen. Die Seltenheit von Weißlingen, von Albinos, erklärt sich nicht zuletzt daraus, daß sie als auffallend gefärbte Jungtiere leicht zur Beute werden. Unser Tier ist als Teilalbino nur in der Grundfarbe hell elfenbeinfarben mit dem schwarzen Zeichnungsmuster eines normalen Tieres, als Leistenkrokodil neben dem Gavial die größte Art, die bis 7 m Länge erreichen kann. Als einziges schwimmt es ins Meer hinaus (engl. Saltwater Crocodile!)

und ist deshalb in der südostasiatischen Inselwelt und im West-Pazifik weit verbreitet. Die Anreise erfolgte im Dezember, der Kälte wegen im geheizten PKW. Sein Allgemeinzustand und seine Unversehrtheit waren sorgfältig zu prüfen, um es dann in ein vorbereitetes Quarantänebecken zu setzen. Die räumliche Enge zwang dazu, es aus der Kiste zu heben. Als nicht ganz Unerfahrener packte ich es an der Schnauze, wo bekanntlich gebissen wird und bat den Händler, es an der Schwanzwurzel mit hochzuheben. Als Säugetierkenner, im Umgang mit Reptilien unbewandert, zögerte er ein wenig. Dies genügte dem Delinquenten, um sich in bewährter Krokodilstechnik zur Befreiung, die zwar nicht gelang, rasch um die eigene Achse zu drehen. Dabei wurde deutlich demonstriert, daß bei echten Krokodilen der vierte Zahn im Unterkiefer vor einer Kerbe im Oberkiefer frei sichtbar bleibt und auch schnell eine tiefe Bahn durch die Hand des Festhaltenden ziehen kann.

Zwölf Jahre lang war der See-Elefanten-Bulle »Tristan« ein besonderer Publikumsliebling.

Umständliche Umzugs-Kavalkade: vier Autos und ein Elefant auf dem Weg zum neuen Haus

Als Teilalbino muß man das »Weiße Krokodil« bezeichnen, das auf elfenbeinfarbenem Grund noch die normale Fleckenzeichnung des Leistenkrokodils trägt.

Besondere Gäste: Seltenes und Außergewöhnliches

Da sich die Wilhelma mit ihrer Korallenfischhaltung früh einen Namen gemacht hatte, wurden ihr auch besondere Kostbarkeiten und Erstimporte zuerst angeboten, nicht zuletzt deshalb, weil man annehmen konnte, daß deren Eingewöhnung in guten Händen lag. Für manche von ihnen mußte sogar noch ein deutscher Name, den es vorher nicht gab, erfunden werden. Ein Star dieser Art war ein herrliches, handflächengroßes Exemplar von Pygoplites diacanthus, dem wir wegen seines herrlich bunten Kleides den Namen Pfauenkaiserfisch gaben. Trotz aller Mühe und Erfahrung gelang es uns nicht, dieses schöne Tier zum Fressen zu bringen. Es schwamm um alle die vielen angebotenen Köstlichkeiten, die andere mit Heißhunger verzehrt hätten, nur wochenlang herum, ohne sie auch nur eines Blickes zu würdigen. Offenbar konnten wir das richtige Futter nicht anbieten und für eine eventuelle Umstellung auf Ersatzfutter war

das Tier wohl schon zu alt. Später erhaltene jüngere Tiere ließen sich eingewöhnen. Weniger Probleme machte der Erstimport von Balistoides conspicillum, den wir wegen seiner großen Ringflecken und der gelb-schwarzen Schabracke auf dem Rücken Leopardendrückerfisch nannten. Er nahm trotz seiner Größe bald allerlei animalisches Futter an. Über seine Giftigkeit und die seiner Verwandtschaft wurde schon weiter vorn berichtet.

Zum ersten Mal nach Deutschland reiste auch ein Papua-Waran aus Neuguinea, eine Echsenform, die auf das Baumleben spezialisiert ist. In Neuguinea soll es Exemplare von weit über 3 m Länge geben, die damit noch die mächtigen Komodo-Warane als größte Echsen übertreffen würden. Allerdings sind sie viel, viel schlanker als diese, und zwei Drittel der Körperlänge entfallen auf den dünnen Schwanz. Die beiden Komodo-Warane, die mehrere Jahre gepflegt werden konnten, entstammten einer Gruppe von Jungtieren, die schon in ihrer indonesischen Heimat im Zoo von Djakarta geschlüpft waren und die vom Basler Zoo importiert worden waren. Sie wuchsen zu stattlichen Exemplaren heran, starben dann aber, an einer Krebsgeschwulst der eine, der andere an der gefürchteten Amoebiasis. Eine farblich sehr attraktive

Waran-Art mit großer schwarzer Netzzeichnung auf hellem Grund ist der Groß-Waran (V. giganteus), ein grabender Höhlenbewohner der mittelaustralischen Wüstengebiete, der allerdings »nur« bis 2,4 m Größe erreicht. Ein stattliches Tier, das uns als Erstimport erreichte, erkrankte später an einer unerklärlichen übermäßigen Hornbildung der Schuppen, vor allem des Bauch- und Fußbereichs.

Als Säugetier-Beispiel sei mit dem Streifenphalanger aus dem tropischen Nordosten Australiens und Teilen Neuguineas ein eichhörnchengroßer Kletterbeutler genannt, der nicht nur durch seine kräftige Schwarz-Weiß-Zeichnung und den starken Geruch auffällt, sondern in seinem verlängerten dünnen vierten Finger der Hand ein Organ besitzt, mit dessen löffelartigem Nagel er Insektenlarven aus Höhlen und Spalten angeln kann, die er vorher mit seinen wie Nagezähne gestalteten Schneidezähnen freigelegt hat.

Jahrelang balzte dieser Paradiesvogel-Hahn in voller Pracht direkt vor den Augen der Besucher.

Erstimport des schlanken, baumbewohnenden Papua-Warans aus Neuguinea

Eine der prächtigsten Fischgestalten des Indischen Ozeans zum ersten Mal in der Wilhelma: der Pfauenkaiserfisch

Einer der attraktivsten Gäste war aber zweifelsohne ein Raggis-Paradiesvogel, der zusammen mit anderen Vögeln Neuguineas durch eine Sondergenehmigung der Naturschutzbehörde in das Maurische Landhaus einziehen durfte und jahrelang den Besuchern sein komplettes Balzspiel vorführte. Ohne sich stören zu lassen, tanzte er unter lautem Rufen auf seinem Balzast, sträubte sein metallisch grünes Kopfgefieder und entfaltete die lange Schleppe seiner feinfiederigen, zarten Schmuckfedern der Oberschwanzdecke zu einer prächtigen exotischen Blüte, die er flügelzitternd immer wieder präsentierte. Auf dem Höhepunkt ließ er sich schließlich auf seinem Ast vornüberfallen, um den Schmuckfederstrauß noch besser zur Geltung zu bringen. Leider gelang es uns nicht, ein passendes Weibchen für ihn zu beschaffen. Sicher erinnert sich aber noch mancher Besucher an dieses im wahrsten Sinne des Wortes »umwerfende« Schauspiel.

Zu den ersten Provisorien des entstehenden Wilhelma-Zoos gehörten die an die Rückseite der Terrakottawand angelehnten Bärenkäfige, die 40 Jahre lang ihren Dienst taten. Auch die provisorischen Ställe der Känguruhs, Kasuare und Hängebauchschweine in ihrer Nachbarschaft hatten ein langes Leben. Nach Fertigstellung der Bärenanlagen aber konnte endlich auch der inzwischen mehr als desolate Bereich zwischen Haupteingang und neuer Gaststätte saniert werden. Der gesamte Raum ist nunmehr den Gefiederten gewidmet, die hier in unterschiedlich ausgestalteten Volieren und zum Teil von den Besuchern begehbaren Flugräumen neue Wohnstätten bekommen haben. Ein riesiges, mehrfach abgestütztes Stahldrahtnetz überspannt die ganze Anlage und fügt sie zu einem großen Erlebnisraum von rund 3000 m² zusammen. Reichhaltige Bepflanzung, Sitzbäume, Wasserbecken usw., jeweils auf die Bedürfnisse der entsprechenden Bewohner abgestimmt, sorgen für das richtige Umfeld für Vögel und Besucher. Für alle Arten, die sie brauchen, wurden temperierte Schlaf- oder Überwinterungsräume gebaut, so daß alle Tiere das ganze Jahr über an Ort und Stelle bleiben können.

Der normale Rundgang – es sind auch Abkür-

Nicht jeder Vogel ist waschecht

zungen möglich – beginnt auf der Höhe der großen Lindenallee mit einer Großvoliere für die Kolonie der Roten Sichler oder Scharlachibisse aus Südamerika, die bisher schon an anderer Stelle Heimatrecht in der Wilhelma hatten. Ihr intensiv leuchtendes Rot verblaßt auch im Zoo nicht, wenn die notwendigen Carotinoide in der Nahrung enthalten sind. Deshalb bekommen auch sie wie unsere Flamingos gemahlenen Rosenpaprika in ihr Futter. Ihre schwarzbraunen Jungvögel muten, bevor sie sich zum roten Prachtkleid ihrer Eltern mausern, eher wie eine andere Art an. Weniger spektakulär gefärbt, dafür stattlicher von Gestalt, leben nebenan die australischen Strohhals- oder Stachel-Ibisse, so genannt wegen ihres strähnigen Halsgefieders. In ihrer Heimat sind sie als Heuschreckenvertilger geschätzt. Als Storchenverwandte fliegen Ibisse mit ausgestrecktem Hals im Gegensatz zu den Reihern, die ihren Hals beim Flug S-förmig krümmen. Dies tun auch die weitverbreiteten Kuhreiher, die dabei sind, auch in der Wilhelma

eine Kolonie zu gründen. Die weißen Vögel mit gelbrötlichen Schmuckfedern nähren sich von Insekten, die sie am Rücken oder vor den Füßen von Großtieren finden. Sie schließen sich deshalb gern Viehherden und Großwild an. Sie sind ein Beispiel moderner Verbreitung, denn erst in unserem Jahrhundert haben sie sich explosionsartig vermehrt und sind überall dahin gewandert, wo große Viehherden leben: nach Afrika südlich der Sahara, nach Südamerika und selbst nach Australien.

Als einzige Ausnahme ist in ihr altes Gebiet eine Säugetierart zurückgekehrt, die seit König Friedrich Bedeutung hat für Württemberg, die Roten Riesenkänguruhs. Sie bewohnen jetzt die Fläche um die große Platane. Erstaunlich ist, daß sich diese australischen Charaktertiere, da sie ihr Gehege als ihr Heim betrachten, hinter einem niedrigen Zaun halten lassen, den sie jederzeit mit Leichtigkeit überspringen könnten. Wie bei den meisten Beuteltieren werden ihre Jungen als embryonale, 2–3 cm große Winzlinge geboren. Mit ihren stummelkurzen Hinterbeinchen sind sie bereits imstande, den Beutel der Mutter aktiv aufzusuchen. In rund acht Monaten wachsen sie zur Selbständigkeit heran. Dann sind sie ihren Müttern zu schwer zum Tragen. Bei Gefahr kehren sie immer noch

Turakos, die Helmvögel des afrikanischen Kontinents verfügen über ganz spezifische Feder-Farbstoffe: das Turakoverdin, ein echtes Grün als Körperfarbe, und das Turacin, ein bedingt wasserlösliches Rot in den Flügeln.

gern in den Beutel zurück, oder wollen an die Milchquelle, wenn schon das nächste Junge im Beutel liegt.

Ein großes neues Schwimmbecken mit entsprechendem Landteil haben die südafrikanischen Brillenpinguine, die bisher ein kleines Rundbecken im Maurischen Garten bewohnt hatten, an der Rückseite der Terrakottawand bezogen. Im neuen Heim kann die Kolonie dieser flugunfähigen Schwimmkünstler nun noch erheblich wachsen. Zwar lassen sie sich beim Brutgeschäft in ihren Höhlen nicht direkt zuschauen, so daß man die dunkelflaumigen Küken nicht zu sehen bekommt. Wohl erkennt man aber die vermauserten Jungvögel an ihrem noch zeichnungslosen grauen Kleid mit heller Bauchseite, das sich erst später in den schwarz-weißen Frack der Altvögel verwandelt.

eigener, Turacoverdin genannter Farbstoff. Die beim Flug oder der Balz karminrot aufleuchtenden Schwungfedern sind vom eigenen Turacin gefärbt, das zudem nicht ganz »waschecht« ist und besonders in leicht ammoniakhaltigem Wasser abfärbt. Rotschnabeltoks als Vertreter der Nashornvögel sind Höhlenbrüter, bei denen das Weibchen eingemauert wird und samt der Brut bis zum Flüggewerden vom Männchen versorgt wird.

In der großen Strandvogelvoliere erzeugt eine Wellenmaschine den Wellenschlag wie an der Meeresküste, um den hier gehaltenen Watvögeln das richtige Umfeld zu bieten. Hier ist die Brutkolonie der Säbelschnäbler aus dem alten Vogelhaus eingezogen, ergänzt durch die nah verwandten Stelzenläufer. Kiebitze und Austernfischer mischen sich dazwischen. Am Strand führen die bunten Kampfläufer, bei denen kein Männchen dem anderen gleicht, ihre Balztänze auf. Zwergsäger repräsentieren die Gänseverwandtschaft. Sicher werden sich in dieser neuen Anlage die Akzente noch verschieben, je nach Notwendigkeit Arten ausgetauscht, oder Einrichtungen ergänzt werden. Insgesamt aber wird auf relativ engem Raum ein Überblick über die bunte Vielfalt der Gefiederten geboten.

Zwei Volieren, die an das Känguruhgehege anschließen, sind den Fasanen, die ja schon in der ersten Wilhelma-Zeit eine Rolle gespielt haben, vorbehalten. Bei diesen Hühnervögeln sind die Hähne besonders farbenprächtig und zeigen oft ein ganz auffallendes Balzverhalten, während die unscheinbar tarnfarbigen Hennen das Brutgeschäft allein auf sich nehmen. Durch eine Schleuse betritt man drei große Freiflugräume, deren ersten allerlei asiatische Vogelarten, eine weitere Fasanenart, Mainas und andere Starenverwandte sowie die zierlichen Dolchstichtauben – ihr roter Brustfleck sieht aus, als ob sie sich verletzt hätten – bewohnen.

Die nächsten beiden Räume sind der Vogelfauna Afrikas gewidmet. Den Boden bevölkern hier die stattlichen Geierperlhühner mit leuchtend blau-weiß geflammten Hälsen oder die Senegal-Trappen, deren Männchen heftige Balzspiele aufführen. Webervögel flechten hier Nester, und Glanzstare präsentieren ihr schillerndes Federkleid. Ganz besondere Farben haben die Turakos aufzuweisen. Diese, auch Helmvögel genannten taubengroßen Kuckucksverwandten verfügen über zwei sonst in der Natur unbekannte Farbstoffe. Das satte Grün ihrer vorwiegenden Körperfarbe wird nicht wie sonst im Vogelreich üblich, durch die Überlagerung von blau mit gelb hervorgerufen, sondern ist ein

Dem einzelnen Jungvogel fehlt noch die klare Schwarz-weiß-Zeichnung der Brillenpinguine.

Baustelle der neuen Vogelanlagen, die langsam Konturen bekommen.

Das besondere Ereignis im Jahre 1984 war die Eröffnung eines Nachttierhauses für Tiere der australischen Faunen-Region: Erst nachdem feststand, daß nach langen Bemühungen die oberste Naturschutzbehörde Neuseelands ein Pärchen Kiwis zur Verfügung stellen würde, konnte die vorher als Winterquartier, Giraffen-, Elefanten- und zuletzt als Kamelstall genützte ehemalige Wagenremise und Pferdestall des Königs zu einem vollklimatisierten Haus für diese seltenen Laufvögel umgebaut werden. Kiwis, übrigens die National-Vögel ihres Heimatlandes, kann man nicht käuflich erwerben. Nur aus erfolgreichen Nachzuchten der neuseeländischen Zuchtstationen in Otohoranga und Auckland wurden bisher an einige wenige Zoos Tiere abgegeben. Auf dem langen Flug von Auckland nach Stuttgart wurden die beiden für die Wilhelma bestimmten Vögel von einem Pfleger begleitet, der die notwendige Erfahrung mitbrachte und bei der schwierigen Eingewöhnung half. Bald fühlten sich die Tiere unter den simulierten Bedingungen ihres heimischen Waldes wie zu Hause. Durch Videokameras auch in ihren Schlafhöhlen bewacht und sorgfältig betreut, hoffte man nun auch in Stuttgart auf Nachzucht. Allerdings vergeblich, denn durch eine Verwechslung während des Transportes, der gleichzeitig auch zwei Vögel nach Frankfurt brachte, waren die zwei Männchen nach Stuttgart gelangt, während sich in Frankfurt zwei Weibchen »langweilten«. Erst nach dem Partnertausch war nun wieder die Aussicht gegeben, die sich bald in einer Eiablage bestätigte. Das Ei aber war leider zerstört wie auch noch zwei folgende. Schließlich starb auch noch das Weibchen an einer Eileiterentzündung. Neue Hoffnungen ruhen jetzt auf einem 1990 nachgelieferten Weibchen.

Wenn man die hühnergroßen Kiwis mit ihrer borstenartigen Befiederung durchs Gebüsch schlüpfen sieht, hat man eher den Eindruck, Säugetiere vor sich zu haben als flugunfähige Laufvögel, die mit den Straußen, Nandus und Emus verwandt sind. Der lange Schnabel, mit dem sie tief im Boden stochern und an dessen Spitze die Nasenlöcher sitzen, hat ihnen den Namen Schnepfenstrauße eingetragen. Ihre Kurzsichtigkeit kompensieren sie durch guten Gehör-, Geruchs- und Tastsinn, die für die nachtaktiven Vögel, deren winzige Stummelflügel ganz im Federkleid verborgen bleiben, für die Nahrungssuche wichtig sind. Sie fressen

Ach du dickes Ei

Würmer, Insekten und anderes Kleingetier. Zum Trinken tauchen sie den Schnabel weit ein und heben ihn dann nach Hühnerart hoch. Das Weibchen legt meist nur ein einziges Ei. Es kann über 500 g wiegen, macht also etwa ein Fünftel des Körpergewichts seiner Erzeugerin aus und ist damit im Verhältnis zur Körpergröße das

Nur in wenigen Zoos sind die Wappenvögel Neuseelands, die Kiwis, zu sehen.

Ein eierlegendes Säugetier, der absonderliche Schnabeligel. Darunter: der Einfarb-Kuskus, ein Kletterbeutler mit Greifschwanz

größte bekannte Ei. Die Paare halten zusammen und bewohnen oft die gleiche Höhle. Das Brutgeschäft besorgt der Hahn allein in der längsten für Vögel bekannten Brutdauer von zehn bis elf Wochen.

Absonderliche Tiergestalten sind auch die Ameisenigel, die neben den Kiwis Quartier bezogen haben. Zwischen den normalen Körperhaaren tragen sie kräftige Stacheln. Der kleine Kopf endet in einem nackten, langen Röhrenschnabel, der an seinem Ende die Nasenlöcher trägt. Die mit der klebrigen Zunge aufgenommene Beute – Ameisen-Termiten und andere Insekten – zermahlen sie im zahnlosen Mund durch Hornplatten auf Gaumen und Zunge. Mit ihren starken Klauen graben sie erstaunlich gut und klemmen sich mit großer Kraft im Boden fest, in dem sie durch rasches Wegscharren des Bodens unter sich schnell versinken können, die wehrhaften Stacheln nach oben gerichtet. Am seltsamsten aber ist ihre Vermehrungsweise. Als einzige Säugetiere neben dem Schnabeltier legen die Weibchen kleine lederige Eier, die in einem sich bildenden Brutbeutel bebrütet werden, wobei sie ein klebriges, rasch erhärtendes Sekret festhält. Da noch keine Zitzen ausgebildet sind, schlecken die Jungen die Milch von den Haaren zweier Brustdrüsenfelder, die in den Beutel münden. Nach 6 – 8 Wochen, wenn sie 9 – 10 cm groß geworden sind, bilden sich die Stacheln. Die Jungen werden dann außerhalb des Beutels abgelegt, bis sie selbständig werden. Im Zoo gelang die Zucht bisher ganz selten, obwohl Ameisenigel mit der gebotenen Ersatznahrung – Hackfleisch, Milch, Eier, Vitamin- und Mineralstoffzusätzen – recht alt werden können. Das älteste Wilhelmatier lebt hier seit 20 Jahren.

Damit an Seltsamkeiten nicht genug, teilen sie den Raum mit hasengroßen Kletterbeutlern, den Einfarbkuskussen, die, mit ihrem Greifschwanz versehen, nicht nur bedächtig im Geäst umherklettern, sondern sich auch viel am Boden aufhalten. In weiten Sprüngen gleiten die eichhörnchengroßen Beutelflughörnchen durch die Luft, die breite Hautfalten an den Flanken zwischen den Beinen zu einer Art »Fallschirm« aufspannen können. Ganz andere Spezialisten haben in einem großen Aqua-Terrarium Quartier bezogen: australische Schwimmratten, die ganz hervorragend an das Wasserleben angepaßt sind und mindestens genau so gut schwimmen, wie sie laufen können.

Obwohl sein prächtiger Baumbestand schwere Schäden im Zweiten Weltkrieg erlitten hat, beeindruckt der Rosensteinpark heute eher noch mehr durch seine imponierenden Baumgestalten, die hier in rund 160 Jahren herangewachsen sind. Ein Parkpflegewerk, das in der Wilhelma 1990 aufgestellt wurde, schildert nicht nur die historische Entwicklung des Parks, sondern gibt auch Hinweise zu seiner künftigen Gestaltung und der Behandlung seines Baumbestandes.

Allerdings haben zahlreiche Eingriffe inzwischen seine ursprüngliche Fläche geschmälert. Schon 1908 mußten zum Ausbau der Eisenbahnanlage 8 ha an seiner Südflanke abgegeben werden. 1958/59 erforderte der Ausbau der Pragstraße mit deren Verbreiterung einen ein Hektar großen Streifen an der Nordgrenze, der

Trotz neuer Funktion bleibt der Park lebendig

leider auch mit dem Verlust eines wesentlichen Teils der abdeckenden Randbepflanzung verbunden war. Wenig später 1960/62 nahm der Bau des Bahnpostamtes und die damit verbundene Verlegung der Ehmannstraße weitere 2,33 ha in Anspruch. Die 1961 vom Land beschlossene und in drei Phasen durchgeführte

Ein Blick in die Weite des Rosensteinparks mit seinem 150jährigen Baumbestand.

Erweiterung der Wilhelma in den Rosenstein benötigte in den Jahren 1968, 1976 und 1993 zwar insgesamt rund 14 ha; im Einvernehmen mit dem Landesdenkmalamt erstreckte sie sich aber unter weitestgehender Erhaltung des vorhandenen Baumbestandes nur auf den nördlichen Randbereich, ohne den historischen großen Rundweg zu tangieren. Dies bedeutet zwar nicht die puritanische Erhaltung, ist aber insofern nicht als Flächenverlust zu werten, da alle Sichtbeziehungen in etwa erhalten blieben. Ähnlich ist der Neubau des zweiten Teils des Naturkundemuseums, des Museums am Löwentor, zu sehen, da es dem schon vorher im restaurierten Schloß Rosenstein untergekommenen Museum ermöglichte, endlich auch seine einmaligen paläontologischen Schätze zu zei-

gen. Die 1,5 ha benötigter Fläche bleiben innerhalb der Parkgrenzen und sind zum Teil wieder begrünt. Die 1986 erfolgte Verlegung des Endstücks der Ehmannstraße auf die Nordseite des Bahndamms, d.h. in den Park hinein, verursachte allerdings nochmals einen direkten Flächenverlust von 0,7 ha.

Ein spezielles Problem stellte die im Krieg zerstörte Meierei Rosenstein, von der seit jeher die Bewirtschaftung des ganzen Parks ausging. Zunächst konnte wenigstens ein Teil des zerstörten Nordflügels einschließlich des kleinen Wohnteils wieder eingedeckt werden und als kleiner Stützpunkt die Arbeit wieder aufnehmen. An die Stelle der früher hier gehaltenen Rinder traten bald die Tiere des neu entstehenden Wilhelma-Zoos, die nicht nur Abnehmer für das anfallende Heu darstellten, sondern auch den früher schon kompostierten Mist lieferten. Die alte Dunglege wurde weiter betrieben und auf den Fundamenten des zerstörten Südflügels in Einfachstbauweise ein Heu- und Strohlager errichtet. Diese primitiven Einrichtungen waren zwar zunächst arbeitsfähig, konnten aber niemals Dauerlösung sein. Nach endlosen Diskussionen über die endgültige Gestaltung erzwang schließlich der inzwischen erfolgte Bau des Naturkundemuseums ein Abrücken zur in den Park verlängerten Ehmannstraße. Gegen den Park abgesenkt und zum Teil begrünt, stehen der Betriebsstelle nun endlich

Schnee verzaubert die alten Baumgestalten des Rosensteinparks.

»Stuttgarts schönste Scheune«: Moderne Heu- und Strohbergehalle in der Neuen Meierei

die notwendigen Einrichtungen zur Verfügung. Hallen für Maschinen, Geräte und Fahrzeuge, Werkstatt, Werkzeug- und Lagerraum, 4100 m³ Bergeraum für Heu und 4300 m³ für Stroh, dazu eine moderne Dunglege mit Portalkran, der gleichzeitig auch einen Teil der Laubkompostierungsflächen bedient. Auch ein Teil der historischen alten Meierei (von Salucci erbaut) konnte mit dem heimatgeschichtlich wertvollen Futtergang erhalten werden und nimmt die Sozialräume auf.

Einen letzten stärkeren Eingriff, allerdings nur temporärer Art, brachte die Einbeziehung eines wesentlichen Parkteils in die Internationale Gartenbauausstellung, die IGA 93, die zwar den Raum innerhalb des historischen Rundwegs als weiten Durchblick unberührt läßt, den Randbereich dafür aber um so intensiver zu Ausstellungszwecken nutzt, einschließlich der hierher geführten Panoramabahn und der zeitweisen Einschleifung der Straßenbahn. Trotzdem lassen die inzwischen erfolgten vielfachen Festlegungen an den heutigen Grenzen des Parks hoffen, daß nunmehr seine Substanz nach außen abgeschirmt ist, und er in Zukunft ungeschmälert erhalten werden kann.

Eines langen Kampfes bedurfte es, um die letzte notwendige Erweiterung tatsächlich durchzusetzen. Mit einigen Abstrichen an Fläche und Themen gelang es, das erste große Vorhaben dieses Bereiches bis zur Internationalen Gartenschau, der IGA 93, zu verwirklichen. Hier soll ein wesentlicher Teil der Kulturgeschichte der Menschheit vorgestellt werden, die eng verknüpft ist mit der Entwicklung der Haustiere von der ersten Zähmung von Wildtieren bis zur gezielten Zucht von Hochleistungsformen. Dabei werden die wichtigsten ursprünglichen Wildarten primitiven Haustierformen und Hochleistungsrassen gegenübergestellt. Gleichzeitig soll ein Beitrag zur Erhaltung der gefährdeten Wildarten und der nicht weniger bedrängten ursprünglicheren Haustierrassen geleistet werden. Aber auch der heute zum größten Teil in Städten lebenden Bevölkerung und vor allem den Kindern sollen die wichtigsten Haustieren nahegebracht werden, um zum Beispiel klarzustellen, daß Milch kein Industrieprodukt aus dem Kühlschrank ist, sondern nach wie vor von der Kuh erzeugt wird.

Eine didaktisch aufgebaute Lehrschau – untergebracht in einem Trakt des ein großes Viereck bildenden Haustierzentrums – dient der Einführung in das Thema. Hier wird deutlich, daß die ersten Haustiere den Menschen schon seit der mittleren Steinzeit, dem Mesolithikum, begleiten. 10 000 bis 9000 v. Chr. wurden Schaf und Ziege in Vorderasien, wenig später der Hund in Europa domestiziert. 8000 bis 7000 v. Chr. wurde das Schwein in Europa und Kleinasien zum Haustier, 6500 v. Chr. das Rind

Bock der Bezoarziegen, der Stammeltern aller Hausziegen

Lieblinge der Kinder: afrikanische Zwergziegen

In freier Wildbahn ausgestorben: Przewalski-Urwildpferde

in Europa und Vorderasien und danach die Katze in Vorderasien und Ägypten. In der Jungsteinzeit, im Neolithikum, von etwa 4000 bis 2000 v. Chr. folgten Esel, Kamel, Wasserbüffel, Taube, Pferd, Gayal, Balirind, Honigbiene, Seidenspinner und Huhn im eurasischen Raum und das Lama in Südamerika. Aber auch in unseren Tagen werden noch Tiere domestiziert, was für den Goldhamster und den Wellensittich oder auch die Laborratte gilt.

Die Gründe zur Domestikation ergaben sich wohl aus knapper gewordenen Wildtierbeständen für den Jäger, der sich zunächst solche Tiere auf Vorrat hielt. Langsam erwuchs daraus die gezielte Züchtung auf gewünschte Eigenschaften: verminderte Aggression und Zahmheit, starke und schnelle Vermehrung, Frühreife, gutes Futterausnützungsvermögen, höhere Leistung und Wirtschaftlichkeit. Einher gingen damit körperliche Veränderungen gegenüber den Wildtieren, aber auch die eingeschränkte Mobilität ihrer Besitzer mit höherem Arbeitsaufwand für ihre Ernährung und ihren Schutz. Immer mehr wurde die Nützlichkeit gesteigert, damit aber auch die gegenseitige Abhängigkeit verstärkt. Bei der modernen Massentierhaltung, die immer höhere Leistungen in immer kürzerer Zeit mit geringerem Material- und Arbeitsaufwand verlangt, geraten ältere Rassen, die solche Hochleistungen nicht erbringen können, schnell ins Hintertreffen und verschwinden rasch aus den Beständen der Landwirte. Mit ihnen gehen aber auch ein wichtiges Gen-Potential und manche Eigenschaft verloren, die in anderem Zusammenhang wieder gebraucht

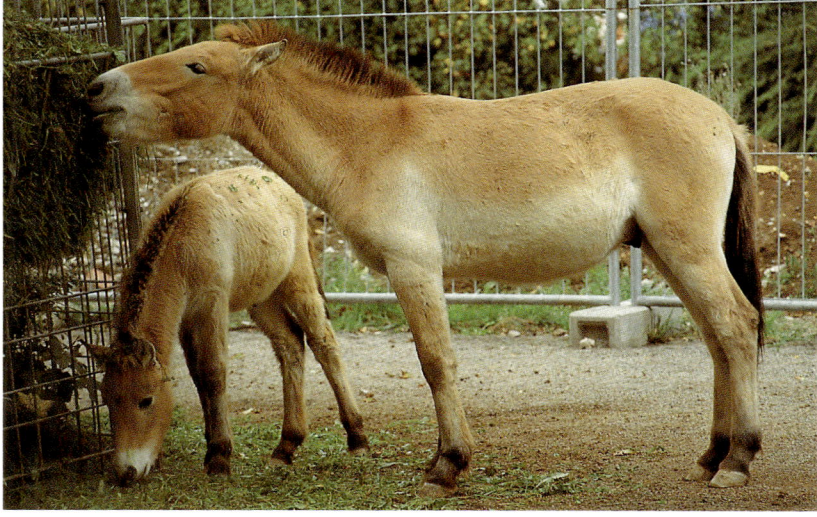

würde. Die Zoos haben es sich deshalb zu einer zusätzlichen Aufgabe gemacht, auch solche Formen nach Möglichkeit erhalten zu helfen, eine Aufgabe, der sich auch die Wilhelma nicht verschließt. Zwar kann sie leider nicht mehr das früher hier gehaltene Rosensteinrind mit seiner guten Kombination von Milch-, Fleisch- und Zugleistung zeigen, da dessen letzte Bestände im Zweiten Weltkrieg umkamen. Auch den Urahn aller Hausrinder den Ur oder Auerochsen gibt es seit dem Anfang des 17. Jahrhunderts nicht mehr. Dafür haben jetzt die letzten europäischen Wildrinder, die Wisente, über deren wechselvolles Schicksal schon berichtet wurde, Einzug gehalten. Die stattlichen Wollbüffel fordern zum Vergleich heraus mit den im Freiluftstall untergebrachten kleinen Hinterwälder-Rindern aus dem Schwarzwald, die nur noch in ganz geringer Zahl in Berglagen, in Grenzertragsgebieten, für die sie sich besonders eignen, gehalten werden. Auf Hochleistungsrinder wurde verzichtet, um mit dem Limpurger Rind einer zweiten alten Rasse, die auch auf Milch-Fleisch- und Zugleistung ausgerichtet ist, eine Chance zu geben.

Als Stammform der Hauspferde gilt das asiatische Urwildpferd, das Przewalskipferd, das in Mittelasien und der Mongolei in freier Wildbahn ausgestorben ist. Alle heute lebenden Przewalskipferde – es sind rund 960! in 129 Haltungen – stammen von zwei Transporten ab, die Hagenbeck um 1900 nach Europa brachte und von deren Nachkommen nach dem Zweiten Weltkrieg nur 31 übrig geblieben waren. Der gedrungene Bau, »Mehlmaul«, Stehmähne und Aalstrich charakterisieren die auch in der Wilhelma schon lange gezüchtete Art. Als Haustierrasse stehen ihr die Ponys gegenüber, Zwergformen von den Shetlandinseln und beliebte Kinderreitpferde. Stammform der Hausesel waren afrikanische Wildesel, von denen heute nur noch – wenn überhaupt – geringste Bestände des Somali-Wildesels überlebt haben. Auch die Wilhelma hält und züchtet diese nur in ganz geringer Zahl in den Zoos gepflegte Art.

Sie hat allerdings ihr Quartier in der afrikanischen Huftieranlage behalten. Hausesel sind mit zwei Rassen vertreten. Die größte, die französischen Poitou-Esel, in ihrem Zottelfell und die kleinen Zwergesel Sardiniens, die ganz erstaunliche Tragleistungen erbringen. Die verschiedenartigsten Ziegenrassen, deren Haltung bei uns heute keine Rolle mehr spielt, die aber in den Entwicklungsländern nach wie vor wichtige Milch-, Fleisch- und Lederlieferanten sind, stammen von der Bezoarziege ab. Von ihr gibt es im Mittelmeerraum und Vorderasien heute nur noch Restbestände. Unsere Herde stammt aus Überschußtieren eines kleinen reinblütigen Vorkommens auf der Kreta vorgelagerten Insel Theodoru. Als Haustierbeispiel und zugleich beliebte Streicheltiere sind die afrikanischen Zwergziegen, die in ihrer Heimat als genügsame Milch- und Fleischlieferanten gehalten werden, nicht wegzudenken.

Die Stammform aller Hausschafe, das europäisch-asiatische Wildschaf, das in verschiedenen Unterarten vom Mittelmeer bis zu den innerasiatischen Gebirgen verbreitet war, vertritt das korsische Mufflon, das in unseren Mittelgebirgen auch als Jagdwild ausgesetzt wurde. Schafe wurden zunächst als Fleisch- und Fettlieferanten gehalten. Dazu dienen sie in Ländern, in denen der Verzehr von Schweinefleisch tabu ist, heute noch. Enorm verbreitet und vermehrt haben sie sich aber erst als Wollelieferanten. Eine große Rasse mit riesigem – wie angebaut wirkendem Fettsteiß – das tadschikische Fettsteißschaf ist eine innerasiatische Form. Seine gewaltige Fettdepotentwicklung wird ähnlich dem Kamelhöcker auf das Wüstenklima zurückgeführt, noch verstärkt durch züchterische Auswahl. Es ist in beiden Geschlechtern hornlos, hat aber eine typische Rammsnase.

Das von Europa bis Südostasien verbreitete Wildschwein ist Vorfahr aller Hausschweinerassen. Die langschädelige, hochbeinige, dicht behaarte Wildform hat kaum mehr Ähnlichkeit mit modernen Rassen. Als Beispiel wird das robuste, kälteunempfindliche, zweifarbige Schwäbisch-Hällische Schwein im Offenlaufstall in zwei Familienverbänden gepflegt. In der achtteiligen Geflügel-Anlage werden neben Felsentauben als Stammeltern aller Haustauben und Bankiva-Hühnern als Vorfahren aller Haushühner jeweils einige markante Hausrassen gehalten, dazu auch noch andere zu Haustieren gewordene Vertreter aus der Vogelwelt.

Als exotisches Haustierbeispiel sind neben den Alpakas, den Wolle liefernden Schafkamelen auf der Südamerika-Anlage, hierher die zweihöckerigen Kamele, die Trampeltiere, umgezogen, die kälteunempfindlichen Universalhaustiere Innerasiens. Ihre Wildform, das Wildkamel, hat in geringer Zahl in der Mongolei überlebt. Als einzige Vertreter der Hirsche bewohnen schließlich noch die überaus seltenen Mesopotamischen Damhirsche, die kein Schaufelgeweih tragen und kräftiger gebaut sind als ihre nahen Verwandten und in ihrer persischen Heimat inzwischen wahrscheinlich ausgestorben sind, ein neues Gehege.

Was noch alles dazu gehört

Herzstück des Betriebes und Zentrum der Versorgung, das alle wichtigen Funktionen mit wenigen Ausnahmen zusammenfaßt, ist der 1967 in Betrieb genommene Wirtschaftshof. Seine Einrichtung stand am Beginn der Sanierung und Erweiterung und bildete die verläßliche Basis für den reibungslosen Ablauf des lawinenartig wachsenden Betriebes. Obwohl damals noch keinerlei Erfahrungswerte für die zu erwartenden Größenordnungen vorlagen und man nur auf mehr oder weniger glückliche Schätzungen angewiesen war, läßt sich heute sagen, daß diese Schätzungen voll ins Schwarze trafen und die Dimensionen auch bei vollendetem Ausbau ausreichen werden.

Die dreiflügelige Anlage südwestlich der langen Gewächshausreihe umschließt einen 900 m² großen Hof als Kommunikationsfläche, über die sich der größte Teil des Betriebs abwickelt. Angelehnt an eine Pflanzinsel in der Mitte

Die Kunst, 9000 Mägen zu füllen

liegt hier die Tanksäule mit Zapfstellen für Benzin und Dieselkraftstoff sowie eine Entnahmestelle für Druckluft. Im nordwestlichen Flügel liegt zugleich die Keimzelle der ganzen Anlage, denn sein Anfangsteil ist das erste kleine Betriebsgebäude aus dem Jahr 1958. Beim Neubau des Wirtschaftshofes konnte zunächst nur Erd-

Eine ganz schöne Menge der verschiedensten Futtermittel, die hier Futtermeister Strauß für dieses Buch einmal aufgebaut hat, verzehren die Wilhelma-Tiere an einem Tag.

geschoß und Untergeschoß erweitert werden. Erst nach Verlegung und Zusammenfassung der gesamten Verwaltung im Neubauteil auf dem bisherigen Dach des Südostflügels war es möglich, auch das Obergeschoß noch zu erweitern. Es enthält nun eine neue große Kantine und je einen Raum für den Personalrat und den Lehrlingsunterricht. Im Erd- und Untergeschoß befinden sich die Sozialräume.

Im südwestlichen Mitteltrakt ist Platz für die Wartung der Fahrzeuge und die große Verdichtungspresse für den 10 m³ Müllcontainer, die die enormen Müllmengen, die von 1,8 Millionen Besuchern, aber auch aus dem Betrieb anfallen, auf ein Drittel ihres Volumens zusammenpreßt. Den Löwenanteil aber benötigt die Futtermeisterei, die für die Versorgung der über 9000 hungrigen Mäuler zuständig ist. Über einen befahrbaren überdeckten Vorraum, der das trockene Entladen angelieferter Güter er-

möglicht, gelangt man in die einzelnen Räume. Der größte von ihnen, der sich in das Obergeschoß zur Beschickung fortsetzt, ist der Siloraum für verschiedenste trockene Schüttgüter. Allerlei Getreide, Futtermischungen, diverse Pellets, Körnerfutter, mancherlei Sämereien usw. werden hier in hohen Siloschächten verschiedenen Volumens vorrätig gehalten. Spezialverschlüsse erlauben die Entnahme auch kleinster Mengen. Spezialfuttermittel, z. B. verschiedene Baby-Nahrung für junge Menschenaffen, Mineralstoffgemische, Vitamine, Honig, Rosinen, Weichfutter für Vögel, Flockenfutter für Aquarienfische, Salinenkrebseier usw. la-

Umfangreich sind die Anlagen der Anzuchtgärtnerei mit ihren vielen Gewächshäusern und Frühbeeten sowie der Wirtschaftshof, bei dem sogar die Dächer zur Pflanzenproduktion genützt werden müssen.

gern in Regalen in einem kleineren, verschlossenen Raum. Frischgemüse und Obst wird gekühlt gelagert und im davor liegenden Vorbereitungsraum aufbereitet. In der Futterküche stehen die Kessel zum Kochen von Kartoffeln, Gemüse, Reis usw. sowie zur Teebereitung, Kochplatten, Vorbereitungstische und große Waschbecken zur Reinigung der Transportbehälter. Eine großer Frischkühlraum dient der Vorratshaltung größerer Obst- und Gemüsemengen sowie von Laubfutter. Eine lange Fleischbahn führt vom Abladeplatz unter Dach zu den Fleischkühlräumen, die sozusagen im Ringverkehr benützt werden. Die angelieferten Pferde- und Rinderviertel, die auf einer zwischengeschalteten Waage gewogen werden können, gelangen zunächst in den Frischfleischraum für den laufenden Bedarf. Wird mehr angeliefert, wird dieses Fleisch im Schockgefrierraum tiefgefroren und dann im Tiefkühllagerraum dahinter, der bis zu 20 Tonnen Fleisch aufnehmen kann, gelagert. Wird solches Fleisch wieder benötigt, sorgt die etwas höhere Temperatur im Auftauraum für schonende Aufbereitung. Alle übrigen tiefgefrorenen Futtermittel, z. B. Süß- und Seewasserfische, Garnelen, Muscheln, Tintenfische, Mückenlarven, Laubfutter usw., lagern in einem weiteren großen Tiefkühlraum. Leergut, Transportbehälter, Holzwolle als Menschenaffenstreu u. ä. erfordern ebenfalls Lagerkapazität. Die notwendigen Kühlmaschinen brauchen einen Raum im Haus und sind auch

im Vorhallenbereich montiert. Ein Rückkühlturm auf dem Dach hilft Kühlwasser zu sparen. Das innere Treppenhaus schafft die Verbindung zum Obergeschoß und zur geschoßversetzten Rückseite des Hauses, wo über eine Rampe das als Schüttgut geeignete Trockenfutter angeliefert wird. Eine große Fahrzeugwaage dient der Gewichtskontrolle, besonders auch der in ganzen Wagenladungen gelieferten und im Herbst eingemieteten Futterrüben, Mohrrüben, Roten Beeten, aber auch von Heu, Luzerneheu und Stroh. Eine Haferquetsche im oberen Siloraum vervollständigt das Repertoire. Daneben werden geringere Futtermengen als Nachschub für die Silos in Säcken gelagert. Die »Sackkammer« ist Lagerraum nicht nur für Säcke und ähnliches, sondern auch für Kleingerät. Ein spezieller Keimraum liefert ganzjährig das frische Grün für die unzähligen Wanderheuschrecken, die als Futtertiere gebraucht werden, aber auch für Affen, Vögel und Schildkröten. Der Saatweizen, der dafür benötigt wird, muß zunächst für 24 Stunden in Wasserbecken einweichen, bevor er dann in flachen Kunststoff-Gitterkästen auf Zeitungspapier, das die Feuchtigkeit hält, ausgebreitet wird. Große Sichtkuppeln über dem Raum und zusätzliche Leuchtstoffröhren fördern neben regelmäßigem Gießen das rasche Wachstum des Keimgetreides, das mit optimalem Eiweiß- und Vitamingehalt, wenn es handhoch ist, verfüttert wird.

Zutritt zur Futtermeisterei haben nur der Fut-

termeister und seine Helfer, denn die Ausgabe erfolgt ausschließlich durch den Futtermeister, der seinen Dienst schon eine Stunde vor den Tierpflegern beginnt und die für die einzelnen Reviere vorbereiteten Futtermengen mit einem Pritschenwagen an die jeweiligen Verbrauchsorte bringt und gleichzeitig den zweiten Satz der dann leeren Transportbehälter zurücknimmt. Wird außerhalb der normalen Routine Zusätzliches benötigt, wird dies in einem kleinen Ausgaberaum, der von außen zugänglich ist, auf dem für jedes Revier bestimmten Platz für den Abholer bereitgestellt.

Selbstverständlich ist dabei, daß sich heute jeder Zoo die Erkenntnisse der modernen Ernährungslehre zunutze macht, die vor allem darin bestehen, daß den jeweiligen Pfleglingen die Grundnahrungsstoffe Kohlehydrate, Fette, Eiweiß, Mineralstoffe und Vitamine im ausgewogenen und ausreichenden Verhältnis zur Verfügung stehen, wobei es durchaus nicht die in freier Wildbahn aufgenommenen Originalfutterstoffe – von speziellen Ausnahmen abgesehen – sein müssen, sondern eine absolut gesunde und adäquate Fütterung auch mit Ersatzfutter erreicht werden kann, wenn nur die richtige Stoff-Zusammensetzung gewährleistet ist. Dies wird erreicht durch spezielle Mischungen von Futtermitteln meist in Pelletform, die neben den Grundstoffen auch Vitamine und Mineralstoffzusätze enthalten und wegen besonders wohlschmeckender Anteile auch gern gefressen werden. Solche Pellets gibt es für Heufresser, für Vögel, für Affen und sogar für Futtertiere wie Ratten oder Mäuse in verschiedener Rezeptur. Vitamin-Mineralstoffpulver als Zusatz zum Fleisch für Fleischfresser oder in Kapseln, um in Fischen mitgefressen zu werden. Wichtig ist die Beigabe ausreichender Ballaststoffmengen, von frischem Obst und Gemüse, Grünfutter usw., das sich die Tiere möglichst noch mit einem Trick beschaffen müssen, um die Futteraufnahme, die in freier Wildbahn meist sehr viel Zeit in Anspruch nimmt, auch im Zoo nicht nur auf ein kurzes Zuschnappen zu beschränken

In ihrer Eiablage-Schale sorgen die Mehlkäfer für immer neue Mehlwürmer.

und so der Gesunderhaltung besser zu dienen. Die heutigen Haltungs- und Zuchterfolge wären jedenfalls ohne die Erkenntnisse moderner Fütterungsmethoden nicht denkbar.

Um eine Vorstellung zu geben, welche Futtermengen pro Jahr in den Tiermägen verschwinden, sollen einige Zahlen genannt werden: Stattliche Mengen werden an Heu (360 t), davon aus eigener Ernte im Rosensteinpark und den Anlagen 200 Tonnen, Luzerneheu (30 t) und Stroh (170 t) verbraucht. Im Sommer kommen dazu noch rund 500 Tonnen Grünfutter, die von Nebenflächen gewonnen werden. Alles Rauhfutter wird über die Neue Meierei im Rosensteinpark abgewickelt, alle übrigen Futtermittel über den Wirtschaftshof. Zoo-Pellets für Heufresser (48 t), solche für Ratten und Mäuse (3500 kg) und ebensoviel Luzerne-Preßlinge werden gefressen. An Getreide sind es Hafer (9400 kg), Weizen (8000 kg), Kleie (3600 kg), Gerste (2800 kg), Mais (1400 kg), Reis (2000 kg)

und Haferflocken (1800 kg). Für die Anzucht des Keimgetreides werden 4000 kg Saatweizen verbraucht. Die Fleischfresser vertilgen 32 Tonnen Rinder- und Pferdefleisch, 14 Tonnen Seewasserfische, 3600 kg Süßwasserfische, 3700 kg Futterhühner und 146 000 Eintagsküken. Die Gemüsemengen betragen 61 Tonnen verschiedener Sorten, 11 Tonnen Futterrüben, 16 Tonnen Kartoffeln und 8 Tonnen Rote Beete.

Erheblich ist der Obstverbrauch: 69 Tonnen Äpfel, 29 Tonnen Bananen, 9 Tonnen Birnen und 26 Tonnen anderer Obstarten. An die Menschenaffen, besonders deren Babys werden unter anderem 1250 Gläser Baby-Nahrung, 170 kg Baby-Brei (Pulver), 300 kg Milchpulver, 100 kg Ovomaltine, 550 kg Magermilchpulver und 710 kg Traubenzucker verfüttert. Das Aquarium verwendet u. a. 264 Liter Spezialflockenfutter, 600 kg Muscheln, 106 kg Rinderherz, 140 Platten tiefgefrorene Rote-Mückenlarven, 130 Liter Tubifex-Würmer, 14 kg Salinenkrebseier und 80 Liter flüssige Algenaufschwemmung. Zum Sortiment gehören aber auch zum Beispiel 3000 kg Sonnenblumenkerne, 710 kg Hirse, 450 kg Waldvogelfutter, 100 kg Zirbelnüsse, 600 kg Nüsse, 400 kg getrocknete Garnelen, 510 kg Rosinen, 35 000 Eier, 270 kg Honig, 90 kg Nektarfutter-Pulver für Kolibris und Loris, 250 kg Fettfertigfutter für Vögel, 1400 kg Futterkalk, 440 kg Mineralzusatz, 180 kg Vitakalk und 80 Stück große Salzlecksteine und vieles andere mehr. Bei 620 000 DM Futterkosten im Jahr entspricht dies einem Tagesbedarf von 1700 DM!

Im Obergeschoß und von der Rückseite direkt über die Rampe zugänglich liegen hier noch gut durchlüftete Lagerräume für ein großes, sehr unterschiedliches Sortiment der verschiedensten Tiertransportbehälter, das Holzlager für die Schreinerei und Abstellmöglichkeiten für allerhand Gärtnereimaterial, Frühbeetfenster, Schattiermatten usw. Eine Wendeltreppe und ein Lastenaufzug machen auch noch das Dach für die Anzuchtgärtnerei nutzbar. Große Container auf dem Platz davor sammeln Kompostiermaterial, verbrauchten Sand und Bauschutt. Eine betonierte Wand zum Hang grenzt den Sandlagerplatz ab.

Der südöstliche Seitenflügel enthält im Erdgeschoß die Werkstätten, eine Schreinerei, eine Schlosserei jeweils mit den notwendigem Maschinen und eine kleine Malerwerkstatt. Eine große Halle dient den Gärtnern als Verpflanz-

raum und Topflager und als überdachter Werkraum in speziellen Fällen. Die vom Hof abgewandte Front wird von der Tierstation eingenommen. Hier liegt der Behandlungsraum des Tierarztes mit Operationstisch, Röntgenanlage, Instrumentarium und kleiner Apotheke. Eine lange Flucht von Räumen ist mit verschiedenen, universell nutzbaren Käfigen ausgestattet, die die Unterbringung von Tieren vom Kolibri bis zur Großkatze oder Menschenaffen möglich macht. Trotzdem sind die seltensten Bewohner kranke Tiere, denn wo immer möglich, werden sie an ihrem vertrauten Ort behandelt oder dahin zurückgebracht. In der Hauptsache dient dieser Bereich zur Unterbringung überzähliger Tiere, die hier auf ihren Versand warten, als Quarantänestation oder auch als ruhiger Bereich zur Zucht besonderer Seltenheiten wie Nasenaffen oder Springtamarine. Hier müssen auch nach dem Artenschutzgesetz beschlagnahmte Tiere aufgenommen werden, bis – oft erst nach langer Zeit – über ihren Verbleib entschieden ist. Ein Laborraum für parasitologische und andere Untersuchungen an Ort und Stelle und eine kleine Dunkelkammer zur Entwicklung der Röntgenaufnahmen sind die notwendige Ergänzung. Im Untergeschoß, das über eine befahrbare Rampe erreichbar ist, liegt das große Materiallager, der Stützpunkt für die Pflegegruppe der Außenanlagen, eine Halle zum Abstellen der Kleinmaschinen, Rasenmäher usw., die Absaugkammer für die Späne der Schreinerei, ein Sektionsraum und die Technikstation für Heizung, Wasserverteilung und Elektrik für diesen ganzen Bereich.

Nach langen Geburtswehen konnte 1988 auf dem Dach dieses Flügels – aus statischen Gründen in Fertigbauweise erstellt – auf 960 m² der gesamte Verwaltungsbereich zusammengefaßt werden, der vorher an vier Stellen verstreut war. Insgesamt stehen 36 Büroräume für den Direktor, die Sachbearbeiter und Schreibkräfte bis zum Nachtwächter zur Verfügung, die rundum an den Außenfronten liegen. Im Kernbereich sind die nicht ständig besetzten Räume, die durch ein durchlaufendes Glasdach von oben ihr Licht herhalten, angeordnet. Dazu gehören die große Bibliothek, zwei Besprechungsräume, Registraturen, Archiv, Kopierraum, Samenraum, Lager für Unterrichtsmaterial der Zooschule, Teeküche, Untersuchungs- und Liegeraum als Station für den Betriebsarzt, Zeichenraum usw. Von der Einfahrt her zugänglich, durch eine Außentreppe mit dem Betrieb direkt verbunden, verfügt die Wilhelma so über eine hervorragend funktionierende Leitstelle der kurzen Wege auch zu allen wichtigen Versorgunseinheiten.

Futter für das Futter, alles im Eigenbau

Ein besonderes Kapitel der Futterversorgung ist das der lebenden Futtertiere, die für viele Pfleglinge unerläßlich sind. Für manche dieser Sorten bestehen Dauerverträge, wie z.B. für lebende Schwebe-, Schwimm- und Sandgarnelen, die allwöchentlich von der Nordseeküste geliefert werden. Aus dem Rheinland sind es die Schlammröhrenwürmer Tubifex und fallweise auch noch andere Arten. Um aber vieles in gleichbleibender guter Qualität und in verschiedenen Größenklassen stets zur Verfügung zu haben, betreibt die Wilhelma schon seit vielen Jahren eine eigene Futtertierstation, die in einem Gewächshausteil in der Nähe des Wirtschaftshofs untergebracht ist und von den Mitarbeitern des Aquariums, das den Löwenanteil dieses Futters benötigt, versorgt wird. In drei Abteilungen mit unterschiedlich hohen Temperaturen werden gezüchtet: In der ersten, in großen in Etagen gestapelten Makrolon-Schalen (ein durchsichtiger zäher Kunststoff) eine Unzahl von Mehlwürmern, die mit Weizenkleie, Obst und Möhren gefüttert werden. Etwa ein Pfund »Würmer«, die ja die Larven des Mehlkäfers sind, lassen sich etwa pro Tag entnehmen. Um immer definierte Größenklassen und eine kontinuierliche Zucht zu gewährleisten, werden die erwachsenen Käfer in besonderen Eiablage-Kästen gehalten und die Eier von Zeit zu Zeit abgesiebt und in neuen Schalen angesetzt. Ähnlich wird auch mit den viel größeren Verwandten der Gattung Zophobas verfahren, die »Riesen-Mehlwürmer« liefern. Mit einem eigenen Futterbrei werden die Larven der Stubenfliegen ernährt, die, wenn sie geschlüpft sind, noch mit einem vitaminreichen Saft gefüttert werden, bevor sie selbst zum Futter von Fröschen, Fischen oder kleinen Echsen werden. Für die beiden Grillenarten, unsere Hausgrille, das Heimchen, und eine der Feldgrille verwandte Art aus dem Mittelmeerraum, die sich für Dauerzuchten eignet, haben sich als gutes Zuchtfutter die Preßlinge erwiesen, die sonst die Futterratten und Mäuse erhalten, wenn sie mit Obst ergänzt werden. Aufgeschichtete, sonst zum Stapeln von Ei-

ern gebrauchte Kartons, sind der Lebensraum dieser Höhlenbewohner.

Im zweiten, sehr warm gehaltenen Raum stehen die Zuchtkästen der Wanderheuschrecken. Ihr Futter ist der schon beschriebene Keimweizen, von dem sie Unmengen vertilgen. Um die günstige Bruttemperatur von 35°C zu erreichen, hängt in jedem Kasten eine zusätzliche Glühbirne, die die Wüstensonne ersetzt. Flache Plastikschalen, gefüllt mit einem Erde-Sand-Gemisch, in das die reifen Weibchen ihren Hinterleib tief versenken, dienen der kontrollierten Eiablage und lassen sich leicht in die Schlüpfkästen versetzen, wo dann die nächste Generation gleichzeitig schlüpft. Im selben Raum werden Wachsmotten, deren Raupen ein begehrtes Futter sind, an leeren Bienenwaben gezüchtet.

Im dritten kühlen Raum schließlich stehen die Zuchtgestelle mit den abgedeckten Makrolon-Schalen für Mäuse und Ratten, denen ihr spezielles Preßlingsfutter und Tränkflaschen rund um die Uhr zur Verfügung stehen. Ihre Behälter werden jede Woche mit solchen mit neuer Einstreu gewechselt, danach gewaschen und desinfiziert. Im Aquarium selbst läuft in einem besonderen Gestell in großen flachen, mit einem langsamen Rührwerk versehenen Schalen die Aufzucht von Salinenkrebsen, die aus winzigen, aus importierten Eiern schlüpfenden Larven herangezogen werden und für empfindliche Korallenfische und Seepferdchen, die nur Lebendes fressen, gebraucht werden. Der nicht geringe Aufwand dieser Futtertierzucht wird belohnt durch das Wohlbefinden und die Haltungs- und Zuchterfolge bei den Gefütterten.

Vertrauen ist gut, Quarantäne ist besser

Es leuchtet sicher ein, daß das Einschleppen von Krankheiten und Parasiten, wenn überhaupt, dann nur durch eine sorgfältige Quarantäne aller Neuankömmlinge vermieden werden kann. Eine besonders drastische Erfahrung in dieser Richtung machte man in der Wilhelma im provisorischen Reptilienhaus. In den damals in der Hauptsache aus Holz errichteten Groß-Terrarien für die Riesenschlangen erkrankten nach und nach eine ganze Anzahl von Tieren mit blutigen, nicht zu heilenden Wunden, die an der Schwanzregion begannen und sich später über den ganzen Körper ausbreiteten. Erst durch Sektion konnte erkannt werden, daß die Schlangen mit Gewebewürmern, mit Filarien, infiziert

waren, deren Larven in der Blutbahn die Kapillaren verstopften und so die Entzündung hervorriefen. Das tragische dabei war nur, daß mit einer kranken Schlange offenbar auch die schwer zu entdeckenden Überträger, eine sehr bewegliche Zeckenart, die nur nachts kurz saugt und sich tagsüber versteckt, mitgebracht worden sein mußten. Nichts wurde deshalb beim Neubau des Aquariums dringender gewünscht als eine Reptilienquarantäne, die in einem kleinen Gewächshaus weit ab vom Aquarium eingerichtet wurde und seither beste Arbeit geleistet hat. Terrarien verschiedener Grö-

Auch eine Pioniereinrichtung: die inzwischen sehr bewährte Reptilien-Quarantäne-Station

ßenordnung und Ausstattung stehen für alle Arten von Neuankömmlingen zur Verfügung, die dort ganz individuell kontrolliert und betreut werden können. Auch beschlagnahmte Tiere werden hier gepflegt und Jungtiere aufgezogen.

Eine weitere nützliche Einrichtung besteht weit ab von den entsprechenden Wilhelmatieren in Gestalt der Huftierquarantäne am Rande der Gewächshauszone. Acht Stallboxen und fünf getrennte Ausläufe, die zum Teil überdeckt sind und auch Vögel aufnehmen können, haben schon viele gute Dienste geleistet, sowohl in ihrer eigentlichen Funktion als auch als ruhige Geburtsplätze oder bei der isolierten Behandlung des einen oder anderen erkrankten Tieres. Dank der auf allen Ebenen exakt durchgeführten Quarantäne, die einen wichtigen Baustein zur Gesunderhaltung jedes Tierbestandes darstellt, ist die Wilhelma seither von einschlägigen Katastrophen verschont geblieben.

Ein ganz wichtiges Kapitel jeder Zootierhaltung ist die tierärztliche Versorgung. In großen Tiergärten wie der Wilhelma, die eine solche Stelle als zweiter Zoo nach Berlin schon 1965 eingerichtet hat, geschieht dies heute in aller Regel durch einen hauptamtlich angestellten Tierarzt, der den Vorteil besitzt, seine möglichen Patienten auch schon vorher in ihrem gesunden Zustand samt deren Umfeld zu kennen. Für seine vielschichtige Aufgabe braucht er allerdings nicht nur eine solide Grundausbildung als Tierarzt. Er sollte darüber hinaus auch über zoologische Kenntnisse verfügen, Erfahrungen in praktischer Tierhaltung mitbringen, Problemen der Verhaltenslehre gegenüber aufgeschlossen sein und schließlich genügend Menschenkenntnis bei der Zusammenarbeit mit den Tierpflegern, deren Angaben für ihn wichtig sind, besitzen. Im Idealfall decken sich diese Anforderungen mit seinen Interessen, denn es ist offensichtlich, daß die Anforderungen an einen Zootierarzt weit über die eines normalen Tierarztes hinausgehen. Auch der beste Zootierarzt wäre bei der Fülle der möglichen Arten von Patienten aber überfordert, wenn er nicht engen Kontakt zu Kollegen und wissenschaftlichen Instituten halten und sich nicht selbst ständig weiterbilden würde. Tagungen wie die Internationalen Symposien über die Erkrankungen der Zoo- und Wildtiere und die umfangreichen Berichte darüber dienen diesem Zweck. Als spezieller »Fachtierarzt für Zoo-, Gehege- und Wildtiere« sowie als »Fachtierarzt für Tropenveterinärmedizin« bringt der amtierende Wilhelma-Tierarzt mehr als die notwendigen Voraussetzungen mit.

Wichtigste Bedingung für einen gesunden Tierbestand ist in erster Linie dessen artgerechte Haltung, je besser diese ist, um so weniger Arbeit hat der Tierarzt. Deshalb ist die gute Zusammenarbeit zwischen Tiergärtnern und Tierarzt besonders wichtig. So ist der Tierarzt einzuschalten bei Fütterungsproblemen hinsichtlich der Vollwertigkeit der verabreichten Nahrung, der Vitamin- und Mineralstoffversorgung, der Qualität usw. Er ist zu beteiligen bei der Planung von Neubauten, hat auf mögliche Verletzungsgefahren zu achten und wird sich für die Bodenbeschaffenheit ebenso interessieren wie für die vorgesehene Tieranzahl. Bei Zuchtprojekten bringt er seine Erfahrungen ein, die bei Aufzuchtproblemen ganz besonders wichtig sind.

Vorbeugen ist besser als heilen

Der harmlose Eingriff der Endoskopie ist die sicherste Methode zur Geschlechtsbestimmung bei vielen Vögeln und Reptilien.

Seine Aufgabe besteht daher in allererster Linie in der sorgfältigen Vorbeugung, der Prophylaxe, die möglichst viele Erkrankungen von vornherein verhindert. Nicht wilder Aktionismus zeichnet den guten Zootierarzt aus, sondern ein mit wenigen Behandlungen gesund erhaltener Tierbestand. Schon die optimale Ernährung ist ein starker Faktor der Gesunderhaltung, die wiederum höhere Fruchtbarkeit und längere Lebensdauer bedeutet. Gute Haltung macht die Tiere widerstandsfähiger gegen Infektionskrankheiten. Sorgfältige Quarantänemaßnahmen und Impfungen sollen vermeiden, daß sie eingeschleppt werden. Auch Überpopulationen und daraus erwachsender sozialer Streß können zu Erkrankungen führen. Sehr wichtig ist die umfassende Parasitenkontrolle, für die dem Tierarzt im eigenen Labor eine veterinärmedizinisch-technische Assistentin zur

Verfügung steht, die ständige Routinekontrollen durchführt. Ein gravierendes Parasitenproblem stellten früher besonders die Primaten, die Affenverwandtschaft dar. Durch moderne, hochwirksame Wurmmittel hat dies heute seinen Schrecken verloren, erfordert aber immer noch hohe Aufmerksamkeit. Deshalb wird der Kot jedes Affenneuankömmlings 30 Tage lang täglich auf Wurmeier untersucht. Zweimal in dieser Zeit auch bakteriologisch, und zweimal wird gegen Fadenwürmer (Nematoden) behandelt. Kotuntersuchungen auf Parasiten und Bakterien sind aber auch für alle anderen Neuzugänge obligatorisch. Gezielte Wurmbehandlungen erfolgen normalerweise nur nach einem positiven Laborbefund. Routinekontrollen werden je nach möglicher Anfälligkeit durchgeführt. Bei den Okapis, die an den sehr gefährlichen Monodontella-Würmern leiden können, geschieht dies alle zwei Wochen, bei den robusten Zwergziegen nur einmal im Jahr. Einer viermaligen jährlichen Kontrolle werden alle Primaten und die ganze Pferdeverwandtschaft wie Zebras, Wildesel, Onager oder Przewalskipferde unterworfen.

Bakteriologische Untersuchungen sind Sache des Veterinärmedizinischen Untersuchungsamts, bei Primaten und im Zweifelsfall auch bei Tierpflegern des Medizinischen Untersuchungsamts. Dies ist besonders im Falle sogenannter Zoonosen, Krankheiten, die vom Tier auf den Menschen übertragen werden können, z. B. bei Infektionen mit Salmonellen, Shigellen, Hepatitis A, Amöben oder Coli-Keimen notwendig. Es ist klar, daß dabei Hygiene und größte Sauberkeit eine hohe Bedeutung besitzen und in gefährdeten Bereichen regelmäßige Desinfektionen zur Routine gehören, wobei auch ein modernes Dampfstrahlgerät eingesetzt wird. Dazu zählt auch, daß unsere Menschenaffen, die leicht von Menschen angesteckt werden können, hinter Glas geschützt sind und in aller Regel darauf verzichtet wird, bei Festlichkeiten oder Pressekonferenzen mit Menschenaffen aufzutreten. Lieber schlüpft dann der Tierarzt selbst in ein Affenkostüm und sorgt für Stimmung. Normale Blutuntersuchungen erfolgen ebenfalls im eigenen Labor. Nur die chemische Untersuchung von Blutproben muß an entsprechende Institute gegeben werden. Dies gilt auch für Chromosomenuntersuchungen für Geschlechtsbestimmungen und die moderne DNA-Fingerprint-Methode zum Vaterschafts-

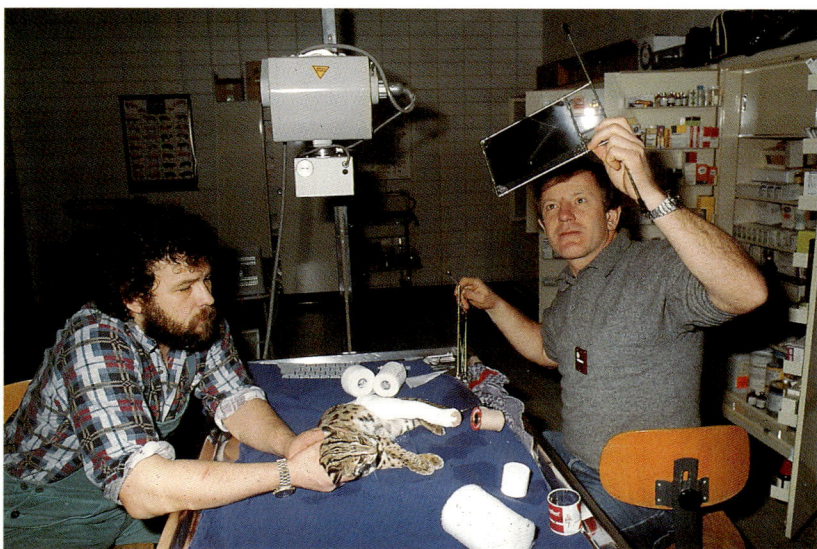

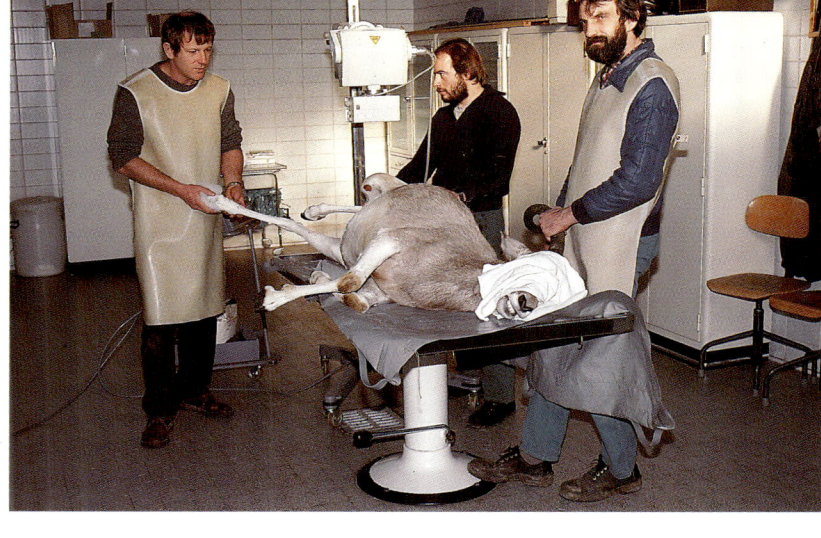

nachweis, z. B. bei Gorillas oder Bonobos. Der Geschlechtsbestimmung bei schwer unterscheidbaren Vögeln wie den Kranichen, Störchen, Waldrappen oder Papageien dient das Endoskop, mit dem direkt in die Leibeshöhle geschaut werden kann.

Röntgenaufnahmen unterstützen die Behandlung von Knochenbrüchen.

Auch für mittelgroße Antilopen ist der Behandlungstisch noch ausreichend.

Ein wichtiges Hilfsmittel zur »leisen« und schonenden Narkose ist das Blasrohr, mit dem ohne Störung der Nachbartiere kleine Narkotika-Spritzen verschossen werden.

Große Fortschritte für die Tierbehandlung hat die Entwicklung moderner Narkotika und Sedativa erbracht, die es ermöglichen, Tiere, die früher unter hohem Risiko für sie selbst und die Tierpfleger eingefangen werden mußten, ruhig zu stellen oder zu narkotisieren. Dafür wurden eigene Distanzgeräte wie Narkosegewehr oder Pistolen entwickelt, mit denen Medikamente, Antibiotika und eben auch Narkotika injiziert werden können. Besonders bewährt hat sich dabei ein Blasrohrsystem, mit dem fast lautlos gearbeitet werden kann und die Gruppe nicht beunruhigt wird. In der wichtigen Dosierungsfrage wird eng mit anderen Kollegen zusammengearbeitet und auch eigene Methoden, die ja auf jede Tierart abgestimmt sein müssen, entwickelt. Bei kleineren Tieren ist nach wie vor der vorsichtige Fang mit dem Netz die schonendste Methode.

Für das individuelle Markieren – für die populationsgenetisch kontrollierte Zucht unverzichtbar – werden neben Ohrmarken, der bewährten Tätowierung und bei Vögeln den Fußringen, heute sogenannte Transponder verwendet. Das sind kleine, mit Nummern codierte Chips, die in 2 mm dicken und 12 mm lange Glasröhrchen eingeschmolzen sind und unter die Haut injiziert werden können. Ein Lesegerät läßt die

Nummer bereits auf eine gewisse Distanz, die noch gesteigert werden soll, erkennen.

Röntgenaufnahmen ermöglichen das Erkennen von Fremdkörpern, Knochenbrüchen, Ernährungsstörungen (Rachitis), Gelenkserkrankungen und, da die Tiere heute älter werden, auch in zunehmenden Maße Tumoren. Ja selbst Schrotkugeln wurden schon in einem Ara gefunden. Chirurgische Eingriffe sind relativ selten nötig. Pro Jahr sind es im Durchschnitt ein Kaiserschnitt, ein paar Bruchoperationen, zehn Wundversorgungen nach Beißereien, drei Tu-

morentfernungen und vier Knochenbrüche, die allerdings in Zusammenarbeit mit einer Tierklinik versorgt werden. Unabdingbar ist, daß jedes verendete Tier zur Sektion gelangt, um Rückschlüsse ziehen zu können. Ständig laufen wissenschaftliche Untersuchungen in Kooperation mit zahlreichen Instituten, die Haltung und Pflege weiter verbessern helfen. Nicht zuletzt sind die Haltungs- und Zuchterfolge der Wilhelma auch auf den Einsatz und das Verantwortungsbewußtsein ihrer Tierärzte zurückzuführen.

Der rasante Anstieg der Besucherzahlen und die durch das zunehmend mehr Gebotene verlängerten Aufenthaltszeiten in der Wilhelma forderten bald auch die Möglichkeit, die erschöpften Wanderer mit Speis und Trank zu versorgen. Der zunächst eingerichtete Obststand genügte dazu nicht. Schon 1951 wurde deshalb in den teilweise erhaltenen Restaurationsräumen, die an das Wilhelma-Theater angebaut worden waren, mit einfachsten Mitteln eine kleine Gaststätte in Betrieb genommen. Sie versuchte die damals ja noch bescheidenen Wünsche der Besucher zu befriedigen, doch unter den gegebenen Voraussetzungen funktionierte die Versorgung eher schlecht als recht. Einen großen Fort-

Vom »Cafe Belvedere« genießt man den schönsten Blick über die Wilhelma und ins Neckartal.

Nichts ist haltbarer als ein Provisorium

schritt bedeutete es deshalb, als im Juni 1962 die sogenannte Interims-Gaststätte in Betrieb genommen werden konnte, die die Zeit überbrücken sollte, in der das Wilhelma-Theater zum Saal umgebaut und die neue Gaststätte daran anschließend fertiggestellt sein würde. Für drei Jahre genehmigt, bot die vom Pächter errichtete, in Holzbauweise erstellte große Halle mit angebautem Küchentrakt immerhin 180 Gästen Platz. Drei aufspannbare Riesenschirme gaben einem Teil der 700 Außenplätze wenigstens einen gewissen Wetterschutz. Die Verbesserung der Versorgung ergab sich vor allem aus der hier zum ersten Mal in großem Maßstab eingeführten Selbstbedienung, die es erlaubte,

25 Jahre währte die Interimslösung, bis im Sommer 1987 das freundliche neue Hauptrestaurant endlich seine Pforten öffnen konnte.

auch im Stoßbetrieb großen Besucherzahlen gerecht zu werden. Bald mußte der daneben liegende Ponystall, nach Verlegung der Ponys in das Erweiterungsgelände, für Gaststättenzwecke umgebaut werden. Inzwischen hatte eine Rezession die Aufgabe oder zumindest den Aufschub des Neubaus erzwungen. Die Erweiterung des Zooteils aber hatte eine weitere Besucherzunahme zur Folge, der Rechnung getragen werden mußte. Bald war auch hier jede Kapazitätsgrenze, die das Provisorium anbieten konnte, erreicht. Man behalf sich durch ständige Rationalisierung und weitere Anbauten, doch wurde der Neubau eines wirklich leistungsfähigen Restaurants immer dringender. Erst Mitte der achtziger Jahre aber bot sich dazu im Zuge der beschlossenen Restaurierung des Wilhelma-Theaters die Gelegenheit. Dafür aber konnte dann ein vorbildliches, weitgehend in Glasbauweise gehaltenes Restaurant nach 25 Jahren am 24. Juni 1987 endlich eröffnet werden. Gleichzeitig wurde eine vorher wenig schöne Hinterhofsituation zu einem attraktiven Parkteil umgestaltet. Mit 350 Innen- und 850 Außenplätzen sind nun auch größte Besucherzahlen zu versorgen.

Schon vorher hatte sich herausgestellt, daß bei den großen Entfernungen und Höhenunterschieden ein Versorgungspunkt im hochgelegenen Erweiterungsteil dringend erwünscht wäre. Dem konnte 1981 mit der gleichzeitigen Errichtung eines Kiosks und des kleinen Cafés »Belvedere« direkt neben dem ehemals königlichen Aussichtspunkt und Pavillon gleichen Namens Rechnung getragen werden. 30 Innen- und 120 Außenplätze in hervorragender Lage über dem Neckarsteilhang laden ein zur Erfrischung und weiten Ausblicken über Wilhelma und Neckartal.

Ein letztes Versorgungselement, das aber mehr sein soll als eine Verpflegungsstation, bildet einen Anziehungspunkt im letzten Erweiterungsteil, der zur Internationalen Gartenbauausstellung, der IGA 93, sozusagen auf Vorschuß in Betrieb genommen wurde. Diese »Ländliche Gaststätte« ist nämlich ein Haus mit besonderem Erlebniswert. Mitten in dem Bereich, der dem Thema »Vom Wildtier zum Haustier« gewidmet ist, findet der Besucher nicht nur alles für sein leibliches Wohl, sondern gleichzeitig auch eine Sonderschau zur Milchverwertung, die die Butter- und Käseherstellung vor seinen Augen demonstriert.

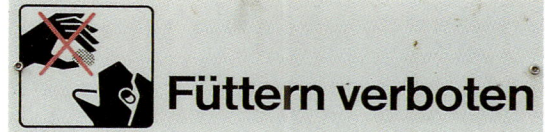

Gut betteln kann gefährlich sein

Einer der einfachsten Wege der Kontaktaufnahme zu einem Tier führt über das Angebot von Futter. Man spricht sogar von »Futterzahmheit«, die sich oft zwischen den Tieren und dem sie versorgenden Tierpfleger einstellt. Was liegt näher, als daß diesen Kontakt auch der Besucher im Zoo aufnehmen möchte. In manchen Zoos wurden deshalb früher sogar Futtertüten angeboten, um sicherzustellen, daß einwandfreies Futter und nicht irgendwelche mitgebrachten Reste an die Tiere gelangte. Bei dem hohen Erlebniswert, der damit für den Besucher verbunden war, übersah man zunächst die Gefahren, die in der Aufnahme unkontrollierter Mengen lagen und oft zu Erkrankungen, wenn nicht zum Tode vieler Tiere führten. Man nahm dies aber als mehr oder weniger zwangsläufig in Kauf. Die moderne Tiergärtnerei, der die Gesunderhaltung ihres Tierbestandes in allererster Linie am Herzen liegt, kann einen so sorglosen Umgang mit dem anvertrauten Tier nicht billigen. Man entschloß sich trotz der damit verbun-

Der Verlust eines Grevy-Zebras war letzter Anlaß zur Einführung des generellen Fütterungsverbots.

denen Einschränkung für die Besucher zur Einführung des Fütterungsverbots. Nach Frankfurt war die Wilhelma der zweite Zoo im Bundesgebiet, der 1958 ein generelles Fütterungsverbot einführte. Auslöser dafür war der Tod eines Grevy-Zebra-Hengstes, der besonders gut verstand, durch Scharren mit den Vorderhufen um Futter bzw. Zucker zu betteln und nach einem besonders starken Ferienmittwoch mit über 10 000 Besuchern am nächsten Morgen an einer Gaskolik verendet im Stall gefunden wurde. Es ist wohl einleuchtend, daß selbst bekömmliches Futter zum Gift für die Tiere werden muß, wenn bei dem heutigen starken Besuch auch nur jeder Dutzendste eine Winzigkeit füttert. Deshalb muß um Verständnis gebeten werden, wenn das an sich gut gemeinte Füttern im heutigen Zoo verboten bleiben muß, denn die Tiere wissen selbst leider oft nicht was und vor allem wieviel ihnen bekommt, um nicht Qualen oder sogar dem Tod ausgesetzt zu sein. Glücklicherweise respektieren dies immer mehr Besucher oder werden von wohlmeinenden an falschem Tun gehindert, so daß sich sagen läßt, daß seit Einführung des Fütterungsverbots kein Tier mehr nachweislich durch unkontrollierte Futtergaben von Besuchern gestorben ist. Wie schwer es dennoch war, mag zeigen, daß ein in unseren Augen allgemein verständliches Verbotssymbol, eine rot durchgestrichene Banane, nur dazu führte, daß dann eben Äpfel gefüttert wurden. Das nach vielen Versuchen entwickelte neue Zeichen ist deshalb so allgemein wie nur irgend möglich gehalten.

Selbstverständlich müßte eigentlich auch sein, daß Absperrungen, die ja in erster Linie zum Schutz der Besucher da sind, nicht überschritten werden, Tiere nicht beunruhigt, geneckt oder gefährdet und Pflanzen nicht beschädigt werden. Selbst ein harmlos erscheinendes Tier kann im Zweifelsfall gefährlich sein. Kein Unfall ist angenehm, auch wenn er selbst verschuldet ist. Erfreulicherweise sind solche Fälle seltener geworden, obwohl auch humorvoll gemeinte Hinweise gründlich mißverstanden werden können. So erging es uns mit einer Tafel, die wir an einer wunderschönen stammbildenden Agave im Eingangsbereich, in deren breite Blätter immer wieder Namen eingeritzt worden waren, mit der Aufschrift »Stammbaum der Kulturlosen« angebracht hatten. Wir konnten nur staunen, wie viele sich anschließend zu diesem Kreis zählten!

Beinahe wäre die große Enklave im Wilhelma-Bereich, das Theater, das einzige Zanthsche Bauwerk, das den Krieg relativ unbeschädigt überstanden hatte, in der Nachkriegs-Verkehrs-Euphorie doch noch der Spitzhacke zum Opfer gefallen, wenn glückliche Umstände dies nicht in letzter Minute verhindert hätten. Der Beginn seiner wechselvollen Geschichte entsprang eigentlich einer Verweigerungshaltung König Wilhelms, der den Cannstattern die für ihren aufstrebenden Kurort gewünschte Spielbank nicht zubilligen wollte, da er sich nicht entschließen konnte, »die Hebung dieses Badeortes durch das verderbliche Hasardspiel zu erkaufen«. Statt dessen griff er in seine Privatschatulle und beauftragte 1837 den jungen Architekten Zanth mit der Planung und Errichtung eines »kleinen Sommertheaters«. Man wurde sich rasch einig und schon im Frühjahr 1839 wurde mit dem Bau begonnen, der nach reichlich einjähriger Bauzeit eröffnet werden konnte. Mit diesem intimen Rang-Theater entstand ein spätklassizistisches Schmuckstück, in das der Architekt vor allen auch seine zeichnerischen Fähigkeiten einbrachte, denn die gesamte Innendekoration stammte von ihm. Ihr »pompejanischer Stil« war als Wiederaufnahme der antiken Polychromie, der farbigen Bemalung antiker Architektur gedacht.

Trotz seiner architektonischen Qualitäten war es in seiner eigentlichen Funktion als Theater kein Glückstreffer. Am 29. Mai 1840, dem Namenstag König Wilhelms, wurde es mit einer Ballett-Pantomime als Premierenstück mit dem bezeichnenden Titel »Der Zauberschlaf« eröffnet. Nomen wurde hier in des Tanz-Opus wahrsten Sinne zum Omen, denn das meistgespielte Werk hieß in den nächsten 145 Jahren »Geschlossen«. Regelmäßige Vorstellungen gab es zunächst nur bis 1847. Danach nur für einzelne Hofveranstaltungen genützt, schlossen sich die Tore 1864 ganz. Offenbar war die Lage für damalige Verkehrsverhältnisse doch zu ungünstig, um das nötige Publikum anzuziehen. Einen neuen Anlauf unternahm die Wilhelma-Theater-Gesellschaft mit dem Geheimen Hofrat Leo Vetter an der Spitze, der in seiner Eröffnungsrede im Mai 1900 auch eine neue Richtung ansprach: »Neben dem Ernst der Kunst ... gebührt der heiteren Muse keine geringere Bedeutung.« Die heitere Muse, die Operettenwelt war es, die der im Sommer verpachteten Bühne zu neuer Beliebtheit verhalf. Die Winter-Vorstel-

Statt einer Spielbank ein Theater

lungen, die vom Hoftheater bestritten wurden, fanden trotz Qualität nur wenig Anklang. Durch Umbauten 1903 und 1909 erhöhte sich die Zahl der Plätze erheblich bis auf 726. Dazu wurden Treppenhäuser und ein Saal angebaut, die den Zanthschen Bau nicht zu seinem Vorteil veränderten.

Von entstellenden späteren Anbauten wieder befreit erstrahlt das restaurierte Wilhelma-Theater in alter Gestalt und neuem Glanz.

Hier begann die Operetten-Diva Ida Ruska, der schon als siebzehnjähriger Debütantin die Männerwelt zu Füßen lag, ihre Karriere. Alljährlich während der Sommerspielzeit kehrte sie aus Anhänglichkeit wieder. 1914 ließ Robert Stolz, der zu dieser Zeit Kurkapellmeister in Cannstatt war, seine Operette »Das Lumperl« hier uraufführen. Adele Sandrock und Sarah Bernhard gastierten. Als junger Mann trat auch der Volksschauspieler Fritz Eckhardt hier auf. 1928 aber ging auch dieses »Goldene Zeitalter« des Wilhelma-Theaters zu Ende.

Den Zweiten Weltkrieg überstand das Haus mit einigen kleinen Beschädigungen und öffnete für drei Jahre dem Stuttgarter Lustspiel- und Operettentheater unter Direktor Bisom und einer Nachwuchsbühne unter Peer-Uli Faerber nochmals seine Pforten. Ab Oktober 1949 nutzte es dann die amerikanische Besatzungsmacht als Kino. Die farbenfrohe Bemalung verschwand unter tristem Grau. Im ersten Rang richtete der

Einbau des Vorführraums schwere Schäden an. Gegen Jahresende übernahm der Cannstatter Architekt Otto Mertz, der schon vor Kriegsbeginn die Wilhelma-Gaststätte hatte betreiben wollen, als Geschäftsführer das mit neuer Bestuhlung von 550 Plätzen ausgestattete Wilhelma-Theater. Feuerpolizeiliche Gründe machten aber auch diesem Betrieb schon Anfang 1962 ein Ende. Da es danach nur noch von Obdachlosen als trockene und warme Bleibe geschätzt wurde und nur durch ein Wunder trotz offener Feuerstellen seiner ungebetenen Gäste nicht abbrannte, mußten 1969 Türen und Fenster zugemauert werden, um weitere Schäden zu verhindern. Als immer stärker verfallender und trostloser häßlicher Kasten wurde es zum Ärgernis und bot Dauerzündstoff für die jahrzehntelange Diskussion um sein Schicksal.

An seiner Rückseite war im alten Anbau schon in den frühen fünfziger Jahren wieder eine kleine Wilhelma-Gaststätte entstanden, die mehr oder eher weniger gut versuchte, den enormen Besucherstrom, der sich am ständig wachsenden Tierbestand der Nachkriegs-Wilhelma erfreute, mit Speis und Trank zu versorgen. Da man damals aus den genannten feuerpolizeilichen Gründen nicht damit rechnen konnte, das Haus jemals wieder als Theater betreiben zu können, gingen die Überlegungen dahin, es auszukernen und einen Mehrzwecksaal einzubauen, der sowohl von einer anzuschließenden Wilhelma-Gaststätte als auch von Cannstatt her hätte genutzt werden können. Ein Architektenpaar erstellte dafür schon Pläne. Eine Rezession und die ungeklärte Verkehrssituation führten aber zur Planungseinstellung und der Streit ging weiter. 1981 endlich signalisierte die Stadt, sie sei bereit, die Zustimmung zu einem Baugesuch nicht mehr von der endgültigen Entscheidung der Verkehrsführung der B 10 abhängig zu machen. Der schwarze Peter lag nun wieder beim Land, denn noch immer gab es kein klares Konzept für die endgültige Nutzung. Untersuchungen der Konstruktion und der Statik erbrachten als erfreuliches Ergebnis den guten Zustand der Substanz von 1840. Teile der Ausmalung wurden wieder entdeckt und das Landesdenkmalamt »schätzte den Innenraum ebenso hoch ein, wie das Theater-Äußere«. Durch Zufall fanden sich im Städtischen Museum in Ludwigsburg drei Original-Zeichnungen Zanths aus der Entstehungszeit. Nachprüfungen ergaben, daß sie mit der ausgeführten, wenn auch jetzt verdeckten Malerei nahezu völlig identisch waren. Da auch die Feuerwehr sich nach vielen Gesprächen bereit erklären konnte, nach entsprechenden Schutzmaßnahmen eine weitere Nutzung zuzulassen, waren wesentliche Hindernisse beseitigt. Als dann 1983 durch Zuweisung des Theaters an die Staatliche Hochschule für Musik und Darstellende Kunst in Stuttgart endlich eine Verwendung gefunden war, bei der es nicht auf die kommerzielle Nutzung ankam, bedurfte es noch der Finanzierung durch Aufnahme in ein Sonderprogramm des Landeshaushalts, damit der Phönix sich wieder aus der Asche erheben konnte.

In enger Zusammenarbeit von staatlicher Hochbauverwaltung, Landesdenkmalamt, Restauratoren und Hochschule, gelang es in erstaunlich kurzer Zeit, ein Kleinod wiedererstehen zu lassen, für das es in Deutschland sonst kein Beispiel gibt. Viele Schwierigkeiten waren dennoch zu überwinden. Ab August 1985 wurden alle späteren Anbauten abgebrochen, Stahlbetondecken zur Sicherung von Bühne und Zuschauerraum eingezogen, die im Haus nicht einzubauenden notwendigen modernen Technikräume im Untergeschoß der gleichzeitig entstehenden angelehnten Wilhelma-Gaststätte untergebracht. Noch bestehende Malereien wurden mit großer Akribie restauriert, ergänzt oder nach den Zanthschen Originalplänen wieder neu gemalt. Der Theaterraum bekam seine alte Form wieder, die Treppenhäuser waren aus Sicherheitsgründen zu verändern und die allernotwendigsten Nebenräume wurden trotz chronischen Platzmangels eingebaut. Die Sta-

Nach aufgefundenen Originalvorlagen im pompejanischen Stil wiedererstanden, der Zuschauerraum des Wilhelma-Theaters

tuen Thalias und Terpsichores, der Musen der Komödie und des Tanzes, erstrahlen wieder in ihren Nischen an der Frontseite des Hauses. Schon am 1. Dezember 1987 konnte der große Förderer des Projekts, der damalige Ministerpräsident Baden-Württembergs, Dr. h.c. Lothar Späth, das 20 Millionen teuere wieder erstandene Schmuckstück an den Rektor der Hochschule übergeben, deren Schauspielklasse mit der Premiere von Wedekinds »Frühlingserwachen« hier nicht nur eine Probe ihres engagierten Könnens ablieferte, sondern auch den Reigen ungezählter weiterer Aufführungen von Sprech- und Musiktheater, Solistenabenden, Kammermusik, Orchester- und Chorkonzerten von Studenten, Dozenten und auch Gästen anführte. Im Kulturprogramm der Landeshauptstadt nimmt das Wilhelma-Theater seither einen festen Platz ein. Möge es nie wieder von einem »Zauberschlaf« bedroht werden.

Durch den notwendigen Neubau des Überwinterungsgewächshauses für Fuchsien und andere Pflanzen ergab sich die Gelegenheit, dieses 200 m² große Haus mit Eingang und Ausgang an den Hauptrundgang im Kamelienhaus anzuschließen und für Sonderausstellungen zu nutzen. Zur sommerlichen Hauptbesucherzeit, wenn alljährlich die Fuchsien das Haus räumen, um den Platz der Kamelien einzunehmen, die ihrerseits zur Sommerfrische in die Schattenhalle wandern, verdroß es die Verantwortlichen, ein leeres Haus in Besuchernähe zu haben, ohne es nützen zu können. Erst der Neubau brachte die neue Möglichkeit und seit 1979 wird jedes Jahr ein anderes Thema zwischen

Am Tag die Arbeit, abends Feste

Juni und September vorgestellt. Zunächst war es unser Anliegen, bestimmte Pflanzenfamilien, die im Normalbetrieb zu kurz kamen, einmal möglichst umfassend darzustellen, um das Typische der ganzen Gruppe für den Laien erkennbar werden zu lassen und dabei auch vielerlei Wildformen gärtnerischen Hochzuchten gegenüberzustellen. Das geschah zum Beispiel in der ersten Schau mit Begonien oder Schiefblattgewächsen. Später wurden von der Familie der Gesneriengewächse, zu der die bekannten Gloxinien, Usambaraveilchen und die Streptocarpus-Arten gehören, 70 Wildarten und 60 Hochzuchten gezeigt. Bromelien oder Ananas-Gewächse folgten, und auch den Fuchsien selbst wurde einmal eine intensivierte Schau mit 200 Sorten und 30 Wildarten gewidmet. Besonderen Anklang fanden die fleischfressenden Pflanzen, die Insektivoren, die allerdings von mehreren Familien gestellt werden. Unter dem

89 Kollegen des Internationalen Verbandes von Direktoren Zoologischer Gärten aus 28 Ländern trafen sich im September 1988 zu ihrer Jahrestagung in Stuttgart.

Titel: »Exotische Pflanzenteile aus aller Welt, botanisch interessant, ästhetisch ansprechend« wurde die schon bizarre Vielfalt deutlich, die bei der künstlerischen Arbeit der Floristen Verwendung findet. Der »Biologische Pflanzenschutz« wurde umfassend dargestellt und mancherlei Nützlinge bei ihrer Arbeit demonstriert. Mit »Heimtierhaltung ja, aber richtig« griff man ein Tierschutzthema auf, während der aktuelle Artenschutz mit »Nachtgespenster – Fledermäuse und Feldmausschutz« zu Wort kam. »Lebensraum aus zweiter Hand, Naturschutz im Garten« hieß ein Thema, ein anderes »Rund um den Gartenteich«. Sie boten manche praktische Anregung zugleich mit den auch sonst vorgelegten Hinweisen auf entsprechende Literatur. Im gleichen Sinne waren »Blumen auf Terrasse und Balkon« oder »Blumenfenster und Wintergarten« gedacht. An 110 Beispielen wurde mit »Giftpflanzen, Gefahr oder Hilfe – eine Frage der Dosis« das Spannungsfeld zwischen Gift- und Heilwirkung ausgelotet. Sonderausstellungen ganz anderer Art waren zwei Briefmarken-Sonderschauen der Deutschen Motivsammlergemeinschaft, Landesgruppe Südwest, die 1953 und 1987 unter dem Titel »Fauna und Flora in der Philatelie« eine Fülle hervorragend gestalteter Sammlungen zeigte und Sonderstempel anbot, die großes Interesse fanden.

Oftmals war die Wilhelma auch Tagungsort für die verschiedensten einschlägigen Vereinigungen, die gern hierher kamen, weil sie sich durch die ungewohnte Kombination der beiden Gebiete Botanik und Zoologie und durch die unkonventionellen Ideen, die hier verwirklicht waren, Anregungen erhofften und auch bekamen, die im eigenen Bereich umgesetzt werden konnten. Aus Tradition und Herkunft war es zunächst zweimal die internationale Tagung der »Technischen Leiter botanischer Gärten«, die hier tagte mit jeweils hoher Teilnehmerzahl. Die deutschen Zoodirektoren trafen sich schon im Herbst 1957 hier das erste Mal, damals als Verband noch zusammen mit den Kollegen aus der DDR, die wenig später austreten mußten. 1973 war Stuttgart das zweite Mal ihr Tagungsort. Auch die Europäische Union der Aquarien-Kuratoren traf sich zum Erfahrungsaustausch und zum Kennenlernen des neuen großen Aquariums. Zweimal trafen sich das Komitee und Interessenten am europäischen Erhaltungszuchtprogramm (EEP), und schließlich hatten auch die Zootierärzte des deutschsprachigen Raums

hier 1991 ihre 11. Arbeitstagung mit einer Fülle von Referaten.

Das wichtigste Treffen aber war zweifellos die sehr erfolgreiche 43. Jahreskonferenz des Internationalen Verbandes von Direktoren Zoologischer Gärten (IUDZG), die vom 11. bis 16. September 1988 stattfand – seit dem Bestehen dieses international bedeutendsten Forums der Tiergärtnerei erst zum dritten Mal in Deutschland. 89 Zoodirektoren aus 28 Ländern nahmen teil, um aktuelle Probleme und Fragen zu diskutieren und Erfahrungen auszutauschen. Vorgeschaltet war der Tagung ein zweitägiges internationales Treffen der »Captive Breeding Specialist Group« auf dem sich 71 Experten aus aller Welt Fragen der heute immer wichtiger werdenden »Erhaltungszucht« für bedrohte Tierarten widmeten.

In phantastischem Licht erstrahlte der Maurische Garten anläßlich der Aufführungen der Württembergischen Staatstheater.

Der alte Baumbestand des Parks, die noch erhaltenen Teile der maurischen Architektur, Blumenrabatten und Wasserflächen fordern mit ihrem Ambiente geradezu zu zusätzlicher Nutzung heraus, wenn der hier gepflegte Tierbestand dies nicht auf ausgesprochene Ausnahmen beschränken würde. Eine der interessantesten dieser Ausnahmen waren einige wenige Aufführungen der Württembergischen Staatstheater Stuttgart im Sommer 1981. Unter dem Titel »Wem sonst als Dir – Tag und Nacht in der Wilhelma« wurden Texte und Lieder von Friedrich Hölderlin, Gustav Mahler, Wolfgang Rihm, Friederike Roth, Madame de Staël, Franz Schubert u. a. in einer Szenenfolge vorgestellt, die

von Johannes Klett und Friederike Roth zusammengestellt und von ersterem auch inszeniert worden waren. Die Zuschauer wurden dabei auf eine rund dreistündige Wanderung von einer phantastischen und phantasievollen Station zur nächsten geführt, die im damals ruinösen Wilhelma-Theater begann und sich durch den nächtlichen Park bis zum Maurischen Garten zog. Da aus Sicherheitsgründen nur 99 Karten pro Veranstaltung abgegeben werden durften, war dieses Erlebnis nur relativ wenigen gegönnt. Einschlägige Kulisse war der Maurische Garten zur Eröffnung der großen Ausstellung »Exotische Welten – europäische Phantasien« durch Ministerpräsident Späth am 1. September 1987, ein Ereignis bei dem erstmals zwölf Institutionen mit entsprechenden Einzelausstellungen zusammenwirkten, vom Institut für Auslandsbeziehungen, dem Württembergischen Kunstverein, der Staatsgalerie usw. bis zum Museum für Völkerkunde. In der Wilhelma wurde »Das exotische Tier in der europäischen Kunst« gezeigt. Bildbeispiele vom frühen Mittelalter bis in die jüngste Gegenwart waren in kommentierten Fotoreproduktionen auf Bildtafeln im Bereich der jeweiligen lebenden Tiere zu sehen.

Über 7000 Mitglieder des Fördervereins der Wilhelma erfreuten sich am als Dank für sie gedachten »Bärenstarken Sommerfest« anläßlich der Eröffnung der Bärenanlagen am 11. Juli 1991 in der unnachahmlichen Wilhelmaatmosphäre.

Nicht wegzudenken sind die Serenadenkonzerte, die der Verein der Freunde und Förderer einmal im Jahr im Hochsommer im Maurischen Garten veranstaltet. In der Anfangszeit nicht regelmäßig, später aber zur Tradition geworden, erfreuen sich Mitglieder und Gäste an der Musik meist von Bläser-Ensembles, aber auch Streicher und Kammermusik wurden schon geboten. Unvergessen bleibt der erste Abend für den die Solisten des damals aufstrebenden Balletts der Stuttgarter Staatstheater gewonnen werden konnten. Im nächsten Jahr folgte die Aufführung eines Singspiels »Max und Moritz« durch Schülerinnen des Königin-Olga-Stiftes. Noch zweimal tanzte des Staatsheater-Ballett ebenso wie die Schüler der Ballettschule. Der Stuttgarter Spielkreis agierte und auch das Stuttgarter Jugendorchester. Ab 1978 aber etablierte sich der regelmäßige Serenadenabend, der von arrivierten aber auch von jungen Künstlern bestritten wurde und wird.

Nichts liegt näher, als einen zoologischen oder botanischen Garten auch als Lernort zu nutzen, denn wo sonst sind so viele Tiere und Pflanzen verfügbar. Dennoch dauerte es lange bis sich die pädagogische Idee in diesen Institutionen durchgesetzt hatte, heute wird sie aber nahezu überall praktiziert. Diese Bildungsaufgabe des Zoos wird unterstützt durch seinen hohen Erlebniswert, der über das rein fachlich naturwissenschaftliche Kennenlernen von Tieren hinaus auch deren Individualität einbezieht und sowohl den Verstand als auch das Herz anspricht.

Lernen im Zoo sollte ein »entdeckendes Lernen« sein, das zunächst zum richtigen Beobachten anhält, das die Schwierigkeiten der notwendigen Konzentration und Geduld erkennen läßt und eben kein Konsumieren im Vorbeigehen sein kann. Es sollte den jungen Menschen zu einem selbständiges kritisches Urteil über Lebensvorgänge und Gesetzlichkeiten anregen und die fachlichen Voraussetzungen sowie die Einsicht in die Notwendigkeit verantwortlichen Handelns im Spannungsfeld Gesellschaft und Umwelt schaffen.

Der praktische Zoo-Unterricht orientiert sich mit seinen Unterrichtsprogrammen in erster Linie an den Lehrplänen, in die er integriert werden kann, bietet aber auch Ergänzungen aus aktuellen Anlässen oder zu Themen, die noch nicht im Lehrplan verankert sind. Selbstverständlich ist das Angebot auf die verschiedenen Altersstufen abgestimmt, wobei auf eine gute Vor- und Nachbereitung Wert gelegt werden muß, um den eigentlichen Zooaufenthalt so effektiv wie möglich gestalten zu können. Spezielle Arbeitsblätter sind dabei wertvolle Hilfen. Die Unterrichtsdauer – zur Themenbearbeitung für die Grundstufe eine Stunde, für die Mittelstufe anderthalb und auch in der Oberstufe drei Stunden nicht überschreitend – sollte außer dieser Kernzeit noch Gelegenheit zur »zwangsfreien« eigenen Erkundung oder den Besuch eines Lieblingstiers bieten, um die Tiere nicht nur als Unterrichtsobjekte, sondern auch als Mitgeschöpfe zu verstehen.

Die Zooschule der Wilhelma nahm 1975 ihre Arbeit auf und beschäftigt seither eine Schulreferentin. Sie gehört mit einer festen Planstelle zum Wilhelmastab. Der Schwerpunkt ihrer Arbeit liegt wie bei den meisten Zooschulen auf der Beobachtung vor Ort im direkten Unterricht, aber auch bei der Betreuung von Lehrern, die ihre Unterrichtsstunden selbst gestalten

Das größte Klassenzimmer des Landes

Eine kleine Auswahl von Arbeitsblättern der Zooschule

wollen, und bei vielen Einführungsveranstaltungen für pädagogische und wissenschaftliche Hochschulen. In Anspruch genommen werden die Dienste der Zooschule vorwiegend von den 4.Grundschulklassen und den Gymnasialklassen 5, 6 und 13. Mit zunehmender Tendenz ist die Wilhelma auch Ziel von Projekttagen. Ganz besonders beliebt auch in der Ferienzeit sind die sogenannten Zoosafaris, die anhand eines vorgegebenen vervielfältigten »Teilrundgangs« eigene Entdeckungen möglich machen. Für verschiedene Altersstufen werden zahlreiche Arbeitsblätter entwickelt, aktualisiert und immer wieder durch neue ergänzt. Einige Titel lauten: Das Kamel – ein Wüstentier, Das Flußpferd – Koloß im Wasser, Die Großkatzen, Pflanzenfresser und Raubtiere, Das Küken, Korallenfische, Krokodile, Pinguine, Wie lebt das Tier im Zoo, Aquarienquiz, Tropische Nutzpflanzen und viele andere. Die gezielten schriftlichen Fragestellungen erlauben ein differenziertes Arbeiten in der Gruppe. Beobachtungen werden schriftlich festgehalten, ergänzend gefordertes Zeichnen zwingt zur genauen Beobachtung und selbständiger Arbeit. Darüber hinaus organisiert die Zooschule allgemeine Führungen für interessierte Besuchergruppen, pflegt den Kontakt zu Volkshochschulen und vermittelt Führungen von dafür besonders ausgebildeten Mitgliedern des Vereins der Freunde und Förderer der Wilhelma, die sich dafür ehrenamtlich zur Verfügung stellen, um den Besuchern mehr als einen unverbindlichen Spaziergang zwischen Tieren und Pflanzen zu bieten.

So wird auf den verschiedensten Wegen die Botschaft des Zoos und Botanischen Gartens: »Natur erleben – Natur verstehen – Natur schützen« übermittelt.

Große Tiere sind für kleine Schüler gut vorstellbare Objekte, an denen sich eine Menge lernen läßt, ob es sich um den langen Hals und den hochgehängten Heukorb der Giraffe handelt oder ihren seltenen Urwaldverwandten, das Okapi. Das Flußpferd demonstriert dabei einleuchtend seine Anpassung an das Wasserleben mit den ganz oben am Kopf liegenden Organen, der Nasenöffnung zum Atmen, den Augen und den Ohren.

Immer schon haben die großen Tierbestände in zoologischen Gärten auch zur wissenschaftlichen Arbeit mit ihnen herausgefordert. Zwar ist die dafür gebrauchte Arbeitskapazität der verantwortlichen Mitarbeiter meist so stark von der täglichen Routine und der notwendigen praktischen Arbeit in Anspruch genommen, daß der »Luxus des Forschens« bestenfalls — und auch da nur gelegentlich – in der spärlichen Freizeit stattfinden kann. Dennoch ist auch auf diesem Wege ein erheblicher Teil von Wissen erarbeitet worden. Wo anders als im Zoo ließen sich auch individuelle Daten von Tieren über die ganze Lebensspanne hinweg erforschen und damit grundlegende biologische Erkenntnisse ermitteln, die in freier Wildbahn kaum und nur zufälligerweise gewonnen werden können, wie zum Beispiel Maße und Gewichte aller Entwicklungsstadien, Horn- und Zahnwachstum, Eintritt der Geschlechtsreife, Tragzeit, Jungenzahl, Milchzusammensetzung, Säugezeit, Zwischenwurfzeit, Durchschnitts- und Höchstalter und vieles mehr. Dazu kommt die Aufstellung von Ethogrammen, der Gesamtheit der Verhaltensweisen, die mit solchen in freier Wildbahn verglichen werden. Unzählige physiologische Parameter sind im Zoo zu erheben, die nicht nur der besseren Pflege dienen, sondern auch allgemeine Rückschlüsse zulassen. Ein weiterer äußerst wichtiger Sektor ist der veterinärmedizinische, der, bei der Parasitenerkennung angefangen, die ganze Palette der tierischen Gesunderhaltung der unterschiedlichsten Arten zu bearbeiten hat. Die in den Zoos gewonnenen Erkenntnisse, die in wissenschaftlichen Publikationen ihren Niederschlag finden, dienen nicht zuletzt auch den Beständen in freier Wildbahn.

Wo immer möglich, arbeiten die Zoos mit den Universitäten und anderen wissenschaftlichen Instituten zusammen, wobei an manchen großen Zoos bereits eigene wissenschaftliche Abteilungen entstanden sind, die neben der Forschung im Zoobetrieb zum Teil umfangreiche Feldstudien betreiben. In Deutschland widmet sich ein spezielles Institut für Wild- und Zootierforschung, das im Tierpark Berlin integriert ist und mit allen Zoos zusammenarbeitet, den Wild- und Zootierkrankheiten, der Haltungshygiene und der Wild- und Zootierbiologie mit Betonung der Reproduktionsbiologie. Längere zeitaufwendige Aufgaben werden mit Hilfe von Diplomarbeiten oder Dissertationen bestritten. Zur wissenschaftlichen Arbeit gehört letztend-

lich auch die didaktisch aufbereitete Darbietung der Bestände für das Publikum mit grafisch gestalteten Gehegebeschilderungen und anderen Informationen.

Auch die Wilhelma als jüngster unter den großen Zoos stand und steht wissenschaftlicher Arbeit stets aufgeschlossen gegenüber und unterstützt diese, wo immer sie kann. Wie groß dabei die Bandbreite der Themen sich darstellt, mögen einige wenige Beispiele zeigen. Aus dem Kreis der Wilhelma-Mitarbeiter waren dies zum Beispiel folgende:

Ein Beispiel aus den Zooarbeiten: An Maul- und Klauenseuche erkrankter Kragenbär mit großen Blasen an allen Sohlen

Ohne Wissen kein Erfolg

Haltung, Balzverhalten und Nachzucht von Parkers Schlangenhalsschildkröte Chelodina parkeri.
– Beitrag zur Erkrankung der Kehlsäcke Sacci laryngis beim Bonobo Pan paniscus.
– Fremdkörper beim Flußpferd.
– Narkose von Fischen.
– Das Hirscheber-Zuchtbuch.
– Langzeitbeobachtungen bei der Haltung und Nachzucht der Rotbauch-Spitzkopfschildkröte Emydura albertisii.
– Erfahrungen bei der Immobilisation von Primaten.
– Maul- und Klauenseuche bei Kragenbären.
– Bemerkungen zur Haltung von Zwergschimpansen Pan paniscus.
– Nachzucht des Südlichen See-Elefanten Mirounga leonina im Stuttgarter Zoo.
– Tier- und Artenschutz aus der Sicht der Zoobiologie.
– So züchten wir Korallenfische.

Auch aus der Fülle der Wilhelma-bezogenen Diplom- und Doktorarbeiten eine Auswahl:
Verhaltensphysiologische Untersuchungen zur Rangordnung und akustischen Kommunikation beim Blutbrustpavian Theropithecus gelada.
– Zeitstrukturen im Kampfverhalten des Roten Riesenkänguruhs.
– Untersuchungen zur Entwicklung sozialer Verhaltensweisen von im Zoo geborenen juvenilen und subadulten Flachlandgorillas Gorilla g. gorilla.
– Untersuchungen zum sozialen und objektbezogenen Spielverhalten von in Kleingruppen gehaltenen Orang-Utans Pongo pygmaeus.
– Die Beeinflussung des »Raumfaktors« bei Pterophyllum scalare durch chemische und filtertechnische Maßnahmen.
– Erhebungen zum Futterverbrauch ausgewählter Tierarten in zoologischen Gärten.
– Gehegenutzung bei lang- und kurzbeinigen Raubtieren.
– Der Einfluß der Haltungsbedingungen auf das Sexualverhalten bei Leoparden und Tigern.
– Untersuchung zur »Händigkeit« bei Keas.

Im Grunde sind die Möglichkeiten, die ein zoologischer Garten für die Forschung bietet, unerschöpflich. Sie zu nützen – nicht zuletzt zum Wohle des anvertrauten Tierbestandes – bleibt eine ständige Aufgabe, die kombiniert mit der Feldforschung auch der Erhaltung bedrohter Arten dient.

Tiere möglichst gefahrlos zu verschicken, hat die Tiergärtner schon immer beschäftigt. Noch nie aber gab es so perfekte Möglichkeiten wie in unseren Tagen. Selbstverständlich lassen sich auch heute nicht alle Unfallmöglichkeiten ausschließen, und es kann zu unvorhergesehenen und unter Umständen gefährlichen Verzögerungen kommen. In aller Regel aber kommt heute ein Tier wohlbehalten von einem Zoo zum anderen, wenn vorher alle Fakten sorgfältig abgestimmt und die richtigen Methoden gewählt wurden. Nun ist zwar nicht für jede Tierart eine eigene Methode nötig, trotzdem ist vieles zu beachten. Nicht immer ist dies so einfach wie beim Transport von Schmetterlingseiern, die in einem mit Watte verschlossenen Federkiel oder Plastikröhrchen im Briefkuvert verschickt werden können, obwohl man auch da darauf achten muß, daß das Röhrchen nicht dorthin zu liegen kommt, wo der Stempel abgeschlagen wird.

Aus der Vielzahl von Möglichkeiten nur einige Beispiele. Fische lassen sich heute über Tausende von Kilometern in Plastikbeuteln verschicken, die ein Drittel Wasser und zwei Drittel Luft enthalten und in isolierenden Styropor-Behältern untergebracht sind. Schlangen und Echsen werden meist in kräftigen Leinwandbeuteln verpackt und ebenfalls in Isolierkartons verschickt, wobei für Giftschlangen der »Karton im Karton« mit besonderem Warnungshinweis üblich ist. Krokodile setzt man, damit sie sich nicht verletzen, in körperlange schmale Kisten, die vorn und hinten mit Schiebern versehen sind. Vögel, die zur Panik neigen, reisen in an der Oberseite mit Stoff bespannten Behältern, Kleinvögel meist in flacheren Kisten mit Sitzleisten und vergittertem Lüftungsschlitz. Wärmeempfindliche Pinguine und Robben transportiert man in möglichst offenen, drahtbespannten Gestellen, die auch ein gelegentliches Überbrausen mit Wasser erlauben. Bei großen Raubtieren, besonders Bären, die ihre Reisebehälter leicht zerstören könnten, müssen die kräftigen, durch Bänder gesicherten und an einer Seite vergitterten Kisten auch noch mit Blech ausgeschlagen werden. Für manche nervöse Huftiere wird der Kistendeckel und manchmal auch die Seitenflächen gepolstert, um Verletzungen zu vermeiden. Besonders kräftiger Spezialbehälter bedarf es für die Großtiere: Elefanten, Nashörner, Flußpferde oder auch Giraffen. Im Prinzip ist mit Ausnahme der

Im Plastikbeutel um die Welt

größten Seesäuger, der Wale, heute jedes Tier transportierbar. Sogar kleinere Wale und Delphine transportiert man stark eingefettet und mit Wasser berieselt in gepolsterten Hängematten im Flugzeug.

Wichtig ist dabei die genaue Planung des Transports, die mit der Festlegung des Transportmittels und der Strecke beginnt, die Dauer festlegt, den richtigen Behälter wählt, in den das

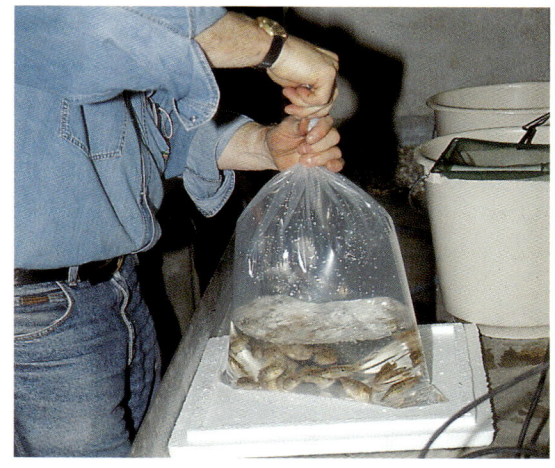

Fische können heute in Plastikbeuteln, aufgeblasen mit Luft oder Sauerstoff, auf weite Strecken verschickt werden.

betreffende Tier ohne Streß verbracht wird, und mit der gesunden Ankunft endet. Je nach Fahrtlänge ist dabei das notwendige, nicht säuernde Futter und Wasser beizugeben oder Fütterung und Tränkung zu organisieren. Oft müssen zum Beispiel größere Huftiere schon eine Zeitlang vorher an die Transportkisten gewöhnt und eventuell mit Futter hineingelockt werden, um möglichst streßfrei verladen zu werden. Bei manchen Tieren bewähren sich auch Beruhigungsmittel, oder ist eine Kurzzeitnarkose langen Manipulationen vorzuziehen. Zu entscheiden ist, ob ein Transport begleitet werden muß, was bei Elefanten und den sensiblen Menschenaffen, die die gewohnte Bezugsperson vermissen würden, besonders wichtig ist. Abfahrts- und Ankunftszeiten sind rechtzeitig mit dem Empfänger festzulegen, ebenso die Übernahme der Transportkosten zu klären. Nicht zu vergessen sind dabei die Reisepapiere, die heutzutage recht umfangreich sein können. Außer dem notwendigen Frachtbrief können dazu gehören: ein veterinärmedizinisches Gesundheitszeugnis, Impfbescheinigung, Import- und Exportgenehmigung, Begleitpapiere nach dem Washingtoner Artenschutzgesetz mit der Genehmigung der Naturschutzbehörde usw. Manchmal bedarf es so monatelanger Vorbereitungen, ehe ein Neuankömmling begrüßt werden kann, oder ein wertvolles Nachwuchstier an seinen neuen Bestimmungsort gelangt.

Ein Schwerlastkran hebt die Elefantenkiste auf die Zugmaschine, die eine Elefantin zur Hochzeit nach Zürich bringen soll.

Aus dem Bewußtsein heraus, sich in den modernen Städten immer mehr der Natur zu entfremden, entwickelt sich bei vielen ein stärkeres Naturbewußtsein, eine Naturliebe, die ohne definiert zu sein, oft verbunden ist mit einer Abneigung gegen monotone, mechanische Tätigkeiten, wie sie die Arbeit an jeder Maschine im modernen Industriebetrieb mit sich bringt. Viele Jungen und Mädchen sehen deshalb im Umgang mit Tieren und Pflanzen, in der Beschäftigung mit lebenden Wesen als Tierpfleger oder Gärtner ihren Traumberuf, ohne wenn und aber und ohne zu hinterfragen. Wie alle Berufe aber haben auch diese allerlei Schattenseiten, die man in die Überlegungen mit einbeziehen muß, um später nicht an der selbst gewählten Lebensaufgabe zu scheitern.

Sie seien beispielhaft am stärker emotionalisierten Beruf des Tierpflegers, der als Lehrberuf erst nach dem Zweiten Weltkrieg eingeführt wurde, ohne romantischen Schimmer dargelegt. Wenn einem also Lebewesen anvertraut werden sollen, die damit zugleich dem Betreuer ausgeliefert sind, erfordert dies in allererster Linie ein hohes Maß an Verantwortungsbewußtsein, an Opferwillen und Idealismus. Die eigene Person muß in vielen Fällen zurückstehen. Feierabend, Sonntage und Wochenenden, die Freunden für Vergnügungen zur Verfügung stehen, sind im Zweifelsfall auch Arbeitszeiten. Tierpflege ist ernste Arbeit und kein Spiel mit den Tieren.

Sie beginnt morgens mit dem Reinigen der Ställe, die nicht immer mit angenehmen Gerüchen gesegnet sind. Nach der Futterzubereitung folgt die nächste Reinigung. Schmutz, manchmal sehr penetranter Art, auf Mensch und Kleidung ist nicht zu vermeiden. Tierpfleger sind vielfach jedem Wetter ausgesetzt, oft im mehrfachen unangenehmen Wechsel zwischen Innen und Außen. Die Arbeit mit wilden Tieren ist trotz aller Sicherheitseinrichtungen nicht immer ungefährlich, und selbst an sich harmlose Tiere können infektiöse Kratz- oder Beißwunden verursachen. Vielen, auch Ärzten, erscheint die Arbeit des Tierpflegers an der frischen Luft geradezu ideal für schwächlichere Kinder, wobei übersehen wird, daß frische Luft auch schlechtes Wetter heißen kann, und daß auch die so leicht zu pflegenden kleinen Vögel feuchten Schmutz-Sand produzieren, den auszutauschen und mit dem Schubkarren wegzufahren Schwerstarbeit bedeutet. Mut,

Berufswunsch Tierpfleger oder Gärtner?

Kraft und Geschicklichkeit sind gefordert, nicht nur beim gefahrlosen Einfangen von Tieren.

Neben der körperlichen Eignung muß sich der Auszubildende sozusagen vom ersten Tag an der hohen Verantwortung gegenüber dem anvertrauten Tier bewußt sein. In aller Regel muß deshalb ein Reifegrad vorausgesetzt werden, der dem eines Sechzehnjährigen entspricht. Die dreijährige Ausbildungszeit endet mit der Gehilfenprüfung. Als Schulbildung wird die normal abgeschlossene Hauptschule verlangt. Berufsaussichten hängen wie überall von den persönlichen Fähigkeiten ab. Seit 1991 besteht inzwischen auch die Möglichkeit zum Ablegen der Meisterprüfung. Ein tüchtiger Tier-

Mit großer Sorgfalt müssen kleine Sämlinge umpikiert werden, um weiterwachsen zu können.

pfleger kann Obertierpfleger, bei besonderer Eignung Inspektor oder auch Leiter eines Heimattierparks werden. Größere Zoos haben heute in aller Regel Direktoren mit abgeschlossener Hochschulbildung zur Wahrnehmung auch der wissenschaftlichen Belange. Trotz all der aufgezeigten Schwierigkeiten, angesichts derer sich jeder wirklich ernsthaft prüfen muß, ob er sie ein Leben lang in Kauf nehmen will, bietet der Beruf demjenigen Erfüllung und Glück, dem die Arbeit und die Sorge für das Tier und der Umgang mit ihm echtes Bedürfnis sind.

Als Ausbildungsplatz bietet die Wilhelma mit ihrem umfassenden Tierbestand beste Voraussetzungen, der Auszubildende kommt in alle Reviere und lernt in der Praxis alle Sparten einschließlich des Aquariums kennen. Die theoretische Ausbildung erfolgt teilweise in der Wilhelma sowie im Blockunterricht in der Landesfachklasse der Berufsschule Ettlingen bei Karlsruhe. Ausgebildet werden hier Zootierpfleger/innen nach der entsprechenden Ausbildungsordnung des Bundesministeriums für Wirtschaft seit 1952. Zwischen 1955 und 1992 legten 113 (77 Männer und 36 Frauen) ihre Prüfung ab. 68 Prozent von ihnen blieben für längere Zeit in der Wilhelma. 42 Prozent sind noch heute hier. Alle drei Obertierpfleger entstammen dem Kreis der hier Ausgebildeten. Ohne die qualifizierte Arbeit all dieser Männer und Frauen wäre die erfolgreiche Haltung und Vermehrung des wertvollen Tierbestandes der Wilhelma undenkbar.

Nicht weniger interessant und viel umfassender als in jeder Handelsgärtnerei ist die Gärtnerausbildung in der Wilhelma in der Berufssparte Zierpflanzenbau. Die viel größere Zahl der Beschäftigten insgesamt ermöglicht den wöchentlichen Berufsschulunterricht in Stuttgart. Selbstverständlich gibt es dazu die ergänzenden betriebsinternen Unterweisungen, die mit den betrieblichen Strukturen vertraut machen und die Pflanzenkenntnisse verbessern. Auch hier kommt der Auszubildende in verschiedene Abteilungen. Bei entsprechendem Interesse wird er zusätzlich in mancherlei Spezialkulturen eingearbeitet. Obligatorisch sind drei Gruppen: a) Grünpflanzenvermehrung, Wasserpflanzenkultur, Anzucht von Sommerblumen aus Samen und Stecklingen; b) Anzucht verschiedener Marktpflanzen, wie z.B. Cyclamen, Gloxinien, Hortensien, Weihnachtssterne u.a.m., Anzucht von Insektivoren, Bromelien und Farnen sowie

Vielfältige Ausbildungsstationen muß durchlaufen, wer Tierpfleger werden will. Dazu gehört das Scheibenputzen im Aquarium ebenso wie die Fußpflege bei Elefanten oder der Umgang mit Mist.

Zweijahresblumen; c) Anzucht und Pflege tropischer Nutzpflanzen, kalte Sumpf- und Wasserpflanzen, weniger bekannte Pflanzengattungen und weiterer Marktpflanzen. Das gut geführte Berichtsheft mit wöchentlichen Eintragungen ist dabei auch ein selbst erarbeitetes späteres Nachschlagewerk.

Obwohl auch im gärtnerischen Bereich in der Wilhelma seit 1956 insgesamt 86 Auszubildende (55 Männer und 31 Frauen) ihre Prüfung ablegten, konnte nur ein geringer Teil von ihnen nach der Ausbildung übernommen werden, da bei der über lange Zeit gleichbleibenden Stellenzahl nur wenige Plätze frei werden, im Gegensatz zur Tierpflege mit ihrem kontinuierlichen Wachstum in den letzten Jahrzehnten.

Was die Wilhelma von ähnlichen Instituten noch weiter unterscheidet, ist die Tatsache, daß sie neben dem Betrieb des zoologisch-botanischen Gartens eine weitere umfangreiche Aufgabe zu erfüllen hat: die Betreuung sämtlicher Parks und Anlagen, die dem Land Baden-Württemberg im Stadtgebiet von Stuttgart gehören. Wesentliche Bereiche der Stuttgarter Grünflächen, wie das »Grüne U«, das von der Stadtmitte zum Neckar und wieder zum Killesberg reicht und weitgehend von den staatlichen Anlagen gebildet wird, gehören dazu. Den Löwenanteil bilden vor allem die Flächen, die als Krongut nach dem Ersten Weltkrieg in Landesbesitz übergingen. Dazu gehören zum Beispiel der Obere Schloßgarten mit Schloßplatz, Landtag und Akademiegelände mit rund 12 ha, der Mittlere Schloßgarten mit 18 ha und der Untere Schloßgarten mit 32 ha. Die weiten Flächen des Rosensteinparks mit etwa 70 ha sind ebenso Teil dieser Aufgabe wie das 48 ha große Universitätsgebiet in Vaihingen. Von der Grabkapelle auf dem Rotenberg bis zum Schloß Solitude, vom Staatsministerium in der Villa Reitzenstein bis zu den verschiedensten Gärten bei staatlichen Dienst- und Wohngebäuden sind es insgesamt um 100 Anlagen, die die stattliche Fläche von 200 ha einnehmen. Vier Sachbearbeiter, sechs Gärtnermeister und 65 Gärtner, Gartenarbeiter und weitere Fachkräfte sind zur Betreu-

ung und Pflege dieser Parks und Gärten eingesetzt.

Selbstverständlich ist diese Betreuung nicht überall in gleicher Intensität nötig. Für die arbeitsintensivsten Bereiche, wie zum Beispiel den Schloßplatz oder den Oberen Schloßgarten, wird mit einer Arbeitskraft pro Hektar gerechnet, während im Rosensteinpark, wo nur Wiesenflächen und der Baumbestand zu pflegen sind, eine Arbeitskraft für 7,3 ha zuständig ist.

Frischer Schnitt an alten Taxus-Säulen

Noch mehr Grün, die Außenanlagen

Auch die Behandlung der Rasen- und Wiesenflächen muß je nach Beanspruchung unterschiedlich gehandhabt werden. 4,5 ha spezieller Rasenflächen im Repräsentationsbereich werden öfter geschnitten als die 4,3 ha an Liegewiesen oder die 9,2 ha allgemeiner Rasenflächen. Die Hauptflächen von 67 ha werden wie zu Königs Zeiten als Heuwiesen zweimal gemäht und das dabei erzeugte Heu und Öhmd an die Tiere der Wilhelma verfüttert und über den kompostierten Dung wieder den Wiesen zugeführt.

Die Betreuung des Gesamtbereichs erfolgt im wesentlichen von drei Stützpunkten aus. Im Innenstadtbereich wird vom Wirtschaftshof in den Mittleren Anlagen aus der Pflegebezirk Schloßgartenanlagen (Obere, Mittlere und Untere) mit Schloßplatz, Schloßhof, Akademiegarten und Landtagsgelände sowie die kleineren Gärten der Stadtmitte bearbeitet. vom zweiten Stützpunkt im Universitätsbereich Vaihingen wird das Hochschulgebiet mit dem Klärwerk Büsnau, die Schloßanlagen Solitude und der dortige Soldatenfriedhof betreut. Die Meierei ist der Stützpunkt im Rosensteinpark, wobei zu diesem Pflegebezirk auch die Grabkapelle Württemberg gehört, und von hier aus auch die Gärten bei staatlichen Dienst- und Wohngebäuden in Stuttgart Ost und Bad Cannstatt beschickt werden. Zu den mannigfaltigen Aufgaben zählt

Auch die Grabkapelle auf dem Rotenberg, die König Wilhelm I. für seine geliebte Frau Katharina errichten ließ, nachdem er zuvor

die Stammburg der Württemberger dort hatte abbrechen lassen, gehört zum Pflegebereich der Wilhelma-Gärtner.

nicht nur die Organisation, Durchführung und Überwachung der Grünflächenpflege, sondern auch Einsatz, Betreuung und Wartung der in dem Pflegebezirk eingesetzten Kraftfahrzeuge, Maschinen und Geräte, die Planung, Ausschreibung, Vergabe und Kostenabrechnung von Pflegearbeiten oder kleinen Baumaßnahmen, Planung und Aufstellung von Pflanzenbedarfslisten für die Sommer- und Winterbepflanzung der zahlreichen Schaubeete und Rabatten, Pflanzenschutz- und Düngemaßnahmen, die Verarbeitung des gesamten Kompostmaterials (Mähgut, Laub, Holzhäcksel, Mist) auf acht Lagerplätzen mit zusammen 6500 m², die Überwachung, Pflege und Sicherung des Baumbestandes und eventuelle Neupflanzungen, die Instandhaltung der Betriebsstellen selbst sowie die Kontrolle und Wartung der verschiedenen technischen Einrichtungen wie Brunnen, Wasserspiele, Seen, Bachläufe, Pumpen, Versenkregneranlagen, Steuerungssysteme usw., die Überwachung und Unterhaltung von Kinderspielplätzen mit Sicherheitskontrollen, selbstverständlich auch die Überwachung und Durchführung der allgemeinen Verkehrssicherungspflicht mit der Reinigung des Wegenetzes

Vier der großen Arbeitsplätze für viele Mitarbeiter: Schloßplatz, Obere, Mittlere und Untere Schloßgarten-Anlagen

und dem winterlichen Schneedienst, nicht zuletzt auch die Rechnungsbearbeitung, das Führen von Haushaltsüberwachungslisten einschließlich der Kostenabrechnung für Personal- und Sachmittel. Dazu kommen noch Planung und Durchführung von Neu- und Umgestaltungsmaßnahmen und vieles andere mehr. Wer also einmal das Grüne U durchwandert und sich an all den bunten Blumen (allein in den Schloßgärten sind es über 3000 m², die 37 000 Sommerpflanzen und für die Herbstpflanzung sogar 45 000 Pflanzen und 23 000 Blumenzwiebeln erfordern), dem prächtigen Baumbestand, den großen Seenflächen und Liegewiesen, den Spielplätzen, Bolz- und Wetzplätzen erfreut oder eine Partie Boden-Schach, Boccia oder Tischtennis spielt, wird kaum daran denken, welchen enormen Aufwands im Hintergrund es dafür bedarf und daß dafür auch noch die Wilhelma-Mannschaft zuständig ist und der jährliche Gesamtaufwand fast sechs Millionen DM beträgt.

Die Wilhelma, die als Wirtschaftsbetrieb des Landes geführt wird und über einen eigenen Haushalt verfügt, ist für ihre Einnahmen und Ausgaben selbst verantwortlich. Bei einem notwendigen jährlichen Aufwandsvolumen von 23,5 Millionen DM bedarf es einer gut funktionierenden Verwaltung, um den reibungslosen Ablauf sicherzustellen. Hierfür sind ein Beamter des höheren Dienstes, zwei Beamte des gehobenen Dienstes, zehn Verwaltungsangestellte (Kasse, Buchhaltung, Personal, Einkauf, Schreibdienst, Pforte) und elf Arbeiter (Eingangskassen, Parkhaus, Aufsicht, Botendienst, Lager) eingesetzt. Die Zuständigkeiten gliedern sich in drei Bereiche.

Die Personalverwaltung ist federführend für die Einstellung, die Eingruppierung und die Entlassung von Bediensteten bei einem Stellensoll von 300 Mitarbeitern, wobei die größte Fluktuation im Arbeiterbereich auftritt, da es immer schwieriger wird, insbesondere für die Parkpflege in den Außenanlagen geeignete Arbeitskräfte zu finden. Die Gründe liegen vor allem

bei besseren Verdienstmöglichkeiten in der privaten Wirtschaft und in der schwierigen Wohnungssituation im Stuttgarter Raum.

Zum Bereich des Haushaltswesens gehört die Aufstellung und der Vollzug der umfangreichen Wirtschaftspläne, die inzwischen ein Umsatzvolumen von rund 25 Millionen DM erreicht haben. Dabei ist der voraussichtliche Mittelbedarf der einzelnen Kostenarten festzustellen unter Berücksichtigung der Vorjahresergebnisse, Indexveränderungen und kostenrelevanten Entwicklungen bei den einzelnen Positionen, jeweils in Absprache mit den Betroffenen. Größter Unsicherheitsfaktor ist dabei die Abschätzung der Erträge, die in erster Linie vom Besuch abhängig sind, der nicht nur stark vom Wetter bestimmt ist, sondern auch vom Konjunktur-

verlauf und anderen Außenfaktoren. Der Verwaltungsleiter hat als Beauftragter für den Haushalt während des Jahres den Vollzug des Wirtschaftsplans zu überwachen, rechtzeitig auf Verschiebungen besonders der finanziellen Situation hinzuweisen und dabei so weit wie möglich die Leistung von Ausgaben zu steuern. Am Jahresende ist der Geschäftsbericht über das abgelaufene Wirtschaftsjahr zu erstellen, die Entwicklung des Betriebes zu erläutern und der Nachweis über den Vollzug des Erfolgs- und Finanzplans zu erbringen, wobei Abweichungen von den Haushaltsansätzen entsprechend zu begründen sind.

In den Bereich der Organisation gehört die Aufstellung der Dienstpläne, die Überwachung des Betriebs der Eingangskassen, Pforten und Parkhäuser mit allen einschlägigen Anfragen im Zusammenhang mit Eintrittsgeldern, Sondervereinbarungen mit Großgruppen oder auch Besucherbeschwerden. Zu bearbeiten sind auch sämtliche Miet- und Pachtangelegenheiten wie die der Betriebswohnungen, der Gaststätten

Eingang in das 1988 auf dem Dach des Betriebshofs in Leichtbauweise errichtete Verwaltungsgebäude

und der Kioske. Aus kleinen Anfängen hat sich so eine funktionierende Einheit entwickelt, die nicht nur für die Einhaltung aller staatlichen Vorschriften sorgt, sondern auch den modernen, sparsamen und effektiven, rationellen Betriebsablauf gewährleistet.

Ohne Technik geht es nicht

Obwohl man sich daran gewöhnt hat, Strom und Wasser, Heizung und Kühlung als selbstverständliche Voraussetzungen des modernen Lebens anzusehen, kann man sich sehr wohl vorstellen, daß die Aufrechterhaltung eines Betriebes von der Größenordnung und der Komplexität der Wilhelma eine nicht zu unterschätzende Aufgabe darstellt. Die technische Versorgung ist dabei mit der Energieversorgung noch lange nicht erschöpft. Ein weites Feld ist die Betreuung und Unterhaltung aller Bauten und Gehege mit ihren technischen Einrichtungen im Wert von rund 150 Millionen DM. Vorausschauende und vorbeugende Instandhaltung sollen dabei die Substanz erhalten und die Gesamtkosten minimieren bei sorgfältiger Bewirtschaftung der dafür bereitgestellten Finanzmittel.

Der arbeitsintensivste Teil der Aufgabe ist zweifellos die Instandhaltung aller Gebäude samt ihrer technischen Ausstattung, wozu auch alle Gewächshäuser, Gehege, Teiche und Zäune gehören. Von der Betonsanierung bis zum erneuerten Schutzanstrich, vom fehlenden Brett bis zum Neubau eines Reservestalles, vom einfachen Wasserhahn, der tropft oder der defekten Steckdose bis zur komplizierten elektronischen Regeleinrichtung sind es tausenderlei Probleme, die das Jahr über bewältigt werden müssen und die einen Aufwand von rund 1,5 Millionen DM erfordern. Dabei ist Flexibilität unabdingbar.

Erheblichen Aufwand erfordert auch die Bereitstellung der notwendigen Energien. Zur Wasserversorgung dienen zwei Leitungsnetze, eines für Trink-, das andere für Brauchwasser. Das notwendige Trinkwasser – ca. 60 000 m³ pro Jahr – liefern die Technischen Werke über eine Übergabestation, die den Druck reguliert und das Wasser verteilt. Die wesentlich höheren Brauchwassermengen für Gieß- und Reinigungszwecke, zum Betrieb der Beregnungsanlagen und zur Füllung der Teiche und Seen liefern als Eigenwasser drei Brunnen bzw. Quellen. Etwa 200 000 m³ pro Jahr liefert die Auquelle, ein artesischer Brunnen an der Neckartalstraße, etwa 800 m außerhalb der Wilhelma. Ihr 40° d. H. hartes Wasser wird 2,5 km weit in einen unterirdischen, 860 m³ großen Hochbehälter im Rosensteinpark gepumpt und über Druckerhöhungsanlagen hauptsächlich zur Füllung der Teiche und Seen wieder verteilt. Der Grundwasserbrunnen »Bellevue« am Omnibusparkplatz erbringt 75 000 m³ pro Jahr als Gieß- und Reinigungswasser im unteren Wilhelmabereich. Die Wilhelma-Quelle im Maurischen Garten ist mit 70° d. H. Härtegraden ein stärker mineralisierter artesischer Brunnen, der 315 000 m³ Wasser im Jahr liefert, das zur Füllung der Teiche im historischen Bereich und zu Kühl- und Reinigungszwecken im Aquarium verwendet wird. Mehrfache Nutzung in verschiedenen Kreisläufen erhöht noch die Wirtschaftlichkeit des Brauchwassers. Zur Warmwasserbereitung wird grundsätzlich das weichere Trinkwasser verwendet.

Als Großabnehmer, der im Jahr etwa 2,5 Millionen Kilowattstunden verbraucht, ist die Wilhelma mit zwei Kabeln an das Hochspannungsnetz von 10 000 Volt angeschlossen und unterhält eine eigene Transformatorenstation mit zwei Transformatoren, die den Strom wieder auf die gebräuchlichen 220/380 Volt reduzieren. Der historische Wilhelmateil wird dabei von einer Ringleitung versorgt. Bei Stromausfällen oder Störungen in der eigenen Trafostation sorgt ein dieselgetriebenes Notstromaggregat vollautomatisch für die Versorgung der wichtigsten Stationen, wie zum Beispiel im Aquarium, wo der Ausfall der Druckluftstation sehr rasch zu lebensbedrohenden Situationen bei vielen Fischen führen würde oder bei der Temperaturregelung in den Gewächshäusern vor allem im Anzuchtbereich. Da die Kapazitätsgrenze der jetzigen Trafostation erreicht ist, wird im Zuge der Erweiterung eine zweite Station für den oberen Wilhelmabereich eingerichtet.

Da die zur Innenstadt führende Trasse der Fernheizleitung der Technischen Werke direkt

Teil der wilhelma-eigenen Heizzentrale mit Übergabestation der Fernwärme

hinter dem Maurischen Landhaus vorbeiführt, lag nichts näher als die Wärmeversorgung der Wilhelma, die immerhin 13 700 Megawattstunden benötigt, hier direkt anzuschließen. Dies geschieht an drei Stationen. Die erste hinter dem Maurischen Landhaus versorgt den älteren unteren Teil mit Heizwasser von niederem Druck, das aus der städtischen Hochdruckleitung über große Wärmetauscher gewonnen und mit Umwälzpumpen an die Verbrauchsorte gebracht wird. Wärmefühler und Motorventile regeln die Temperaturen. Eine zweite Übergabestation im Haus für Niedere Affen läuft als Hochdrucksystem mit dem Originaldruck der Technischen Werke und versorgt den modernen oberen Teil direkt. Der geringe Wärmebedarf der Bärenanlagen wird ebenfalls direkt aus der vorbeiführenden Fernleitung gedeckt und nützt aus Kostengründen noch die niedrigen Temperaturen der Rücklaufleitung. Bei Ausfall der Fernheizung können vier ölbefeuerte Heizkessel, die in der ersten Heizzentrale untergebracht sind, die Wärmeversorgung aufrechterhalten. Je zwei bedienen den unteren und den oberen Bereich. Die Bären allerdings müßten sich in einem solchen Fall auf ihre warmen Pelze verlassen.

Erdgas als Energiequelle wird nur in dem später übernommenen und für den Fernheizungsanschluß zu abgelegenen Gebäude des Insektariums zur Heizung und Warmwasserbereitung verwendet und in der Futterküche eingesetzt. Immerhin werden auch hier 235 000 Kilowattstunden verbraucht. Die Kosten für alle Energiearten zusammen betragen die stattliche Summe von 1,6 Millionen jährlich. Daß bei einem solchen Energieverbrauch, der dem eines mittleren Industriebetriebes entspricht, jede Möglichkeit der Einsparung bereits bei der Anlage, aber auch im Betrieb durch genaue Einstellung, Nachtabsenkung, Motivation der Mitarbeiter und andere Maßnahmen wahrgenommen werden muß, versteht sich von selbst. Eine wichtige Hilfe für den technischen Betrieb ist auch die zentrale Störmeldeanlage, die alle wichtigen Stellen rund um die Uhr kontrolliert, Zeit und Ort einer Störung meldet und damit rasche Reaktionen ermöglicht.

Um den gesamten technischen Betrieb bemühen sich drei Sachbearbeiter, denen Leitung, Ermittlung, Planung, Durchführung und Kontrolle aller Maßnahmen obliegt. In den eigenen Werkstätten sind 16 Handwerker (Schlosser, Schreiner, Elektriker, Heizungs- und Sanitärmonteure, Maler, Maurer) tätig. In dieser bewährten Abteilung konnte bisher jede Katastrophe verhindert, die Substanz bewahrt und die Wilhelma in bester Funktion gehalten werden.

Als 1956 die Diskussion um die Enge in der Wilhelma, den zu großen Tierbestand, für den der Finanzminister persönlich ein Erweiterungsverbot aussprach, und um eine eventuelle Zusammenarbeit zwischen Staat und Stadt hohe Wellen schlug, fand sich zum Glück ein Kreis von Bürgern zusammen, die die Anliegen der Wilhelma zu ihren eigenen machten und den Verein der Freunde und Förderer der Wilhelma Stuttgart-Bad Cannstatt e. V. gründeten und seither ganz entscheidend zu ihrem Fortbestand und ihrer Entwicklung beigetragen haben. Auf der Gründungsversammlung am 21. September 1956 in den »Neckarstuben« wurde ein vorläufiger Vorstand bestimmt, den die erste Mitgliederversammlung am 14. Dezember des gleichen Jahres im »Hindenburgbau« bestätigte. Unter dem Vorsitz von Kultusminister a. D. Gotthilf-Schenkel, der sich damals verpflichtete, »Summen auch der größten Höhe anzunehmen, wenn es auf legalem Weg sein kann«, bildeten Landtagsabgeordnete, Stadträte und andere Personen des öffentlichen Lebens den Vorstand. Nach dem Tode Schenkels lenkte Bankdirektor Wilhelm Blankenfeld die Geschicke. Ihm folgte 1969 der Vorsitzende des Vorstands der Landesgirokasse, Dr. Walther Zügel, unter dessen Leitung der Verein eine nie geahnte Entwicklung nahm und heute noch nimmt. Sie hat ihn nicht nur zu einem der größten im Bundesgebiet werden lassen, sondern auch zu einer In-

13 000 treue Helfer

stanz, ohne deren maßgebliche Hilfe die letzten großen Projekte der Wilhelma nicht mehr hätten auf den Weg gebracht werden können.

Die Entwicklung begann eigentlich recht bescheiden, denn nach dem ersten vollen Vereinsjahr waren Ende 1957 erst 221 Mitglieder einge-

Werbewagen des Vereins der Freunde und Förderer der Wilhelma in den kritischen Anfangsjahren

Werbebrief, der 1985 die Mitgliederzahl des Vereins verdoppelte und über 40 000 Spender anregte, mehr als eine halbe Million Mark zu stiften.

tragen. Nach zehn Jahren war die Tausendergrenze überschritten. Nach weiteren elf die Zahl 2000 erreicht. Fünf Jahre später zählte der Verein schon über 4000 Mitglieder. Den entscheidenden Durchbruch aber brachte 1985 eine groß angelegte Werbeaktion, die dem Verein nicht nur 4868 neue Mitglieder zuführte und seine Zahl mehr als verdoppelte, sondern ihn auch von 40 779 Spendern weit mehr als eine halbe Million DM einnehmen ließ. Seither wächst der Verein unaufhörlich, praktisch nur durch Eigenwerbung seiner Mitglieder weiter und hat im Sommer 1992 die Zahl von 13 000 bereits überschritten.

Für die Wilhelma waren die Leistungen des Vereins lebensnotwendig. Zunächst war wichtig, daß es ihn überhaupt gab, daß seine Vorstandsmitglieder Anfragen im Landtag und im Stadtrat einbringen konnten, und die Probleme damit öffentlich gemacht wurden und dabei die Diskussion nicht nur wachgehalten, sondern auch Entscheidungen beeinflußt werden konnten.

Wichtige Tierspenden machten zum Beispiel mit dem Erwerb der ersten drei Schimpansen den Beginn der Menschenaffenhaltung möglich. Auch der spätere Erwerb der Gorilla-Gruppe, die mit 25 bisher geborenen Jungtieren weltweit eine der erfolgreichsten ist, ist dem Verein zu verdanken. Er stiftete den ersten Tierbesatz einschließlich der Paradiesvögel im wieder aufgebauten Maurischen Landhaus und bezahlte mit über 100 000 DM das Panzernashornweibchen »Nanda«, um damit großzügig zur Erhaltung einer sehr bedrohten Tierart beizutragen. Außer manchen weiteren Tierspenden lagen die wichtigsten Hilfen des Vereins jedoch in der Mitfinanzierung von Bauvorhaben, die zum Teil dadurch überhaupt erst möglich wurden.

Das erste Projekt dieser Art war 1968 mit 60 000 DM die Finanzierung eines Freigeheges mit Unterkunft für kleine Säugetiere zwischen Raubtierhaus und Elefantenhaus. Mit über einer Million und damit mehr als der Hälfte der Kosten wurde 1982 zum 25jährigen Vereinsjubiläum der Bau des Jungtieraufzuchthauses in einer außerordentlich schwierigen Finanzierungssituation möglich gemacht. Es erfreut sich nach wie vor großer Beliebtheit und bewährt sich u. a. europaweit als Menschenaffen-Aufzuchtstation. Das bisher größte Einzel-Bauvorhaben der Wilhelma, die Bärenanlage, die von Tieren und Menschen 1991 gleichermaßen freu-

Gründungsvorstand Kultusminister a. D. Dr. Schenkel füttert den gestifteten jungen See-Elefanten »Tristan«.

von Gästen, die im prächtigen Rahmen des wiederhergestellten Wilhelma-Theaters stattfinden, behandeln viele biologische und tiergärtnerische Themen und führen in andere Zoos und fremde Länder. Nicht zu vergessen sind dabei die alljährlichen Serenaden-Konzerte im Maurischen Garten, über die schon an anderer Stelle berichtet wurde. In aller Regel wird die notwendige Mitgliederversammlung mit einer Führung verbunden, die eine Sonderausstellung vorführt oder Einblick in ein neues Tier- oder Pflanzenhaus gibt. Selbstverständlich berichtet auch der Wilhelma-Direktor regelmäßig aus seinen Erfahrungen und hält die Mitglieder über die Entwicklung der Wilhelma auf dem laufenden. Seit 1975 führen ein- und zweitägige gemeinsame Fahrten zu anderen Zoos und botanischen Gärten von Zürich bis Kopenhagen, von Mulhouse im Elsaß bis Salzburg, oder von Köln bis Dresden, um den Gesichtskreis zu erweitern und Vergleiche zu ermöglichen. Seit 1989 gibt es schließlich sogar Fernreisen, die zwar nicht vom Verein veranstaltet, aber von wissenschaftlichen Mitarbeitern der Wilhelma begleitet werden und bisher nach Kenia, Gala-pagos, Südostasien und Namibia führten. Aus dem Kreis der Mitglieder hat sich ein kleines Redaktionsteam in der Interessengemeinschaft Zoo-Zeitung zusammengefunden, das unter dem Titel »Banjo« (dem Namen des großen Gorilla-Mannes) in Abständen in breiter Vielfalt aus der Wilhelma berichtet. Eine gut organisierte Geschäftsstelle steht mit Rat und Tat zur Verfügung. Da der Verein selbstverständlich gemeinnützig ist, sind Beiträge und Spenden steuerlich absetzbar. Die Mitglieder genießen zudem freien Eintritt in die Wilhelma und erhalten Kalender und Jahresbericht.

Es ist also wohl kein Wunder, daß bei all diesen Aktivitäten der Verein weiter wächst und auch in Zukunft ein wichtiger Faktor der Wilhelma-Entwicklung bleiben wird. Dabei wird er weiterhin seinen Mitgliedern vieles bieten und Anregung sein zu mancherlei interessanter Beschäftigung mit Themen der Natur in der Wilhelma und außerhalb.

Zusammen mit Familie Müller, dem 4500. und 4501. Mitglied, übergibt der 1. Vorsitzende Dr. Walther Zügel als Tierspende ein Zweizehen-Faultier im Maurischen Landhaus.

dig in Besitz genommen wurde, wäre ohne die massive Initialzündung des Vereins von 2 Millionen und der späteren Aufstockung auf rund 3,5 Millionen DM gar nicht realisierbar gewesen. Der Einsatz so vieler, die mit vielen kleineren und kleinsten Einzelspenden letztendlich dennoch große Summen aufbrachten, hat sich also gelohnt, ganz abgesehen davon, daß der spontane Einsatz von 13 000 Bürgern auch bei den Institutionen des Landes seine Wirkung nicht verfehlt hat.

Dafür bietet der Verein aber auch seinen Mitgliedern eine Menge von Aktivitäten und Leistungen. Namhafte Zookollegen, Wissenschaftler und Tierfilmer berichteten schon in den ersten Jahren mit Vorträgen und Filmvorführungen über ihre Arbeit. Sonderführungen hinter die Kulissen machen mit speziellen Problemen bekannt und bieten vertiefte Einblicke in die Abläufe des Betriebes. Bei dem seit 1981 eingeführten monatlichen Treffpunkt wird über Aktualitäten aus der Wilhelma berichtet, Vorträge aus dem Mitarbeiter- und Mitgliederkreis, aber auch

Mit der letzten Erweiterung zur Internationalen Gartenbauausstellung, der IGA 93, sind die endgültigen Arealgrenzen, in denen sich die Wilhelma entwickeln kann, festgelegt. Die dann erreichte Fläche von rund 27 ha entspricht mit einigen Abstrichen in etwa den ursprünglichen Plänen, auf die ja das Gesamtkonzept von Anfang an abzustimmen war. Zwar mußte man sich von einigen Themen und Ideen wie dem sehr aufwendigen Delphinarium trennen und neueren Erkenntnissen entsprechend im einzelnen umgruppieren und umplanen. Insgesamt gesehen blieb aber das Gesamtkonzept der Zusammenschau von Botanik und Zoologie, in der alle wesentlichen Elemente der beiden Bereiche vertreten sein sollten, erhalten. Gelänge nun noch die qualitätvolle Abrundung des bisher Erreichten, wäre die Wilhelma dann fundiert das, was sie heute schon ist: eine Einmaligkeit von internationalem Rang.

Zwei größere Bereiche harren noch der endgültigen Entwicklung. Im historischen Teil der Wilhelma wurde mit den neuen Vogelanlagen ein wesentlicher Teil zwischen dem Haupteingang und dem Hauptrestaurant saniert. Übrig blieb aber die gesamte Pragstraßenflanke zwischen dem Restaurant und dem Jungtieraufzuchthaus mit der alten, provisorischen Gaststätte, dem Insektarium, dem alten Raubtierhaus, Eulen-Volieren und Kiwi-Nachthaus. Durch den Stadtbahnausbau der Linie 13 wird die Wilhelma hier nochmals einen empfindlichen Geländeverlust, verbunden mit dem Abbruch des größten Teils der vorhandenen Bauten, hinnehmen müssen. Zugleich aber bietet sich auch die Chance einer qualitätvollen Neugestaltung bei gleichzeitiger Abschirmung gegen Straßenlärm und Abgase.

Beginnend am Aufzuchthaus sollen hier drei große Klimalandschaften entstehen. Das sollen Pflanzenschauhäuser sein mit den typischen Pflanzengesellschaften des südamerikanischen Regenurwaldes, der Kanarischen Inseln und der Insel Madagaskar. Von hohen Mauern gegen die Straße geschützt soll zwischen den Pflanzen auch eine Auswahl von typischen Tierarten in ihrer richtigen Umgebung gezeigt werden. Den größten Raum wird dabei der Regenurwald einnehmen, der auf zwei Ebenen erlebbar gemacht werden soll: einmal im normalen Bodenniveau, zum anderen aber auch im Kronenbereich der Bäume. Einige Tierarten, z. B. Vögel oder Echsen, werden sich hier frei bewegen, andere in an verschiedenen Stellen eingebauten Gehegen einen Eindruck von der Vielfalt des Lebens im Regenurwald zu vermitteln suchen. Ähnlich sollen auch die beiden anderen Floren- und Faunengebiete dargestellt werden.

Da die im Jahre 1962 als erstes Nachttierhaus erbaute Anlage im Maurischen Landhaus heutigen tiergärtnerischen Ansprüchen nicht mehr entspricht, ist vorgesehen, im Untergeschoß des großen Regenwaldhauses, das ganz andere räumliche Möglichkeiten bieten würde, ein neues Nachttierhaus einzurichten. Damit könnten die Besucher nicht nur auf verschiedenen Ebenen durch die Kontinente, sondern auch noch durch die Tageszeiten wandern und auf relativ kleinem Raum die unterschiedlichsten Lebensformen kennenlernen.

Modell der künftigen Pragstraßenflanke: Schmetterlingshaus unten, Urwaldhaus oben

Der zu erwartende Verlust des Insektariums erzwingt auch auf diesem Gebiet einen Neubau. Aus denkmalpflegerischen Gründen sollen vom ehemaligen Lagerhaus, dem alten Raubtierhaus und dem königlichen Pferdestall bzw. Wagenremise, dem Kiwi-Nachthaus, die der Wilhelmaseite zugewandten sogenannten »Köpfe« erhalten werden. Sie sollen das neue Insektarium aufnehmen und dazwischen wird eine große, schon lange geplante und fast schon gebaute Freiflughalle für tropische Schmetterlinge entstehen, ein Erlebnisbereich besonderer Art. Die Gewächshäuser zur Kultur der Futterpflanzen für die zu erwartenden Raupen stehen schon lange und werden vorläufig anderweitig genutzt. Mit der relativ einfachen Bereinigung des Zentralbereichs, der keine Bauten enthält, wäre dann die Sanierung der historischen Wilhelma abgeschlossen.

Übrig bleibt noch der zweite Bauabschnitt im letzten Erweiterungsteil, in dem zunächst das Thema »Vom Wildtier zum Haustier« verwirklicht und die ländliche Gaststätte mit der Demonstration der Milchverwertung eingerichtet werden konnte. Auf den verbleibenden Flächen sollen letzte Lücken geschlossen werden und auf neuere tiergärtnerische Erkenntnisse reagiert werden. Dazu gehört vor allem die Veränderung der Elefantenhaltung. Die bisher in den meisten Zoos gepflegte Gewohnheit, nur Weibchen zu halten, befriedigt zwar das Schaubedürfnis der Besucher, ist aber biologisch nicht zu vertreten, da die gezeigten Tiere für die Zucht ausfallen und sich auch selbst nicht biologisch verhalten können. Um dies zu ermöglichen, ließe sich das Elefantenhaus relativ einfach so umbauen, daß auch ein Bulle gehalten werden könnte. Dazu wären die beiden Nashornboxen in einen Wechselstall für den nicht ungefährlichen Elefantenbullen zu dessen sicherer Haltung umzubauen. Die Freianlagen könnten dann entsprechend vergrößert und die Elefantenhaltung damit wesentlich verbessert werden. Voraussetzung dafür wäre allerdings der Neubau eines Nashornhauses, damit nicht die berühmte und bisher so erfolgreiche Zucht der Panzernashörner aufgegeben werden muß. Im Gegenteil könnte dann auch die Unterbringung eines zweiten Weibchens vorgesehen werden. Gedacht ist auch an die Haltung einer zweiten tropischen Rinderart, den Gaur. Damit könnten dann das größte Wildrind der Erde zusammen mit dem bisher schon in einem Provi-

Orchideen für das künftige Urwaldhaus

Auch die Anoa-Kuh mit ihrem Kalb, die kleinste Wildrindart der Erde, wartet auf ihre endgültige Bleibe.

sorium gepflegten und gezüchteten kleinsten, dem Anoa, in einer neuen Anlage gezeigt werden. Auch fehlt noch ein Bereich für die bisher sehr spärlich gepflegten Vertreter der interessanten australischen Fauna, die ja nicht nur aus Känguruhs besteht und viele Besonderheiten aufzuweisen hat. Um all dieses zu erreichen, wird es noch erheblicher Anstrengungen bedürfen, bei denen sich die Wilhelma aber der Unterstützung vieler sowohl im Landtag und Finanzministerium als auch in ihrem rührigen Förderverein sicher weiß.

Es wäre zu wünschen, daß auch die älteste Elefantin »Vilja« (45, links) noch gesund und munter den geplanten Umbau des Elefantenhauses erlebt, und auch die Spaziergänge im Park sie und ihre Kolleginnen weiterhin fit halten.

Zu einem immer drückenderen Problem der Wilhelma wurde die Raumnot im engen Stadtzoo, wo jeder Quadratmeter zur artgerechten, ästhetisch ansprechenden Haltung der Tiere gebraucht wird. Für die ständig wachsenden Aufgaben des modernen Zoos steht kein Raum mehr zur Verfügung. Es bleibt kein Platz für die »technische Absicherung« der Bestände und den Manipulationsraum des modernen Zoomanagements. Mit immer wieder neuen Umschichtungen und Kombinationen sowie der engen Zusammenarbeit mit vielen anderen Zoos versuchte man wenigstens einen Teil der dringendsten Probleme lösen. Viele an sich notwendige Maßnahmen mußten aber »mangels Masse«, d. h. wegen fehlender Unterbringungskapazität unterbleiben. Da die Raumnot am Standort nicht lösbar war, bemühte man sich intensiv um die Errichtung einer Außenstation. Objekte von Hohenlohe bis zur Schwäbischen Alb wurden besichtigt, die sich aber alle aus unterschiedlichen Gründen als ungeeignet erwiesen.

Eine ideale Lösung bot sich schließlich durch das Entgegenkommen des Finanzministeriums Baden-Württemberg an, das der Übernahme von zunächst Teilflächen der ehrwürdig alten Staatsdomäne Tennhof in Fellbach-Oeffingen zustimmte. Die Größe des Areals liegt mit 56 ha in der Mitte der angestrebten Größenordnung. Die Entfernung zur Wilhelma beträgt weniger

Das Ausweichquartier auf der grünen Wiese

als 10 km. Der schon 1277 urkundlich als sehr altes Anwesen erwähnte Tennhof wurde 1944, obwohl ganz einzeln liegend, von Fliegerbomben stark beschädigt. Im wiederaufgebauten Hof waren ein Drittel des Wohnhaustrakts und die großen Stallungen wegen der ausschließlichen Ackerbaubewirtschaftung seit Jahren ungenützt geblieben und damit für die Wilhelma leicht verfügbar. Außerdem ließ sich ein an die Ställe anschließendes Gelände von etwa 1,5 ha leicht aus der übrigen Fläche ausgliedern und in verschiedene Huftiergehege aufteilen. Die Substanz des Wohnteils erwies sich allerdings als so schlecht, daß dieser abgebrochen und neu errichtet werden mußte. Der Stallteil aber konnte gut für eine neue Nutzung, die neben Huftierboxen auch Käfige für Vögel und andere Tiere vorsieht und auch Futterraum und Heizanlage enthält, umgebaut werden. Die Gehegezone wurde mit einem bis 20 m breiten, Schutz bietenden Pflanzstreifen umgeben, der zugleich ein Vogelschutzgehölz bietet und als dringend benötigter Laubfuttergarten genützt wird. Größere Baumgruppen von Berg- und Spitz-Ahorn, Linden und anderen einheimischen Gehölzen

auch innerhalb der Gehege sorgen für die notwendigen Schattenplätze.

So eingebunden in die Landschaft und ökologisch aufgewertet, ist die Außenstation nun vielseitig nutzbar. Jetzt können hier Zweitgruppen besonders wertvoller bedrohter Tierarten aufgebaut werden, die im Stadtzoo keinen Platz finden. Das gilt auch für einzelne Reservetiere für weibliche wie für männliche, die als sogenannte »Reserveböcke« aus fremden Blutlinien getauscht und bereitgehalten werden, um in den so wichtigen Erhaltungszuchtprogrammen die genetische Vielfalt zu erhalten und Inzuchterscheinungen zu vermeiden. Aus dem gleichen Grund fordern Populations-Genetiker auch die Aufstellung sogenannter »Junggesellen-Herden«, auf deren genetisches Potential zurückgegriffen werden kann. Ein weiterer Vorteil ist dabei die Ruhe, die sich aus dem Fehlen des Publikums ergibt. Nun können besonders sensible Tiere hierher zum »Erholungsaufenthalt« oder überhaupt zur Zucht, wobei deren Nachkommen wieder in den normalen Zoo zurückkehren. Gleiches gilt natürlich auch für entsprechende Vogelarten oder vom Aussterben bedrohte Haustierrassen.

Hierher können auch Nachzuchttiere gebracht werden, die an andere Zoos abgegeben werden sollen, wegen der zeitaufwendigen Beschaffung der Begleitpapiere und der Erfüllung veterinärpolizeilicher Auflagen aber nicht mehr

Ein Teil der Staatsdomäne »Tennhof« in Fellbach-Oeffingen ist Außenstation der Wilhelma. Der rechte Teil des Komplexes ist Stallgebäude, davor liegen die Außengehege.

in der engen Wilhelma bleiben können. Schließlich müssen auch aus Artenschutz- oder Tierschutzgründen beschlagnahmte Tiere so lange untergebracht werden, bis über ihren endgültigen Verbleib entschieden ist. Möglich ist auch die Nutzung als weit von der Wilhelma entfernte Quarantänestation, wenn dies bei speziellen Importbedingungen nötig erscheint. Über die Nutzung der landschaftlichen Einbindung als Laubfutter hinaus ist auch an die spätere Produktion von Sonderfuttermitteln zu denken, die am Markt nicht zur Verfügung stehen und hier im kontrollierten Anbau in guter Qualität hergestellt werden könnten. Der Wert dieser vielseitig nutzbaren Außenstation kann auch im Blick auf die Zukunft nicht hoch genug eingeschätzt werden.

Erstaunlicherweise trafen die seltensten und ausgefallensten Tiere oder Pflanzen in der Wilhelma oft an einem ganz bestimmten Datum ein, dem 1. April. Zwei von diesen nie dagewesenen Raritäten verdienen es, dem Vergessen entrissen zu werden, da sie tatsächlich nicht alltäglich waren und in ihrer Einmaligkeit so überzeugten, daß man an ihrer Existenz nicht zweifelte, zumal sie durch glasklare Fotos bewiesen und sogar durch bewegte Fernsehaufnahmen belegt wurden.

Die Wilhelma-Direktion bat die Medien, die nachfolgende Meldung in ihrer Ausgabe vom 1. April 1959 veröffentlichen zu wollen:

Haarfisch in der Wilhelma!

Eine zoologische Weltsensation ist im Wilhelma-Aquarium eingetroffen. Der Wissenschaft noch völlig unbekannt, wurde ein ganz eigenartiger Fisch durch Zufall im östlichen Indischen Ozean gefangen und gelangte nach Stuttgart. Was kein Zoologe bisher für möglich hielt, nämlich Fische, die statt der Schuppen Haare tragen, ist hier eindeutig bewiesen. Ein dichtes Haarkleid umgibt das ganze Tier, Kopf und Flossen aber sind in der bei Fischen üblichen Weise ausgebildet.

Nur in der Überfülle der Tropen konnte solch ein Lebewesen entstehen, das dann auch in der

Tiere, die es gar nicht gibt

inneren Lagune, also im ruhigen Wasser eines kleinen Korallenatolls der Inselgruppe der Malediven gefangen wurde. Fischer berichten, daß nur die erwachsenen Tiere einen langen, gut ausgebildeten Pelz besitzen, der sich aus einer Art Schuppenanlagen entwickelt, später aber seinen Ursprung nicht mehr erkennen läßt. Unser Bild zeigt deutlich die dichte Behaarung dieses wohl seltsamsten Meeresbewohners, der je gefangen wurde.

Die Meldung für den 1. April 1975 lautete dagegen:

Die Wilhelma präsentiert den ersten lebenden Stolperdenger.

Der Wilhelma ist es gelungen, ein lebendes Exemplar des Stolperdengers (Dideldum alpium suebica) zu erwerben, das in dem höhlenreichen Gebiet der Schwäbischen Alb ein verstecktes Leben führt. Damit ist auf eine besonders glänzende Weise bewiesen, was der schwäbische Privatgelehrte Dr. Gustav Schluckhäberle aus Vorderbopfingen seit Jahren vertritt: Der von den Bayern als sogenannter Wolpertinger reklamierte »Ur-Alpenbewohner« ist in Wahrheit ein schwäbisches Tier. Schluckhäberle hat wegen dieser sprachkundlich und zoologisch vielfach gesicherten Erkenntnis gerade in den letzten Monaten herbe Angriffe aus dem bayerischen Nachbarland erdulden müssen, insbe-

Absolut lebensecht: der Haarfisch von einem Korallenatoll des Indischen Ozeans

sondere wurde ihm vorgeworfen, er höhle das bayerische Volkstum aus, wenn er dieses Tier als ein ursprünglich schwäbisches Lebewesen entlarve, das bei der Kultivierung des schwäbischen Landes in die unzivilisierten Einöden der bayerischen Alpen verdrängt worden ist. Die oft recht laienhaften Schilderungen des schwäbischen Stolperdengers (so genannt, weil er den Leuten auf dem Heimweg ein Bein stellt oder die Skifahrer zum Stürzen bringt) nannten zunächst ein Pelztier zwischen Eichhörnchen und Rehgröße mit biberartigem Fuchsschwanz und zartgrünen Fischaugen. Daß sich hier die Phantasie geirrt hat, mag der lebende Stolperdenger zeigen, der übrigens auch wenig Ähnlichkeit hat mit den Präparaten des sogenannten Wolpertingers, wie sie etwa in dem Museum am Wendelstein zu sehen sind.

In Wahrheit verbarg sich hinter den Weltsensationen, die trotz deutlichem Hinweis auf ihre Scherzfunktion teilweise tatsächlich als echte Meldungen verbreitet wurden, nichts anderes als im ersten Fall ein frischer grüner Hering, der in ein Kaninchenfell gesteckt und im zweiten um ein Mara, dem an seinem Schwanzknopf ein besonders eleganter, langer, aus zwei quergeringelten Fuchsschwänzen bestehender Schweif angeheftet worden war. Unsere Befürchtungen, er könne dies für die wenigen Minuten der Aufnahme lästig oder gar als Quälerei empfinden, waren völlig unbegründet, denn das Tier trug seinen neuen Schweif mit einer Selbstverständlichkeit, als ob es nie anders gelaufen wäre. Allerdings war mit ihm auch so vorsichtig umgegangen worden, daß er seinen Kunstschwanz nach wenigen Minuten selbst verlor.

Das erste Exemplar eines lebenden Stolperdengers mit seinem eleganten Ringelschwanz

926–948 Unter Herzog Hermann I. von Schwaben wird ein Pferdegestüt, der »Stuotgarte« angelegt.

um 950 Herzog Ludolf von Schwaben baut zum Schutz des Gestüts eine Wasserburg.

1312 Eines der ältesten Stadtsiegel: »zwei Pferde«.

um 1380 Erster Stuttgarter Lustgarten: der Garten der Gräfin.

1559 Erste Orangerie in Deutschland.

1697 Der erste Elefant wird in Stuttgart gezeigt.

1736 Wisente im Graben des Alten Schlosses.

1748 Das Panzernashorn »Jungfer Clara« ist in Stuttgart zu sehen.

1775 Erster botanischer Garten hinter dem heutigen Königsbau.

1805 Verlegung des botanischen Gartens in die oberen Anlagen.

1808 Freigabe der oberen Anlagen für das Publikum.

1812–1816 Menagerie König Friedrichs I. am Neckartor.

1817 Ausgestaltung der unteren Anlagen.

1824 Baubeginn von Schloß und Park Rosenstein.

1829 Im Gelände des Rosensteinparks wird Mineralwasser gefunden. König Wilhelm I. wünscht den Bau eines Badhauses.

1830 Am 28. Mai Einweihung des Schlosses Rosenstein.

1837 Der Architekt Karl Ludwig Zanth beginnt mit Entwürfen für das Badhaus und für ein kleines Theater.

1840 Am 29. Mai Einweihung des Wilhelma-Theaters.

1840–1873 Tierhaltung beim »Affenwerner« in der Sophienstraße.

1842 Baubeginn des Badhauses, sein Name: »Wilhelma«.

1846 30. September: Einweihung des zentralen Wilhelma-Teils anläßlich der Hochzeit von Kronprinz Karl.

1851 21. Oktober: Einweihung des Maurischen Festsaals.

1853 Mit Galeriegebäude und Wintergarten Fertigstellung des Kernbereichs der Wilhelma nach den Zanthschen Planungen.

1863/64 Anlage und Wiederauflösung eines Akklimatisationsgartens.

1864 Fertigstellung der »Damaszener-Halle« nach Plänen von Bäumer. Damit Ausbau der historischen Wilhelma abgeschlossen.

1871–1906 Nills Tiergarten am Herdweg. Erste tiergärtnerische Erfolge.

1907–1937 Tiergarten auf der Doggenburg.

1908–1912 Verlegung des botanischen Gartens in den Bereich der Tierärztlichen Hochschule am Neckartor.

1918/19 Die Wilhelma wird Staatsbesitz. Weiterführung als botanischer Schaugarten.

1923–1975 Unterbringung des botanischen Gartens der Technischen Hochschule im Wilhelma-Areal.

1933 1. Mai: Albert Schöchle Leiter der Wilhelma.

1939 Reichsgartenschau in Stuttgart. Die Wilhelma erringt die meisten Preise.

1944 Schwere Schäden und fast vollständige Zerstörung der Wilhelma beim Doppelangriff am 19. und 20. Oktober.

1945–1948 Gemüseanbau, vor allem für die Stuttgarter Krankenhäuser und erste Wiederherstellungen.

1949 19. März: Wiedereröffnung der Wilhelma. 3. Juni: »Große Aquarienschau«, im September die Sonderausstellung »Wandlung der Pflanze seit Urzeiten«.

1950 28. April: Eröffnung einer großen Vogelschau mit 150 Arten. Danach Sonderausstellung »Prachtfarben und Prachtformen der Vogelwelt« und Einzug von »Tieren des deutschen Märchens« in der Wilhelma. Ankauf einer großen Orchideensammlung.

1951 10. März: Saisonbeginn mit der Sonderschau »Schlangen, Krokodile, Saurier«. Mit der Schau »Afrikanische Steppentiere« beginnt die Haltung von Giraffen, Zebras und Antilopen. Die ersten Pinguine, Erwerb einer großen Kakteensammlung. Pudelschau, der Wintergarten ist wiederhergestellt. Finanzminister Dr. Frank gibt Löwenbaby Namen.

1952 Mit der Ausstellung »Indische Dschungeltiere« die ersten Elefanten und Tiger. Die ersten Kolibris.

1953 Kleinraubtierhaus an der Damaszener-Halle, ebenso eine Affenspielanlage. Zum 100jährigen Wilhelma-Jubiläum entspricht der Tierbestand dem eines mittleren Zoos. Insektenausstellung und Import der ersten Kaiserfische.

1954 Der Tierbestand wächst weiterhin beträchtlich.

1955 1. April: Umstellung der Wilhelma auf die Form eines Wirtschaftsbetriebes des Landes mit eigener Haushalts- und Wirtschaftsführung. Eröffnungsbilanz: 1479 Tiere in 398 Arten.

1956 Der Seerosenteich wird für tropische Seerosen heizbar gemacht. Anlage für Seelöwen aus Tombola-Mitteln. Erste Diskussion um Erweiterung. 11. November: ausdrückliches Verbot der weiteren Ausweitung des Tierbestandes. 14. Dezember: Gründung des Vereins der Freunde und Förderer der Wilhelma unter Vorsitz von Kultusminister a. D. Dr. Schenkel.

1957 Erster See-Elefant. Einführung des Fütterungsverbots. Erstgeburt eines Paradieskranichs. Im September Deutsche Zoodirektoren-Konferenz in Stuttgart.

1958 Baussessor Feker erhält den Auftrag zur grundsätzlichen Untersuchung der städtebaulichen Situation und von Sanierungsmöglichkeiten. Er befürwortet eine Erweiterung zur Unterbringung der Tiere. Ein Verwaltungsgebäude wird fertiggestellt. Anschluß an die Fernheizung. Die ersten Menschenaffen: 3 Schimpansen.

1959 Denkschrift zur Wilhelma-Entwicklung an den Landtag.

1960 Der Ministerrat billigt das Ausbaukonzept. Baubeginn zur Restaurierung des Maurischen Landhauses. Erste Seelöwengeburt. Erstimport eines Papua-Warans. Tagung der technischen Leiter botanischer Gärten.

1961 Genehmigung des Landtags zum weiteren Ausbau. Eine neue Fasanerie. Bundesgartenschau: Neugestaltung des oberen und mittleren Schloßgartens.

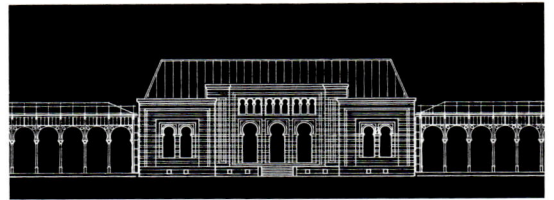

1962 7. Juni: Eröffnung des Maurischen Landhauses als kombiniertes Haus für tropische Tiere und Pflanzen mit der ersten Nachttierabteilung in einem Zoo. Errichtung der »Interims-Gaststätte«. Die ersten Orang-Utans.

1963 10. April: Eröffnung des Interims-Aquariums. Neue Menschenaffen-Luxus-Baracke. Im September Baubeginn des Aquarien- und Terrarien-Neubaus.

1964 Baubeginn für Wirtschaftshof und Wohngebäude.

1965 Fertigstellung des Wohngebäudes. Die ersten Gorillas. Welterstzucht eines Südlichen See-Elefanten: »Isolde« und von 5 Mertens-Waranen.

1966 Restaurierung von nördlichem Gewächshausflügel und Kuppelhaus am Maurischen Landhaus.

1967 27. April Eröffnung des großen Aquarium-Terrariumbaus mit Krokodilhalle an der Stelle des zerstörten Maurischen Festsaals. Fertigstellung des Betriebshofs. Erwerb des weißen Krokodils. Erste Menschenaffengeburt: ein Orang-Utan.

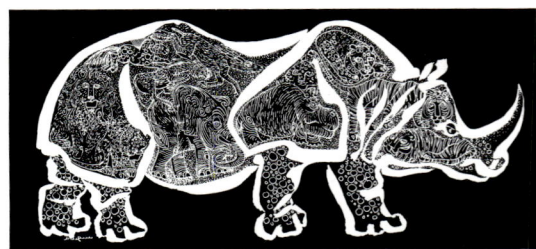

1968 10. April: Eröffnung des umgestalteten Interims-Aquariums als Vogel- und Kleinsäugerhaus. 26. Juli: Eröffnung des ersten Erweiterungsteils mit Raubtierhaus, Elefanten-Nashorn-Haus und Flußpferd-Haus. Der Verein der Freunde stiftet eine Anlage für kleine Säugetiere. Erste Panzernashörner, Flußpferde und Zwergflußpferde, Schabrackentapire. Provisorische Gehege für Onager, Hirsche, Antilopen, Ponys, Geparden u. a.

1969 Fertigstellung des restaurierten nördlichen Gewächshauses und des Kuppelhauses am Maurischen Landhaus. Bergtapire und ein Panzernashorn-Männchen. Erste Korallenfisch-Nachzuchten: Welterstzucht von drei Arten.

1970 Fertigstellung der Freiland-Terrarien. Umbau des Kleinraubtierhauses. Erste Giraffen-, erste Schabrackentapir-Geburt. April: Übergang der Direktion auf Wilbert Neugebauer. September: Internationale Arbeitstagung der technischen Leiter botanischer Gärten mit 110 Teilnehmern aus 11 Ländern.

1971 Fertigstellung des restaurierten südlichen Gewächshausflügels am Maurischen Landhaus als Farnhäuser. Erstgeburt eines Königspinguins.

1972 Erstellen von Volieren und neuen Käfigen für Sibirische Tiger an der Pragstraße. 10 Kronenkraniche werden vom Hagel erschlagen.

1973   6. April: Eröffnung der Häuser für Menschenaffen und niedere Affen sowie der Freianlage für Klammeraffen. 5 Zwergschimpansen treffen ein. Erstgeburt von Gorilla, Flußpferd und Nasenaffe. Im Mai zweite Tagung des Deutschen Zoodirektoren-Verbandes in der Wilhelma.

1974   Erweiterung des Haupteingangs und Neugestaltung des anschließenden Sukkulenten-Hauses. Erstgeburt eines Schimpansen, erfolgreiche Aufzucht des ersten Panzernashorns.

1975   18. Juni: Eröffnung der Felsanlagen für Affen und Klettertiere. Einrichtung der Zooschule. Erstimport von Hirschebern und leuchtenden Tiefseefischen (Tannenzapfenfische). Erstes Zwergflußpferd geboren.

1976   Fertigstellung von Parkhaus und Wassergarten. Erstgeburt von Hirschebern und Varis.

1977   21. Juni: Zweite Erweiterung mit Eröffnung von zwei Freianlagen für südamerikanische Tiere. Erstgeburt eines Zwergschimpansen. Bundesgartenschau: Neugestaltung der Unteren Anlagen.

1978   Doppeljubiläum: 125 Jahre Wilhelma – 25 Jahre zoologisch-botanischer Garten. Grundsteinlegung zur Afrikanischen Huftieranlage.

1979   12. Juli: Eröffnung des Insektariums. Fertigstellung von 7 Großvolieren für Greifvögel im Koniferental. 25. Menschenaffe geboren. Sonderschau: Begonien und Schiefblattgewächse.

1980   23. Mai: Eröffnung der Afrikanischen Huftieranlage mit 6 Stallgebäuden und 12 Freianlagen. Neuzugang

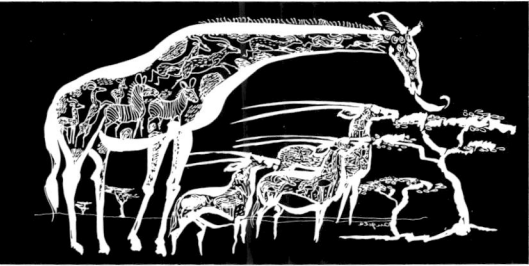

Bongo-Antilopen und Somali-Wildesel. Sonderschau: Exotische Pflanzenteile aus aller Welt.

1981   16. September: Eröffnung der Subtropenterrassen für Papageienvögel, Waldrappen und Totenkopfäffchen und einer Unzahl exotischer Pflanzen. Terrassencafé »Belvedere« und neuer Kiosk. Neuzugang Okapis und Bezoarziegen. Sonderschau: Gesneriengewächse mit 70 Wildarten und 60 Hochzuchten.

1982   30. Juni: Eröffnung des Jungtieraufzuchthauses, erbaut mit Hilfe des Vereins der Freunde und Förderer. Neuzugang von Anoas. Geburtenrekord von 4 Gorillas in zwei Monaten. Erstgeburten bei Bongo-Antilopen, Bezoarziegen und Bartaffen. Sonderschau: Bromelien oder Ananasgewächse.

1983   Eröffnung der Wilhelma-Galerie im Aquarium. Neuzugang von Mesopotamischen Damhirschen und Kleinen Kudus. Erstgeburten bei Somali-Wildesel und Haubenlangur. 40. Menschenaffe geboren. Sonderschau: Biologischer Pflanzenschutz.

1984   16. Oktober: Eröffnung des Kiwi-Nachthauses. Neuzugang Kiwis, Dallschafe und weibliches Okapi. Erstgeburten bei afrikanischen Straußen, Anoas und Kleinen Kudus. Sonderschau: Heimtierhaltung ja, aber richtig.

1985   Die ersten Kaka-Papageien außerhalb Neuguineas. Der 50. Menschenaffe, zugleich der 20. Gorilla, geboren. Erstgeburten bei Rotohrara, hellfarbenem Ara und Waldrappen. Sonderschau: 200 Sorten Fuchsien.

1986   Vermutlich Welterstzucht von Rotsteiß-Arassaris, Erstzuchten bei Inka-Kakadus und Keas. Sonderschau: Rund um den Gartenteich.

1987   24. Juni: Eröffnung der neuen Gaststätte. 29. Oktober Grundsteinlegung zur Bärenanlage. Fertigstellung des restaurierten Wilhelma-Theaters. Erstzucht Mesopotamischer Damhirsche und Jungfernkraniche. Im Rahmen der Exotismus-Ausstellung in der Wilhelma: »Das exotische Tier in der europäischen Kunst«. Sonderschau: Blumen auf Terrasse und Balkon.

1988   11. bis 16. September: 43. Jahreskonferenz des Internationalen Verbandes von Direktoren zoologischer Gärten mit 89 Zoodirektoren aus 28 Ländern. Fertigstellung des neuen Direktionsgebäudes. Erstgeburten bei Vikunjas und persischen Leoparden. Sonderschau: Nachtgespenster – Fledermäuse und Fledermausschutz.

1989   15. Juni: Richtfest Bärenanlage. Oktober Übergang der Direktion auf Dieter Jauch. Erstgeburten bei Okapi, Gänsegeier und Seeadler. Sonderschau: Giftpflanzen, Gefahr oder Hilfe – eine Frage der Dosis.

1990   Beginn des Ausbaus der Außenstation »Domäne Tennhof«. Baubeginn »Neue Meierei«. Erstgeburt bei Baßtölpeln. Sonderschau: Lebensraum aus zweiter Hand – Naturschutz im Garten.

1991   11. Juni: Eröffnung der Bärenanlage. Neuzugänge: Eisbären, Brillenbären, Syrische Braunbären, Biber, Otter, Schneeziegen, Schneeleoparden und Mähnenwölfe. Baubeginn der Vogelanlagen zwischen Haupteingang und Theater. 10. Panzernashorn geboren. Sonderschau: Blumenfenster und Wintergärten.

1992   12. November: Eröffnung der restaurierten Damaszener-Halle mit Ausstellung zur Baugeschichte der Wilhelma und Volieren für einheimische Vögel. Erstgeburten bei Schneeleoparden, Bibern und Hyazintharas. Sonderschau: Insektenfressende Pflanzen.

1993   Eröffnung der Vogelanlage zwischen Haupteingang und Gaststätte. Fertigstellung des dritten Erweiterungsteils zur IGA 93 mit dem Thema »Vom Wildtier zum Haustier« (Einbeziehung in die Wilhelma 1994). Inbetriebnahme der Außenstation Tennhof.

Statistik und Organisation

Aufstellung der Baukosten bis 1993

	Objekt	Mio. DM
I.	Maurisches Landhaus	1,4
	Aquarium-Terrarium	6,3
	Anschluß Fernheizung	1,1
		8,8
II.	Wohngebäude	3,4
	Wirtschaftshof	3,4
	Raubtierhaus	2,4
	Elefanten-Nashornhaus	1,7
	Flußpferdhaus	0,8
		11,7
III.	Maurischer Garten (Restaurierung bis 1992)	4,9
	Menschenaffen und Niedere Affen	4,4
	Haupteingang	1,1
	Felsanlagen für Affen	1,7
	Südamerika-Anlage	0,7
	Greifvogelvolieren	0,3
	Afrikanische Huftieranlage	11,8
	Jungtieraufzuchthaus	2,0
	Sanierung Verwaltung und Sozialräume	4,4
		31,3
IV.	Parkhaus	6,0
V.	Suptropenterrassen	1,1
	Damaszenerhalle	2,1
	Belvedere	0,8
	Neue Vogelanlagen	6,8
	Neue Gaststätte	8,7
	Bären-Anlagen	25,0
	Neue Meierei	12,5
	Erweiterung IGA 93	14,2
	Terrakottawand	0,4
	Tennhof	2,0
		73,6
A	Gesamterschließung	16,9
B	Ehemalige Verwaltung und Insektarium	0,6
C	Div. Kleinanlagen + Provisorien	2,6
	Gesamtbaukosten bis 1993	151,5

In der Wilhelma gepflegte Tierarten, die in Internationalen Zuchtbüchern oder Europäischen Erhaltungszuchtprogrammen (EEP) geführt werden mit ihren Nachzuchten

Art	Internat. Zuchtb.	EEP	gezüchtet
China-Alligator	X	–	1*
Krustenechse	X	X	–
Kiwi	X	–	–
Waldrapp	X	X	41
Bartgeier	–	X	–
Weißnackenkranich	X	X	3
Krontaube	X	X	–
Hyazinthara	–	X	1
Molukkenkakadu	–	X	–
Doppelhornvogel	X	X	–
Balistar	–	X	–
Doria-Baumkänguruh	–	X	4
Vari	X	X	15
Springtamarin	X	X	43
Bartaffe	X	X	5
Drill	X	X	16
Dschelada	X	X	47
Kleideraffe	X	X	11
Orang-Utan	X	X	22
Bonobo	X	X	12
Gorilla	X	X	25
Großer Ameisenbär	X	X	–
Mähnenwolf	X	X	4
Waldhund	X	X	–
Brillenbär	X	X	–
Europäischer Fischotter	–	X	–
Persischer Leopard	X	X	3
Sibirischer Tiger	X	X	62

* in New York

Art	Internat. Zuchtb.	EEP	gezüchtet
Sumatra-Tiger	X	X	–
Schneeleopard	X	X	2
Gepard	X	X	–
Indischer Elefant	–	X	–
Przewalskipferd	X	X	7
Onager	X	X	13
Somali-Wildesel	X	X	3
Grevy-Zebra	X	X	47
Schabrackentapir	X	X	7
Panzernashorn	X	X	10
Babirusa	X	X	20
Zwergflußpferd	X	X	3
Vikunja	X	X	8
Kleinkantschil	–	X	27
Mesopotamischer Damhirsch	X	X	9
Okapi	X	X	1
Netzgiraffe	–	X	27
Bongo	X	X	19
Anoa	X	X	4
Addax-Antilope	X	X	24

Entwicklung der Besucherzahlen

Jahr	Besucher
1939	47 000
1949	163 128
1955	1 094 885
1960	1 024 455
1965	1 204 949
1970	1 615 275
1975	1 473 097
1980	1 479 624
1985	1 587 227
1990	1 737 279
1991	1 834 503
1992	1 718 333

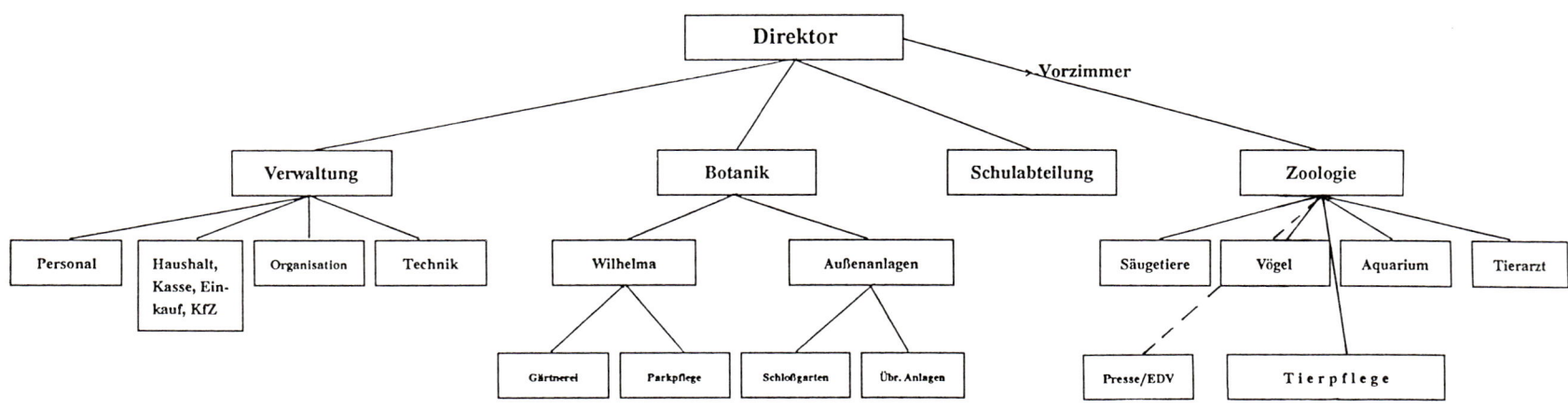

Bazlen, Julius von: Beim Nill, Erinnerungen aus dem Tiergarten. Stuttgart 1925

Borst, Otto: Stuttgart, Die Geschichte der Stadt. Stuttgart 1973

Bücheler, Gustav: Führer durch den Tiergarten Stuttgart-Doggenburg, Stuttgart o. J.

Decker-Hauff, Hansmartin: Geschichte der Stadt Stuttgart, Band 1. Stuttgart 1966

Encke, Fritz: Kalt- und Warmhauspflanzen. Stuttgart 1987

Gerhardt, O.: Stuttgarts Kleinod. Die Geschichte des Schloßgartens, Rosensteins sowie der Wilhelma. Stuttgart 1936

Grzimeks Tierleben, 13 Bände. Zürich/München 1968/74

Grzimeks Enzyklopädie der Säugetiere, 5 Bände. München 1988

Herzog, Rainer: Wilhelma Stuttgart, Dokumentation der historischen und gestalterischen Entwicklung der Wilhelma-Gartenanlagen. Stuttgart 1990

Heywood, V. H.: Blütenpflanzen der Welt. Basel 1982

Hoffmann, Leonhard: Der moderne zoologische Garten – Anlage eines solchen im Gewand Eiernest. Stuttgart 1909

Hügel, J. v. und G. F. Schmidt: Die Gestüte und Meiereien seiner Majestät des Königs Wilhelm von Württemberg. Stuttgart 1861

Klunzinger, C. B.: Geschichte der Stuttgarter Tiergärten. Stuttgart 1910

Knaurs Tierreich in Farben, 7 Bände. München/Zürich 1956/61

Nill, Adolf: Denkschrift zur Stuttgarter Tiergartenfrage. Stuttgart 1931

Schmidt, F. v.: König Wilhelm von Württemberg in seinen ländlichen Beschäftigungen. Stuttgart 1865

Schöchle, Albert: Das Schlitzohr, Bekenntnisse eines leidenschaftlichen Gärtners und Tierfreunds. Stuttgart 1981

Schulz, Elke von: Die Wilhelma in Stuttgart – ein Beispiel orientalisierender Architektur im 19. Jahrhundert und ihr Architekt Karl Ludwig Zanth. Dissertation Tübingen 1976

Sebald, Oskar: Die Bäume des Rosensteinparks in Stuttgart, in: Jahreshefte des Vereins für vaterländische Naturkunde in Württemberg. Stuttgart 1964

Urania Tierreich, 6 Bände. Leipzig/Jena/Berlin 1966/69

Wais, Gustav: Alt Stuttgarts Bauten im Bild. Frankfurt 1977

Finanzministerium Baden-Württemberg (Hrsg.): Die Wilhelma 1829–1980. Die Wilhelma in Stuttgart-Bad Cannstatt. Bericht über die Sanierung und Erweiterung. Stuttgart 1980

Finanzministerium Baden-Württemberg (Hrsg.): Das Wilhelma-Theater in Stuttgart-Bad Cannstatt. Der Umbau und die Wiederherstellung des Wilhelma-Theaters 1985–1987. Ludwigsburg 1987

Zanth, Ludwig von: Die Wilhelma – Maurische Villa seiner Majestät des Königs Wilhelm von Württemberg. Stuttgart 1855/56

Der Zoologische Garten: Diverse Jahrgänge Frankfurt 1861–1910

Sie zeichnen für die Wilhelma-Entwicklung verantwortlich: Dr. h. c. Albert Schöchle (1. 5. 1933 – 31. 3. 1970) Mitte, Prof. Dr. Wilbert Neugebauer (1. 4. 1970 – 30. 9. 1989) links und Dr. Dieter Jauch (seit 1. 10. 1989) rechts.

Landeskunde — Bildbände — Unterhaltsames

Eva Walter/ Thomas Pfündel
Das große Stuttgart-Buch
160 Seiten mit 255 farbigen Abbildungen.
Das facettenreiche Mosaik einer liebenswerten Großstadt zwischen vertrauter Tradition und atemberaubender Innovation in durchweg farbigen Bildern und interessanten Texten.

Stuttgart-Handbuch
Herausgegeben von Hans Schleuning. 476 Seiten mit 173 Abb., davon 23 in Farbe.
Ein reich bebildertes Sachbuch und Nachschlagewerk, das Fragen zur Erdgeschichte und Landschaft, zu Wald, Landwirtschaft und Weinbau einst und jetzt beantwortet. Es stellt die Entwicklung Stuttgarts und seiner Stadtteile zur heutigen Industrie- und Wohnstadt ausführlich dar und informiert umfassend über die Schlösser, Gärten und öffentlichen Bauten.

Wolf Strache
Stuttgart — mit meinen Augen
104 Seiten mit 64 Farbfotos. Dreisprachig.
Dieses Buch zeigt über die Dokumentation des oft Gesehenen hinaus Blickpunkte und Perspektiven auf, die kaum entdeckt, die neu und ungewohnt sind, unvermutete Ansichten also, in denen die Eigenart dieser Stadt sich durchaus glaubhaft widerspiegelt und die dennoch für den Betrachter überraschend sind.

Hans Georg Frank
Württemberger Weinkunde
228 Seiten mit 36 Farbtafeln.
Alles über den Württemberger Wein von den Mühen im Wengert bis zum geliebten Viertele: Rebsorten, Weinlandschaften, Weinorte und Weinlagen, Weinlehrpfade und Weinmuseen.

Unser Land Baden-Württemberg
Herausgegeben von Ernst Waldemar Bauer, Rainer Jooß und Hans Schleuning. 335 Seiten mit 617 Abbildungen, davon 331 in Farbe.
Jubiläumsausgabe. Die handliche Gesamtinformation über Baden-Württemberg mit dem Wissenswertesten aus Geschichte, Natur, Geographie, Wirtschaft, Technik, Politik und Zeitgeschichte.

Museen in Baden-Württemberg
Herausgegeben vom Museumsverband Baden-Württemberg. Bearbeitet von Karin Baumann. 3., völlig neu bearbeitete Auflage. 496 Seiten mit 396 farbigen Abbildungen.
Der reich bebilderte Führer durch die vielfältige Museumslandschaft in Baden-Württemberg auf neuestem Stand: 930 Museen und Sammlungen von A bis Z.

Reiner Rinker
Baden-Württemberg in der Mitte Europas
78 Seiten mit 64 Farbtafeln. Text und Bildlegenden dreisprachig.
Baden-Württemberg: eine glückliche Mischung aus Gottesgaben und Menschenwerk. Dies zeigen die bestechend schönen Farbtafeln mit Landschaften, Städten, Fachwerkdörfern, Burgen, Schlössern und Kirchen.

Hermann Baumhauer
Baden-Württemberg
Bild einer Kulturlandschaft. 256 Seiten mit 156 Farbtafeln.
Ein großformatiger Geschenkband, der zu mehr als 150 ausgewählten, besonders eindrucksvollen kulturhistorischen Sehenswürdigkeiten führt.

Hermann Baumhauer
Im Herzen des Schwabenlandes
Kultur, Geschichte und Sehenswürdigkeiten zwischen Schwarzwald und Alb, Donau und Franken. 180 Seiten mit 118 Farbtafeln.
Ein prächtiger Textbildband über die alte Kulturlandschaft.

Ilse Feller / Eberhard Fritz
Württemberg zur Königszeit
Die Fotografien des Herzogs Philipp von Württemberg (1838-1917). 158 Seiten mit 160 Fotos.
Württemberg und seine Königsfamilie um die Jahrhundertwende — eine erstmals veröffentlichte Fotosammlung aus dem Archiv des Hauses Württemberg.

Armin Lang
Pferdle & Äffle
Viecher send au blos Menscha
84 Seiten mit 40 farbigen Abbildungen.
Die neuesten Szenen, Gags und Sprüch' von Pferdle & Äffle und dem badischen Bäsle Schlabbinchen. Ein Buch für alle Fans, denen die schwäbischen Werbe-Viecher ans Herz gewachsen sind.

Albert Schöchle
Das Schlitzohr
Bekenntnisse eines leidenschaftlichen Gärtners und Tierfreunds. 285 Seiten mit 20 Tafeln.
Der unbequeme Beamte Albert Schöchle erzählt seine Streiche als Lausbub, als Direktor der Wilhelma und Schöpfer des Blühenden Barock.

Udelgard Körber-Grohne
Nutzpflanzen in Deutschland
Kulturgeschichte und Biologie. 622 Seiten mit 95 Textabbildungen und 132 Tafeln, davon 25 in Farbe.
Das Handbuch der Kulturgeschichte und Biologie unserer Nutzpflanzen. Dargestellt werden — bis auf Obstpflanzen, Küchen- und Heilkräuter — alle im Freiland für den menschlichen Verzehr und Gebrauch angebauten Artengruppen sowie ihre wilden Vorfahren und Verwandten.

Das große Buch der Schwäbischen Alb
Herausgegeben von Ernst Waldemar Bauer und Helmut Schönnamsgruber. 216 Seiten mit 410 farbigen Abbildungen.
Eine beispiellos gelungene Kombination von farbigem Bildband und modernem Sachbuch über die Schwäbische Alb.